SAVAŞÇI

www.dogancuceloglu.net

DOĞAN CÜCELOĞLU, İstanbul Üniversitesi Psikoloji Bölümü'nden mezun olduktan sonra ABD'de Illinois Üniversitesi'nde Bilişsel Psikoloji (algılama, düşünme, iletişim) alanında doktorasını yapmıştır.

Daha sonra Türkiye'de Hacettepe ve Boğaziçi üniversitelerinde görev yapan Cüceloğlu, Fulbright bursuyla bir yıl süreyle Berkeley'deki Kaliforniya Üniversitesi'nde ziyaretçi öğretim üyesi olarak çalışmalarda bulunmuştur.

1980-1996 yılları arasında ABD'de Fullerton şehrindeki Kaliforniya Eyalet Üniversitesi'nde görev yapan Cüceloğlu'nun, kırkı aşkın Türkçe ve İngilizce bilimsel makalesi yayınlanmıştır. 1996 yılından bu yana Türkiye'de üniversite öğrencilerine, öğretmenlere, anababalara ve işadamlarına yönelik seminerlere, konferanslara ve atölye çalışmalarına ağırlık vermiştir.

1990'dan bu yana kitaplarını Türkçe olarak yayınlamaya özen gösteren Cüceloğlu, Türk insanının düşünce, duygu ve davranışlarını bilimsel psikoloji çerçevesinde inceleyen kitaplar yazmaktadır.

YAZARIN TÜM KİTAPLARI

İnsan ve Davranışı • Yeniden İnsan İnsana
İçimizdeki Çocuk • İyi Düşün, Doğru Karar Ver
Yetişkin Çocuklar • İçimizdeki Biz
Savaşçı • 'Keşke'siz Bir Yaşam İçin İletişim
(İletişim Donanımları) • 'Mış Gibi' Yaşamlar
• Başarıya Götüren Aile
• Bir Kadın, Bir Ses

Doğan Cüceloğlu

Anlamlı ve Coşkulu
Bir Yaşam İçin

SAVAŞÇI

34. Basım

Remzi Kitabevi

SAVAŞÇI / Doğan Cüceloğlu

Kapak: Ömer Erduran

ISBN 978-975-14-0825-9

BİRİNCİ-ON BEŞİNCİ BASIM: Sistem Yayıncılık, Kasım, 1999
ON ALTINCI BASIM: Remzi Kitabevi, Kasım, 2001
OTUZ DÖRDÜNCÜ BASIM: Kasım, 2007

Bu kitabın her basımı 3000 adet olarak yapılmıştır.

Remzi Kitabevi A.Ş., Akmerkez E3-14, 34337 Etiler-İstanbul
Tel (212) 282 2080 Faks (212) 282 2090
www.remzi.com.tr post@remzi.com.tr

Baskı ve cilt: Remzi Kitabevi A.Ş. basım tesisleri
100. Yıl Matbaacılar Sitesi, 196, Bağcılar-İstanbul

Bir Anı/Bir Sunuş

Ben yedi yaşında okula başladım.

İlk gün öğretmen bir oğlanı cetvelle dövdü; kıpır kıpır yerinde duramayan, bugünkü bilgiler çerçevesinde olsa, büyük bir olasılıkla hiperaktif tanısı konacak olan, Şükrü adında ufak bir oğlan çocuğu.

Çok korktum. Ertesi gün hastalandım. Sıtma oldum.

Sarhoş iğnecinin iğnesi sinire geldiği için sol bacağım kurudu, zayıfladı ve topal oldum. O yıl okula gidemedim.

Rahmetlik annem bacağıma aylarca sıcak kepek lapası sardı, geceler boyunca kan yürüsün diye o bacağımı ovdu. Ve ayağıma kan yürüdü, can geldi, dokuz ay sonra topal aksak, yine yürümeye başladım.

Ertesi yıl sekiz yaşında, korkarak okula gittim. Okulun ilk günü, güler yüzlü, sıcacık bakışlı bir öğretmen bizimle beraber çocuk şarkıları söyledi, "Aferin çocuklar, ne güzel söylediniz," dedi. Ve benim saçımı okşadı. Gözümün içine baktı, gülümsedi.

Son dersten sonra eve koşarak gittim, yolda coşkuyla şöyle bağırdığımı hatırlıyorum: "Ben okulumu seviyorum! Ben okulumu seviyorum!"

İki yıl sonra annem öldü. Okula gittiğimde yine aynı öğretmenim başımı okşadı, gözleri nemliydi.

Şimdi ben altmış bir yaşındayım. Ve bu satırları yazarken gözlerim nemli. Öğretmenimi özledim.

Ne mutlu bana ki öğretmenimin sağlığında ona bu kitabımı armağan etme fırsatını buldum.

Öğretmenim Muazzez Aktolga, bu kitabı size sunabildiğim için mutluyum.

Sevgili öğretmenim, benim başımı yine okşayın. Yine gülerek bakın yüzüme. Yine beraber şarkı söyletin bize.

Sizin sevgi dolu sözlerinize ve takdir dolu bakışlarınıza hep ihtiyacım oldu; onların yeri başka.

Kimse öğretmen gibi bakamıyor, kimse öğretmen gibi sevemiyor, sizin sevginiz bir başka öğretmenim.

TEŞEKKÜR

Kitabın ilk müsveddesini kafasının ve gönlünün zenginliğine inandığım, yakın bildiğim, nazım geçen arkadaşlarıma verdim. Saatlerini harcadılar, müsveddeyi gözden geçirdiler, düzeltmeler yaptılar ve önerilerde bulundular.

Filizlenirken

Kitabın ilk tohumlanmasını ve filizlenmesini izleyen, ilk müsveddeleri süratle gözden geçirip beni yüreklendiren gönül dostum Yıldız Hacıevliyagil oldu.

Nurdoğan Arkış, kitabın oluşumuna katkıda bulunmak için tatilinden zaman ayırdı; Duygu Karaca, oğlu Can'la beraber geçireceği zamanın bir kısmını kitaba verdi.

Yolculuk başladı

İlk çalışmalardan sonra ortaya çıkan müsveddeyi büyük bir sabır ve titizlikle gözden geçiren, notlar alarak bana düşüncelerini bildiren, onunla yetinmeyip ayrıca mektup yazan dostlarımın isimlerini alfabetik sırayla veriyorum:

Aclan Acar, Ahmet Uyar, Anıl Adanalı Koçbeker, Ataman Onar, Aylin H. Menkü, Aynur Yılmaz, Beşir Özmen, Çayhan Dervişoğlu, Funda Andırın Çar, Hadi Sağın, İlksen Bilge, İmge Kiner, Mehmet Ali Güçray, Naime Çakmak, Nejat Bilginer, Nur Karaalp, Ömer Uzun, Özgür Çetinel, Rasim Akpınar, Reşat Atalar, Rüçhan Çandar, Sami Cüceloğlu, Tanju Akdeniz, Tanol Türkoğlu, Yavuz Durmuş, Yeşim Dervişoğlu ve Yusuf Karabulut.

Ve yayınevi...

Kitabın ilk baskısında Sistem Yayıncılık'tan dostlarım Şermin Yenice ve Erdoğan Yenice kitabımı birçok kez gözden geçirerek içerik, biçim, organizasyon ve teknik ayrıntılarda yardımcı oldular. Erdoğan Yenice, İstanbul'un değişik kahvehanelerini benimle gezerek Arif Bey'le buluşmalarımızın geçtiği yerleri tasvir etmeme yardımcı oldu.

ETA'lar

Kitabın büyük bir kısmını yazın Kaliforniya'da yazdım. Maalesef bazen çocuklarıma vermem gereken zamandan çaldım. Ama, kızlarım Ayşen ve Elif, oğlum Timur (ETA'lar) bana anlayış gösterdiler ve desteklerini esirgemediler.

Yazarlar

Daha önceleri de belirttiğim gibi, her yazar çağının çocuğudur ve kendinden önce gelenlerin yetiştirmesidir. Kaynakta verdiğim yazarların bu kitabın içeriğine büyük katkıları olmuştur.

Gözden geçirilmiş yeni baskı

Savaşçı ilk baskısını Kasım 1999'da Sistem Yayıncılık aracılığıyla yaptı ve bir yıl içinde yüz binin üstünde sattı. Kitabın gözden geçirilmiş bu yeni baskısında en çok emeği geçen, hem içerik hem de üslup yönünden önemli katkılarda bulunan kişi asistanım Sabiha Kocabıçak'tır. Ayrıca, yeni baskısında, metne ve kapak çalışmalarına Remzi Kitabevi çalışanları özenle emek vermişlerdir.

Ve teşekkür

Elinizdeki kitap yukarıda sözünü ettiğim kişilerin çabaları ve katkılarıyla benim tek başıma yapabileceğimden daha kaliteli oldu. Yukarıda adı geçenlere sadece kendi adıma değil, okurlarım adına da içtenlikle teşekkür ediyorum.

Doğan Cüceloğlu
Ekim 2001

İçindekiler

Önsöz

e.e.cummings der ki:

Seni diğerlerinden farksız yapmaya
Bütün gücüyle gece gündüz çalışan bir dünyada,
Kendin olarak kalabilmek,
Dünyanın en zor savaşını vermek demektir.
Bu savaş bir başladı mı,
Artık hiç bitmez!...

Kitapta bu tür bir savaşçıdan söz ediyoruz. Söz ediyorum değil, söz ediyoruz; çünkü kitabı Arif Bey'le beraber oluşturduk.

Birinci bölümde arayıştan söz ediyoruz. Anlamını yitiren bir yaşamın temel sorunu, kendi yaşamının dansını yapamamaktır; 'mış gibi' yaşamaktır. Arayışa geçmek zamanı gelmiştir.

Farkına varınca uyanış başlıyor. İkinci bölümde uyanıştan söz ediyoruz. Kişi ancak uyandıktan sonra, daha önce uyuyor olduğunu kavrıyor. Uyuyan uyuduğunu bilmezse, gördüğünün rüya olduğunu anlayamaz.

Peki ne yapalım şimdi? Niyet edelim. Üçüncü bölümde niyet etmekten söz ediyoruz. Neye niyet edeceğiz? Anlamlı ve coşkulu bir yarın yaratmaya.

Peki nasıl yaratacağız bu yarını? Kişisel bütünlük içinde bildiklerimizi bildiğimizi bilerek, bilmediklerimizi bilmediğimizin farkında olarak, ikisi arasındaki farkın bilincinde, gerçeğe sürekli saygılı olarak. Dördüncü bölümde, kişisel bütünlük içinde yarını yaratmaktan söz ediyoruz.

Yarını yaratmak için güçlü olmak gerekir: Gücümüz nereden gelecek? "Kim olduğunu bil," diyoruz; "kişinin gerçek gücü orada." Ve devam ediyoruz: "Nasıl konuşacağını bil: kiminle, neyi, nerede, ne zaman ve nasıl konuşacaksın? Ve en önemlisi, niçin konuşacaksın? Bil." Beşinci bölüm bu tür bilmekten söz ediyor.

Yaşam kimin sorumluluğunda? Kimine göre ana-babanın; kimine göre evlendiği eşinin; kimine göre komşusunun; kimine göre onu çalıştıran şirketin; kimine göre devletin sorumluluğunda. Kimine göreyse yaşamda sorumluluk diye bir şey yok. Altıncı bölümde savaşçının sorumluluğundan söz ediyoruz.

"Şimdiyi ve şu anı yaşama tembelliği" neden bu kadar yaygın? Neden görmeyiz bize bakan gözleri, neden kırarız gönülleri, neden pişmanlıklar içinde yuvarlanır gideriz? Yedinci bölümde bu soruların yanıtını savaşçının ölüm bilinci içinde irdeliyoruz.

Peki bu sıradan insan, kaybolmuş, güçsüz insan, savaşçı olabilir mi?

Evet!

Nasıl?

Değişerek!

Nasıl değişir?

Farkına vararak ve farkına vardığını yaşama cesareti göstererek.

Sekizinci bölümde bu değişimden söz ediyoruz.

Yaşandıkça ağırlaşan, yükü artan bir yaşam içinde, değişime nasıl cesaret edilir?

Bitmemiş işleri bitirerek.

Dokuzuncu bölümde sizi bitmemiş işlerle tanıştırıyoruz.

Bitmemiş işler bitmeden gücümüzü kazanamayız; şimdinin ve şu anın tembelliğinden kurtulamayız.

Örnek mi istiyorsunuz?

Onuncu bölümde savaşçının özelliklerinden söz ediyoruz.

Arif Bey kimdir?

Arif Bey, bu kitapta benimle konuşan bir sınıf öğretmeni. O beni bulmadı, aslında ben onu buldum. Uzun zamandır öğretmenlere ulaşmak, onlarla bir diyalog başlatmak gereksinmesi duyuyordum. Arif Bey'i böyle bir anlayışın sonucunda buldum.

Arif Bey'in yüreğinde sıkıntı var. Çabalıyor. Anlamak istiyor, yapmak istiyor. Destek bulamıyor. Ve yalnız.

Bazen bilgece, bazen şaşılacak derecede basit sorular soruyor. Niye?

Çünkü Arif Bey okuru düşünüyor: Ne zaman konu karmaşıklaşıp ipin ucu kaçıyor gibi görünüyorsa, soru basitleşiyor. Arif Bey'in bütün amacı, siz okuyucuya yardımcı olmak. Onun için ara sıra tutarsız görünebilir; affola.

Bu kitap kimin için yazıldı?

'Anlamlı ve coşkulu bir yaşam' sözü size bir şey ifade ediyorsa, o yönde öğrenmek, o yönde değişmek, eylem içinde olmak istiyorsanız, bu kitap sizin için yazıldı.

Daha önceki kitaplarımda açıkladığım, irdelediğim kavramları burada yinelemedim. İlgilenen okuyucu diğer kaynaklardan bulabilir diye düşündüm.

'Sen' ve 'Siz'

Arif Bey'le konuşmalarımda ona bazen 'sen' diye hitap ediyorum, bazen de 'siz'. Kitapta 'sen' ve 'siz' konusunda tutarsızlık görebilirsiniz. Bu tutarsızlığı gidermek üzere kitap üzerinde çalışırken kitabı gözden geçiren arkadaşlarımdan biri, Ataman Onar, bu farklılığın tesadüfî olmadığına, o andaki duygusal dinamikler içinde doğal olarak oluştuğuna dikkatimi çekti. Kendine özgü söyleyişiyle, "Abi, hoca birine 'sen' diyorsa, onun kerameti vardır. Hoca, 'siz' dediği zaman kork!" diye algılayışını belirtti ve bu farklılığın kitapta kalmasını önerdi. Ben de öyle yaptım.

1
Arayış

Seminer sonrası beni kapıda yakaladı. Yüzünde heyecan, gerginlik, mutluluk ve kaygı birbirine karışmıştı sanki. Göz göze geldik: "Hocam, bir sorum vardı, acaba bana birkaç dakikanızı ayırabilir misiniz?" Gözlerimiz birbirini anladı, onlar anlaştıktan sonra, istekler genellikle olumlu yanıtlanır. Ben de öyle yaptım.

"Birkaç dakika ayırabilirim."

"Ben öğretmenim. Öğretmenliğe inanıyorum; ama mutsuzum. Sizin tüm kitaplarınızı okudum. *Sizinle konuşmak istiyorum.*"

"Adınız?"

"Adım Arif efendim. Arif Okurer. Dediğim gibi sınıf öğretmeniyim. Öğretmenliği istediğim için seçtim. Ama, şimdi öğretmenliği seçtiğim için kendimi biraz aptal hissediyorum. Kaybolmuş gibiyim. Ve neden aptal hissettiğimi, neden kaybolmuş hissettiğimi de tam bilmiyorum."

Bu kadar kestirmeden ve yalın bir dille anlam arayışını anlatışı beni etkilemişti. Karşımda, yaşamı anlamsızlaşmadan yakalamak isteyen, buna çabalayan, ama neyi nasıl yapacağını pek bilemeyen birini görüyordum.

"Arif Bey, bu birkaç dakika içinde konuşulacak bir konu mu?"

"Doğan Bey, size ulaşmak zor; bu benim tek fırsatım. Size mektup yazdım ama cevap alamadım. Birkaç dakika için bile olsa konuşmak isterdim. O kadar bunalıma girdim ki, bütçemi zorlayarak psikoloğa gittim, ama pek yararlanamadım."

"Anlıyorum. Konuşmamız gerektiğini görüyorum."

"Evet."

"Ama, birkaç dakikadan daha uzun zamana gereksinmemiz var."

"Siz ne zaman derseniz, ben istediğiniz yere gelirim."

"Yarın Cumartesi. Yarın öğleden sonra saat ikide Kabataş Deniz Otobüsü İskelesi'nin yanındaki çay bahçesinde buluşalım mı?"

"Ben Üsküdar'dan geleceğim, bana uygun."

"Oldu. Yarın saat ikide bulaşmak üzere."

Gülümseyerek elimi sıktı. Heyecanlıydı. Yüzünü mutlu bir ifade kaplamıştı. Onu daha yakından tanımak istediğimin farkına vardım.

Arayış içinde olan insana pek kolay rastlamıyorum toplumumuzda. Benimle konuşmak isteyen insanların çoğu, aslında bir başkasını nasıl değiştirebileceklerini soruyorlar:

"Kocam benimle iletişim kurmuyor. Sizin kitaplarınızı okumasını söyledim, onları da okumuyor. Ne yapmalıyım?"

"Annem ve babam sürekli birbirleriyle kavga ediyorlar. Onların kavga etmemesi için ne yapabilirim?"

"Çocuğumuzun öğretmeni, öğrencilerini azarlıyor. Asık suratlı biri. Daha iyi bir öğretmen olması için ona ne söylemeliyim? Acaba öğretmeni değiştirmeli miyim?"

"Karımın annesi bizim her işimize burnunu sokuyor. Karım bundan rahatsız değil, ama ben rahatsızım. Ne yapayım, nasıl hareket edeyim de bizim kayınvalidenin işimize karışmasını önleyeyim?"

Tabii, en sık sorulan, "Bu memleketin insanını nasıl değiştireceğiz, nasıl adam edeceğiz hocam?" sorusu oluyor.

Arif öğretmen, bir başkasını değiştirmek için soru sormadı. Aslında bana soru sormadı. Yaşamının anlamsızlığının farkına vardığını, bu boşluğun içinde kıvrandığını söyledi. Bir arayış içinde olduğunu paylaştı.

Arif öğretmeni sevdim. Arayış içinde olan insan benim için değerlidir. Bu insan bir öğretmen ise, o zaman gözümde değeri bir kat daha artar. Ona zaman ayırmaya karar verdim.

• • •

Cumartesi günü öğleden sonra saat bir buçukta evden çıktım, Akyol'dan Fındıklı'ya doğru yürüyerek indim. Köşedeki sigorta şirketinin genel müdürlük binasının önündeki ışıklardan karşıya geçtim. Yüzüm denize dönük yürürken sağımda bir cami, önümde bir park ve parkın hemen içinde bir çocuk bahçesi yer alıyor. Kırık dökük salıncakları, yeşile boyanmış, oturacak yerleri kırık bankları var bu parkın. Banklar kırık olmasına rağmen yine de insanlar oturuyor üzerinde. Anababalar çocuklarını sallıyor, bazı çocuklar kaydırağa tırmanıyorlar; kuşlar yerlerde yiyecek kırıntısı arıyor. Oldukça kuvvetli bir esinti çıkmış ve bu esinti görünmez bir el gibi yerdeki kâğıt parçalarını, plastik torbaları havalandırıp önüne katıyor ve parktaki tüm çöpleri harekete geçiriyor.

Kuvvetli esinti yere atılmış boş bir hamburger torbasını sürüklemeye başladı. Dört yaşlarında bir kız çocuğu torbanın arkasından koştu, onu yakaladı ve kendisini gözleriyle takip eden, muhtemelen kendisinden bir yaş büyük ağabeyine, "Bak! Ben buldum," diyerek övgüyle elindeki kâğıt torbayı gösterdi. Ağabeyi bununla gerçekten ilgilendi; üzeri resimli, parlak renkli, büyük yazıları olan, göz alıcı bir torba olduğu için, kıza gıptayla baktı. Küçük kız ağabeyinden daha güçlü durumda olmaktan memnun, zafer kazanmış bir edayla, elinde torba, ona bakıyordu. Torbayla bir şeyler yapması gerektiğini düşünüyor, ama ne yapacağını bilemiyordu. Ve ağabeyinin tekliflerine açık olduğu her halinden belliydi.

Kahveye Arif Bey'den önce gelmiştim. Kıyıya yakın bir masaya oturdum. Arif Bey'i görünce gülümseyerek ayağa kalktım; el sıkıştık.

Arif öğretmen otuz yaşlarında, açık renk saçlıydı; hatta koyu saçlıların bol olduğu ülkemizde ona sarışın bile denebilirdi. Bıyığı, saçlarının rengindeydi; ince, bakımlı ve kibardı. Elindeki kitabı masamızın üzerine bıraktı. Yolda geçen zamanını kitap okuyarak değerlendirmiş olmalıydı.

Oturduktan hemen sonra servis yapan genç geldi ve hiçbir şey söylemeden öylece yüzümüze baktı; yüz ifadesi ve duruşuyla, belli ki siparişimizi bekliyordu. İki çay söyledik. Arif öğretmenin, "Sizin ıhlamur içeceğinizi sanıyordum," sözleri üzerine ikimiz de gülümsedik.

Deniz otobüsü iskelesi tam karşımızdaydı. İskeleye gelen her deniz otobüsünden yüzlerce insan iniyor, birkaç dakika sonra, iskelede bekleyen yolcular inen yolcuların yerini almak üzere gemiye biniyorlar ve gemi kısa bir anonstan sonra hareket ediyordu.

Güneşli bir gündü. Oturduğumuz masanın yarısı güneşteydi. Ben gölgeli kısma oturmuştum. Kesme şekerler plastik kutular içinde örtüsüz masaların üstüne konmuştu. Birkaç kâğıt peçete rüzgârın etkisiyle yerlerde uçuşuyordu. Rüzgâr biraz kuvvetli esince kâğıt peçeteler denize sürükleniyordu. Daha önce de bu parkta kitap okurken dikkatimi çekmişti; insanlar, çikolata, şekerleme gibi yiyeceklerin ambalajlarını masalarının üzerine bırakıyorlar ve rüzgâr bu döküntüleri alıp denize savuruyordu. Bu durum kimsenin umurunda değildi.

Arif öğretmen denize doğru sürüklenen bir kâğıt peçeteyi aldı, masanın üzerindeki kitabının altına sıkıştırdı. Arif öğretmene içim yeniden ısındı; onu sevmiştim.

Tanışıyoruz

"Evet, Arif Bey, birkaç dakika konuşmak istiyordunuz," diye söze başladım. "Şimdi birkaç dakikadan daha çok zamanımız var. Sizinle saat dörde kadar kalabilirim. İki saat zamanımız var." O da, bir an önce konuşmaya başlamak ister gibi hemen yanıtladı:

"Doğan Bey, bana ayırdığınız bu zaman için teşekkür ederim. Sizinle bu kadar süre konuşabileceğimi hayal dahi etmiyordum. Çok mutluyum. Sizinle konuşabilmemin benim için anlamı büyük."

"Öğretmen olduğunuzu, öğretmenliğe inandığınızı, ama mutsuz olduğunuzu söylemiştiniz."

"Evet. Öğretmenliği istediğim için seçtim. Ama şimdi, öğretmenliği seçmekle aptallık yaptığımı düşünmeye başladım. Kaybolmuş gibiyim. Neden aptal hissettiğimi, neden kaybolmuş hissettiğimi de pek bilmiyorum."

"Nerelisiniz?"

"Eskişehirli'yim."

"Eğitiminizi nerede yaptınız?"

"Eskişehir'de liseyi bitirdim. Ege Üniversitesi'nde yüksek tahsilimi yaptım."

"Kaç yıllık öğretmensiniz?"

"Beşinci yılımdayım."

"Ne zamandan beri aptal olduğunuzu düşünmeye başladınız?"

"Üç yıl önce böyle düşünmeye başladım, son iki yıldır bu duygu gittikçe arttı."

"Ne oldu, Arif Bey? Herhalde durup dururken aptallık yaptım diye düşünmediniz; bazı olaylar, gözlemler, düşünceler sizi bu duyguya götürmüş olmalı."

"Evet; öyle oldu."

"'Öyle oldu,' demekle ne kastettiğinizi biraz açar mısınız?"

Çaylar geldi. İkimiz de birer şeker attık, karıştırdık; birer yudum aldık. O cıvıldayan gözler durgunlaştı, bir ara daldı Arif Bey; sonra yeniden canlandı, bana baktı, gülümsedi; gülümsemesinde hafif bir utangaçlık vardı. Anlatacaklarının beğenilmeyip yargılanacağı kuşkusu içinde, kaygıyla içini çekti. Utangaç bir gülümsemeyle konuşmaya başladı:

"Annem ve babam benim öğretmen olmamı istemediler. İşletmecilik, bilgisayar mühendisliği, elektronik mühendisliği gibi, piyasada talep edilen mesleklerden birini seçmemi istemişlerdi. Ben öğretmen olmakta ısrar ettim."

"Neden?"

"Sizin kitaplarınızı okuduğum zaman şunu gördüm: Toplumumuzda anababalık konusunda önemli aksaklıklar var. Bu aksaklıkların büyük bir kısmı öğretmenler tarafından giderilebilir diye düşündüm."

"Anababaların eksikliklerinin bir kısmını belki bir derece giderebilirsiniz, diye düşündünüz."

"Evet, Doğan Bey."

"Ama, umarım şunun bilincindesinizdir; anababaların evde çocuklarına verdikleri eğitim, birçok yönden okuldakinden farklı içerik ve kapsamı oluşturur. Yani, siz hiçbir zaman öğrencilerin anası ve babası yerine geçemezsiniz. Ne var ki, çocukların sağlıklı gelişimi yönünden önemli katkılarda bulunabilir, değerli hizmetler sunabilirsiniz."

"Doğan Bey, özellikle ilköğretim bana anlamlı bir hizmet olanağı olarak gözükmüştü."

"Şimdi hizmet olanağı olarak gözükmüyor mu?"

"Hayır, artık öyle düşünmüyorum."

"Niçin?"

"Her şeyden önce bazı öğretmenlerin öyle düşünmediğini gördüm. Benim ilk meslek aylarımda şevkimi, heyecanımı, coşkumu en çok yadırgayanlar okulumdaki bazı tecrübeli öğretmenler oldu. Ben öğretmenliğe büyük bir hizmet olanağı diye bakarken onlar öğretmenliğe, 'çaresizlikten yapılan bir meslek' olarak bakıyorlardı."

"Mesleğe neden öyle baktıklarını onlara sordunuz mu?"

"Sormaz olur muyum, sordum tabii. Bizim toplumda eğitimin, bilginin bir değeri olmadığını, öğretmenin ancak lafta değerli olduğunu, aslında öğretmenlere ne anababaların, ne toplumun, ne de devletin değer verdiğini söylediler. Okulların durumu, yönetim tarzı, verilen maaş, yöneticilerin öğretmenlerle ilişkisinin sertliği ve 'evet efendimcilik', anababaların çocuklarının gelişimine gösterdiği duyarsızlık, onların şevkini kırmış.

"Şimdi onlar 'geçim için öğretmenlik' yapıyorlar. 'Gelişim için öğretmenlik' hayalden ibaret diyorlar. Evli değilken, aile geçindirmezken veya öğrenciyken insanın rahat rahat hayal kurabildiğini, ama aile kurup gerçek yaşamın içine girince, hayallerin sadece hayal olduğunu anlayacağımı söylüyorlar."

Durdu; bir süre düşündü, daha sonra konuşmaya devam etti:

"Ve 'hayal içinde bir ömür geçiremeyeceğimi, benim de nihayet gerçeği anlayacağımı,' belirtiyorlar. Galiba ben de anlamaya başladım."

"Ama öyle anlaşılıyor ki, bu gerçeği anlamaya başlamanız sizi pek mutlu etmiyor."

"Hayır! Mutlu etmiyor! Bir kere bunun bizim gerçeğimiz olduğunu kabul etmek benim için zor. İkincisi, eğer bu bizim toplumun gerçeği ise, bu gerçek içinde öğretmenlik mesleğini seçmem hakikaten aptallık. Bunu görememek de büyük bir safdillik. Bu kadar enayi olduğumu kabul etmekte de zorlanıyorum. Sözün kısası berbat bir durumdayım."

"Anlıyorum."

"Bunu duyduğuma sevindim; çünkü ben artık kendimi anlamıyorum."

"Arif öğretmenim, size Arif Bey yerine, Arif öğretmenim demek geldi içimden, izin verir misiniz?"

"Yani öğretmenliği kabul etmemi mi istiyorsunuz?"

"İster kabul edin, ister etmeyin. Benim umurumda olan o değil. Benim önem verdiğim, sizin ilk başta öğretmenliğe bakış tarzınızdaki niyetiniz, motivasyonunuz. Bu niyetle siz, 'gelişim için öğretmen' olmaya hak kazanmışsınız. Başkası ne derse desin, siz bir öğretmensiniz."

"Peki, kendimi niye aptal hissediyorum? Kafam niye karışık?"

"Büyük resmi göremediğiniz, geniş çerçeveyi çizemediğiniz için. 'Geçim için öğretmenliğin' yapıldığı bir bağlam içinde 'gelişim için öğretmenliği' yorumlamaya çalışıyorsunuz. 'Gelişim için öğretmenlik' bambaşka bir yaşam felsefesi. Böyle bir yaşam felsefesinin sınırları içinde siz Arif öğretmensiniz. Ve Arif öğretmenle tanıştığım için kendimi şanslı hissediyorum."

"Sağ olun Hocam."

"Bu yaşam felsefesi belirginleştikçe, bu yaşam felsefesinin temelleri atıldıkça, neden böyle düşündüğümü siz de anlamaya başlayacaksınız. Ama, izin verin bir gözlem yapayım burada; seminerden sonra benim birkaç dakikamı istediğinizde, size, 'Arif Bey, bu birkaç dakika içinde konuşulacak bir konu mu?' diye sormuştum. Umarım konunun birkaç dakika içinde konuşulacak bir konu olmadığını şimdi görüyorsunuzdur."

"Evet, görüyorum. Ama, herhalde sizden saatler isteyemezdim."

"Tabii, haklısınız. Geniş kapsamlı bir etkileşim, bir sohbet içinde bu konuyu ele alalım istiyorum. Ne dersiniz?"

"Ben seve seve saatlerimi veririm. Ama size yük olmak, sizin değerli zamanınızı almak istemem; bunun tedirginliği içindeyim."

"Arif öğretmenim, bu sohbetin yaratacağı yolculuk, benim için de anlamlı. Bu sohbette, sizin gelişiminiz kadar benim gelişimim de söz konusu olacak. İkimiz de öğretmeniz ve bana öyle geliyor ki, ikimiz de arayış içindeyiz. Ve öğretmen olmak isteyişimizin temelinde bizim çocuklarımız var; onlara ulaşmak, onların olabildiğince gelişmeleri, olabildiğince mutlu bir yaşam oluşturmaları var."

"Peki Hocam, nereden başlayalım?"

"Şimdi ve buradan başlayalım."

"Yanî nasıl? Anlayamadım."

"Şimdi ve burada olup bitenden."

"Şimdi ve burada benim kafamın karışıklığından, kendimi aptal hissedişimden söz ederek başladık."

"Evet, ondan başlayalım."

"Siz, 'Arif öğretmenim' diyerek beni onurlandırdığınızdan beri, eskisi kadar aptal, saf, enayi hissetmiyorum kendimi."

"Peki, bu gözlem size ne diyor?"

"Kendimi eskisi kadar aptal hissetmeyişim mi?"

"Evet."

"Demek ki düşündüğüm kadar aptal değilmişim, diyorum kendime."

"Niçin?"

"Çünkü, size, sizin düşüncenize değer veriyorum, saygı duyuyorum."

"Niçin?"

"Öğretim üyesisiniz. Çok sayıda bilimsel araştırmanız var. Kitaplarınız yayınlandı ve okuyucuların beğenisini kazanmış durumda. Sizi birkaç kez televizyonda beğeniyle izledim. Siz bu toplum için değerli bir insansınız. Ve böyle bir insanın bana değer vermesi, benim de kendimi değerli görmeme yol açıyor."

"Arif öğretmenim, öğretmenliği hizmet olanağı için seçtiğinizi söylemiştiniz."

"Evet."

" 'Şimdi hizmet olanağı olarak gözükmüyor mu?' diye sormuştum. O zaman; 'Hayır, artık öyle düşünmüyorum,' demiştiniz. 'Niçin?' diye sorduğumda, 'Her şeyden önce öğretmenlerin öyle düşünmediğini gördüm,' diye başlayan bir açıklama getirdiniz. 'Her şeyden önce,' diye başlamanız dikkatimi çekti. Sizin meslekle ilişkinizi etkileyen, öğretmenlerin dışında başka kişiler, olaylar ya da etkenler oldu mu?"

"Evet, oldu. Üniversitede okurken oldukça yakın ilişki kurduğum, beğendiğim bir kız arkadaşım, öğretmen olmakta ısrar ettiğim için benimle evlenmek istemedi, şimdi bir elektronik mühendisiyle evli."

"Oldukça geleneksel düşünce içinde sıkışıp kalmış bir kız arkadaşınız varmış. Öğretmen olmak istediğiniz için sizi takdir edecek birçok aydın genç bayan olduğundan eminim. Herhalde, henüz onlardan biriyle tanışma olanağı bulamamışsınız."

"Henüz öyle bir imkân bulamadım. Pek arayış içine girdim de denemez. İki yıl önce kiralık ev ararken, bir ev sahibi, öğretmen yerine evini ticaretle uğraşan bir başkasına vermeyi yeğledi. Kendisiyle konuştuğum zaman, 'Siz öğretmensiniz, kirayı vermekte zorlanabilirsiniz!' diye, kaygısını açıkça yüzüme söylemekten çekinmedi. Kendi annem ve babam, yeteneklerime uygun bir meslek seçmediğim için beni hâlâ eleştirirler. Lisedeki arkadaşlarım, benimle alay ederler, 'Çok safsın lan sen. Millet kendi çıkarı peşinde cebini dolduruyorken, sen onların lafına kanarak, memleket çocuklarına kendini adamışsın. Bu kafayla senin burnun daha çooook sürtülür. Kendini düşünmüyorsun, ama, bil ki ilerde onlar senin çocuklarını düşünmeyecek,' diyorlar."

"Arif öğretmenim, izin ver bir manzara çizeyim. Bu manzara içinde kendinizi nasıl hissettiğinizi bana söylemenizi isteyeceğim."

Varsayalım ki...

Manzara şu: "Farz edin ki ailelerin çocuklarını yaşama tam hazırlamadığını, onları geliştirmediğini kamu, medya, hükümet anlamış durumda. Biz biliyoruz ki, bu eksikliği gidermenin en iyi yolu anababaları eğiterek onları geliştiren anababalar haline getirmek. Ama bunu yapmak güç; büyük planlama, organizasyon, takip, eğitim stratejisi ve en önemlisi, uzun zaman ister. O nedenle, farz edelim ki, çocukların ailede bulamadığı eğitimi, gelişimi, yaşama hazırlamayı okulda öğretmenlerin yapabileceğini anlayan bir toplumla, bir yönetimle karşı karşıyayız.

"Varsayalım ki, bu anlayış her yerde yaygın; özellikle, öğretmenler arasında. Öğretmenler kendilerine toplumun en değerli elemanları olarak bakıyorlar ve 'biz bu toplumun geleceğinin mimarlarıyız,' diyorlar.

"Öğretmenliğe büyük bir hizmet olanağı diye bakarak öğretmen olduğunuz için meslektaşlarınız sizi kutluyorlar. Bir insanın yaşamının bundan daha anlamlı olamayacağını, parası pek iyi olmasa dahi en doyurucu, en anlamlı, en coşkulu mesleklerden birini seçtiğiniz için sizi övüyorlar. Üniversitedeki kız arkadaşınız, öğretmen olduğunuz için sizi takdir ediyor ve hayranlık duyuyor. Anneniz ve babanız, 'Oğlum, sen daha çok para kazanacak meslekler seçebilirdin ama, hiçbir meslek, öğretmenlik kadar anlamlı ve doyurucu olamazdı. Seni kutlarız,' diyorlar. Lise arkadaşların, 'Arif seninle gurur duyuyoruz. İçimizde en anlamlı mesleği sen seçtin. Para önemli ama, anlamlı bir hizmet yaptığın duygusu daha da önemli. Seni takdir ediyoruz,' diyorlar..."

Ben konuşmamı sürdürürken Arif öğretmen gülümseyerek önüne bakıyordu.

"Ne demek istediğinizi anlıyorum, Doğan Bey."

"Ben yine de size soracağımı sorayım. Farz etmiş olduğumuz bir ortamda da, yine sizin aklınız karışır, öğretmen olmaya karar verdiğiniz için kendinizi aptal, safdil hisseder miydiniz?"

"Sanırım hissetmezdim. Demek ki ben, kendi mesleğimi değerli görüp görmeyeceğime karar verirken, başkalarının tepkisini, değerlendirmesini esas alıyorum."

"Bu 'başkası' kategorisine ben de giriyorum."

"Anlayamadım, Hocam."

"Sizi, 'Arif öğretmenim' diyerek onurlandığımdan beri, kendinizi eskisi kadar aptal, saf, enayi hissetmediğinizi söylemiştiniz. Çünkü, bana, benim düşünceme değer verdiğinizi, saygı duyduğunuzu söylemiştiniz. 'Niçin?' diye sorduğumda, öğretim üyesi olduğumu, bilimsel araştırmalarımın olduğunu, kitaplarımın yayınlandığını, vb.

şeyler söylemiştiniz. Ve, 'Böyle bir insanın bana değer vermesi, benim de kendimi değerli görmeme yol açıyor,' demiştiniz."

"Şimdi anladım."

Sustu. Uzun süre suskun kaldık.

Karşıdan, beyaz kasketli, yetmiş yaşlarında bir adam, başı örtülü kendisinden biraz daha genç gösteren, altmış yaşlarında gözlüklü bir kadının koluna girmiş, birlikte, park tarafından kahveye doğru, ağaçların arasından yavaş yavaş yürüyorlardı. Yaşlı adam ceketinin içine beyaz uzun kollu bir gömlek, keten pantolon, keten ayakkabı, kadın ise uzun bir palto giymişti. Onları izlerken kafamda bir senaryo canlandı: Adam bir bürokrat olmalıydı ve otorite kurduğu bir çalışma ortamında korkulan, saygı duyulan bir kimse gibi davranmaya alışmıştı. Şimdi, pek önemsemediği, zayıf gördüğü kadının koluna yaslanmak zorundaydı. Geçirdiği felçten sonra artık kendi başına rahat yürüyemiyordu.

Garsonu aradı gözlerim ve göz mesajımı alan farklı bir garson geldi bu kez. Otuz yaşlarında, kırçıl saçlı, ciddi görünüşlü, sağlıklı biriydi. Önü gri, kolları ve arkası siyah renkte, önden düğmeli, uzun kollu bir gömlek giymişti. Bol, ince ketenden bir pantolonu vardı, pantolonunun arka cepleri bir şeylerle doldurulmuş gibi şişkindi. Bir neskafe ve su istedim. Arif Bey yine çay tercih etti. Garson, "Sütlü mü olsun?" diye sorarken, 'siz buranın yenisisiniz galiba' der gibi bakıyordu. Saygılı bir tavırla yanımızdan ayrıldı.

Arif Bey, "Bunu aştığımı sanıyordum," diyerek konuşmaya başladı ve devam etti: "Ama ortamın gerçekleri yavaş yavaş beni etkisi altına aldı, herhalde."

"Daha önce söylediğimi yeniden söyleyeceğim. Büyük resmi, göremediğiniz geniş çerçeveyi çizemediğiniz için, 'ortamın gerçekleri' sizin gerçekleriniz haline geliyor. 'Geçim için öğretmenliğin' yapıldığı bir bağlam içinde 'gelişim için öğretmenliği' yorumlamaya çalışıyorsunuz. Halbuki, 'gelişim için öğretmenlik' bambaşka bir yaşam felsefesi."

Garson istediklerimizi getirmiş ve masamıza bırakmıştı. "Afiyet olsun," dedi ve uzaklaştı. Arif Bey çayına bir şeker atıp karıştırırken, ben de kahvemden bir yudum aldım.

Anlam Arayışı

"Arif Bey, biraz anlam arayışından söz etmek istiyorum; çünkü o sürecin tam içindesiniz."

"Evet, ben de öyle görüyorum."

"Sanırım psikoloğa gidişinizin temelinde de bu var."

"Haklısınız. Ama, üzülerek söyleyeyim, bu konuda, benim gittiğim psikolog bana pek yardımcı olamadı."

"Belki de kendisinin anlam arayışına yardımcı olamayan bir psikoloğa gittiniz."

"Bilmiyorum, belki de. Bana pek anlam ifade etmeyen, kalıplanmış sözler söyledi: 'Kafanıza çok takıyorsunuz; biraz kalender olun; başkalarının sözlerine o kadar önem vermeyin; insanlar hayatta umduklarıyla değil, bulduklarıyla yetinmeli,' gibi. Bunları kendime ben de söyleyebilirdim. Daha doğrusu sokaktaki biriyle konuşsam da buna benzer şeyleri bana söyleyebilirdi."

"Türkiye'de henüz kimin klinik psikolog olarak çalışabileceğini belirleyen yasalar oluşmamış durumda. O nedenle, kendine psikolog diyen herkese yetkin psikolog olarak bakmamak gerekir. Bir ön araştırma yaparak, psikoloğun ne gibi bir eğitimsel ve mesleksel hazırlıktan geçtiğini öğrenmek gerekir."

"Bir arkadaşımın tanıdığı olduğu için o psikoloğa gitmiştim. Yetkinliği konusunda hiçbir fikrim yoktu."

Kahvemden bir yudum daha aldım.

"Anlam arayışında ilk adım, kritik ve can alıcı soruları sorabilmektir. Bu soruları kişi kendine sorabilir ya da bir başkası sorarak onun düşünmesini sağlayabilir."

"Ne gibi sorular?"

"Basit sorular. Çocukların masumiyetleri içinde sordukları türden sorular."

"Örneğin?"

"Örneğin, 'Ben kimim?' sorusu gibi."

Arif Bey, karşısında küçük bir çocuk varmış da ona bu soruyu soruyormuş gibi durdu; bir süre düşündü ve daha sonra,

"Anlam arayışında ilk adım kritik sorular sorabilmektir dediniz; peki ikinci adım ne?" dedi.

Anlam arayışında ilk adım, kritik ve can alıcı soruları sorabilmektir. İkinci adım ise, soruların yanıtını aramaktır.

"O soruların yanıtını aramak."

"Ben kendime hangi soruları soracağımı bilemediğim için onların cevabını da arayamıyorum, herhalde."

"Bence siz, hangi soruları soracağınızı bilmeden, soramadığınız soruların cevaplarını arıyorsunuz."

"Nasıl yani?"

"İçinde bulunduğunuz ruh halinin farkındasınız; kendinizi aptalın biri olarak görüyor, mutsuz hissediyorsunuz, yanlış bir seçim yaptığınızı düşünüyorsunuz."

"Evet, doğru."

"Neden böyle hissettiğinizi anlamak istiyorsunuz; ve daha sonra, tabii bu duygulardan kurtulmak istiyorsunuz."

"Ama size göre, hangi soruları soracağımı bilmiyorum."

"En önemli adım, kritik soruyu sorabilmek ve siz henüz o kritik soruyu sormuş değilsiniz."

"Soruların basit olduğundan, bunların çocuk masumiyeti içinde sorulması gerektiğinden söz ettiniz. Örneğin, 'Ben kimim?' gibi."

"Gerçekten öyle. Küçük çocuklara bu soruyu sorarsanız onlar cevabı hemen bilirler: Kimisi, 'Ben babamın oğluyum,' der, kimisi 'Ben annemin oğluyum,' der; çevresinde en güçlü, en güvenilir, en yakın gördükleri kişiyle ilgi kurarak bu soruya cevap verirler. Çocuğun yaşamında güçlü kişi 'baba' ise, 'Babamın oğluyum,' 'anne' ise 'Annemin oğluyum,' der. 'Ben babamın ve annemin oğluyum,' diyen çocuk, anne ve babasının her ikisini de güçlü ve yakın görmektedir."

"Büyüdükçe ne yaparlar?"

"Büyüdükçe kişinin sosyal boyutları karmaşıklaşır. 'Ben kimim?' sorusuna hangi sosyal bağlam içinde yanıt verecekse, o bağlama uygun yanıt bulur."

"Sosyal bağlamdan neyi kastettiğinizi pek anlayamadım, Doğan Bey."

"Hangi sosyal durumda, kimlerle iken, hangi konu konuşulurken, nerede gibi boyutları kastediyorum. Örneğin, bir 'baba' çocuğunun okulunda diğer anababalarla beraberken, biri gelse ve 'Beyefendi, siz kimsiniz?' diye sorsa, sanırım hiç düşünmeden, 'Efendim, ben Mustafa'nın babasıyım,' diye cevap verir. Çünkü sosyal bağlam anababaların bulunmasını gerektiren bir yer. Aynı kişi, 'Siz kimsiniz?' sorusuna, içinde bulunduğu bağlama göre, 'Leman Hanım'ın kocasıyım,' 'Doktorum,' 'Sizin komşunuzum,' 'Hüsnü Bey'in büyük oğluyum,' ve benzeri türünden cevaplar da verebilir."

"İçinde bulunduğu sosyal duruma göre bu kişi, 'Türküm,' veya 'Elhamdülillah Müslümanım,' diye de cevap verebilir; öyle değil mi?"

"Evet, doğru."

"Peki ama, bu soruya vereceğim cevabı zaten siz bana söylediniz. 'Sen kimsin?' diye bana sorarsanız, sizinle geliştirdiğim ilişki bağlamı içinde, 'ben Arif öğretmenim,' diye cevap vermem gerekiyor."

"Bu noktada ben soru sormaya devam edeyim, siz de bütün içtenliğinizle cevap vermeye çalışın."

"Şimdi mi?"

"Evet, şimdi!"

"Peki!"

"Öğretmenliğinizin ötesinde siz kimsiniz?"

"Dürüst, çalışkan, iyi niyetli, insanları seven, hizmet etmeye çalışan bir insanım."

"Dürüst, çalışkan ve diğer özellikleri olan bir insan olmanın ötesinde siz kimsiniz?"

Arif Bey cevap vermeden bir süre düşündü, gözlerini kıstı, camdan dışarı baktı. "İnsan olmanın ötesinde ben kimim?" diye kendi kendine mırıldanarak soruyu tekrar etti. Daha sonra bana baktı, "Bilmiyorum," dedi "aklıma bir cevap gelmiyor."

Birbirimize baktık ve güldük.

"Soru basit görünüyor ilk başta, ama biraz deşince, o kadar kolay olmadığı ortaya çıkıyor, değil mi?"

"Evet gerçekten de öyle. Benim gibi eğitim görmüş birine bu basit soru bu kadar zor geliyor ise, sokaktaki sıradan insana herhalde daha zor gelir."

"Onlar bu soruyu sorma şansına hiç sahip değiller. İçinde yetiştikleri sosyal ortam onlara sürekli hangi bağlamda ne olduklarını hatırlatıyor. İçinde yetiştiği kültürel ve sosyal bağlamların ötesinde kim olduklarını sorgulayanların sayısı az, hem de çok azdır."

Sorunların hepsinin temelinde bir felsefi boyut yatmaktadır. Bu felsefi boyutu açık seçik ortaya koymadıkça, sorunları çözecek güce ve yeterliliğe hiçbir zaman ulaşamazsınız.

"Bu soruyu kimler sormuş?"

"Bu soruyu sorabilmiş ve sormaya, deşmeye devam edebilmiş olanların çoğu düşünürler, filozoflardır."

"Peki onlar ne gibi bir cevap bulmuşlar?"

"Filozoflar birbirlerinden farklı cevaplar bulmuşlar ve bu nedenle de, farklı felsefeler geliştirmişler."

"Farklı felsefelerin gelişmesine yol açtığına göre, bu soru filozoflar için de temel bir soru olmalı."

"Modern felsefede bu konuya ontoloji adını veriyorlar. 'Onto' Latice 'varlık' anlamına geliyor, bildiğiniz gibi 'loji' de 'inceleme alanı-bilim-kuram-doktrin' anlamına gelebiliyor. Ontoloji kelimesini 'varlığı inceleme alanı, varlık kuramı, varlık bilimi' olarak Türkçe'ye aktarabiliriz. Sanırım felsefe öğretmenleri 'ontoloji' olarak kullanıyorlar. Kısacası, varoluşun ne olduğuyla ilgili düşünme, inceleme alanına verilen isim."

"Doğan Bey, felsefe alanında özel bir çalışma mı yaptınız?"

"Hayır, özel bir çalışma yapmadım. Ama, felsefeyi temel bir çalışma alanı olarak gördüğüm için fırsat buldukça temel felsefe konularında okuyorum. Özellikle felsefede çağdaş gelişmeleri takip ediyorum."

"Niçin?"

"Çünkü, farkında olalım ya da olmayalım, birey olarak ya da toplum olarak uğraştığımız sorunların hepsinin temelinde felsefi bir boyut yatmaktadır. Bu felsefi boyutu açık seçik ortaya koymadıkça çözmeye çalıştığımız sorunu tümüyle anlayamayız; ve tabii tümüy-

İçinde bulunduğunuz sorunların 'felsefi' boyutlarını kavramadıkça, hayatın anlamını bulamazsınız.

le anlayamadığımız sorunları gerçekten çözecek yetiye hiçbir zaman erişemeyiz."

"Bu toplumlar için geçerli olduğu kadar, herhalde bireyler için de geçerli."

"Bence kesinlikle öyle."

"Demek oluyor ki, içinde bulunduğum sorunların felsefi boyutlarını kavramadıkça, hayatımı niçin anlamsız bulduğumu ve kendimi aptal hissettiğimi bilemem ve bunları bilmeyince de sorunlarımı çözemem."

"Evet. Onun için seminer sonrası benimle birkaç dakika konuşmak istemeniz, sorununuzun felsefi boyutları hakkında pek bir şey bilmediğinizi ifade etti bana."

"Şimdi o felsefi boyutların farkına varmanın süreci içindeyiz, öyle mi?"

"Evet. Şu anda sizin kafanızı kurcalayan sorunların felsefi temellerini araştırıyoruz."

"Şimdi neyi konuştuğumuzu ve niçin böyle konuştuğumuzu daha iyi anlıyorum."

"Felsefenin üç temel alanı var. Bunlardan biri biraz önce sözünü ettiğimiz ontoloji, varoluşun incelenmesi.

"Bir diğer temel felsefe alanı da epistemolojidir. *Episteme* ve *loji* kelimelerinden oluşur. Episteme eski Yunanca'da bilgi anlamına gelir. Epistemoloji bilginin doğasını, kaynağını, sınırlarını inceleyen bir alandır. Epistemoloji alanında çalışan biri, bir insan bir şeyi 'bilmiyorum' dediği zaman, o kişinin ne demek istediğini, yani 'bir şeyi bilmek ne demektir' konusunu inceler.

"Felsefenin bir diğer temel alanı da etiktir. Latince *ethica,* eski Yunanca *ethike* kelimelerinden türetilmiştir; ahlaki ve sosyal davranışın incelendiği alandır. Bu alanda çalışanlar, 'bir insan olarak yapmamız gerekenler'in ne olduğunu incelerler."

"Bu konular birbirinden ayrı ayrı mı inceleniyor?"

"Bu konular birbirinden ayrı imiş gibi düşünülebilir, ama, felsefe tarihine baktığımızda birçok filozofun bu alanlar arasında organik ilişkiler kurarak düşünce sistemlerini geliştirdiklerini görüyoruz."

"Ne demek organik ilişkiler kurmak?"

"İnsan bir bütün olduğu için, insanla uğraşırken, insanla ilgili herhangi bir konuyu irdelerken, insanın bütünlüğünü gözden kaçırmadan, onun bütünlüğüyle ilişkiler kurarak konuyu tartışmaya, 'organik ilişkiler kurarak' tartışmak diyorum."

"Anladım."

"Farklı filozoflar bu alanlara farklı ağırlıklar vermişlerdir. Doğal olarak her filozof kendi bildiği alana daha önem vermiş ve o alanda daha ayrıntılı kavramlar geliştirmiştir. Örneğin, Eflatun'un temel alanı ontolojidir. Bilmeyle ve davranmayla ilgili fikirlerini bu varoluş felsefesinin üzerine kurmuştur. Öte yandan ünlü Fransız düşünürü Descartes bilmeye önem vermiş; davranma ve varolmayı bilme alanını temel alarak oluşturmuştur. Michel Foucault gibi, nasıl davranılmalı konusuna önem verip inceleyenler ise, bilme ve varolma felsefelerini etik felsefeleri üzerine kurmuşlardır."

"Yani bu temel felsefe alanlarından biri en temeldir, diğerinden daha önceliklidir diye bir durum yok."

"Hayır, böyle bir durum yok. Her filozof kendi anlayış sistemi içinde bu önceliği belirliyor."

"Kendimle ilgili olarak bu alanları tanımlayacak olursam, şöyle diyebilir miyim: 'Ben kimim?' sorusunu sorduğum zaman ontoloji alanında bir düşünür oluyorum; 'Ben ne biliyorum, veya öğrencilerimin neyi bilmesini, nasıl bilmesini istiyorum?' sorularıyla ilgilendiğim zaman epistemoloji sorunlarına yöneliyorum; ve, 'Nasıl davranmam gerekir, ne yapmalıyım?' sorularını sorduğum zaman da etik alanına girmiş oluyorum."

"Evet, söylediğiniz gibi."

"'Ben kimim?' sorusunda tıkanmış kalmıştım. Siz, 'Dürüst, çalışkan ve diğer özellikleri olan bir insan olmanın ötesinde sen kimsin?' diye sorduğunuzda nasıl cevap vereceğimi bilememiştim. Şimdi oraya dönsek olur mu?"

On üç-on dört yaşlarında bir boyacı çocuk, bir elinde boyacı kutusu, diğerinde dört-beş kiloluk boş bir konserve kutusu ile dolaşıyordu. Üç masa ilerimizde, esmer bir hanımla oturan pos bıyıklı bir adam çocuğa işaret etti. Çocuk, teneke kutunun üstüne, adamın önüne oturarak ayakkabısını boyamaya başladı. Kadının omzuna saldığı saçları düz ve uzundu. Doğu Anadolulu havası vardı ama, o yörenin çoğu kadınları gibi ezik ve utangaç görünmüyordu. Sigarasını tuttuğu sağ elini yüzüne dayamış, bileğine de, saçlarını toplayıp bağlarken kullandığı siyah kumaş tokayı dolamıştı. Boyacı çocukla oldukça ilgili görünüyordu; iri gözlerini ondan ayırmıyor, sürekli ona bir şeyler anlatıyordu. Çocuk hiç kadına bakmadan işini yapıyor, ara sıra bir-iki kelimeyle cevap veriyordu. Ayakkabısı boyanan adam orada olmaktan pek mutlu gözükmüyordu, kısa kollu, çizgili ince bir gömlek giymişti; göbeği hafifçe pantolonun kayışının üstüne taşıyordu.

Şimdi ve burada bulunan her insanın oldukça karmaşık ama mutlaka kendine özgü bir anlam düzeni olduğunu düşündüm. O kadın bu boyacı çocuğa neden bu kadar ilgi duyuyordu? O çocuğun, kendi yaşamında dokunduğu bazı şeyler olmalıydı. Ama, ne? Bilebilsem, kendine özgü bir Anadolu öyküsü oluşurdu. Her bir insanın öyküsünü bilebilmeyi isterdim. Her bir insanı kendi öyküsü içinde tanıyıp, onlarla yaşamımın ilişki içinde olmasını isterdim. Onları yargılamadan kabul edecek olgunluğa eriştiğimi düşündüm. İçimde adı konmamış bir sevginin enerjisi vardı.

Ben Kimim?

Aynı enerji içinde Arif Bey'le ilişki kurduğumu düşündüm. Konuştuğumuz konuya geri dönmek istedim.

"Arif Bey, kısa bir deney yapmama izin verin."

"Nasıl bir deney?"

"Oturduğunuz yerde, gözlerinizi kapatarak yapacağınız bir deney."

"Peki."

"Sandalyenizde rahat oturun ve gözlerinizi kapatın. Şimdi bedeninizin farkına varın. Ayak ucunuzdan tepenize kadar şöyle bir gözden geçirin. Gergin yerler var mı? Rahat hisseden yerlerin, rahatsız hisseden yerlerin, hamlamış, yorulmuş ya da zinde, dinç kısımların farkına varın.

"Şimdi duygularınızı gözden geçirin. Şu anda ne gibi duygular içindesiniz? Heyecan mı hissediyorsunuz? Kaygınız var mı? Mutlu musunuz? İçinizde biraz rahatsızlık var mı? Sakin misiniz?

"Şimdi düşüncelerinizi gözden geçirin: Neler düşünüyorsunuz?... Aklınızdan şu anda ne gibi düşünceler geçiyor?... Şimdi ve burada olan şeyleri mi düşünüyorsunuz, yoksa geçmişle ya da gelecekle ilgili düşünceleriniz var mı?... Sadece konuştuğumuz konuları mı düşünüyorsunuz, yoksa kişisel yaşamınızla, öğretmenliğinizle veya yaşamınızın başka yönleriyle ilgili düşünceler geliyor mu aklınıza?..."

Bu arada garson yandaki masaya su ve ayran getirdi ve ayrılırken bizim masaya sürtünerek geçti. Arif Bey'in gözlerini açmak ister gibi bir hali vardı.

"Şimdi gözlerinizi açabilirsiniz."

Garson gittikten sonra konuşmaya başladık.

" 'Ben kimim?' sorusuna 'Ben bedenimim,' biçiminde cevap verebilir misiniz?"

"Bedenim bir parçam ama, 'Ben kimim?' sorusunun cevabı olamaz."

"Gerçekten de olamaz. Siz küçükken, size yine 'Arif' diyorlardı. Size birçok çocukla birlikte çekilmiş bir resim gösterseler ve, 'Sen hangisisin, göster,' deseler, kendinizi o grup içinde bulur gösterir ve, 'İşte ben buyum,' dersiniz. Halbuki çocukluk bedeninizle şimdiki Arif'in bedeni birbirinden çok farklı. Sizin bedeninizde milyarlarca hücre yenilendi. Ama, siz yine o çocuğun ve şimdiki Arif'in aynı insan olduğunu rahatlıkla ve kuşkusuzca söyleyebilirsiniz."

"Evet, söyleyebilirim."

"Aynı şeyi duygularınız ve düşünceleriniz için de söyleyebilir miyiz?"

"Yani, 'Ben duygularım değilim!' anlamında mı?"

"Evet, o anlamda."

"Tabii, söyleyebiliriz. Ben düşüncelerim değilim ve duygularım da değilim."

Ben kimim? Ben bütün bu soruları soran, farkında olan, gözlemleyen bilincim.

"Psikoloğa gittiğinizden söz etmiştiniz değil mi?"

"Evet."

"Ama, o psikoloğun size pek yararı olmadığını da söylediniz."

"Evet, doğru. Hatta sıkıldım."

"Bilimsel psikoloji, uzun yıllar, bilincin kendisiyle, bilincin içeriği arasında bir ayırım yapamadı: Bilinç farkında olan, bilincin içeriği ise farkında olunan şeydir. İkisi aynı şey değildir. Algılayan, gözlemleyen bilinçtir. Algılanan, gözlemlenen ise bilincin içeriğini oluşturur.

"Gözünüzü kapattığınızda bedeninizi, duygularınızı, düşüncelerinizi gözlediniz. Gözleyen sizin bilincinizdi, bedeniniz, duygu ve düşüncelerinizle ilgili algılamalarınız ise içerikti."

"Evet, bunu anlayabiliyorum ama, bütün bu konuştuklarımızın 'Ben kimim?' sorusuyla ilgisi ne?"

"Bakın size bir öykü anlatayım. Belki o zaman, konuştuğumuz şeylerle sorunun ilişkisini daha iyi anlarsınız:

"Baraj yapımında çalışan bir grup işçi ırmağın sığ kısmından karşıya geçmişler. Karşıya geçince ustabaşı, 'Galiba arkadaşlardan biri eksildi,' diyerek grubu saymış. Ve gerçekten de bir kişi eksik çıkmış; çünkü ustabaşı kendini saymayı ihmal etmiş. Ustabaşı yardımcısına, 'Bir de sen say,' demiş; ama yardımcısı da kendini saymayı unuttuğu için, o da bir kişinin eksik olduğunu söylemiş. Bundan sonra her işçi sırayla gruptaki kişileri saymışlar, fakat her biri aynı hatayı yaptığı için bir kişi sürekli eksik çıkmış. Nihayet o civardan geçen bir köylü bunların durumunu görmüş, sorunlarını öğrenmiş ve bir de o saymış, 'Eksiğiniz yok,' demiş. Ancak o zaman, grubu sayanın kendisini de sayması gerektiğini anlamışlar.

" 'Ben kimim?' sorusuna cevap ararken hep bilincin içeriğini saymışızdır; ben öğretmenim, ben anneyim, doktorum, evladım gibi. Çoğu kez o soruyu soran bilinci hesaba katmadık. Halbuki, 'Ben kimim?' sorusunun cevabı orada yatıyor: Ben bütün bu soruları soran, farkında olan, gözlemleyen bilincim."

"Çocukluğumdaki Arif'le, şimdiki Arif arasındaki ilişki de bu bilincin sürekliliğinden mi kaynaklanıyor?"

"Resimde, 'İşte ben buyum,' demenizi sağlayan sizin gözlemleyen bilincinizin sürekliliğidir. Duygularınız, düşünceleriniz, bedeniniz, sosyal rolleriniz değişse de, 'ben' özdeşimini ayakta tutan sizin bilincinizin sürekliliğidir."

"Cinsiyet değiştirenlerde de herhalde gözlemleyen bilincin bu sürekliliği, cinsiyet değişiminden önceki insanla sonraki insanı aynı olarak gösteren şey olsa gerek."

"Nasıl, pek anlayamadım?"

"Yani, hayatının bir kısmını erkek olarak geçirip, daha sonra ameliyatla kadın olanlar var. Onlardan söz ediyordum. Onlar da cinsiyet değişiminden önce çekilmiş bir resmini gösterip, 'Ben buyum,' diyebilirler."

"Ha, evet, anladım. Gerçekten güzel bir örnek."

Özel Bir Hapishane

"Bilimsel psikoloji uzun zaman, bu farkında olan, gözlemleyen bilinçle, gözlemlenen arasındaki farkı pek önemli görmedi. Böylece ne oldu biliyor musunuz?"

"Hayır, bilmiyorum, ne oldu?"

"Gözlemleyen benle, gözlemlenen ben arasındaki fark bilinmeyince insanlar gözlemlenen şeyin içinde hapsoldular. 'Ben öğretmenim, marangozum, babayım, anneyim, Müslümanım, kadınım, erkeğim' gibi sosyal rollerin içinde kendilerini tanımlamaya çalıştılar ve tabii ki boğulup kaldılar."

Bir süre sustum. Kahvemden bir yudum aldım. Arif Bey'in gözünün içine bakarak, tane tane şunu söyledim:

"Sizin bunalımınızın temelinde, sizin de böyle bir hapishane içinde olmanız yatıyor."

Arif Bey söylediklerimi dikkatle dinliyordu. Gözleri heyecanını saklayamıyordu. Şu anda birçok şeyi gördüğünü ve anladığını sezinliyordum.

Bir süre sessiz kaldıktan sonra, konuşmaya başladı:

"Beni tıpış tıpış hapishaneye sokmuşlar da haberim yokmuş. Hatta onlar sokmamışlar, ben hapishaneye kendi ayaklarımla gitmiş, hapishanenin kapısını da üstüme kilitlemişim. Daha sonra hapishanenin penceresinden bakarak, 'Batsın bu dünya' arabeskini söylüyorum."

"Arif öğretmenim, konuyu kesinlikle kavradınız. Bu öyle bir hapishane ki, kapısını ancak kişinin kendisi açabilir."

"Ben açtım mı Hocam? Yani artık hapishanede değil miyim?"

"Sana hem iyi, hem de kötü haberlerim var. Kötü haberim iki tane. Birinci kötü haberim şu: Henüz hapishaneden çıkmış değilsiniz. İkinci kötü haberim ise şu: Ben de hâlâ hapishanedeyim."

"Siz de mi hapishanedesiniz?"

"Evet. Belki bütün haftamı orada geçirmiyorum, ama hâlâ hapishanedeyim. Önceleri her konuda düşünürken, konuşurken, eylem yaparken hep hapishanede idim. Şimdi bazı konuları düşünürken, konuşurken, planlarken, gerçekleştirirken hapishanede değilim, ama bazı konularda hâlâ hapishanedeyim. Sanki önceleri yedi günümü de hapishanede geçiriyordum, şimdi sadece salı ve çarşambaları hapishanedeyim gibi geliyor."

"Neden salı ve çarşambaları Doğan Bey?"

"Sözgelişi öyle söyledim. Yani hapishane hâlâ, farkına varmadan benim sığındığım, bilmeden gelip yaşamımın bir kısmını geçirdiğim bir yer."

"Hapishaneden yüzde yüz kurtulanlar var mı?"

"Evet, var. Sayıları az ama, yine de var."

"Onlar kim."

"Onların özel bir ismi var. Kelimeyi duymuşsundur, ama bu anlamda kullanıldığını pek duymamışsındır."

"Hangi kelimeyi?"

"Hapishaneden yüzde yüz kurtulan ve sayıları az olan insanlara verilen isim."

"Onların ismi ne?"

"Savaşçı!"

"Savaşçı mı?"

"Evet."

"Hiç de barışı, bilgeliği, özgürlüğü, mutluluğu çağrıştıran bir kelime değil."

"Evet, hapishanedeki biri olarak savaşçıyı tanıyamazsın. Savaşçıyı tanımak, anlamak için hapishaneden çıkmış olman gerekiyor."

> *Hapishanede olduğunuzu fark ettiğiniz an, SAVAŞÇI olma yolunda ilk adımı atmış olursunuz.*

"Peki ara sıra olsa da bu hapishaneden çıkabilecek miyim?"

"Önce kötü haberimden söz etmiştim. Şimdi iyi haberimi vereyim. İyi haberim şu: Hapishanede olduğunu keşfettiğin an, savaşçı olma yolunda ilk adımını atmış olursun."

"Hocam, farkına varmadan ilk adımı atmış olduğumu söylediniz, ama savaşçı yolculuğunu yapabilecek miyim?"

"Bilmiyorum. Sizinle böyle bir yolculuğa çıkmak isterim. Bu sadece sizin yolculuğunuz olmayacak, benim için de anlamlı bir yolculuk olacak."

"Böyle bir yolculuğa çıkmak beni heyecanlandırıyor Doğan Bey. Nasıl oldu, onu bile pek bilmiyorum, ama şimdi sizinle ilk karşılaştığım andan daha güçlü, daha umutlu, daha diri bir Arif olarak görüyorum kendimi."

Saate baktım, dörde geliyordu. Benim saate baktığımı görünce, o da kendininkine baktı.

O sırada ilerdeki bir masadan biri başörtülü iki kız ve iki erkek olmak üzere dört kişi kalktı. Arkamdaki masaya oturmaya hazırlanan bir bayan, 'Bak orası boşaldı,' diyerek sandalyelerin ve masaların arasından hızla yürüdü, son kişi çantasını ve ufak paketlerini alır almaz masaya kendi elindeki çanta ve paketleri koymaya başladı. 'Haydi Ömer, bak burası daha iyi buraya gel,' dedi. Bu çağrı üzerine elli yaşlarında, temiz giyimli, keçi sakallı bir adam felçli olduğu için sol ayağını sürükleye sürükleye yanımdan geçti. Kadın tereddütlü adımlarla yavaş yavaş ilerleyen adamın yeni tıraşlı yüzüne bakarken onu bu masa ve sandalye karmaşası arasından yürüttüğü için biraz tedirgindi ama, daha ferah bir masa seçmiş olmanın zaferi de vardı yüzünde.

Arif Bey,

"Vakit gelmiş," dedi. "Sizi bir daha görebilecek miyim?"

"Evet, zamanımız doldu. Bugünkü konuşmamız bizi nereye getirdi biliyor musunuz?"

"Benim sığ, maymun iştahlı, başkalarının dediğine göre yaşamını yöneten biri olduğuma getirdi."

"Kendinizi ağır yargıladınız, Arif Bey. Felsefi bir soru sormak istedim: Bugünkü konuşmamızda biz, kişinin yaşamında anlam arayışı konusunu irdeledik; bunu demek istedim."

"Anladım, Hocam. Bir daha ne zaman buluşabileceğiz?"

Takvimimi çıkardım, baktım. "Önümüzdeki Cumartesi buluşabiliriz," dedim. Okullar tatil olduğu için hafta içinde de buluşabileceğimizi söyledi. Önümüzdeki hafta Cumartesi gününün bana en uygun gün olduğunu söyledim.

"Karşıda Fenerbahçe parkında buluşalım. Önümüzdeki Cumartesi günü Piramit'in önünde saat ikide buluşabilir miyiz?"

"Tamam Doğan Bey, orada olacağım."

Birbirimize iyi günler dileyerek ayrıldık. Deniz kıyısından Fındıklı yönünde yürümeye başladım. Dört yaşlarında bir küçük oğlan ayakta, Boğaz'ın kıyısında olmaktan heyecanlı, sağ eliyle yanında duran ağabeyi, ya da amcası veya dayısı olan on yedi-on sekiz yaşlarındaki bir delikanlıya sıkı sıkıya tutunmuş. Genç adam çocuğun yanında çömelmiş, sol koluyla onu kucaklamış. Küçük, durup durup heyecanla bir şeyler söylüyor; genç adam onu dinliyor ve ciddi ciddi cevaplar veriyor. Delikanlı ile bu şanslı çocuğun insan insana konuşmasını izlemek içimi sıcacık bir insan sevgisiyle doldurdu. İçimden, gidip o delikanlıyı kutlamak geldi.

Yürümeye devam ettim. Birçok kişi banklara, bazıları ise kenardaki taşların, otların üstüne oturmuş, sadece bir kişi elindeki gazeteye göz atıyor. Diğerleri bomboş gözlerle hareket etmeden uzaklara bakıyorlar.

Karşıdan bana doğru gelen bir genç kız ve bir oğlan dikkatimi çekti. Oğlan sağ kolunu kızın boynuna öyle dolamış ki, sanki, 'dünya âlem bu kızın bana ait olduğunu bilsin!' diyor. Kız halinden memnun, oğlan halinden memnun; ikisi de heyecanlı, ikisi de biraz şaşkın.

Onları izlerken kendi gençliğim gözlerimin önüne geldi; önemli olan yanımdaki kişi değil, onun kafamdaki imajı karşılayıp karşılamadığıydı. Üniversitede mini etekli, sigara içen bir kız arkadaşım olsun istiyordum. Figen mini etekliydi ve bol bol sigara içiyordu. Onunla ilk yürüyüşümüzü anımsadım.

Köşedeki sigorta binasının yanından yukarıya, Cihangir'e doğru yavaş yavaş tırmanmaya başladım.

2

Uyanış

Cumartesi günü, Fenerbahçe'deki Piramit eğlence merkezinin önünde buluştuk ve yavaş yavaş parka doğru yürümeye başladık. Arif Bey'in üzerinde kısa kollu bir gömlek ve blucin pantolon vardı. Ben de blucin ve üzerine de bir tişört giymiştim.

Güneşli bir gündü ve park, gezmeye gelen gençler, çocuklarını getiren anababalar, köpekleriyle yürüyüşe çıkan insanlarla doluydu. Yelken Kulübü'nü sağda bırakarak Fenerbahçe Kulübü tesislerini geçtik ve ortada ulu bir çınar ağacının altına kurulmuş olan kahvehanedeki masalardan birine oturduk. Ben su istedim, Arif Bey de ayran söyledi.

Arif Bey bir an önce konuşmaya istekli görünüyordu. Onun böyle istekli olmasından memnundum.

"Geçen buluşmamızda konuştuklarımız üzerinde düşündüm. Şimdi şunu görebiliyorum: Kendi anlam dünyamı yaratmaya yönelmişim, ama bilincim hazır olmadığı için farkına varmadan herkes gibi hapishaneye girmişim. Ve şimdi hapishanede olduğum gerçeğini anlamaya yönelik bir uyanışın içindeyim."

O sırada bir karga 'gak' diye bir ses çıkardı ve konduğu daldan havalandı.

"Bakın karga sizin dediğinizi onaylıyor," dedim.

İkimiz de güldük.

"Arif Bey, sizinle hemfikirim. Bir uyanış süreci içindesiniz. Sizi bu uyanış sürecine getiren ise, sizin anlam arayışınız."

"Evet, hayatımın anlamını bulmaya çalışıyorum."

"Öğretmen olmak anlam dolu bir yaşam vaat ediyordu. Zamanla

o anlam kayboldu. Sıradan bir öğretmen olmaya doğru gitmek sizin yaşamınızı anlamsızlaştırdı."

Dikkatle dinliyordu; ben suyumdan, o da ayranından birer yudum aldık.

"Bu tür anlamsızlığı yaşayan ve gözlemleyen düşünürler yeni bir düşünce tarzı geliştirdiler: Varoluşçu yaklaşım. Varoluşçu felsefe yaşamın anlamsızlığına bir tepki olarak doğmuştur; temelinde de fenomenolojik yaklaşım yatar."

"Fenomenolojik yaklaşım ne demek?"

"Alman filozofu Edmund Husserl, bizim dışımızdaki dünya ile bu dünyayı yaşayan, duyumlayan insan arasındaki ilişkiye baktı. Şu anda aynı fiziksel çevre içindeyiz; ama sizin ve benim duyumladığımız dünya, yani algılama ve yaşantı dünyamız aynı değil. Bu algılanan ve yaşanan dünyaya *fenomen* diyoruz. Yani aynı fiziksel çevre içinde birbirinden farklı fenomenleri olan iki insanız."

"Bir örnek verebilir misiniz?"

"Biraz önce bir karga uçtu, hatırlıyor musunuz?"

"Evet 'gak' diye uçtu ve siz, 'Bakın karga sizin dediğinizi onaylıyor,' dediniz."

"Peki ben söylemeden önce karganın 'gak' dediğinin farkında mıydınız?"

"Hayır değildim."

Bilinciniz gelişmeden, o bilince uygun olan fenomenleri algılayamazsınız.

"Demek ki karganın sesi o an sizin fenomeniniz içinde yer almıyordu. Ben ise hem duydum, hem de bir anlam yükledim. Ama sanırım şunu söylememe gerek yok; her ikimiz de biliyoruz ki, ikimiz de fiziksel olarak aynı ortamda bulunuyorduk."

"Evet, ikimizin de aynı fiziksel ortam içinde bulunduğunu kesinlikle kabul ediyorum."

"İşte varoluşçu felsefe, insanların kendi varoluşlarını kendi fenomenleri içinde, yani algıladıkları, yaşadıkları, anlam verdikleri fenomenler içinde oluşturduklarını söyler. Husserl, kişinin farkında olması ile, farkında olduğu şey arasında sıkı bir ilişki olduğunu söyler."

"Yani...?"

"Yani, bilinciniz gelişmeden o bilince uygun olan fenomenleri algılayamazsınız. Örneğin, benim seminerime geldiniz ve seminerde duyduklarınız sizi etkiledi. Seminerime gelen, fakat hiç etkilenmeyen insanlar da var."

"Bu gözlem sizin bir kitabınızda ele aldığınız paradigma kavramıyla benzerlik gösteriyor. Kişinin bir konuda paradigması oluşmamışsa, o konuyu algılayamaz."

"Evet, paradigma kavramı ile ilgisi kesinlikle var. Ama, Husserl'in düşünüşünde 'niyetlilik' kavramı da var. Husserl der ki, 'Her bilinç kendine özgü bir niyet geliştirir. Ve bu niyet o bilincin neyi, nasıl anlamlandıracağını etkiler.' "

"Herhalde bilimsel çalışmalar bunun dışında kalıyor, çünkü orada bilim adamı nesnel olmaya çalışıyor."

"Husserl, bilimin de kendine özgü tutumları ve niyeti olduğunu söylüyor; örneğin, nesnellik tutumu. Bilimin bu nesnellik tutumunun, incelediği olayların insancıl yönlerini çoğu kez çarpıttığını ifade ediyor."

"Bu söylediklerinizin benim anlam arayışımla ilgisi ne olabilir, Doğan Bey?"

"Önce şunu sorayım: Bir anlam arayışı içinde olduğunuzun farkında mısınız? Daha doğrusu böyle bir süreç içinde olduğunuzu kabul ediyor musunuz?"

"Önceden farkında değildim, ama şimdi farkındayım ve evet, böyle bir süreç içinde olduğumu kabul ediyorum."

> *Her bilinç kendine özgü bir niyet geliştirir. Ve bu niyet o bilincin neyi, nasıl anlamlandıracağını etkiler.*
>
> Husserl

"Önceden farkında değildiniz demek ki."

"Hayır değildim."

"Niçin farkında değildiniz?"

"Çünkü öyle bir bilince sahip değildim."

"Şöyle söyleyebilir miyiz: Daha önce, hapishanenin içinde olduğunuz halde, hapishanede olduğunuzun farkında değildiniz?"

"Evet, söyleyebiliriz."

"Ve hapishanede olduğunu bilmeyen bir insanın fenomenolojisi içinde kendinizi var ediyordunuz?"

"Evet, onu da diyebiliriz. Şimdi görüyorum. Şimdi yine hapishanedeyim, ama artık hapishanede olduğumu biliyorum. Ve hapishanede kalmak ya da hapishaneden çıkmak, benim gerçekleştirebileceğim bir süreç haline geldi. Çünkü şunu açıkça görebiliyorum ki, benim hapishanemin kapısını açacak ve beni özgürlüğe kavuşturacak anahtar, benim bilincimin içinde."

"Hapishaneden çıkmak, özgür olmak, yaşamını kendi özgür iradenle yapılandırmak. Bütün bunlara Husserl 'niyetlilik' der. Yani bilincin, yeni bir 'niyet'le kendi fenomenolojisini yaratıyor."

"Evet, şimdi daha açık görebiliyorum."

"Sizin hapishaneye girmeniz de tesadüf değil. Sizi herkesle beraber hapseden kültürün de, bir bilinç düzeyi ve niyetliliği var."

"Çok ilginç. 'Kültürün niyetliliği' olabileceğini hiç düşünmemiştim."

"Böyle bir kavramı ortaya koymakla Husserl insanlık düşünce tarihine önemli bir katkıda bulunmuştur. Bu kavramın sizin yaşamınızla ilgisi şu: Siz çıkmaya çalıştıkça 'kültürün niyetliliği' sizi bırakmamak için elinden geleni yapacaktır."

"Bunu nasıl yapacak?"

"Daha önce konuştuğunuz deneyimli öğretmen arkadaşlarınız, şu konuşmalarımızda bizimle beraber olsalardı, onların yüz ifadelerinde, konuşmalarında, genel olarak tepkilerinde bunun bol bol örneklerini görürdünüz."

Arif Bey, ayranından bir yudum alırken, ne dediğimi kavramış bir insanın yüz ifadesiyle gülümsüyor, hafifçe başını sallıyordu. Ne demek istediğimi iyi anlamıştı; bu dediğim şeyi sık sık yaşadığının farkına varıyordu.

"Benden etkilenmemeniz için onlar ellerinden geleni yaparlardı. Benim hayalci olduğumu, size yarar yerine zararım dokunacağını, boş hayaller peşinde koşacağınıza artık aklınızı başınıza toplamanız gerektiğini söyleyeceklerdi. Hele hapishanede olduğunuz gibi laflar duyarlarsa, benim anarşist olduğumu, pek yakında gerçekten hapishanede yer alacağımı ifade edebilirlerdi."

"Yani benim değişmeme benim çevremin direnç göstereceğini söylemek istiyorsunuz."

"Evet, siz ne kadar değişirseniz, çevreniz o şiddette size direnecektir."

"Sizin *İnsan İnsana* kitabınızda bir söz vardı, farklı olmaya çalışırsanız, herkes size karşı tavır alır, gibi."

"e.e.cummings'in sözü; şöyle der:

Seni diğerlerinden farksız yapmaya
Bütün gücüyle gece gündüz çalışan bir dünyada,
Kendin olarak kalabilmek,
Dünyanın en zor savaşını vermek demektir.
Bu savaş bir başladı mı,
Artık hiç bitmez!..."

Bir süre sustuk.

Yeni yürümeye başlayan bir kız çocuğu, anne ve babasının heyecanlı bakışları, gülüşleri ve destekleyici sözleriyle birkaç adım attı. Durdu, geri döndü, baktı. Arkasına bakmak için dönünce dengesini kaybetti ve poposunun üzerine düştü.

Babası kalktı, küçük kızı kollarının altından tuttu, kaldırdı: "Aferin kızıma, ne de güzel yürüyor!" dedi.

Arif Bey neye baktığımı görmek üzere yan tarafa döndü. İkimizin de yüzünde bir gülümseme belirdi.

Çocuk sevgisini paylaştığımızı sezinliyordum.

e.e.cummings'in sözünü bilincimize daha iyi sindirebilmek için bir süre sustuk.

Daha sonra konuşmama devam ettim:

"Biliyor musunuz Arif Bey, değişimin olduğu her yerde mutlaka direnç oluşacaktır. Bu son derece doğal."

"İnsanların direneceğini bile bile değişmek, hatta değişmeye teşebbüs etmek zor değil mi, Doğan Bey?"

"Eğer savaşçı olma yolunda iseniz, başka türlüsünün olmayacağını bilirsiniz, bir daha 'zor' veya 'kolay' terimleri içinde düşünmezsiniz."

"Peki hangi terimler içinde düşünür savaşçı?"

"Savaşçının hangi terimler içinde düşündüğü, davrandığı, hissettiği üzerinde ilerde ayrıntılı olarak konuşacağız. Ama artık, 'zor' ve 'kolay', savaşçının seçiminde ölçüt olmaktan çıkmıştır. 'Yapılması anlamlı ve doğru olan' ile 'yapılmaması anlamlı ve doğru olan' diye düşünmek, savaşçı tutumunu daha iyi yansıtır."

"Yani kendi hayatını kendin oluşturacaksın demek istiyorsunuz."

"Zaten hep öyle oluyor. Şimdiki hapishaneye onlar koymadılar ki sizi. Rıza gösterdiğiniz için bu hapishanedesiniz. Sadece bilinciniz elvermediği için bu davranışınızın sorumluluğunu şimdiye dek başkalarına yüklüyordunuz."

Park oldukça kalabalıklaşmıştı. Yan masadan, çocuklarıyla oturan bir çiftin bizim masaya baktığını gördüm. Onlarla göz göze gelince bana gülümsediler ve başlarıyla selam verdiler; selamlarını aldım. 'Herhalde seminerime katılmış olanlardandır,' diye düşündüm. Masadaki küçüğün umrunda değildim. O biraz ilerdeki masanın altında yatan küçük bir köpekle ilgileniyordu.

"Arif Bey, Arthur J. Deikman adında Amerikalı bir psikiyatristin, bir hastasıyla ilgili gözlemlerini size anlatmak istiyorum."

Elimdeki *Observing Self* adlı kitabın o kısmını, İngilizce'den serbest çeviriyle aktarmaya başladım:

> "Kırk yaşlarında bir kadın hastam ağır depresyon nöbetlerine tutuluyordu. Bu hastam yıllar yılı psikoanalize girmişti, ama yılın belirli zamanlarında aynı depresyon onu aynı şiddetle etkisi altına almaktaydı. Depresyon kadının kendi yaşamının ve genellikle hayatın tamamen anlamdan yoksun olduğu duygusu üzerine yoğunlaşıyordu. Bu depresyon nöbetlerinde kadın yatakta kalır, dış dünyayla ilişkisini keser, haftalarca umutsuzca yatakta uzanır ve hastalığın geçmesini beklerdi.
>
> "Hasta bana gelip derdini anlattığında, depresyonunun altındaki anlamsızlık ve umutsuzluk duygusunun onun gerçek yaşamından kaynaklanabileceğini söyledim ve bu anlamsızlık duygusunun önemli şeylere işaret edebileceğini, bu duyguya kötü bir şey olarak değil, ders alınabilecek bir öğrenme fırsatı olarak bakılması

gerekebileceğini anlattım. Kendini insanlığa adamış birçok insanın ilk başlarda bu tür depresyonlardan geçtiğini ve bu depresyon sırasında insanlığa hizmet edebilecek fırsatlar yarattıklarına işaret ettim. 'Anlamsızlık duygusunu itmeden, onu bir arkadaş olarak kabul etmeli; anlamsızlık duygusunu bir öğretmen gibi düşünüp onun öğreteceği şeylere açık olmalı,' dedim. Araştırıcı tutumu içinde, 'Şimdi içinde bulunduğum bu durum bana ne öğretmek istiyor?' diye düşünmenin değerli bir tutum olduğunu belirttim.

"Hastam beni gittikçe artan bir ilgi ve heyecanla dinlemeye başladı. Bu depresyon duygusunu bastırmaya çalışmak yerine, bir öğrenme fırsatı olarak görmek onun içini rahatlattı ve patolojik bir durum içinde olduğunu düşünmek yerine, bir araştırıcının -kendini ilgilendiren bir şeyi araştıran bir araştırıcının- merakı ve heyecanı içine girmeye başladı. Daha sonraki her tedavi seansına, daha heyecanlı, daha meraklı, daha tutarlı ve en önemlisi daha anlamlı bir insan olarak gelmeye başladı. Hem kendi hayatı, hem de genel olarak yaşam bir anlam kazanmaya başlamıştı. Kendi hayatının ve çevresindeki, ilişki kurduğu insanların hayatının anlamsızlığıyla yüz yüze gelmemek için sakladığı birçok 'çöplük' gün ışığına çıkmaya başlamıştı."

Arif Bey, okuduğum kısmı dikkatle dinledi. Çeviriyi bitirdikten sonra, 'Anlamını yitiren bir hayat!' dedi. Sustu. Bana baktı ve tekrarladı: 'Anlamını yitiren bir hayat!' Daha sonra konuşmaya devam etti:

"Psikiyatristin hastasıyla ortak yönüm bu. Ben de şevkimi kaybediyorum ve yavaş yavaş depresyona giriyorum."

Bir süre sustu. Sanki kendi kendine konuşuyordu.

"Niçin? Çünkü daha önce anlamlı gördüğüm bir meslek, benim için anlamını yitiriyor. Şimdi sizinle konuştukça, bu anlamı yitirmenin temelinde kendimi esas almamamın yattığını görmeye başladım."

Yine bir süre sustu. Ayranından bir yudum aldıktan sonra konuşmaya başladı:

"Kendi düşüncelerimi, kendi değerlerimi dikkate almamaya başladım. Gittikçe başka insanları, onların düşüncelerini, onların değerlerini esas almaya başladım. Arif Okurer olarak sanki ben yok olmaya başlamıştım."

Göz göze geldik. İnsan gözü bu kadar farklı anlamları, duyguları aynı anda nasıl verebilir, inanması güç. Onun gözünde 'bütün-bunları-daha-önce-niye-görmedim'in yenilgisi, hüznü, kızgınlığı, ama aynı zamanda, 'iyi-ki-şimdi-farkındayım'ın mutluluğu, ciddiyeti, derinliği, sorumluluğu vardı.

"Şimdi şunu da görüyorum: benim şevksizliğim, depresyonum bana bir şeyler söylemeye çalışıyormuş. Söylemeye çalıştığı şey de, hayatımın temellerini yeniden gözden geçirmem gerektiğiymiş."

Arif Bey'in neden söz ettiğini çok iyi anlıyordum. Yaşamımda kaç defa, onun şimdi içinde bulunduğu durumda bulmuştum kendimi. Aslında o benden daha şanslıydı. Beni karşısına alıp, adam yerine koyarak konuşan olmamıştı. Onunla yüz yüze konuşacak, ona değer veren, onun gelişmesini isteyen, görmüş geçirmiş biri vardı yanında. Bense, olayların söylediklerinden kendi payıma çıkanı anlamaya çalışmıştım.

Gittiğim bir seminerde verilen bir örneği hatırladım:

"Şöyle bir örnekti: Farz edelim ki, yarın çok önemli bir randevunuz var. Randevu saat dokuzda ve siz bu randevuya geç kalmaktan korkuyorsunuz. Randevuya geç kalmamak için aynı evde kaldığınız arkadaşlarınıza durumu anlatıyorsunuz ve, 'Biliyorsunuz ben kolay kolay uyanamam ama ne olursa olsun, ne dersem diyeyim, siz beni mutlaka sabah yedide uyandırın ve saat dokuz randevusuna hazır edin,' diyorsunuz.

"Arkadaşlarınız bunu kabul ediyorlar ve ertesi sabah saat yedide odanızın kapısını çalıyorlar. Sizden cevap yok. Beş dakika sonra kapıyı yine çalıyorlar, sizden yine cevap yok. On dakika sonra odaya giriyorlar ve size uyanmanızı söylüyorlar. Sizden yine cevap yok, hatta onlara, 'Bırakın beni biraz uyuyayım,' diyorsunuz. Fakat onlar sizin huyunuzu bildikleri için, odadan çıkmıyorlar, yeniden sizi uyandırmayı deniyorlar. Eğer uyanmazsanız üstünüze soğuk su atacaklarını söylüyorlar. 'Tamam kalkacağım,' diyorsunuz, ama onlar on dakika sonra geldiklerinde sizi hâlâ yatakta buluyorlar. Kulağınıza bağırmaya başlıyorlar. Nihayet, istemeye istemeye uyanıyorsunuz."

Arif gülümseyerek bu hikâyeyi dinliyordu. Gülerek bana sordu: "Beni uyandırmaya çalışan arkadaşlarım kimler?"

Hemen cevap vermedim. Önce böyle arkadaşların olmasının ne kadar önemli olduğunu vurgulamak istiyordum.

"Tabii sizin üzerinize bu kadar düşecek ve sizi uyandırmak için bu kadar çabalayacak arkadaşlarınızın olması önemli. Birçok insan, 'Bana ne, istemiyorsa kendisi bilir,' der ve sizi yatakta bırakır gider."

Kişinin huzursuzluğu, mutsuzluğu, gerginliği, sıkıntısı, depresyonu onu uyandırmaya çalışan önemli dostlarıdır.

Arif Bey, gülümseyerek soruyu yineledi.

"Hocam, benim böyle arkadaşlarım var mı?"

"Evet, var."

"Kim bu arkadaşlarım?"

"Psikiyatristin hastasını uyandırmaya çalışırken dikkat ettiği hüzün, çöküntü, karamsarlık gibi şeyler."

"Yani, benim sıkıntım, anlamsızlığım, depresyonum, beni uyandırmaya çalışan arkadaşlarım mı oluyor?"

"Evet, kişinin huzursuzluğu, mutsuzluğu, gerginliği, sıkıntısı, depresyonu, onu uyandırmaya çalışan önemli dostlarıdır."

"Bize ne demeye çalışıyorlar? Kalk, randevuna geç kalıyorsun mu diyorlar?"

"Artık onu sen anlamlandır. Depresyonun sana ne diyor?"

"'Hayatın palavra olmaya başladı,' diyor."

"Peki bu sözün altında bir davet var mı? Bir uyanış daveti var mı?"

"Var."

"Evet, Arif Bey. Bu anlamda her acı –ister bedensel acı olsun, ister duygusal, ister zihinsel acı– bir mesaj taşır. Bu mesaj ya yapmamamız gereken bir şeyi belirtir; örneğin, 'Başkalarının düşünce ve değerleriyle hareket etme,' der; ya da, yapmamız gereken bir şeye işaret eder; örneğin, 'Kendi özüne dön, kendi değerlerin içinde yaşamını inşa et,' gibi."

"Mesajın şiddeti ile konunun aciliyeti arasında bir ilişki var mı?"

"Bunu hiç düşünmemiştim."

"Bence olması gerek. Örneğin benim sıkıntım gittikçe artıyordu. Bu artış, sorunun daha fazla aciliyet kazandığını gösteriyor."

"Sanırım haklısınız."

Farkında Oluş Katmanları

Arif Bey bir süre sustu, sormak istediği bir soru olduğu, bakışlarından anlaşılıyordu.

"Doğan Bey bu sıkıntının kaynağı ne? Yani nereden kaynaklanıyor benim depresyonum?"

"Gestalt terapisinin kurucusu Frederick S. Perls adında bir düşünür, üç tür farkında olma alanı tanımlar. Bu alanlar katmanlar gibi, birbirleri üstüne geçmiş durumdalar.

"İlk katman kişinin kendinin farkında olmasıdır. Bu farkında oluş, temel bir bilinçtir. Gelişerek kişinin yaşamında sürekli olabilir; ama sürekli bastırılıp körlenerek, hiç gelişmeme ihtimali de vardır. Eğer bu farkında oluş, gelişimini sürdürüp tamamlanabilirse, o zaman 'gözlemleyen ben' dediğimiz bilinç oluşur.

"Üçüncü katman, dış dünyanın farkında oluştur."

"İkinci katmanı unuttunuz, Doğan Bey."

"Hayır, unutmadım. Önce üçüncü katmanı söylemek daha anlamlı. Evet, üçüncü katman dış dünyanın farkında olmaktır. Dışımızda bizi kuşatan çok boyutlu ve karmaşık bir evren var. Bu evreni olduğu gibi görebilmek, ona uyum sağlayabilmemiz için gerekli.

"Bu dış realiteyi olduğu gibi algılayabilmek, onunla ilişkiyi devam ettirebilmek önemlidir. Bu algılama, kişinin dış dünya realitesiyle olan ilişkisinin temelini oluşturur. Ne var ki, kişinin dış dünya realitesiyle ilişkisini devam ettirebilmesi zordur. Çünkü ikinci katman bunu engeller."

Dışımızda bizi kuşatan çok boyutlu ve karmaşık bir evren var. Bu evreni olduğu gibi görebilmek, ona uyum sağlayabilmemiz için gerekli.

"Ama henüz ikinci katmandan söz etmediniz."

"Şimdi ikinci katmandan söz edeceğim. İkinci katman kişinin kendinin farkında oluşu ile dış dünyanın farkında oluşu arasında yer alır. Bu, kavramsal algılamanın, dil ve kültürün yer aldığı dünyadır."

"Husserl'in sözünü ettiği, kendine özgü niyetliliği olan kültürün dünyası."

"Evet, kendine özgü niyetliliği olan dil ve kültürün dünyası."

Bu noktada biraz sustum. Arif Bey, kendisinin dikkatini çekmek istediğimi hemen anladı ve pür dikkat kesildi. Devam ettim:

"Ve çoğu kere kişinin dünyayı ve kendisini doğrudan algılamasını engeller. Sanki kişinin kendisiyle onun içinde yaşadığı dünya arasında bir duvar örer. Kişi ne kendisinin ne de dış dünyasının farkına varır; sadece bu duvarın gerçeğini yaşamaya başlar. Yani, bu duvar kişinin kendi gerçeği imiş gibi görünür.

" 'Bu orta katman her şeyi kaplayarak, kişinin özbenliği ile ilişkisini kesmeye başlar,' der Perls. Bu orta katman deneyimli öğretmenlerin sözlerini, sizin annenizin ve babanızın inançlarını, toplumun eğitimle ilgili değerlerini içerir. Sizin kendi özünüzün ne olduğu ile ilgili algılamanıza olanak vermez. Kendi özünüzü algılayabilmeniz için bu orta katmanın etkisinden kurtulmanız, yani daha önce sözünü ettiğimiz hapishanenin farkına varmanız gerekir. İşte bu farkına varışa 'uyanış' diyorum."

"Hiç uyanmadan insan tüm ömrünü harcayabilir mi, Doğan Bey?"

"Çoğunlukla öyle olur."

"Yani bizim sıkıntılarımız, hüzünlerimiz, depresyonumuz, bize uyanma için çağrılar yaptığı halde, hiç uyanmadan tüm ömrümüzü geçirebiliriz."

"Evet, çoğunluk uyanmaz. Bu çağrıların bir öteki yüzü de şudur: Çok özel olduğundan, bizim için olan çağrıyı başkası anlamsız ve saçma sapan bulabilir. Örneğin, tecrübeli öğretmen arkadaşların, sana özgü çağrıları saçma bulacaktır."

"Ama, ben bu çağrıları ciddiye alır, dinlersem...?"

Durdu, yüzüme baktı. Bu sorulmuş bir soruydu, benden cevap bekliyordu:

"Bu çağrıları siz ciddiye alır, dinlerseniz..."

Durdum, düşündüm ve konuşmaya devam ettim: "Size yapılan çağrının doğasını anlarsınız. Başka hiç kimse anlamayabilir, ama, çağrının anlamı sizin için açık seçik ve özeldir."

"Doğan Bey, öyle konuşuyorsunuz ki, sanki bu durumda bulunmuş ve güçlü çağrılar almış birisiniz."

"Evet; dört yıl çocuklarımdan ayrı kaldım. Ayrı kaldığım dönemde mutsuzdum, çökmüştüm."

"Çağrı neydi?"

"Çok basit. Mutlu olma çağrısı. Nasıl mutlu olabilirim diye düşündüm. Çocuklarıma babalık yapma sorumluluğundan kaçamazdım. Bu anlamda çağrı, 'Çocuklarına dön, onların sana ihtiyacı var,' çağrısıydı."

"Peki siz ne yaptınız?"

"Çocuklarıma dönmeye karar verdiğim anda, mutlu ve şevkli bir insan oldum."

"Çocuklarınıza döndünüz mü?"

"Evet! Ve doğru kararı verdiğimi hissettim."

"Yani yüreğinizin gösterdiği yola yöneldiniz."

"Evet, öyle yaptım. Çocuklarımla beraber olmak, bana mesleki yönden büyük zaman kaybına sebep oldu. Ama, hayatımın anlamlı ve doyumlu olması için, dürüst bir insan olarak bu kararı vermem gerekiyordu. Çağrıya uydum. Mutluluğumu buldum."

"Şimdi çocuklarınızla aranız nasıl?"

"Çocuklarımla yakın, sağlıklı, dürüst ilişkiler içindeyim. Bu sonucu, beni uyandırmaya çalışan mesajların farkına varmama borçluyum. Şimdi seni uyandırmaya çalışan mesajlardan söz edelim."

"Evet, beni uyandırmaya çalışan arkadaşlarımın kimler olduğunu sormuştum."

"Kurumamak, yaşayabilmek, anlam ve doyum bulabilmek çabası içinde olan iç dünyanız; sizi uyandırmaya çalışan o. Eğer psikoterapi süreciniz başarılı olsa idi, kendi özünüze doğru bir yolculuğa başlayacaktınız. Başarılı psikoterapiden beklenen budur: Üstü kül kaplamış korun küllerini temizleyerek öze ulaşmak."

"Benim özüm mutsuzluğunu, sıkıntı ve depresyon halinde ifade ediyordu; öyle mi?"

"Evet. Yaşam enerjinizin kaynağı sizin özünüz. Kendi özünüzden koptuğunuz zaman şevkiniz kalmaz. Yaşamınızın anlamı da bu özden gelir; özle ilişkili yaptığınız her şey anlamlı, heyecan verici gelir. Özden kopuk yaptığınız şeyler ise anlamsız ve sıkıcı gelir."

Yaşam enerjinizin kaynağı sizin özünüz. Kendi özünüzden koptuğunuz zaman şevkiniz kalmaz.

"Neden bu orta katman bu kadar şişiyor ve neden insanın özü üstü kül kaplanan kor halinde kalıyor, Doğan Bey?"

Yaşam Dansı

Arif Bey önemli bir soru sormuştu, açıklamak istedim.

"İnsan doğarken birbirinden farklı, hatta birbirine zıt iki temel gereksinimle doğuyor."

"Sadece iki gereksinimle mi doğuyor?"

Elimde olmayarak güldüm. Dil ne kadar yetersiz kalıyor insanın düşündüklerini anlatmada. 'Çok dikkatli olmak gerekiyor,' diye aklımdan geçirdim. 'Bir konuyu karşındakine anlatırken, konuyu açık seçik anlatabilmek için kişinin kullandığı kelimelere ve cümlelere özen göstermesi gerek.'

"Hayır sadece iki gereksinimle doğmuyor. Birçok gereksinimle doğuyor. Bu birçok gereksinim arasında oldukça temel iki gereksinim daha var: Bunlardan biri ait olma, diğeri de birey olma gereksinimi.

"Çocuk doğmadan önce anne karnında tamamiyle 'ait'. Anne onun için nefes alıyor, yiyor, dışkılarını atıyor. Çocuk ekmek elden, su gölden büyüyor. Çocuğun birey olarak yaptığı ilk anlamlı davranış, doğumdan hemen sonra nefes alması. Bu noktadan sonra çocuk yavaş yavaş birey olma yolunda ilerlemeye başlıyor.

'Ait olma' ve 'birey olma' arasındaki denge her bir bireyin yaşam dansını oluşturur.

"İşte bu 'ait olma' ve 'birey olma' arasındaki denge her bir bireyin yaşam dansını oluşturur."

Arif Bey gülümsedi, benim söylediğimi tekrar etti: "Yaşam dansı!" Konuşmama devam edecektim, fakat onun bir şey söylemek istediğini fark edince durdum. Arif Bey,

"Hocam, bu dans kavramı hoşuma gitti. Siz mi buldunuz bu kavramı?"

"Bu kavramın kaynağı bizim 'İnsan İnsana'daki arkadaşlar. Seminerlerde onlar kullanmaya başladılar, bana da uygun geldi, kullanıyorum. Demek hoşuna gitti."

" 'İnsan İnsana' nedir?"

"Beraber eğitim verdiğim arkadaşlarımın oluşturduğu ekibin adı. Bu ekipteki arkadaşlarım 'yaşam dansı' kavramını kullandılar, onlardan aldım."

Arif Bey merak ettiği şeyin cevabını almış bir insan edasıyla gülümsedi. Konuşmama devam ettim:

"Toplumla, sosyal yaşamla, kültürle ilgili yönlerimiz ait olmayı ifade eden yönlerimizdir: Annemizin dediğini yapmak, komşularımızı küstürmemek, toplumda saygı duyulacak bir meslek seçerek geçim temin etmek, fedakârlık yapmak gibi şeylerin tümü 'ait olma' gereksinimimizden kaynaklanır. İstediğimiz için oyun oynamak, eğlenmek, istediğimiz için cinsel ilişkide bulunmak, istediğimiz için kampa gitmek, doğayla ilişki kurmak, hayal kurmak, kısacası kendi özümüz, canımız istediği için yaptığımız şeyler ise 'birey olma' gereksinimimizden kaynaklanıyor."

"Bu dedikleriniz her toplum ve her kişi için geçerli mi?"

"Evet, bu söylediklerim evrenseldir; her kültürdeki, her bir insan için geçerlidir."

"Peki ait olma-birey olma dengesi nasıl oluşuyor? Daha doğrusu nasıl oluşmuyor?"

"En önemli neden, çocuğun içinde yetiştiği aile."

Bir süre sustum. Dediğimi düzeltme gereksinimi duydum:

"Doğru söylemedim. En önemlisi, çocuğun içinde yetiştiği aileyi biçimleyen kültür. Husserl'in tabiriyle 'o kültürün niyeti'. Örneğin dört yaşındaki çocuk arkadaşlarıyla oynamak için sokağa çıkarken annesi ona, 'Hırkanı giy,' der.

"Neden çocuğuna, 'Hırkanı giy,' der anne? Tabii, annelik görevini iyi yapmak istediği için. Çocuğun hasta olmasını istemediği için. Ayrıca, komşularından, kendi annesinden, kayınvalidesinden öyle görmüştür. Anne, çocuğun hırkaya ihtiyacı olmadığını düşünüp çocuğu sokağa hırkasını giymeden bırakırsa, komşusunun, annesinin, kayınvalidesinin, 'Ne biçim anne, çocuğunu hırkasız sokağa bırakıyor,' demelerinden çekinebilir. Ve böylece, anne, bilinçli veya bilinçsiz, kendi isteğiyle veya, 'Başkası ne der?' korkusuyla çocuğuna, 'Hırkanı giy,' der. Böyle söylemek o kültürün, 'insanlar birbirine bağımlı olmalıdır' niyetine uygun düşer.

"Çocuk kendi bedeninden gelen bilgilere dayanarak, 'Anne üşümüyorum,' der."

Söylediğimin ne kadar önemli olduğunu belli etmek için bu noktada biraz durdum ve Arif Bey'in yüzüne baktım. Neden sustuğumu ve kendisine baktığımı anladı.

"Sizi dikkatle dinliyorum, Hocam," dedi.

"Çocuğun, 'Anne üşümüyorum,' dediği noktada, ait olma ve birey olma gelişimi yönünden, kritik bir etkileşim söz konusu. Anne şu seçeneklerden biriyle cevap verebilir:

"'*Öyle mi yavrum, peki o zaman hırkanı giymene gerek yok.*'

"Böyle bir tavır içindeki anne çocuğa şunları ifade etmiş olur:

"'Sen doğalsın: Sen üşüyüp üşümediğini bilebilecek bir insansın.'

"'Sen kendi durumun hakkında karar verebilirsin ve ben o kararlara saygı duyarım. Senin kendi bedeninle ilgili konularda karar verebilme gücün var.'

"'Sen ve ben konuşarak beraberce sorunları çözebiliriz. Benim söz hakkım olduğu gibi, senin de kendi sorunlarını çözmede söz hakkın var.'

"Anne, hırkasını giymek istemeyen çocuğa şöyle de diyebilir:

"'*Dışarısı soğuk, hasta olursun. Hırkanı giymeden seni dışarıya çıkartmam.*'

"Böyle bir tavır içindeki anne çocuğuna şunları ifade etmiş olur:

"'Sen doğal değilsin: Sen üşüyüp üşümediğini bilebilecek bir insan değilsin. O nedenle sen başkasının ne dediğine, kendinin ne dediğinden daha fazla önem vermelisin!'

" 'Sen kendi durumun hakkında karar veremezsin. Senin kendi bedeninle ilgili konularda karar verebilme gücün yok.'

" 'Eğer seninle benim aramda bir sorun ortaya çıkarsa o sorunu ben çözerim ve sana ne yapman gerektiğini söylerim. Sen ve ben konuşarak beraberce sorunları çözemeyiz. Benim söz hakkım var, ama senin söz hakkın yok.'

"Hırkasını giymek istemeyen çocuğa anne şöyle de diyebilir:

" *'Peki yavrum, hırkanı giymeden dışarı çıkıp oynayabilirsin. Ama, hırkanı kapının yanındaki sandalyenin üstüne koyuyorum, üşürsen gelip giyebilirsin.'*

"Böyle bir tavır içindeki anne çocuğa şunları ifade etmiş olur:

" 'Sen doğalsın: Sen üşüyüp üşümediğini bilebilecek bir insansın. yaşam değişiklikler gerektirebilir, kararını değiştirmen son derece doğal.'

" 'Sen kendi durumun hakkında karar verebilirsin ve istersen o kararını değiştirebilirsin; senin verdiğin kararlara ve o kararları değiştirmene saygı duyarım. Senin kendi bedeninle ilgili konularda karar verebilme ve onları değiştirebilme gücün var.'

" 'Sen ve ben konuşarak beraberce sorunları çözebiliriz. Benim söz hakkım olduğu gibi senin de kendi sorunlarını çözmede söz hakkın var.'

Arif anlattıklarımı dikkatle dinliyordu. Ben örneği verdikten sonra, gülerek kafasını öne eğip sağa sola sallamaya başladı. Ne demek istediğini pek anlayamamıştım. Durdum, ondan cevap beklercesine yüzüne baktım. Arif Bey konuşmaya başladı:

"Tabii, çocuk annenin verdiği bu mesajların zihinsel olarak farkında değil, sadece sezgi olarak algılar. Ve sezgi olarak algıladığı bu mesajlar içinde kendisinin varoluşu hakkında bir karara varır. Kafamı salıyorum, çünkü bu verdiğimiz örnek, bir günde böyle yüzlerce etkileşimin olabileceğini, daha doğrusu çocuk büyürken bunlardan binlercesiyle karşı karşıya gelebileceğini bana düşündürdü. Ve birçok annababa bunların farkında bile değil."

"Evet, maalesef farkında değiller. Çocuk belirsiz bir dünyaya doğar, onu koruyacak, ona emniyet duygusu verecek belirginlik, içinde bulunduğu ev ortamından gelir. Çocuk bu güven ortamını ne pahasına olursa olsun kaybetmek istemez. Bu nedenle, zaman içinde kendi öz benliğinden uzaklaşmayı göze alır ve yavaş yavaş ait olmayı bir varoluş biçimi olarak seçer.

Kaygılar içinde geçen bir yaşam, 'mış gibi bir yaşam'dan öteye geçemez.

"İşte kendi iç dünyalarından, özlerinden güven alamayan kişiler, Perls'in orta katman dediği hapishanede kalmaya özen gösterirler. Bu, sosyal roller içinde kalmak demektir. Bu, ben kimim sorusuna cevap verirken, ben 'babayım,' 'anneyim,' 'evladım,' 'komşuyum,' 'öğretmenim,' 'doktorum,' 'Müslümanım,' 'Türküm,' 'teyzeyim,' 'dayıyım,' demektir."

'Mış Gibi Bir Yaşam'

Hemen sağımda, kahvehanenin dışında, orta yaşlı bir çift oturuyordu. Birbirlerine hiç bakmıyorlar, hiç konuşmuyorlardı; ikisi de fiziksel olarak orada idi, ama aralarında ilişki yoktu. Birbirlerine söyleyecek sözleri kalmamış gibiydi.

Gözlemimi Arif Bey'e söyledim.

"Hocam, bu çok yaygın. Yalnızca bu iki kişiye ait değil; benzerlerine her yerde rastlamak mümkün."

"Evet, ben de görüyorum. İki rol birbiriyle ilişki içinde. İki rol birbiriyle ilişki içinde olunca, kişinin özü geri plana itilir.

"Böyle bir düşünüş biçimindeki kişi sürekli iyi rol oynama kaygısı içindedir: bana 'iyi baba' desinler, bana 'iyi anne' desinler, bana 'iyi evlat' desinler, bana 'iyi öğretmen' desinler kaygısı vardır. 'Başkası bana ne der acaba?' kaygısı bu. 'Beni takdir edecekler mi?' 'Bana aferin diyecekler mi?' 'Beni alkışlayacaklar mı?' Bu tür bir kaygı içinde hareket eden kişi de bir varolma tarzı içindedir ama sergilediği varoluş, gerçek anlamda kendisi değildir. Ben bu tür yaşama *'mış gibi* yaşam' adını veriyorum.

" 'Mış gibi yaşam' içinde olanlar kendi varoluşlarını yaşamıyorlar; başkalarının beklentilerini gerçekleştirmeye çalışıyorlar. İşte sürekli hapishanede olanlar veya bir başka deyişle uykuda olanlar bunlar. Ama, hapishanede olduklarının farkında bile değiller."

Yanımızdan geçen garsondan bir adaçayı istedim. Garson, Arif

Bey'e, 'Siz de bir şey istiyor musunuz?' dercesine baktı, Arif Bey, 'Ben bir şey istemiyorum,' dedi.

Konuşmama devam ettim:

"Hapishanede yaşayanların içine düştükleri bir temel çatışma vardır. Bu temel çatışma hepimizin içinde var. Sizin içinizde de, benim içimde de var. Şu çevrede gördüğünüz herkesin içinde var."

Her bir insanın, her bir hayvanın, her bir bitkinin doğuştan getirdiği tek bir amacı vardır: "Kendini gerçekleştirmek".

"Nedir bu temel çatışma, Doğan Bey?"

"Temel çatışma şudur: Her bir insanın, her bir hayvanın, her bir bitkinin doğuştan getirdiği tek bir amacı vardır: 'Kendini gerçekleştirmek'. Şu ağaç, kendisi olabilmek için yıllarını verdi ve başka hiçbir şey değil, sadece bu ağaç olmak üzere büyüdü, gelişti, serpildi.

"Demin 'gak' diyerek uçan karganın yaşamının temel amacı tamamen kendisi, yani bir karga olmaktır. Karga kedi olmaya çalışmaz, kedi insan olmaya çalışmaz. Doğada, insanlar hariç tüm yaratıklar, bedenleriyle, davranışlarıyla, sağlıklarıyla, gelişimleriyle tüm yaşam süreçleriyle kendilerini gerçekleştirmek üzere yaşarlar.

"İnsanoğlu dışında tüm yaratıklar kendilerini gerçekleştirmeyi, doğal ortamları içinde kaldıkları sürece, başarıyla tamamlarlar."

"Yani, müdahale edilmediği takdirde kuş kuşluğunu bulur ve yaşar; kaplumbağa kaplumbağalığını gerçekleştirir ve kaplumbağa olarak yaşar. Bunu mu demek istiyorsunuz?"

"Evet, doğal ortamları içinde yaşayan bitkiler ve hayvanlar için bunu demek istiyorum."

"Doğal ortam içinde olmayan bitki ve hayvan var mı?"

"Hiç hayvanat bahçesine gittiniz mi?"

"Evet, gittim."

"Kafese konmuş hayvanları gözlediniz mi?"

"Evet, gözledim. Ne demek istediğinizi anlıyorum. Kafesteki bir aslanı gördüğüm zaman ne kadar içimin burkulduğunu hatırlıyorum. Zavallı o kafeste kendisi, yani aslan olamıyordu; ve onun kafesindeki çaresiz gezinişi beni çok üzmüştü."

Garson adaçayımı getirdi. Teşekkür ettim. "Afiyet olsun," dedi ve başkalarına hizmet etmek üzere oradan süratle ayrıldı.

Konuşmama devam ettim:

"Hiç bonzai ağacı gördün mü?"

"Şu Japonların yetiştirdiği bodur ağaç mı?"

"Evet, o ağaçlar."

"O ağaçlar hakkında pek bir bilgim yok."

"Benim de yok. Bildiğim şu ki, o ağaçlar fidanken sistematik bir şekilde budanıyor ve bu özel budahma biçimi içinde biçimlerini koruyorlar, ama gelişip dallanıp budaklanıp ulu bir ağaç olamıyorlar."

"Biz insanlar kafese konmuş aslan ya da budanan ağaç gibi miyiz?"

" 'Mış gibi bir yaşam" içinde olanlar için evet."

"Peki ben 'mış gibi bir hayat' içinde miyim?"

"Bu soruya sen kendin daha iyi cevap verebilirsin."

"Sanırım 'mış gibi bir hayat'ım olmasına direnmeye başlıyorum."

"Onun için benimle konuşmak istediniz. 'Arif Okurer' olmayı gerçekleştirmek üzere bir karar aldınız. Dış güçler sizi budamak üzere ellerine makasları aldılar ve yavaş yavaş, sizin gelişmeye başlayan Arif'liğinizi budamaya başladılar."

"Bu tür budanıyor olmanın farkına varmak beni rahatsız ediyor, Doğan Bey. İçimde kabaran öfkenin farkına varmaya başlıyorum."

"Savaşçı olmadığınız için, sıradan bir insan olarak bu duruma tepkide bulunuyorsunuz."

"Bu savaşçı tutumunu merak etmeye başladım. Savaşçı öfkelenmez mi? Savaşçı tutumundan ne zaman söz etmeye başlayacaksınız?"

"Biliyorsunuz, sizinle konuşmamızın amacı savaşçı tutumunu tanıtmak, irdelemek ve eğer irademiz ve bilincimiz el veriyorsa, bir savaşçı olmanın yolunu tutmak. Ama, henüz *anlam arayışı*'nın önemini ve insanın *uyanışı*'nın temel süreçlerini bitirmiş değiliz."

Uyanış

"Bu uyanış kavramı bana ilginç geliyor. Kişinin uyanması için önce uyuyor olması gerekir, değil mi?"

"Evet."

"Demek ki, ben bir anlamda uyuyorum."

"Yani yatakta yatarak uyuma olarak mı alıyorsunuz, buradaki 'uykuda olma hali'ni?"

"Hayır, ama nasıl alacağımı da pek bilmiyorum. Sanırım özel bir anlamda kullanıyorsunuz, 'kişinin uyuması ve uyanması' kavramlarını."

"Uyumayı, 'farkında olmamak', 'baktığını görememek' anlamında kullanıyorum. Geçen gün 'uyanmak' kelimesinin anlamını Ali Püsküllüoğlu'nun *Arkadaş Türkçe Sözlük*'ünden baktım, şunları yazıyor:

"*Uyanmak* (nsz) 1) Uyku durumundan çıkmak. 2) Gerçekleri anlar, kavrar duruma gelmek. 3) *mec.* Bilgisizlikten kurtulmak. 4) (bitkiler için) Canlanıp sürmeye, yeşermeye başlamak. 5) *mec.* Ortaya çıkmak, depreşmek, belirmek, 6) *arg.* Ergenleşmek, 7) *arg.* Cinsel yönden hazır duruma gelmek."

Arif Bey, beni dinledikten sonra, "Sanırım bizim konuştuğumuz ikinci ve üçüncü anlamda. Yani hapishanede olduğumuzu bilmez durumdayken, hapishanede olduğumuzun farkına varınca, 'gerçekleri anlar, kavrar duruma gelmiş' ve 'bilgisizlikten kurtulmuş' oluyoruz."

"Evet."

"İnsanların büyük bir kısmının 'uyur gezer' bir durumda yaşadığını söyleyebilir miyiz?"

"Evet, söyleyebiliriz. Psikoloji terimleri içinde buna *trans hali* deniyor."

"Trans, hipnotizma yapılan insanın içinde bulunduğu durum değil mi?"

"Klasik olarak bu anlamda kullanılıyor. Ama günlük yaşamda da trans hali görülebilir. Trans nedir? Eğer bir insan başka bir kişinin ya da kurumun etkisi altına giriyor ve bu etki altında irdeleme ve eleştirme yetilerini kullanmayı yitiriyorsa, buna trans hali diyoruz.

"Weitzenhoffer adında bir psikolog der ki, 'İnsanların yapılan önerilere eleştirel bakmadan uydukları her yerde trans vardır. Bu anlamda hipnotik ve uyanık durumlar arasında fark yoktur. Eğer bir kişi, başka birinin dediğini süreçlemeden, eleştirmeden olduğu gibi kabul edip yapıyorsa, orada trans vardır. Birinin dediğinden yeteri kadar etkilenerek onun dediğini yapmak hipnozun etkisi altında olmakla aynı şeydir."

"Yani şu anda trans halindeyim."

"Sen de öyle, ben de öyle."

"Peki kim trans halinde değil."

"Savaşçı."

Arif Bey gülmeye başladı.

"Doğan Bey özür dilerim ama, şu an trans içinde olduğumu kabul etmek bana zor geliyor."

"Anlıyorum."

"Trans halinde olduğumu bana nasıl kanıtlayabilirsiniz?"

"Şu an hâlâ hapishanede olduğunuzu göstererek."

"Şu an hâlâ hapishanede olduğumu nasıl kanıtlayabilirsiniz?"

" 'Mış gibi bir yaşam' içinde olmanızla."

"Şu anda 'mış gibi bir hayat' mı yaşıyorum?"

"Ait olma ve birey olma dengesini bulamamış herkes gibi, siz de 'mış gibi bir yaşam' yaşıyorsunuz."

" 'Mış gibi bir yaşam' içinde olmasaydım, nasıl bir yaşamım olacaktı?"

"Seminer sonrası beni kapıda yakaladığınız zamanı hatırlıyor musunuz? Yüzünüzde heyecan, gerginlik, mutluluk ve kaygı vardı. 'Hocam, bir sorum vardı, acaba bana birkaç dakikanızı ayırabilir misiniz?' diye sormuştunuz."

Arif Bey gözlerini benden ayırmadan kafasını, 'Evet, hatırlıyorum,' anlamında salladı.

"O anı düşünün."

'Evet,' anlamında yine kafasını salladı.

"Ne dediğinizi hatırlıyor musunuz?"

"Kelimesi kelimesine hatırlamıyorum. Sanırım öğretmen olduğumdan, ama mutsuz olduğumdan söz ettim."

"Evet, öyle dediniz. Öğretmenliği istediğiniz için seçtiğinizi, ama şimdi öğretmenliği seçtiğiniz için kendinizi aptal, kaybolmuş gibi hissettiğinizi söylediniz."

"Evet, hatırlıyorum."

"Şimdi beni iyi dinleyin sevgili Arif Bey; eğer siz ait olma ve birey olma dengesini bulmuş, ne yapmak istediğine kendi özgür iradesiyle karar vermiş ve bu kararının anlamını iyice kavramış biri olsa idiniz, benimle burada bu konuları konuşarak zaman geçirmezdiniz. Şimdi siz bir savaşçı olarak daha iyi, daha etkili, daha güçlü bir öğretmen olma süreci içinde olurdunuz. Bu süreç içinde olmak için de kimseden izin almak ya da özür dilemek gereğini duymazdınız. Şu ağacın kendisini gerçekleştirmesi yönünde gelişmesi gibi, Arif Okurer olarak, öğretmen olma yolunda gelişiyor olurdunuz.

"Ama şimdi kafanız karışık. Neden? Çünkü sizin hapishane arkadaşlarınız, 'Niye böyle karar verdin? Akıllı adam böyle karar verir mi? Sen evlenmeye dahi değmezsin! Sen ev dahi kiralayamazsın!' diyorlar. Ve siz o kadar 'uyuyorsunuz' ki, onların 'sen Arif Okurer olamazsın!' dediğinin dahi farkında değilsiniz. İşte sözünü ettiğim trans bu."

"Ne dediğinizi şimdi daha iyi anlıyorum."

"Onların böyle şeyler söylemesi sizi neden bu kadar etkiliyor? Çünkü ait olmaya çok önem veren bir düşünüş tarzı içindesiniz; yani övgü bekleyen, aferin bekleyen, takdir, beğeni, mükâfat bekleyen milyarlarca insandan birisiniz. Ben de öyleyim. Sizinle benim aramdaki tek fark, belki de benim böyle olduğumun, yani hapishanede olduğumun biraz daha farkında olmam."

"O zaman savaşçının dışındaki herkes gerçekten özgür değil."

"Kesinlikle."

"Doğan Bey, bu ağır bir ifade. Yani şu çevremizde gördüğümüz analar, babalar, kadınlar, erkekler, şu el ele tutuşmuş gençler, garson, yani bütün bu insanlar özgür değil mi?"

"Eğer savaşçı olmamışlarsa, değiller."

"Savaşçı olup olmadıklarını anlayabilir misiniz?"

"Yani bir insana dışarıdan bakıp onun savaşçı olup olmadığını anlayabilir miyiz, diye mi soruyorsunuz?"

"Evet."

"Hayır, anlayamayız. Savaşçıyı anlayabilmek için onun iç dünyasını bilmek gerekir. Savaşçıyı savaşçı yapan onun kendine, topluma, yaşama bakış tarzıdır, yaşam felsefesi ve bu yaşam felsefesi içinde yaptığı eylemdir; kişinin savaşçı olup olmadığını anlayabilmemiz için o bakış tarzını, felsefeyi bilmemiz ve eylemini gözlememiz gerekir. Bu yaşam felsefesi ile davranışlarının uyup uymadığına, yani onun kişisel bütünlüğüne bakmamız gerekir."

"Anladığım kadarıyla savaşçı 'uyanık' biridir."

"Daha doğrusu 'uyanmış' biridir. Savaşçının gözlemleyen bilinci dipdiri ayaktadır. Yaşam dansını yaparken ait olma ve birey olma dengesini bu bilinç sayesinde ayarlar."

"Savaşçı hapishaneden çıkmış biridir, öyle mi?"

"Savaşçı önce hapishanede olduğunun farkına varır. Bu hemen hapishaneden çıkmasına olanak sağlamaz. Ama, bu uyanıştan sonra savaşçı stratejik bir yaşam yaşamaya başlar. Konuştuğu her kelimeyi, yaptığı her davranışı ait olma-birey olma yaşam dansının bilinci içinde gerçekleştirir. Bazen savaşçı bilerek hapishaneye geri döner ve onlardan biri olarak diğer tutuklularla beraber yaşar. Ama bu, belirli bir amaca hizmet etmek üzere bilinçli bir seçim olarak yapılmıştır ve bu bilinçli seçim onu diğer tutuklulardan farklı kılar."

Savaşçıyı savaşçı yapan onun kendine, topluma, yaşama bakış tarzıdır, yaşam felsefesi ve bu yaşam felsefesi içinde yaptığı eylemdir.

Onun Hapishanesi Yok mu?

Arif Bey hem dikkatle dinliyor, hem de, kendisinin ve diğerlerinin hapishanede olduğu fikrine bir tür direnç göstermeye devam ediyordu:

"Savaşçı da kendine özgü bir hapishane içinde değil mi?"

"Biraz açar mısınız dediğinizi? Sanırım ilginç bir soru ile karşı karşıyayım."

"Sıradan insanın hapishanesi içinde sıradan insan var. Daha sonra uyanınca savaşçı olmaya başlıyor. Savaşçı olmaya başlayınca kendine özgü, sıradan insanlarınkinden farklı bir yaşam felsefesi geliştiriyor. Bir yaşam felsefesi ne demek? Belirli kuralların, belirli değerlerin, yaklaşımların etkilediği bir düşünce sistemi. Öyle değil mi? Bu anlamda savaşçılar da kendi hapishanelerini oluşturmuyorlar mı?"

"Çok güzel bir soru bu."

Arif Bey'in sorusundan etkilenmiştim. Olayları algılaması ve yorumlaması beni etkiliyordu. Yüreğimin derinliklerinde onun öğretmen olarak kalmasını istediğimi hissettim. Bu isteği fark edince, kendi kendime dikkatli olmam gerektiğini söyledim. Ve bu algılamalarımı kendisine ifade etmemin daha dürüst bir davranış olacağını hissettim.

"Arif Bey, olayları algılamanızdaki hız ve yorumlamalarınızdaki isabet beni etkiledi. Yüreğimin derinliklerinde sizin öğretmen olarak kalmanız gerektiğini hissediyorum. Lütfen bunun farkında olun. Sizi öğretmen olmaya iten, yönelten, öğretmen olmanız için sizi kandıran bir tavır içine girersem lütfen ikaz edin."

"Doğan Bey, sizin beni öğretmen olarak görme isteğinizi memnuniyet verici bir şey olarak görürüm."

"Biliyorum, ama söylemek istediğim başka bir şey."

"Kendi içimden gelen nedenler beni öğretmen olmaya ikna etsin ve o nedenlerle öğretmen olarak kalayım; siz istediğiniz için değil! Bunu söylemek istiyorsunuz, değil mi?"

"Evet. Sizi öğretmen olarak görmek isteyişim kendi algılamam içinde ulaştığım bir karar, bir sonuç. Sizin öğretmen olmanızla ilgili kararın sizin için doğru karar olacağını düşünüyorum. Ama, böyle bir karara ulaşmış olmamın sizi yönlendirecek, kısıtlayacak, seçim yaparken özgürlüğünüze gölge düşürecek bir etkisi olmasını istemiyorum. Böyle bir tavır içine girdiğimi görürseniz, lütfen uyarın. Söz mü?"

"Evet, söz."

Arif gülümsedi:

"Hocam, bana gösterdiğiniz ilgi ve verdiğiniz değer beni memnun etti ama, sorumun cevabını hâlâ almış değilim."

Ben de gülerek, "Soruyu unutturabilir, kaynatabilir miyim diye umuyordum, ama unutmadın maalesef," dedim, gülüştük. Aramızda sıcak bir dostluk oluştuğunu hissediyordum.

"Evet, savaşçının da kendine özgü bir hapishanesi yok mu? Bunu sormuştunuz, değil mi?"

"Evet."

"Ve bu soruyu cevaplamaktan kaçındığımı düşünmeye başladınız!"

"Yok canım, o bir şakaydı."

"Size önce bir durum anlatacağım, daha sonra bir soru soracağım.

"Durum şu: Bir insan düşünün; bu kişi kendi isteği ile öğretmenlik yapıyor olsun. Haftada beş gün, sevdiği ve anlamlı bulduğu işine gidiyor; değer verdiği öğrencileriyle kendi istediği türden geliştirdiği eğitim ortamında gününü geçiriyor.

"Anlaşarak, severek evlendiği bir karısı var. Ve karısıyla beraberce düşünerek, isteyerek iki çocuk yapmışlar ve çocuklarını istedikleri biçimde, kendi inandıkları değerler çerçevesinde yetiştiriyorlar. Okulda işini bitirince evine, karısına, çocuklarına hevesle, isteyerek dönüyor. Anlatacağım durum bu. Şimdi soracağım soru ise şu: Sence bu kişi hapishanede yaşayan bir tutuklu mu?"

"Eğer anababa olmak bir sosyal rol ise, eğer karı-koca olmak bir sosyal rol ise –ki siz bunların ait olma tarafımızı temsil eden toplumsal, sosyal yönlerimiz olduğunu söylediniz– bu soruya cevabım, 'evet' olacaktır. Evet, bu öğretmen de bir mahpus, o da hapishanede!"

"Ben aynı kanıda değilim, Arif Bey."

"Niçin?"

"Konuyu biraz açmak için şimdi size başka bir durum anlatayım ve sonra bir soru sorayım.

"Durum şu: Bir insan düşünün; bu kişi kendi isteği ile öğretmenliği tercih et*me*miş; mecbur kaldığı için öğretmen olmuş ve hâlâ istemeye istemeye öğretmenlik yapıyor. Haftada beş gün, hiç sev*me*diği ve anlamlı bul*ma*dığı işine gidiyor; hiç değer ver*me*diği öğrencileriyle, kendi istediği biçimde değil, yönetimin istediği türden oluşmuş bir eğitim ortamında gününü geçirmek *zorunda kalıyor*.

"Anlaşarak, severek değil, anasının babasının baskısıyla iste*me*yerek evlendiği ve sev*me*diği bir karısı var. *İstenmeden* doğmuş iki çocuğu var. Çocukları yük olarak görüyor ve onları yetiştirme konusunda bile karısıyla anlaşamıyor. Çocukları kendi *istediği biçim-*

de yetiştiremediğini biliyor; kayınpederi ve kayınvalidesi, hatta kayınbiraderi dahi çocukların yetişmesi hususunda kendisinden daha çok söz sahibi. Okulda işini bitirince bu öğretmen evine, karısına, çocuklarına dönmek *istemiyor*. Ne işini seviyor, ne de evini.

İnsanlar mutlaka sosyal roller içinde bulunacaktır ve sosyal roller içinde yaşamını sürdürecektir. Önemli olan, bu sosyal rollerin ona empoze mi edilmiş, yoksa kendi istemi ile mi bu sosyal rolleri yüklenmiş olduğudur.

"Şimdi soracağım soru şu: Sence bu kişi ile, daha önce anlattığım öğretmen arasında bir fark var mı?"

"Kesinlikle var."

"Sizce aradaki fark ne, Arif Bey?"

"Biri kendi istediği bir yaşamı yaşıyor, öbürü ise istemediği bir yaşamı!"

"Ama, sizin düşüncenize göre bu ikisi arasında bir fark olmamalı!"

"Niçin?"

"Ne dediğinizi hatırlayın: 'Eğer anababa olmak bir sosyal rol ise, eğer karı-koca olmak bir sosyal rol ise, bu sosyal rol içindeki herkes tutukludur' anlamında konuşmuştunuz."

"Evet, öyle demiştim."

"Anlattığım her iki durumda da sosyal roller söz konusu. Yani, ister kendi seçimiyle, ister zorla öğretmen olmuş veya evlenmiş olsun, her iki durumda da anababa ve öğretmen olma sosyal rolleri var."

"Yani siz şunu mu demek istiyorsunuz: Birinin hapishanede olup olmamasını onun sosyal roller içinde olup olmaması belirlemez; insanlar mutlaka sosyal roller içinde bulunacaktır ve sosyal roller içinde yaşamını sürdürecektir. Önemli olan, bu sosyal rollerin ona empoze mi edilmiş, yoksa kendi istemi ile mi bu sosyal rolleri yüklenmiş olduğudur."

"Evet, bunu demek istiyorum. Aksi halde 'ait olma, birey olma dengesi' kavramının bir anlamı kalmaz. Aksi halde severek evlenmiş iki insandan oluşan mutlu bir aile de hapishane olur, zorla, istemeye istemeye evlenmiş, iki insandan oluşan aile de. Eğer sizin düşünce düzeyiniz bu iki tür aile arasındaki farkı kaybediyorsa, o düşünce düzeyinde aksayan önemli şeyler vardır diyorum. O zaman suçluları tevkif edip koydukları hapishane ile mutlu bir ailenin yaşadığı bir yuva arasındaki anlamı kaybetmiş oluyorsunuz.

"Özetle, sizin sorunuz 'savaşçı da hapishanede bir mahpus değil mi?' idi. Yanıtım, 'hayır, savaşçı hapishanede değil, çünkü o bilinçli olarak kendi seçtiği seçenekler içinde bir yaşam yaratıyor, kendi istediği yaşamı yaşıyor.' O soruya böyle cevap veriyorum."

Uzun süre oturduğumuz için, ayağa kalkmak ve yürümek istediğimi hissettim. Bu isteğime Arif Bey de katıldı. Bir süre yürüyerek konuşmaya karar verdik. Garsonu çağırdık. Hesapları ödemek istedim, 'Rica ederim Hocam, olmaz! İzin verin hesabı ben ödeyeyim,' dedi. Konuştuk ve bu tür masrafların ödenmesini sıraya bindirmeye karar verdik. İlk buluşmamızın hesabını ben ödediğim için bugünkü hesabı o ödeyecekti.

Barışçı mı, Savaşçı mı?

Parkın çevresinde yürürken konuşmaya başladık. Arif Bey, savaşçı kavramının gittikçe ilgisini çekmeye başladığını söyledi. Kendisine bu kavramın şimdilik alt yapısını oluşturduğumuzu, ileride savaşçının özellikleri üzerinde daha uzun zaman harcayacağımızı söyledim.

Bir süre sessiz yürüdükten sonra, Arif Bey, 'aslında savaşçı kavramı ile kendisinin pek rahat olmadığını' söyledi. Ve aramızda şöyle bir konuşma geçti:

"Savaşçı kavramı sizi niçin rahatsız ediyor?"

"Barışı değil, savaşı çağrıştırdığı için!"

"Hiç 'barışçı' diye bir kavram duydunuz mu?"

"Savaşçı kadar sık değil, ama insanlardan 'barışçı bir kişi' biçiminde söz edildiğini duydum."

"Aslında bizim sözünü ettiğimiz savaşçının adı, 'barışçı' olmalı. Ama, barışın olabilmesi için büyük bir savaşın verilmesi gerekiyor. O nedenle gerçek 'barışçı' önce savaşçı olmak zorunda."

"Ne anlamda savaşçı olmak zorunda?"

"e.e. cummings'in dediği anlamda. Savaşçı olabilmesi için kişinin önce uyanarak hapishanesinin farkına varması gerekir. Kişinin kendi hapishanesinin farkına varması cesaret isteyen bir iştir."

"Cesaret yalnız savaşçıda yok ki! Barışçı olabilmek daha büyük cesaret ister."

"Kesinlikle katılıyorum. Ama, sizin düşündüğünüz barışçı, alışılagelmiş düşünce içinde algıladığımız barışçı değil. Biz barışçı deyince genellikle suya sabuna 'dokunmayan, Nasreddin Hoca'nın hikâyesinde tanımladığı, herkese 'sen de haklısın!' diyen, bukalemun gibi ortamın rengine uyan, sorun çıkarmayan insanı algılarız."

"Ama, o anlamda bir barışçıdan söz etmiyorum."

"O anlamda bir barışçıdan söz etmediğinizi biliyorum. Ne var ki, sizin dediğiniz türden bir barışçı olabilmek için önce gerçek bir savaşçı olmak gerekiyor. Bu anlamda savaşçıyı yeniden tanımlamak, barışçıyı yeniden tanımlamaktan daha kolay ve daha güçlü gözüktü bana. Bu nedenle izin verin, benim kullandığım anlam içinde savaşçıdan söz etmeye devam edelim."

"Peki Doğan Hocam."

"Tamam. Savaşçı cesur bir kişidir. Bu cesareti ne zaman gerekir?"

Bir süre sustum. Arif Bey, dikkatimi söyleyeceğime çekmek üzere sustuğumun farkında olarak gözlerime baktı, konuşmama devam ettim:

"Bu cesareti hem kendisiyle, hem de kendi dışındakilerle ilişki içindeyken gerekir. Kendi içindeki savaşı bitirmek için kendisiyle cesurca yüzleşmesi gerekir. Bu tür cesaretten, yani kendisiyle yüzleşmek için gerekli cesaretten bahsedildiğini pek duymazsınız. Bizim kültürümüzde insanın verdiği bu tür mücadele pek su yüzüne çıkartılmamıştır."

Devam edecektim, Arif Bey'in bir şey sormak isteyen halini görünce sustum, 'sorun varsa, sor' dercesine baktım, o da sordu:

"'Bizim kültürümüzde insanın kendi kendisiyle verdiği mücadele pek su yüzüne çıkartılmıyor,' dediniz. Bizim insanımız kendi kendisiyle mücadele ediyor da, bu mücadele su yüzüne mi çıkartılmıyor? Yoksa, bizim insanımız bu tür bir mücadele yönünde yüreklendirilmiyor mu? Hangisini demek istediniz?"

"Her ikisini de. Bizim kültürümüzün niyeti kişiyi bağımsız kılmak değil, bir başkasına, genellikle bir otoriteye bağımlı kılmak. O nedenle kendini bağımsız kılma çabalarını, kültürümüz anormal davranışlar olarak gösterir. Böyle çabalar içine girenler toplum içinde alay konusu olurlar, bir tür sırıtırlar. Böyle olunca da, bağımsız olmayı düşünenler yüreklendirilmemiş olurlar."

"Şimdi daha açık oldu. Teşekkür ederim."

"Bıraktığımız yerden devam etmek istiyorum. Kişi kendi içindeki savaşı vermeye başladıktan sonra, dışındaki savaşla ilgilenmeye başlar. Çevresinde süregiden savaşı bitirmesi için de cesaret gerekli; çevresiyle olan ilişkisine de bütünlük, sevgi ve dürüstlük getirmesi için cesurca içinde yaşadığı gerçeği görmesi, algılaması, yorumlaması ve onun içinde etkili biçimde yaşamayı öğrenmesi gerekir."

"Savaşçının cesur olması gerektiğini görebiliyorum. Her şeyden önce kişi kim olduğunu görmekten korkmamalı. Sanırım ilk adım bu!"

"Cesaretin en belirgin tanımını yaptınız. 'Kişinin kendi potansiyeline inanarak, kendisinden korkmadan, kendini gerçekleştirme yolunda yaşaması.' Ağaç kendi olmaktan korksa, kendi olmaktan utansa, tüm potansiyelini gerçekleştirerek ulu bir ağaç olamaz. Cılız bir fidan olarak kalır."

"Bana öyle geliyor ki, gerçek cesaretin temeli *kişinin kendi olarak gelişmesinden korkmaması.*

"Kişinin korkmadan kendiyle yüzleşmesi, onun gerçek mücadeleye hazır olduğunu gösterir."

"'Gerçek mücadele' sözünü kullanmanız bana ilginç geldi. 'Sahte mücadele' var mı?"

"Ah Arif Bey, lütfen çevrenize gören gözlerle bakın. Sanırım siz de benim gibi, hep 'mış gibi yaşayan' insanların, 'mış gibi mücadele'lerini göreceksiniz."

"Yani, gerçekten inandıkları için değil, başkalarına göstermelik olsun diye, takdir toplamak için mücadele eden insanlardan bahsediyorsunuz."

"Evet onlardan söz ediyorum."

"Yine ait olma-birey olma dansına geldik galiba?"

"Evet! Zaten savaşçıyı tanımlayan da bu dans. Savaşçı kendisiyle mücadele ederken, savaşçı olmak yolunda ilerlemek için kendisiyle yüzleşir, hesaplaşır; zorlu bir savaştır bu. Gerçek mücadele budur ve bu nedenle 'savaşçı' sözünü seçiyorum."

"İlginçtir, e. e. cummings de 'en zor savaş' diye, herhalde bunu tanımlıyordu. Peki Hocam, biraz bu mücadeleden söz edebilir miyiz? Örneğin, bu mücadele benim hayatımda kendini nasıl gösteriyor?"

"Bugünkü buluşmamızda 'uyanış' kavramı üzerinde durmak istiyordum. Kabataş'taki çay bahçesinde anlam arayışı üzerinde durmuştuk. Her buluşmamızda savaşçının bir özelliğini sizinle irdelemek istiyorum. Savaşçıyı savaşçı yapan özellikleri irdeledikten sonra, bunların sizin hayatınızda nasıl yer aldığını daha açık seçik gözlemleyebiliriz. Ne dersiniz?"

"Böyle sistematik bir biçimde konuyu geliştirmek ve irdelemek benim de daha çok hoşuma gider."

"Öyleyse anlaştık demektir. Carl Jung ilginç bir psikologtu, onun bir sözünü hatırlıyorum. Oldukça serbest bir dille Türkçe'ye aktaracak olursak, der ki, *'Kendi kalbine bakamayanın yaşamı bulanıktır; kendi yüreğine bakabilme cesareti gösterenler gönlünün muradını keşfedenlerdir. Dışarıya bakan rüya görür, hayal dünyasında kaybolur; içeriye bakan uyanır, kendini keşfeder.'* "

"Bu söz hoşuma gitti."

"Evet, anlamlı bir söz. Bugün uyanış konusunda konuşmayı planlamıştım ve oldukça kapsamlı olarak konuşabildik."

Saatime baktım. Arif Bey, "Hocam, gitme zamanınız yaklaşıyor galiba," diyerek aklımdan geçeni anladığını belirtti.

"Evet Arif Bey, gitme zamanım yaklaşıyor. Önümüzdeki hafta ne zaman ve nerede buluşacağız, onu kararlaştırdıktan sonra gideceğim."

"Hafta içi mi buluşacağız, hafta sonu mu?"

"Çarşamba akşamına ne dersiniz?"

"Tamam. Nerede buluşalım?"

"Bana yakın olduğu için Taksim'deki Café Marmara'yı öneriyorum, olur mu?"

"Olur, Hocam."

"Akşam saat sekiz nasıl?"

"Tamam, bana uyar."

El sıkıştık ve oradan ayrıldık.

Beşiktaş vapurunda konuştuğumuz konuları gözden geçirirken, 'sıradan insan' kavramı üzerinde düşünmeye başladım. Mina Urgan *Bir Dinozorun Anıları* kitabında 'bayağılık' üzerinde durur. O bayağılığı kendi inandığı ideoloji içinde yorumlayıp anlamlandırdığı için, bayağılıktan söz ederken kökenlerini de dile getirmekten kendini alamamış:

> "Tüketim toplumunun kültürden yoksun bir ortamda egemenlik kurmasının doğal bir sonucu olan bayağılık, faşizm kadar çirkin, faşizm kadar tehlikeli benim gözümde. Belki bu da bir dinozorluk belirtisi sayılacak ama davranışta, konuşma üslubunda kılık kıyafette, müzikte, her konuda bayağılığa şiddetli bir tepki içindeyim. Son yarım yüzyılda ülkem de, dünya da daha da bayağılaştığı için, tepkim de gittikçe şiddetleniyor."

Mina Urgan savaşçı kavramını nasıl algılardı acaba diye düşündüm bir ara.

Daha sonra Nietzsche'nin 'üstün insan' kavramı aklıma geldi. Nietzsche, bireyselliğin tanımlanmaması gerektiğini söyler; her bireyselliği tanımlama teşebbüsü ona bir sınır getireceği için insanın muhteşemliğini kısıtlayacağını ve insan gerçeğini saptıracağını belirtir. İnsan muhteşem bir potansiyeldir ve bu potansiyeli geliştirerek üstün insan haline gelmek mümkündür. Bu düşüncesiyle Nietzsche varoluşçu, fenomenolojik bir yaklaşım izlemektedir.

Vapur Haydarpaşa önünden geçerek Kız Kulesi'ne doğru süzülüyordu. Arif Bey'le tartıştığımız konuları düşündüğümde bir dizi konu bana açık seçik ve belirgin gözüktü: Bireyin yaşam dansını ait olma-birey olma dengesi içinde yapabilmesi için, önce bu dansın kendi dansı olmasına niyet etmesi gerekiyordu; niyet savaşçıya özgü bir niyet olmalıydı. Bu niyetle eyleme geçen savaşçı, kişisel bütünlük içinde eylemini oluşturmalı ve bu eylemin hesabını vermeye hazır olmalıydı. Savaşçının ve eyleminin güçlü olması gerekirdi. Tabii, kişisel bütünlüğün doğal sonucu sorumluluktu. Evet, bu kavramlar üzerinde uzun uzun durmamız gerektiğini düşündüm.

Arif Bey'le heyecanlı bir yolculuğun başındaydık. Tatlı bir heyecanla vapurdan dışarı baktım; Üsküdar iskelesine yakın olan camiler sanki daha anlamlı görünüyorlardı.

3
Niyet

Hafif hafif yağmur çiseliyordu. The Marmara Hotel'e giderken şöyle bir etrafa baktım. Sırtımı otele vererek baktığımda, sağımda, Gümüşsuyu yönünde Atatürk Kültür Merkezi'ni görüyorum. Karşımda eski adıyla Sheraton, şimdiki Intercontinental Oteli var. Sonra sola doğru bir bina curcunası ve bu binalar üzerine dağılmış reklamlar karmaşası göz alabildiğine uzanıyor.

Otelin önünde on sekiz direk var; her bir direğin üstünde bir ulusun bayrağı dalgalanıyor. Türk bayrağı en başta, onun yanında Yunan bayrağı asılı, bunu Fransız, Alman, Japon, İngiliz, ABD bayrakları ve diğer bayraklar izliyor.

Bu bayrakların Taksim'e bakan tarafında, 'park yapılmaz' levhalarının önüne, iki araba park etmiş. Birinin sürücüsü içerde hem sigara içiyor, hem de cep telefonu ile konuşuyor, diğerinin sürücüsü yok. Biraz ilerde trafik ışıklarının olduğu yerde bir trafik polisi trafiği yönlendiriyor.

İçimi gözlüyorum, nelerin farkındayım diye içime bakıyorum: 'mış gibi trafik levhaları', 'mış gibi trafik polisi'. İçim buruk, öfkeli, biraz umudunu kaybetmiş. Umudunu kaybetmiş mi? Hemen kendime geliyorum. Hayır umudumu kaybedemem.

Özel Halk Otobüsleri 'mış gibi bir taşımacılık'ın var olduğu İstanbul'da peş peşe dizilmişler, siyah mazot dumanları çıkararak İstanbul'un güzelliğine kendilerine özgü katkılarını yapıyorlar. Arabalar, otobüsler, genci yaşlısı, kadını erkeği, okumuşu okumamışı rengârenk bir insan seli birbiri içine girmiş vaziyette, yaşayan bir kaos ortamı. Bu kaosun güzelliğini bizler iyi biliriz, diye düşündüm. Bir tarafım bu kaosu özlüyor.

İçimden geçen duygularıma ve düşüncelerime bakıyorum, "Taksim Meydanı da kafamızın içi gibi karmakarışık..."

Café Marmara'ya girince renkli çikolata ve pastaların sergilendiği tezgâh sizi karşılıyor. Orta kısmı çepeçevre kuşatan bu tezgâhın kenarına dizilmiş insanlara, ortadaki iki-üç çalışan hizmet ediyor.

En sağdaki duvar dibinde, sigara içilmeyen bölgedeki sandalye boştu. Gidip o sandalyeye oturdum. Bir süre sonra Arif Bey geldi, beni görünce gözlerinin içi gülerek gelip karşıma oturdu.

Dışarda bir yaz yağmuru hafif hafif çiselemeye başladı. İnsanlar ellerindeki gazeteleri, şemsiyeleri, hırkaları, mendilleri yağmurdan korunmak üzere başlarının üstünde tutmaya özenerek daha hızlı yürümeye başladılar. İçerde, rahat bir köşede Arif öğretmenle beraber olmanın bilinci içinde mutluydum.

Garson hiç bekletmeden geldi. Güler yüzlü, yakışıklı, genç, dinamik bir delikanlı, önümüze menüyü bırakmak üzereyken menüye gerek olmadığını, neskafe istediğimi söyledim, Arif Bey de bana katıldı.

Havadan sudan, birkaç giriş cümlesinden sonra;

"Bu akşam hangi konuda konuşacağız, Hocam?" diye Arif Bey söze başladı.

Saat sekizi beş geçiyordu ve salon oldukça kalabalıktı. Bu civarda bu kalitede başka pastane var mı diye düşündüğümü hatırlıyorum. Sanırım her iyi otelin bir kahvehanesi vardır. Ama, Taksim'e bakan ve böylesine temiz ve nezih başka bir pastanenin olmayışı daha önce de dikkatimi çekmişti. Taksim Meydanı'nın Fransız kültürü içinde işleyen bir dinamiği olsaydı ya da Fransa'da Taksim Meydanı konumunda bir yer olsaydı, daha çok pastane ya da kahvehane olacağını düşündüm.

Arif Bey'in soru sormak ister bir hali vardı

"Bir şey mi sormak istiyorsunuz?" diye, yüz ifadesini ona yansıttım.

"Hocam, ara sıra not almamda bir sakınca var mı? Sonra daha iyi hatırlayabilirim diye düşündüm."

"Not almazsanız daha rahat konuşurum. Not almazsanız siz daha iyi dinlersiniz. Çok gerekli olmadıkça not almanızı istemem."

"Peki Hocam; ne demek istediğinizi anlıyorum, gerekli olmadıkça not almayacağım."

"Şimdi size bir olay anlatacağım ve daha sonra fikrinizi soracağım. Bu olay verdiğim bir seminerde bir bankanın bölge müdürü tarafından anlatılmıştı." (*)

Ha Sen Bu Tokadı Attın

Söz konusu kişi kendisinin Trabzonlu olduğunu ve bir bayram vesilesiyle ailesini ziyaret için Trabzon'da bulunduğunu söyledi.

> "Bayramın ikinci günü oradaki bazı arkadaşları ziyaret etmek için dolmuşa bindim. Dolmuş durağında bekleyen minibüse insanlar gelip oturuyorlar ve minibüsün dolmasını bekliyorlardı. Oturdum ve gazetemi okumaya başladım. Minibüs muavini olan genç yaşta bir adam kızgın bir sesle bir şeyler söylüyordu, ama pek dikkatimi vermedim, gazetemi okumaya devam ettim. Bir ara kuvvetli bir tokat sesi duydum. Baktım, minibüs muavini, yaşlı adama bir tokat atmış."

Burada keserek Arif Bey'e öykünün gerisini tahmin etmesini söyledim. Arif Bey, yaşlı adamın da genç adama bir tokat veya tekme attığını ve çevreden müdahale ederek genci azarladıklarını, yaşlıya böyle davranılmayacağını söylediklerini tahmin ettiğini ifade etti.

"Hayır öyle olmadı. Tahmin et bakalım ne oldu?" diye yineledim.

Arif Bey bir süre düşündü ve yaşlı adamı koruyan birinin genç muavini dövdüğünü söyledi.

"Hayır, öyle de olmadı. Tahmin et bakalım, yaşlı adam ne yaptı ve genç muavine ne dedi?"

"Herhalde ağza alınmayacak küfürler etmiştir ve bir-iki tane patlatmıştır."

Olayı bölge müdürünün ağzından anlatmaya devam ettim:

> "Hemen gazetemi topladım, garda geçtim. Çünkü Karadeniz uşağı kızdı mı hemen tabancasına davranır, böyle bir durum

(*) Gözlemlediği olayı seminerde paylaştığı için Tamer Saka'ya teşekkür ediyorum.

olursa oradan fırlayıp kaçacaktım. Ama, çok ilginç bir şey oldu. Yaşlı adam, genç muavine döndü ve şöyle dedi (Bölge müdürü Karadenizli olduğu için yaşlı adamın şivesini iyi taklit edebiliyordu):

"Ha sen bu tokadı attın. Besbelli ki hak ettim. Ama, ben bilmiyorum nasıl hak ettim. De bakalım, nasıl hak ettim?"

Genç muavin tekme tokat bekler bir durumda iken bu sözlerle karşılaşınca şaşkınlıktan ağzı bir karış açık kaldı."

"Şimdi Arif Bey, size sorum şu: Yaşlı adam, sizce niçin böyle davranmıştır?"

"Genç kendisinden daha güçlü olduğu için ondan dayak yiyeceğinden korktuğundan, alttan almak istemiştir."

"Evet, bu yorumlardan biri. Ama, yaşlının konuşma tarzına dikkat edersen, af dileyen, özür dileyen, ezik bir tavrı yok. Bayağı açık seçik bir soruşturma açıyor: 'De bakalım, bu tokadı nasıl hak ettim?' diye soru soruyor."

"Belki minibüs muavini ile müşterek tanıdıklarının hatırına o gençe daha itina ile davranıyor."

"Yani şunu söyleyebilir miyiz: Trabzonlu yaşlı kişi, bizim beklediğimiz davranış tarzının dışında bir davranış sergiliyor?"

"Evet, söyleyebiliriz. Beklenilenden çok farklı bir davranış sergiliyor."

"Tamam, bu hikâye ile farkına varmanı istediğim buydu. Şimdi sana şu kitaptan başka bir hikâye aktaracağım ve bu olayla ilgili sorular soracağım."

Yanımda getirmiş olduğum *The Awakened Warrior* kitabını çantamdan çıkardım. Bu kitap değişik yazarların makalelerinden oluşmuş bir derleme kitap. Kitabın 153. sayfasından Terry Dobson adında birinin yazısını özetleyerek okumaya başladım. Ama, önce şu bilgiyi verdim: Terry Dobson, Aikido'nun kurucusu ve dünyanın en büyük dövüş ustası olarak bilinen Japon Usta Ueshiba'nın başasistanlığına kadar yükselmiş biri. Asistanlığı sırasında uzun yıllar Japonya'da kalmış. Bu bilgiden sonra, anlatılan olayı özet olarak aktardım:

"Bir gün Tokyo'da hayatımın dönüm noktalarından birini yaşadım. Bir bahar gününün öğleden sonrası idi ve tren oldukça boştu; çocuklarıyla alışverişe çıkmış birkaç ev kadını, yaşlı iki-üç çift vardı vagonda. Tren istasyonlarda duruyor, pek inen binen olmuyordu. Bir istasyonda içeriye, avazı çıktığı kadar bağıran sarhoş, pis, leş gibi kokan, amele kılıklı biri geldi. Sendeleye sendeleye içeri girdi, üzerinde kusmuk kurumuştu ve ekşi ekşi kokuyordu. Önüne çıkan ilk kişiye –bu kucağında bebek tutan bir kadındı– bir yumruk salladı. Kadın geri çekildiği için yumruk omzuna isabet etti ve onu vagonun öbür ucundaki yaşlı bir çiftin kucağına savurdu. Yumruğun bebeğe gelmemesi bir mucizeydi. Yaşlı bir kadın kalkıp sarhoştan uzaklaşmaya çalışırken adam ona da bir tekme savurdu, kadın tekmeden kaçarken sarhoş, 'Seni pis orospu!' diye küfrediyordu. Vagonun ortasındaki demiri yerinden çıkarmak istedi; sağ elinin kanadığını gördüm. Herkes korkuyla sinerken o kime saldıracağını kestirmek üzere etrafa göz attı.

"Oturduğum yerden kalktım. O zaman bir doksan boyunda, 100 kilo ağırlığında, günde sekiz saat aikido eğitimi gören biriydim. Kendime güvenim tamdı. Henüz gerçek dövüş içinde kendimi denememiştim. Aikido hiçbir zaman bir saldırı aracı olarak kullanılmamalıydı; hocam bana sürekli aikidonun bir barış gücü olarak kullanılmasını, ancak başkalarını korumak gerekirse dövüşme aracı olarak kullanılacağını söylemişti. Aikido çatışmayı çözmek için kullanılır, çatışma yaratmak için değil, derdi hocam. Hocama saygım o kadar yüksekti ki, birkaç kere, sokak serserileriyle kavga etmemek için kaldırım değiştirdiğimi hatırlıyorum. Fakat içimden, 'şöyle haklı bir durum çıksa da, başkalarını haksız yere rahatsız eden, zayıfları ezen biri üzerinde bildiklerimi bir uygulasam,' arzusu geçerdi.

"İşte dedim; şimdi bildiklerimi uygulamanın tam sırası. Bu terbiyesiz hem sarhoş, hem küfürbaz, hem de kadınlara ve çocuklara karşı saldırgan küstahın teki. Ona haddini bildirmezsem, şimdi bir masumun canını yakacak. İçim rahat olarak onun pestilini çıkartabilirim.

"Beni ayakta görünce sarhoş bana şöyle bir baktı ve, 'Bu yabancı piçinin Japonlara nasıl saygı gösterildiği konusunda bir derse ihtiyacı var,' diye ağzından tükürükler saçarak konuştu. Ben onu kızdıracak şekilde vagonun tavanındaki demirden tutmuş hafif hafif ayaklarım üzerinde sallanıyordum. Ona, önemsemeyen, küçümseyen bir şekilde baktım. Bu herifin leşini serecektim. Büyük ve cüsseliydi, ama sarhoştu ve kızgındı. Ben soğukkanlıydım, çok iyi eğitilmiştim ve ne yapacağını iyi bilen birinin güveni içindeydim."

Bu noktada durdum ve Arif Bey'e baktım. İlgiyle, aktardığım öyküyü dinliyordu. Sustuğumu görünce 'niye durdunuz,' dercesine baktı. "Aikido'yu iyi bilseydiniz ve bu adamın yerinde olsaydınız, müdahale eder miydiniz?" diye sordum.

"Kesinlikle müdahale ederdim. Hatta o kadar beklemezdim, ensesinden tutar yere atardım pis herifi."

"Sence yazar neden o kişiyi daha çok kızdırmak ve galeyana getirmek istiyor?"

"Çünkü karşıdaki iyice kızınca, bilincini iyice kaybedecek ve iyi dövüşen biri olamayacak."

"Evet; sanırım bu nedenle sarhoşu daha da kızdırmaya yönelik bir tavır içine giriyor."

Daha sonra kaldığımız yerden devam ettim.

" 'Sana bir ders vereyim de hiç unutma, pezevenk!' diyerek üzerime yürüdü. Hiç yerimden kıpırdamadım, hatta ona gözlerimi süzerek bir ibne öpücüğü gönderdim. Bana saldırmak üzere tam tavrını aldı. Neye uğradığını anlayamayacaktı.

"O bana saldırmadan birkaç saniye önce, biri, 'Hey!' diye ona seslendi. Yüksek, tiz bir sesti, ama kendine güvenli ve neşeli birine ait olduğu hemen anlaşılıyordu. Bir şey bulmuş birinin 'bak ben ne buldum,' diyen tonu çınlıyordu bu seste. Hem ben, hem sarhoş döndük ve bu küçük ihtiyar adamı gördük. Yetmiş yaşlarında olmalıydı, kimono ve hakaması içinde tertemiz giyimli biriydi. Bana hiç bakmıyordu, ama sarhoş işçiye, onunla önemli bir sırrı paylaşacakmış gibi gözlerinin içi gülerek bakıyordu.

" 'Buraya gel,' diye eliyle işaret etti, 'buraya gel ve benimle konuş'. Sarhoş kendine ip bağlanmış bir kukla gibi yaşlı adamın yanına gitti. Önünde durdu, yukarıdan şöyle bu küçük yaşlı adama baktı ve, 'Ne istiyorsun içi kurumuş adam bozması, osursam seni düşürürüm,' dedi. Sarhoş yaşlı adama saldırmaya kalksa onu hemen altıma alacaktım. Ama yaşlı adam gözlerinin içi hiç korkusuz, 'Ne içiyordun sen arkadaşım?' diye gülerek ona sordu.

" 'Saki içiyordum, maymun yüzlü moruk. Benim ne içtiğimden

sana ne?' diye yaşlı adama hakaret etti. Yaşlı, 'O, çok güzel. Gerçekten çok güzel, çünkü ben sakiyi severim. Her akşam üstü ben ve karım –o şimdi yetmiş altı yaşında– biraz saki ısıtır, bahçemize büyükbabamın öğrencilerinin onun için yaptığı divanın üstüne oturur, yavaş yavaş sakimizi içeriz. Günün batışını seyreder ve hurmalarımıza bakarız. Geçen yılki soğuklardan hurmalarımız hırpalandı. Benim büyükbabamın dedesi dikmişti o hurmayı. Sakimizi içerek hurmaya bakarız, güneşin batışını izleriz.' Güler yüzle, bir dostun diğerleriyle konuşmasındaki rahatlık ve sevecenlikle sarhoşun yüzüne bakıyordu.

"Sarhoş, yaşlı adamın söylediği şeylerin ayrıntılarını takip etmeye çalışırken yüzü yumuşamaya başladı. Sıkılı yumrukları gevşedi, ve yaşlı adam sözünü bitirince, 'Ben de saki severim,' dedi. Ve sesi yavaş yavaş yumuşadı, eski haşinliğini kaybetti.

"Yaşlı adam, 'Evet, ve eminim senin de harika bir hanımın vardır.'

"Sarhoş hüzünlü hüzünlü başını sallamaya başladı, 'Hayır, bende karı yok, aile yok.' Trenin sallantısına uyan bir baş sallamasıyla sözünü tekrar etti, 'Benim eşim yok, ailem yok.' Biraz durdu ve biraz önceki haliyle hiç uymayacak yumuşak bir sesle, 'Ne karım var, ne evim var, ne elbisem var, param yok, alet edavatım yok, yatacak yerim yok, kendimden utanıyorum.' Koca sarhoş hıçkıra hıçkıra ağlarken bütün bedeni sarsılıyordu. Onun üstündeki kısımda bir reklam, bir oturma beldesinin konforlarından bahsediyordu. Reklamın dediği ve şu anda gözümün önünde yer alan manzara tam bir alaysama idi. Bu alaysama beni etkiledi. Birdenbire kendimden utandım. Temiz elbiselerimden ve 'bu dünyayı demokrasi için güvenli bir yer yap' tutumundan utandım; kendimi o sarhoştan daha fazla kirli ve aşağılık hissettim.

"Yaşlı adam, 'Vah vah, gerçekten kötü bir şansızlık olmuş,' diyerek onu anlayışla dinledi. Ama, onun mutlu ve coşkulu gözleri yine aynıydı. 'Gel şuraya otur, hadi bakalım, bana hepsini anlat!'

"Bu esnada tren ineceğim istasyona gelmişti. İstasyon çok kalabalıktı ve kapı açılır açılmaz insanlar trenin içine hücum ettiler. Vagondan dışarı çıkarken yeniden arkama dönüp baktım; sarhoş işçi bir çuval gibi kanepeye yığılmış ve yaşlı adamın kucağına başını koymuştu. Yaşlı adam kurumuş kusmuklu başı okşuyordu; gözlerinde anlayış ve şefkat vardı.

"Tren istasyondan ayrılırken oradaki bir kanepeye oturup, bu yaşantıyı yeniden gözden geçirmek istedim. Benim kasla ve kemikle başarmaya çalıştığımı yaşlı bir adam gülümseme, anlayış ve şefkat dolu birkaç cümleyle başarmıştı. Gerçek aikidoyu şimdi gördüğümü anladım: kurucusunun dediği gibi aikido bir uzlaşma sanatı idi, bir dövüş aracı değil. Kendimi ahmak, saldırgan ve kaba hissettim. Bu olaydan sonra tamamiyle farklı bir anlayışla aikido çalışması yapmam gerektiğini görüyordum. Henüz aikidoyu ve uzlaşmayı bilmediğimi anlamıştım."

Her Şey Niyetle Başlar

Arif Bey'le göz göze geldik. Gözleri nemlenmişti. Bir süre sustuk. Kahvelerimizi yudumladık. Nihayet sessizliği bozdum:

"Trabzonlu vatandaş olayı ile bu aktardığım öykü arasında bir benzerlik görüyor musunuz?"

Arif Bey biraz sustu, düşündü ve daha sonra:

"Evet," dedi. "Her ikisi de kavga ve dövüşün ötesinde bir ilişki oluşturuyorlar. Her ikisi de küfürlü, kavgalı olabilecek bir olayı daha bir üst düzeye, ders alınabilecek bir öğrenme ortamına çeviriyorlar."

"Savaşçı felsefesi içinde can alıcı bir cümle kullandınız."

"Öyle mi? Ne dedim?"

" 'Ders alınabilecek bir öğrenme ortamı' cümlesini kullandınız. Bu tutum, yaşama bu bakış, savaşçının en belirgin özelliğidir. Her olayın bir öğrenme fırsatı olduğunu düşünür. Gerçek savaşçı her olaydan alabileceğinin, öğrenebileceğinin en fazlasını almak ister."

"Niçin?"

"İşte bugün bu niçini konuşacağız. Savaşçı niçin savaşçıdır? Savaşçının niyetinin özellikleri nelerdir? 'Savaşçı niyeti' ile 'sıradan insanın niyeti' arasındaki farklar nelerdir? Bunlardan söz edeceğiz."

"Niyet konusu demek ki önemli bir konu. Hatırlıyorum, ilkokul dörtteyken bir ramazan ayında öğleye doğru anneanneme, 'Hâlâ kahvaltı yapmadım, ben de bugün sizlerle oruç tutmak istiyorum,' demiştim. O da gülerek, 'Olmaz,' demişti, 'orucunun kabul edilmesi için güneş doğmadan önce o gün oruç tutmaya niyet etmen gerekli.' O zaman bu açıklamayı saçma bulmuştum. Şimdi, savaşçı olmak için belirli bir niyetle işe başlamanın gerekli olduğunu söylüyorsunuz. Anneannemle konuştuklarım aklıma geldi. Paylaşmak istedim."

"Güzel bir örnek. Şimdi sizden bu çevreyle ilgili birkaç gözlem yapmanızı isteyeceğim. Şöyle çevrenize bir bakın. Çevrenizde gördüğünüz insanlara dikkat edin. Burada kaç kişi gözlük kullanıyor, söyleyebilir misiniz?"

"Yeniden bakmam gerek!"

"Peki, yeniden bakın."

Gerçek savaşçı her olaydan alabileceğinin, öğrenebileceğinin en fazlasını almak ister.

Arif Bey tüm salonu gözleriyle taramaya başladı ve içinden gözlüklü kişileri saymaya başladığını ve parmaklarıyla hesabını tuttuğunu görüyordum. Benimle tam konuşmaya başlayacakken, ona hiç beklemediği başka bir soru sordum.

"Arif Bey, aslında burada kaç kadın var, kaç erkek var, onu soracaktım. Bana şimdi bu salonda kaç kadın ve erkek olduğunu söyleyebilir misiniz?"

Arif Bey gülmeye başladı.

"Doğan Bey benimle oyun oynuyorsunuz galiba. Kaç kişi gözlük kullanıyor diye baktım çevreme, kaç kadın ve erkek var, diye değil."

"Sizinle oyun oynamıyorum. Bu bir alıştırmaydı; bu alıştırmayla size bir şey göstermek istiyorum. Şimdi lütfen kaç kadın ve erkek var, o gözle bakın."

Bir insanın niyeti, o kişinin içinde bulunduğu ortamı nasıl algılayacağını, o ortamda bilincini nasıl organize edeceğini belirleyen en önemli etkendir.

Arif Bey yine saymaya başladı. Bana rakamı tam söyleyecekken, bu sefer bir başka soru sordum:

"Bu insanlardan ikisinin sizin komşunuz olmasını istiyor olsaydınız, hangi iki insanı seçerdiniz?"

"Bilmem, o gözle hiç bakmadım."

"Evet, söz konusu olan, size yaşatmak istediğim deney bu."

"Hocam, sanırım anladım, ama yine de emin olmak istiyorum, açık seçik söyler misiniz, neyi yaşatmak istediniz?"

"Bir insanın niyeti, o kişinin içinde bulunduğu ortamı nasıl algılayacağını, o ortamda bilincini nasıl organize edeceğini belirleyen en önemli etkendir. Bunu göstermek istedim. Savaşçının bildiği en önemli gerçeklerden birisidir bu."

"Yani savaşçı her ortamda kendi niyetinin sürekli farkında mıdır?"

"Evet! Savaşçı 'niyet'inin sürekli farkındadır."

"Bunu nasıl başarıyor? Bu bilincin sürekliliğini nasıl sağlıyor?"

"Burada birbirinden ayrı iki soru var: 'Bunu nasıl başarıyor?' sorusu, 'Bu bilincin sürekliliğini nasıl sağlıyor?' sorusundan farklı. Bu iki soru birbiriyle ilişkili, ama temelde farklı; bunun farkına varmanızı istedim."

"Evet, görebiliyorum iki farklı soru olduğunu. Peki ilk soruyu sorayım: 'Savaşçı her ortamda niyetinin ne olduğunun farkında olmayı nasıl sağlıyor?' "

"Bu soruya cevap verebilmek için size biraz 'benlik psikolojisi'nden söz etmem gerekiyor. İlk buluşmamızda sizin gözlemleyen bir bilinciniz olduğunu ve gerçek özdeşiminin burada yattığını söylemiştim, hatırlıyor musunuz?"

"Evet, gözlerimi kapattırmış ve bir uygulama yaptırmıştınız. Benim yalnızca bedenimden, yalnızca düşüncelerimden ya da duygularımdan ibaret olmadığımı bana hissettiren şeyin, aslında bana özgü, devam eden bir bilinç olduğunu keşfettirmiştiniz."

"Evet, bu bilince 'gözlemleyen ben' veya 'gözlemleyen bilinç' adını veriyoruz. Bir de bilincimizin gözlemlediği, etten kemikten, arzulardan, gereksinmelerden oluşan nesnel bir tarafımız var. Bu konuşmalarımız süresince buna 'ego' diyeceğim."

" 'Ego', gözlemleyen benden farklı bir ben."

"Evet, bu can alıcı, kritik bir fark. Gözlemleyen ben ve gözlemlenen nesnel ben –ego– farklı dinamikler içinde çalışırlar. Nesnel ben gereksinmeler dinamiği içinde çalışır ve bu gereksinmeler içinde ortamı algılar. Sınırları, farklılıkları algılamaya önem verir. Bir ormanda avını arayan avcının veya bir şehirde müşteri gözeterek arabasını süren bir taksi şoförünün algılaması ve davranışı nesnel ben tarafından yönetilmektedir. Böyle bir algılama içinde nesneler birbirlerinden ayrı, belirgin şekilde farklı algılanırlar. Bu tür bir algılama, organizmanın kendi işine yarayan şeyleri hemen algılamasına ve onlara yönelmesine yol açar."

"Demek ki, siz biraz önce bana 'gözlüklü kişiler', 'kadınlar ve erkekler' diyerek, aynı ortamı farklı farklı birimler halinde algılamaya yönlendiriyordunuz."

"Evet, bu ortamı farklı farklı nesneler olarak algılamanızı sağlamaya çalışıyordum, 'gözlüklü kişiler', 'kadınlar', 'komşular' hep nesnel benin ortama getirdiği bir niyetin sonucu algılanıyordu. Sözün kısası o uygulamada nesnel ben, sizin için yarattığım bir gereksinimi karşılamak üzere ortamın algılanmasını organize ediyordu."

"Benim için gereksinme yarattığınızın farkında değildim!"

" 'Burada kaç tane gözlüklü kişi var?' dediğim zaman, bana bir rakam söyleme ihtiyacı duymadınız mı?"

"Evet, sorunuza cevap vermek için, buradaki gözlüklü insanları saymak istedim."

"İşte benim 'gereksinme yaratmak' dediğim bu."

> *Savaşçı, gözlemleyen bilincini sürekli canlı tutabilmeyi başaran bir insandır.*

"Anlıyorum."

"Nesnel ben gereksinmeleri karşılamak, sorunları çözmek, kendini korumak, sorulara cevap vermek gibi süreçler içindeyken, bir de bütün bu süreçlerin farkında olabilen, bütün bu olan bitenlerin üstünde yer alabilen bir bilinç var."

"Gözlemleyen bilinç."

"Evet, gözlemleyen bilinç. İşte savaşçı, gözlemleyen bilincini sürekli canlı tutabilmeyi başaran bir insandır. Nesnel ben her ortamda uğraşırken, çalışırken, süreçlerken, gözlemleyen bilinç daha bir üst düzeyde her şeyin farkında olmaya devam eder; ve bu olup bitenlere bir başka düzeyde –ki çoğu kere bu üst düzeye metadüzey adı verilir– anlam verir."

"Yani savaşçı sürekli, 'ben şimdi bu insanla niçin konuşuyorum?', 'ben şimdi bu kadına niçin bakıyorum?', 'ben şimdi niçin burada oturmuş yemek yiyorum?' sorularının farkında olan birisi."

"Gerçekten savaşçı olmayı başarmışsa, evet."

"Yani sürekli iki düzeyde yaşayan birisi: İlk düzey, nesnel ben düzeyi; bu düzeyde diğer insanlar gibi kendi gereksinmelerini karşılamak üzere toplumun sıradan bir üyesi olarak yaşamaya devam ediyor; ama bir başka düzeyde ise, gerçek kişinin bütün bu uğraşılar arasında koşturan kişi değil, gerçek kendisinin bütün bunların bilincinde olan, neyi niçin yaptığını bilen bilinç olduğunu unutmuyor. Peki ama, gözlemleyen bilince nasıl ulaşıyor?"

"Bu ilk sorunuzdu: Savaşçı gözlemleyen bilince nasıl ulaşıyor? İkinci sorunuz da, 'bunu nasıl devam ettiriyor?' idi."

Bir savaşçıyı diğer sıradan insanlardan ayıran en önemli öğe, onun kendine özgü niyetidir.

"Evet, bunları sormuştum."

"Savaşçı gözlemleyen bilince ulaşmaya niyet ederek işe başlıyor. Ve bugünkü sohbetimizde, niyetin neden böyle kritik ve önemli olduğu üzerinde konuşmak istiyorum."

"Şunu söyleyebilir miyiz: Savaşçıyı sıradan insanlardan ayıran en önemli öğe, onun kendine özgü niyetidir."

"Bravo, önemli bir şey keşfettiniz. Evet, gerçekten de savaşçının kendine özgü bir amacı, hedefi ve niyeti vardır."

"Savaşçı buna nasıl ulaşıyor?"

"Savaşçı olmaya niyet ederek ve bir savaşçı gibi yaşamaya özen göstererek. Bunu biraz açmam gerekiyor. Bu oldukça uzun bir konuşma olabilir. Onun için izin ver, önce bir tuvalete gideyim."

Arif Bey güldü, "Benim de ihtiyacım var, sizden sonra da ben gitmek istiyorum," dedi. Tuvalet ufaktı, ama oldukça temizdi.

Masaya döndüğümde Arif Bey tuvalete yönelmişti.

Zayıf, kısa boylu, yetmiş küsur yaşlarında, ufak adımlarla zor yürüyen, yüzü yorgun ve hüzünlü bir bey dikkatimi çekti. Gri bir takım elbise giymiş, pembe gömleğinin üstüne kahverengi desenli kravat takmıştı. Uzun boylu, sıska, siyah pardösülü bir kadının koluna girmiş, yavaş yavaş dış kapıya doğru birlikte yürüyorlardı. Kadının yüzünde sürekli şikâyet eden insanların o mutsuz ifadesi yıllar önce yerleşip kalmış gibiydi. Hizama geldiklerinde adamın yüzünde sıcacık bir gülümseme belirdi. Kadının söylediği bir şeye gülüyordu. Fakat kadının yüz ifadesinde bir değişiklik olmadı. Adamın o çocuksu, masum gülüşünün benim izlenimimi ne kadar etkilediğini fark ettim. Şimdi yorgun ve hüzünlü görünmüyordu.

Bir süre sonra Arif Bey geldi ve kaldığımız yerden konuşmaya başladık.

Daha Büyük Bir Resim Gereksinimi

"Kişinin ortama getirdiği niyet, onun neyi algılayacağını, nasıl bir bilinç içinde olacağını belirlemektedir demiştik. Nesnel ben, yani ego, denetlemeye ve sahip olmaya önem verir. Nesnel ben içinde kaldığımız sürece, parçası olduğumuz daha büyük resmi ve bu resim içindeki diğer şeylerle nasıl bir ilişki içinde olduğumuzu göremeyiz. Nesnel ben, ego, kendisinden daha büyük bir özdeşim kazanmanızı engeller; ego, sürekli bencildir ve her şeyi kendi çıkarı açısından görür.

"Dinlerin ve mistik geleneklerin yapmaya çalıştığı şey, bu nesnel benin sınırlarını aşarak, daha büyük bir realitenin, daha kapsamlı bir gerçeğin parçası olduğumuzu anlamamızı sağlamaktır. Böylece kendimizi, diğer insan ve varlıklardan kopuk, ayrı, ilişkisiz görecek yerde, daha kapsamlı gerçeklik içinde, şimdiye kadar görmediğimiz bir biçimde görebiliriz.

"Dinler bu kapsamlı gerçeklik içinde yaşamanın erdemlerini ortaya koyarken, anlatmaya çalışırken, ceza ve ödül kavramlarını sık sık kullanırlar. Böylece, kendilerini belirli bir dinin mensubu olarak gören birçok kişi, o dinle aralarında, ilkokul öğrencilerinin öğretmenleriyle kurduğu ilişkiler türünden bir ilişki geliştirirler."

Arif Bey, bu noktada soru sormak ihtiyacı duymuş olmalı ki, bir el işaretiyle soru sormak istediğini belli etti:

"Nasıl yani? Anlayamadım."

"İlkokul öğrencilerinin çoğu, bilgiyi bilgi olduğu için öğrenmek istemez; ödevlerini bilgiye önem verdiği için yapmaz."

"Peki ne için yaparlar?"

"Arif Bey, öğretmen olan sizsiniz, bunu benden daha iyi bilmeniz gerekir. Çocuk henüz o yaşta, bilgiden çok, öğretmeni tarafından takdir edilmek, öğretmenin gözüne girmek, ondan aferin almak için 'iyi öğrenci' olmaya çalışır."

"Doğru, Doğan Bey. Kendi öğrencilerimde bunu gözlüyorum."

"Kendilerini dindar gören ve iyi bir dindar olmak için davranan insanları yakından gözle ve neler söylediklerini dinle; ilahi bir muhasebeciyle oldukça ciddi bir alışveriş ilişkisi içinde olduklarını görürsünüz."

"Neyin sevap olduğunu, ne kadar sevap olduğunu, neyin ne kadar günah olduğunu, bu kadar sevap biriktirirsen nelere layık olduğunu, ne kadar günah olursa, öbür dünyada başına neler geleceğini hesaplayanları kastediyorsunuz, herhalde?"

"Evet, bu tip dindarlardan iyi tüccar çıkar. Çünkü, tüm düşünüşleri çıkar bilinci içinde yapılanmıştır."

Arif Bey, gülümseyerek aklına gelen bir olayı anlattı:

"Tanıdığımız bir avukat vardı. Oldukça dindar geçinirdi. Sakalı, giyinişi, yürüyüşü, konuşuşu hep, 'ben dindar bir adamım' mesajını vermek üzere yerli yerine konmuştu. Bir gün müşterek tanıdığımız birinden öfkeyle söz etti. Kızdığı insan ona bir kötülük etmiş. O da bunun altında kalmak istemiyordu. 'Ona öyle bir iş edeceğim ki, anasından emdiği süt burnundan gelecek,' diyordu. Bir süre düşündükten sonra, 'Biliyorum, ben de günaha gireceğim,' diye devam etti. 'Ama, alt tarafı bir hacca gitmek; bir hacca gider, ondan gelen sevapla günahın altından kalkarım. O deyyusun da ağzının payını vermiş olurum!' Bu olayı hiç unutmuyorum. Bu avukatın dindarlığı bana tüccarca gelmişti; şimdi siz bu konuda konuşurken o aklıma geldi."

"Tam uygun bir örnek. Hani, 'cuk diye oturdu' derler ya, işte öyle oldu."

"Dindar geçinen kişi, dini faaliyetlerini -yani ibadetini, iyilik davranışlarını- bu dünyada veya öbür dünyada elde edeceği bazı kazançlar için yapıyorsa, bu kişi nesnel beni -egosu- ile hareket ediyor, diyemez miyiz?"

"Bir örnek verir misiniz?"

"Fakire sadaka ya da zekât veren birini düşünün. 'Neden sadaka ya da zekat veriyorsun?' diye sorduğumuzda, 'Vermek sevap, vermemek günah,' diye cevap vermiş olduğunu düşünelim. O zaman soru, 'Neden sevap kazanmak istiyorsun, veya günahtan kaçınmak istiyorsun?'a dönüşecektir. Bu soruya cevap olarak gelecek olan cümlede, 'çünkü' kelimesinden sonra mutlaka bir çıkar ifade edilecektir; 'çünkü, cennete gitmek istiyorum veya cehenneme gitmek istemiyorum,' gibi."

"Böyle bir algılamanın, daha doğrusu böyle bir düşünüş tarzının nesnel bene ait olduğu sonucuna nasıl varıyorsunuz?"

"Doğan Bey, siz demediniz mi?"

"Neyi Arif Bey?"

" 'Nesnel ben –ego–, gereksinmelerini karşılamaya yönelmiştir ve onun için denetlemeye ve sahip olmaya önem verir,' anlamında konuşmuştunuz; öyle değil mi?"

"Evet, doğru hatırlıyorsunuz."

" 'Cennete gitmek' veya 'cehenneme gitmemek' amacına yönelik kalındığı sürece, hep nesnel ben düzeyinde kalınmış olmaz mı?"

Arif Bey'in söyledikleri doğruydu; bunu daha önce düşünmemiştim. Arif Bey'e, bunu daha önce düşünmediğimi, ama o söyleyince şimdi görebildiğimi ve onunla hemfikir olduğumu söyledim. Ve devam ettim:

"Arif Bey, tabii samimi dindarların niyetleri ve bu nedenle yaşama yaklaşışları son derece farklı."

"Onu biraz açar mısınız, Doğan Bey."

"Samimi dindar, daha büyük bir realitenin, kapsamlı bir bütünün anlamlı bir parçası olmanın bilinci ve 'hizmet sorumluluğu' içinde yaşamına yön verir."

"Yani?"

"Yani..."

Bir süre düşündüm ve bir örnekle konuya açıklık getirmek istedim.

"Yani, 'mış gibi dindar' fakire sadaka verirken, 'sevap-cennet' çıkarı içinde güdülenirken, gerçek dindar, 'insan kardeşimin ıstırabı, aslında, büyük resim içinde, benim ailemin ıstırabıdır' görüşündedir ve yaşamın bütününe hizmet etmeden, kendi yaşamının anlamlı olamayacağını bilir. Gerçek dindarın sadaka verişi farklıdır. 'Mış gibi dindar' sadaka vermeden önce vereceği parayı üç defa başının üstünde geçirebilir, 'Başımın gözümün sadakası olsun,' gibi laflar mırıldanabilir veya benzeri şeyler yapabilir. Sadaka verirken, sadaka vermek kendisi için ne çıkar sağlayacak, onu düşünmüş ve bu bilinçle güdülenmiştir."

"Gerçek dindar nasıl sadaka verir, Hocam?"

"Gerçek dindar, büyük resmin bilincinde davranır. 'Bu insana nasıl hizmet edebilirim?' diye düşünür. O nedenle samimi dindar, sokakta, 'Allah rızası için, başınızın, gözünüzün sadakası için,' diyerek dilenenlere para vererek yardım etmekten ziyade, onları dilenci olmaktan kurtaracak bir yardımı daha anlamlı bulur.

"Fakir bir ailenin okumaya çalışan, çabalayan, yetenekli çocuğuna hiç karşılık beklemeden burs vermeyi yeğler. O çocuğun gelişmesinin, kendisinin de sorumluluğu olduğunu görür. Çünkü büyük resim, tüm mahallenin, kentin, ülkenin, bütün insanların hatta tüm yaratıkların birbirini etkilediği, birbiriyle ilişki içinde olduğu 'büyük bir aile gerçeği'ni ifade eder.

"Yavrusunu doğurmak üzere kapalı bir yer arayan ana kediye, yavrusunu doğurabileceği bir kutu bulmaya çalışır. Su bulmakta güçlük çeken kuşların farkında ise, onların gelip rahatlıkla su içebileceği olanaklar yaratmaya uğraşır. Trafikte korkmuş, donmuş kalmış, karşıya geçemeyen hiç tanımadığı yaşlı kadına sevap -günah düşünmeden el uzatır.

"Kısacası, Arif Bey, gerçek dindar, bu evrenin sorumlu bir vatandaşıdır; o bilinç içinde duyar, algılar, düşünür ve eyleme geçer."

"Ama, çevremde dindar geçinenlerin çoğunu böyle görmüyorum."

"Çevremizde gördüklerimizin büyük bir çoğunluğu 'görünüm için dindar' izlenimi veriyor. Ait olma bilinci içinde, içinde yaşadıkları cemaatle ilişkileri on-

Gerçek dindar, bu evrenin sorumlu bir vatandaşıdır; o bilinç içinde duyar, algılar, düşünür ve eyleme geçer.

lar için birinci derecede önem kazanmış görünüyor. Sanki ellerinde pankartlarla, cemaate:

" 'Bana bakın şalvarım, sakalım, türbanım, ceketim, yeleğim, hatta yüz ifadem tam bir dindar görünümünde,' diyorlar."

" 'Mış gibi dindar' dediğiniz insanlar bunlar mı?"

"Samimi dindar bu tür gösterişlere itibar etmez. Hatta bu tür gösterişlere önem verdiği sürece bir insanın Yüce Tanrı'yı gerçekten içinde hissedemeyeceğini düşünür. Evet, 'mış gibi dindar' dediklerimiz bunlar."

"Konuşmamızın bir yerinde, kişinin nesnel benin kısıtlı bakışından kurtularak, daha kapsamlı büyük resme ulaşması, gözlemleyen bene ulaşması için dinin ve mistik düşüncenin yardımcı olduğunu söylemiştiniz. Gerçek dindarın büyük resmi nasıl algıladığı ile ilgili verdiğiniz örneği iyi anladım. Ama, mistik düşünceden neyi kastediyorsunuz? Mistik düşünce gözlemleyen bilinci nasıl geliştiriyor?"

"Mistik düşünce, mistik felsefe, mistik yaklaşım tabirlerini aynı anlamda kullanıyorum. Mistik düşünce bizim kültürümüzde köklü gelenekleri olan, aşina olduğumuz bir düşüncedir. Tüm dünyada bilinen tasavvuf yaklaşımı mistik düşünceye bir örnektir. Her kültür, her uygarlık, her din kendi mistik düşüncesini yaratmıştır. Çünkü her kültür, her uygarlık büyük resmi bilmek, tanımak, onun bilincinde olmak çabası içine girmiştir. Bu çaba insan olmanın, insan olarak gelişmenin, olgunlaşmanın bir parçasıdır."

"Peki mistik düşünce içinde olan, ceza ve ödül sistemi içinde düşünmez mi?"

"Hayır. Rabia adında bir ermiş, 'Tanrıma, hizmetinin karşılığında ücret bekleyen bir işçi gibi hizmet etmek istemiyorum. İster cennete, ister cehenneme atsın, umrumda değil. Neyi uygun görüyorsa, hiç itiraz etmeden oraya giderim. Yeter ki sürekli onu içimde hissedeyim; onun sevgisinden mahrum kalmayayım,' der."

Arif Bey gözlerini kapadı ve bir süre düşündükten sonra aşağıdaki şiiri okudu:

"Yunus'un,

Ne varlığa sevinirim,
Ne yokluğa yerinirim,
Aşkın ile avunurum,
Bana seni gerek seni

şiiri de aynı anlamı ifade ediyor değil mi? Bu tutum, 'mış gibi dindar'ın tutumundan gerçekten farklı."

"Mistik yaklaşımda 'kalbin temizliği'nden bu anlaşılır. Hiçbir karşılık beklemeden büyük resmin hizmetinde olmak; o hizmet bilinci içinde hareket etmek."

"Savaşçı bir mistik midir?"

"Savaşçı da bir mistik gibi niyetinin temizliğine önem verir. Ama, savaşçı bir eylem insanıdır. Mistik, sadece bilmekle, gözlemekle yetinebilir. Savaşçı kendi yaşamının tümünü niyetinin saflığı üzerine kurmuştur, ve..."

Burada durdum, Arif Bey'in gözlerinin içine baktım, önemli bir şey söylediğimin farkına varmasını sağlamak için üzerine basa basa,

"Ve sürekli eylem içindedir," dedim.

"Savaşçının bir eylem insanı olduğunu anlamamı istiyorsunuz."

"Evet!"

"Bunu biraz açar mısınız?"

"Eylem konusunu ayrı bir konuşma konusu yapmak istiyorum. Bugün savaşçının niyeti üzerinde konuşmaya devam edelim. Umarım, anlayışla karşılarsın."

"Kesinlikle. Daha önce söylediğim gibi, konuları birbiri içine karıştırmadan, böyle teker teker ele almanız hoşuma gidiyor."

İkimiz de biraz yorulmuştuk. Garsonu çağırdık. Temiz yüzlü, hizmet etmekten zevk alan bir delikanlı, "Buyrun efendim," diyerek geldi. Ben su istedim, Arif Bey de taze sıkılmış portakal suyu sipariş etti.

Müşterilerden bazıları kalkıp pasta tezgâhından pasta ısmarlayıp yeniden masalarına oturuyorlar; garson ısmarladıklarını kendilerine getiriyordu.

Yağmur durduğu için müşterilerin çoğu dışarda oturmaya başladı. Bizim oturduğumuz masanın hemen sağında, cam bölmenin diğer tarafında, yabancı oldukları anlaşılan, yaşlıca bir kadın ve erkek oturuyor. İkisi de capuccino ısmarlamış; erkek sütün köpüğünün üzerine şeker dökerek ve karıştırarak aşağı indiriyor, kadın ise şekersiz içmek için hazırlanıyor. Birbirleriyle hiç konuşmuyorlar. Uzun yıllar beraber olmanın verdiği bir doygunluk içinde, söyleyecek yeni sözleri kalmamış gibi bir kanıksama içindeler.

Onların bir ötesindeki masada ise, sırtı dönük orta yaşlı bir kadının yanında on-on bir yaşlarında bir kız, kızın karşısında da babası var. Kız, yediği ve içtiği şeylerden zevk alıyor, heyecanlı ve özellikle babasına anlatacağı çok şeyi var. Kadın orada tek başınaymış gibi sadece önündekini yiyor, sanki kızını duymuyor. Adam için ise, önündeki salatayı yemek önemli. Ama, kız dinlenip dinlenmediğine bakmadan, heyecanlı heyecanlı konuşuyor.

İçtenlik

Ismarladığımız içecekleri yavaş yavaş yudumlarken sağa sola bakarak biraz sessiz zaman geçirdik. Daha sonra konuşmaya başladım.

"Bir insanın içten olup olmadığını anlayabilmek için, onun niyetini bilmek gerekir. Daha doğru bir ifadeyle, içtenlik niyetin dürüstçe ifadesi olarak tanımlanır. Bir öğrenciyi düşün, okula gidiyor, o kadar zamanını veriyor. Bu samimi, içten bir öğrenci mi? Eğer öğrenmeyi, bilgiyi gerçek güdü olarak yaşatıyorsa, evet. Ama, yalnızca sınıfın birincisi olmak, sırf öğretmenden aferin almak, sadece sınıfı geçince alınacak bisiklete sahip olmak için çalışıyorsa, onun öğrenciliğinde içtenlik yok demektir."

"İlkokul öğrencilerinin öğretmenden takdir beklemesi doğal değil mi, Doğan Bey?"

"Çok doğal. O yaşlardaki öğrencilerin sadece öğrenmek için çalışmalarını beklemek doğru değil. Gelişmelerinin o çağında öğretmenlerinden, anababalarından, diğer büyüklerinden takdir beklemek hakları. Ve bu takdir, sevgi, ilgi onlara verilmeli. Belirtmek istediğim, sadece takdir ve ilgi için bunu yapar hale gelmemeleri. Orada aksayan bir durum ortaya çıkar."

"Bunun savaşçı konusuyla ilgisi ne, Doğan Bey?"

"Savaşçı içten değilse, hiçbir zaman savaşçı olamaz. Çünkü hiç kimse, gerçek savaşçının dış görünümünden onun savaşçı olduğunu anlayamaz. Savaşçı ancak bir savaşçı tutumu içinde yaşamaya kendini adadığı zaman ve hiç kimseden övgü beklemeden, ilgi beklemeden, destek ve takdir beklemeden sırf kendi yaşamının anlamı için kendini buna adadığı zaman, savaşçı olma yolunda adım atmış olur."

Bir süre sustum. Söylemek istediğimi arıyordum, şöyle ifade ettim: 'Savaşçı başkası için değil, kendi gönlü, kendi niyeti ile, kendi yaşamı için savaşçıdır."

Arif Bey, neyi vurguladığımı belirtmek istedi:

"Yani içtenlik, özgünlük, savaşçının temel özelliklerinden biri."

"Evet. Bunu başkasına göstermek zorunda değil; ama kendisi, kendi gözünde, kendisiyle ilişkisinde içten olmak, özgün olmak durumunda."

"Gösteriş dindarlarının savaşçı olması mümkün gözükmüyor, o zaman. Doğru düşünüyor muyum? Yani giydiği şalvarı, taktığı türbanı, bıraktığı sakalı ile tüm dünyaya, 'bakın ben dindarım!' diyen gruptakilerin savaşçı olması mümkün gözükmüyor!"

"Haklısınız. Onların gerçek niyetleri –ki bu niyet bilinçli olabilir veya taklit olarak başkasından alınmış, sezgisel düzeyde hissedilen bir niyet olabilir– başkaları tarafından dindar bilinerek görecekleri kabulde, elde edecekleri kazançta, güçte, şöhrette odaklanmış olabilir. Gerçek niyetleri ile gösterdikleri niyet arasında bir tutarlılık yoktur; bu nedenle sizin dediğiniz gibi, yaşamlarında içtenlik yoktur. Kendini aldatmamakla başlar 'savaşçı'lık."

Arif Bey konuşmamızdan büyük zevk aldığını belirten derin bir nefes aldı. Bu konuşmalarımızın kendi kafasında daha önce açıklığa çıkmamış birçok şeyi yerli yerine oturttuğunu söyledi ve kendisine bu fırsatı verdiğim için bana teşekkür etti.

Ben de kendisine, benim de bir keşif süreci içinde olduğumu ve benim de bir şeyler öğrendiğimi söyledim ve devam ettim:

"Daha önce sözünü ettiğim Amerikalı psikiyatrist Arthur J. Deikman'ın kendisine gelen hastalarıyla ilgili yaptığı bir gözlemden söz etmek istiyorum. Deikman psikoterapi için gelen hastaların belirli ruhsal sıkıntılar içinde olduğunu ve psikoterapiye bu sıkıntılardan kurtulmak için geldiğini söyledikten sonra şöyle der:

> "Her hasta, bu 'sıkıntıdan kurtulmak' konusunda kendi fikirleriyle gelir. Kimisi hayatında sevginin eksik olduğunu düşünür ve terapistten ana ve babasından bulamadığı sevgiyi bekler; kimi güven, kimi destek bekleyerek gelir. Terapist gerçekten tedavi olmak için gelen hasta ile pek karşılaşmaz. Ama, hastaya soracak olursan, onlar terapiste, gerçekten tedavi olmak için gittiklerini söyleyeceklerdir.
>
> " 'Gerçekten tedavi olmak için bana gelen, sözlerimi ve yönlendirmemi dikkatle dinler ve yapmasını istediğim şeyleri ciddiye alarak uygulamaya koyar. Ama, 'Benim sevgiye ihtiyacım var, bu adam bunu bana vermiyor!' diye düşünen hasta ise, bir süre sonra bir bahaneyle terapiye son verir.' "

Bir süre susarak Arif Bey'e baktım ve devam ettim:

"Gördüğün gibi psikoterapinin iyileştirebilmesi için hastanın terapistle ilişkisinde, içtenlikle kişisel bütünlük içinde olması gerekir."

"Bu kişisel bütünlük sözünü siz sık sık kullanıyorsunuz ve anladığım kadarıyla buna çok önem veriyorsunuz."

Kişinin niyeti, motivasyonu, onun bilincinin, algılamasının yapısını oluşturur.

"Evet, önem veriyorum. Savaşçının kişisel bütünlük içinde olması vazgeçilmez bir önkoşuldur. Kişisel bütünlük konusunu da ayrı bir sohbet konusu yapmak istiyorum."

"Evet, bu konuya önem verdiğiniz dikkatimi çekti; bu konuda düşüncelerinizi daha ayrıntılı duymak isterim."

"Umarım şu ana kadar konuşmalarımızdan şunu görebildiniz: Kişinin niyeti, motivasyonu, onun bilincinin, algılamasının yapısını oluşturur.

"Tenis isteyen birini düşün. İyi bir hoca buluyor ve hoca ona tenisi öğretmeyi kabul ediyor. Hocayla konuşuyor, ne kadar zaman alacağını soruyor; hoca hangi amaç için ne kadar zaman alacağını sorduğunu öğrenmek istiyor. 'Şöyle arkadaşlarla oynayıp onları ne zaman yener hale geleceğim,' diyor. Öğretmen, haftada üç saat ciddi olarak çalışırsan, bir-bir buçuk yıl sonra yenmesine oynayabilirsin diyor. Ve tenis oynama isteği adamda balon gibi sönüyor. Neden? Çünkü adamın niyeti tenis oynamak değil, tenisi kullanarak arkadaşlarını yenmek, onlara üstün olduğunu göstermek. İçindeki gerçek niyet ile yapılan davranış birbirine uymuyor."

Kendimi kaptırmış, konuşmaya devam ediyordum. Arif Bey, ilgiyle dinliyordu. Ne kadar kendimi kaptırdığımı, konuya ne kadar önem verdiğimi gözledim.

"Neden bu kadar önem veriyorum?" sorusunu sordum kendi kendime. Neden olacak, 'mış gibi yaşayanlardan biri' olma korkusu vardı bende de. Belki kendime bir yoldaş arayışı içinde Arif'i bulmuştum. Birlikten güç doğar anlayışı içinde, onunla yolculuğumu yapıyordum.

Bu bir iç gözlemdi; paylaşmayı şu an için anlamlı bulmadım.

Kaybetme Korkusu

Ve konuşmaya devam ettim:

"Açgözlülük ve cömertlik konusunu ele alalım. Sahip olmak ve sahip olduğunu elinde tutmak, çoğaltmak isteği korkuya götürür."

"Anlayamadım. Niçin sahip olmak korkuya götürsün?"

"Kişi elinde kalmasını istediği için sahip olmak ister, değil mi?"

"Evet, sanırım öyle. Yani kaybetmek istediği bir şey için niçin çaba sarf etsin?"

"Tabii, haklısın. Bu ne demek oluyor: sahip olduğum her şeyi kaybetmemeyi düşünerek onlara sahip oluyorum, demektir. Böylece, sahip olduğum şeylerin sayısı arttıkça, kaybetmekten korktuğum şeylerin sayısı da artacaktır. Öyle değil mi?"

"Evet, doğru, böyle olması gerekir. Bunu daha önce böylesine hiç düşünmemiştim."

"Kaybetmekten korkan insan, daha çoğuna sahip olmak ister ki, sahip olduğu bazı şeyler kaybolursa, hiç olmazsa elindekiler geriye kalsın."

"Böylece, fazlasıyla sahip olmaya yönelen kişi, sonu gelmeyen bir doyumsuzluğa kendini kaptırır. Bunu mu söylemek istiyorsunuz?"

"Evet, bunu söylemek istiyordum. Bir de şu yönü var işin: Bir insanın elindeki malı, mülkü, savaş gibi olağandışı olaylar ve doğal afetler dışında, durup dururken yok olmaz. Genellikle malını mülkünü iyi idare edemeyen kişinin elinden diğer insanlar alır."

Arif Bey, söze karıştı ve,

"O zaman, şöyle diyebilir miyiz, Doğan Bey?" diye sordu. "Nesnel ben bilinci içinde yaşamını sürdüren sıradan insan, mal mülk kazanmaya başladıkça, diğer insanlara daha fazla korkarak bakmaya başlar."

Kaybetmekten korkan insan, daha çoğuna sahip olmak ister ki, sahip olduğu bazı şeyler kaybolursa, hiç olmazsa elindekiler geriye kalsın.

"Eğer, diğer insanlarla ilişkisi sen ben bilinci içindeyse, evet. Böyle bir insan çevresindeki insanlara, iki gruptan hangisine giriyor diye bakar. Yani böyle bir insan bir diğeriyle karşılaştığı zaman şu gözle bir değerlendirme yapar: Kendinden daha zayıf, daha bilgisiz, daha çaresiz insanlarla karşılaştığı zaman, 'Bu karşılaştığım insan malı elinden alınacak, benim yararlanabileceğim biri mi?' diye düşünür.

"Arif Bey, unutma ki, son derece basite indirgeyerek bunu söylüyorum; kişi bu kadar basit terimler içinde bakmaz karşıdakine. Genellikle, 'İşime yarayacak bir şey var mı bu insanda?' diye bakar.

"Kendinden daha güçlü, daha bilgili, daha becerikli insanlarla karşılaştığı zaman, 'Bu insandan bana zarar gelir mi?' diye bakar. Bu söylediklerim, nesnel benin, egonun doğal işlevleridir."

Arif Bey güldü ve, "Ya 'kazık atılacak' ya da 'kazık atacak' biri olduğuna açıklık getirmeye çalışır, öyle mi?" diye sordu.

'Evet' anlamında kafamı salladım. Şöyle bir çevreme bakındım. İki orta yaşlı kadın ilerdeki masada oturmuşlar, hiç konuşmadan, yavaş yavaş çaylarını içiyorlardı.

Bir ilerideki masada orta yaşlı erkek, genç kıza oldukça canlı bir şeyler anlatıyor. İkisi de halinden memnun. İçimden bu iki kişinin birbirleriyle ilişkisinde ne gibi 'alış' ve 'veriş' içinde olduklarını, 'kaygıları' olup olmadığını tahmin etmek geldi. Salona şöyle bir baktım, ne kadar girift bir insan manzarası vardı; kimbilir ne dinamikler, ne beklentiler, ne korkular, kaygılar, umutlar, şimdi, şu anda yaşıyor, filizleniyor veya yok oluyordu.

Arif Bey, kafamdan geçenlerden habersiz, konuşmamı bekliyordu. Devam ettim:

"Gerçekten cömert insan, büyük resmin, bütünün bilincinde olan insandır. Bu insan diğer insanların yaşamı tehlikeye girdiğinde çabalar, uğraşır, bir şeyler yaparak onlara yardımcı olmaya gayret eder. Karşılığında ne bekler?"

"Sadece teşekkür!"

"Hayır! Gerçekten cömert insan, karşılığında teşekkür de beklemez. Beklediği tek şey, yaptığı yardımın işe yaraması, hedefini bulması, ihtiyacı olan insanların yaşamında olumlu bir sonuç vermesidir. Teşekkür beklemek nesnel bene ait bir olaydır.

"Nesnel ben cömert olamaz. Nesnel ben korku ve kaygıyla sürekli sahip olmak ister; vermek istemez. Verdiği zaman, verdiği şeyin karşılığını daha iyi alacağını umut ediyordur."

"Yani 'kaz gelecek yerden tavuk esirgenmez' düşüncesiyle hareket ediyordur."

"Nesnel benin cömertliği aynen böyledir. Öte yandan, nesnel beni aşmış olan kişi, gözlemleyen benin bilincinde vermeye karar vermiş kişi, farklı bir bakış açısına sahiptir. O, verdiği zaman daha özgürleşir, daha bilgeleşir, çünkü vermenin bir hizmet olduğunu bilir; diğerleriyle anlamlı bir ilişki içinde olan insanların birbirlerine hizmet etmesi gerektiğinin bilinci içinde verir."

"O zaman şunu söyleyebilir miyiz: Gözlemleyen ben insanı özgürlüğe, daha gelişmiş bir bilince, bilgeliğe götüren bir yola sevk eder. Nesnel ben, yani ego ise, kişiyi daha korkak, daha bencil, kaygılı, yani daha az özgür yapar. Bunu söyleyebilir miyiz?"

"Evet söyleyebiliriz. Gözlemleyen bilince ulaşmış savaşçı bir ortama girdiği zaman 'bu ortamdan neler öğrenebilirim?', 'büyük resme nasıl hizmet edebilirim?', 'ortama nasıl bir artı değer katarak hayatımı daha anlamlı kılabilirim?' niyetiyle bakarken, egosuyla güdülenmiş biri, aynı ortama 'kimi kendi yararım için kullanabilirim?' diye bakar."

"Doğan Bey, Ahmet Altan'ın *Tehlikeli Masallar* kitabını okudunuz mu?"

"Evet okudum. Bir Ahmet Altan hayranıyım."

"Niye Hocam?"

"Bir kere güçlü bir algılaması var ve algıladıklarını anlatabilecek güçlü bir kalemi var. Türkçeyi zenginleştirenlerden biri olarak görüyorum onu. Neden sordunuz?"

Çantasından *Tehlikeli Masallar* kitabını çıkardı, sayfalarını çevirmeye başladı; bir yandan da konuşuyordu:

"Gelip giderken vapurda şimdi bu kitabı okuyorum. Buraya gelirken okuduğum bir kısım, sahip olmak isteyen ve daha sonra sahip olduğu şeyi kaybetmekten korkan insanın durumunu hatırlattı. Hah, evet, buldum, izin verirseniz okumak istiyorum."

> *"En korkunç gerçekler, söylenmeye değmeyecek kadar basit olan, bildik gerçeklerdir."*
>
> Ahmet Altan
> *Tehlikeli Masallar*

"Tabii, kaçıncı sayfa?"

Bana kitabın sayfasını gösterdi, 26. sayfanın alt paragrafı kurşunkalemle işaretlenmişti.

"Sen de mi okurken kitaplarını işaretlersin?"

"Evet, işaretlerim. Eğer elimde kalem yoksa, kitap okurken bir eksiklik hissederim," dedikten sonra işaretlediği yeri okumaya başladı:

> "— Neden bıraktın beni?"
>
> "Bu, basit ve sıradan bir soruydu, ama ilişkimizin belki de bütün çıkmazı bu sorunun yanıtında gizliydi. Bu sıradan sorunun yanıtı da aslında o kadar basit ve sıradandı ki, bu sıradanlık yanıtın inandırıcılığını yok ediyordu. Sevdikçe, sevdiklerinden daha çok korkan insanların, başkalarına inanılmaz, tuhaf ve yabancı gözüken davranışını Sevda'ya anlatmam mümkün değildi. Bunu ne anlar ne de buna inanırdı. Ona, 'Seni çok sevdiğim için seninle olamazdım, sana duyduğum sevgi çok korkuttu beni,' diyemezdim. O bir kadındı, sevgide korkmaz, aksine sevdikçe daha cesur ve atak olurdu.

"Bense korkuyordum. Bir kadını daha çok sevip ona daha çok bağlandıkça, bir gün onu kaybedip yapayalnız, acılarla kalmak korkusu büyüyordu ve gittikçe artan bir hızla kıskançlık uçurumundan aşağıya yuvarlanıyordum. Kıskanmanın çaresizliğinden ve içimde yarattığı aşağılanma duygusundan kurtulmak ve bana kaçınılmaz gözüken o terk edilme gününün acısını daha baştan hafifletmek için, hayatıma kattığım kadınların sayısı artıyordu. Nedenini kavrayamadığım bu terk edilme korkusu ve kendime itiraf etmekten bile utandığım hırpalayıcı kıskançlığımla, aptalca olduğunu bile bile daha çok kadınla birlikte oluyor ve sonunda korktuğuma uğrayıp bir başka erkek için terk ediliyordum. Daha da kötüsü, bu gerçeği bilmeme rağmen, her seferinde elimde olmadan hep aynı şeyi yapıyordum, bunun önüne geçemiyordum. Tedavisi olmayan bir tür hastalık gibiydi bu korku."

Arif Bey, daha sonra 27. sayfada altını çizmiş olduğu birkaç satırı ardı ardına okudu:

"Bir romanda anlatılmaya değmeyecek kadar bildik, binlerce yıldan beri yaşanan duygulardı bunlar, ama deneyimlerim bana bir şey öğretmişti: En korkunç gerçekler, söylenmeye değmeyecek kadar basit olan, bildik gerçeklerdi."

"......onunla korkularımı tartışacak bir cesaretim olsa zaten hayatım başka türlü olurdu."

Arif Bey can alıcı noktayı yakalamış, kavramış, seçmiş ve önüme koymuştu. Kendisiyle gurur duydum.

Hissettiklerimi ona söyledim. "Ego'suyla seven insanın dramı bu kadar güzel anlatılır!" dedim.

"Kadın daha bir açık, daha bir kabul edici ve cesur gözüküyor," diye o da bir gözlem yaptı.

Kabul ettim. Ve okuduğu son cümleyi hatırlattım: '......onunla korkularımı tartışacak bir cesaretim olsa zaten hayatım başka türlü olurdu.' Ve ilave ettim: "Cesaret, egonun denetiminden çıkmakla başlar. Eğer, romandaki kahraman, kendisi hakkında, yaşam hakkında, büyük resim hakkında bir şeyleri keşfetmek ve öğrenmek için, onu kaybetmeyi göze alarak, gerçekleri

Cesaret, egonun denetiminden çıkmayı göze almak demektir.

cesurca konuşabilseydi, o zaman özgür bir yaşama adım atmış olacaktı. Şimdi ise, kadını manipüle etmeye çalışan, denetlemeye çalışan, kullanmaya çalışan bir egonun esiri olarak hareket ediyor."

"Evet, görebiliyorum," dedi Arif Bey.

Ortama Getirilen Bilinç

Sütunun yanındaki masada iki genç kız oturuyor. Birinin arkası bana dönük, diğerini profilden görebiliyorum. Profilden gördüğüm kızın sol eli yüzünün hizasında ve bu eliyle bir sigara tutuyor. Kırmızı penye bir giysisi var, sağ dirseği masanın üzerinde ve elinde limonlu kola bardağını tutuyor. Uzun düz saçları omuzlarından aşağıya dökülmüş.

Arkası bana dönük olanın bal renginde, gür ve kıvırcık saçları tüm omuzlarını kaplıyor. Hafif açık, fıstık yeşili bir gömleği ve ona uyan renkte, dökümlü, bol bir eteği var. Çantası masanın üstünde ve sütuna dayalı duruyor.

Birbirlerine heyecanla bir şey anlatıyorlar. O yaşta bu iki genç bayanı bu kadar heyecanlandıracak ne olabilir ki! Düşündüm. Bundan binlerce yıl sonra genç kızları böyle heyecanla konuşturacak olan aynı şey. Doğanın muhteşem gizli planı her çağda, her ülkede, her ırkta, her kavimde kendini yörenin gelenekleri, görenekleri, değerleri, kısıtlamaları içinde ifade etmeye devam etmiş ve şimdi, şu anda ifade etmeye devam ediyor.

Arif Bey de sessiz sakin, kendince çevresine bakıp, gözlemler yapıyor. Konuşmaya başlayarak sessizliği bozdum:

"Sokrat, 'İncelenmemiş bir hayat, yaşamaya değmez,' der. Kişinin incelemesi ve farkına varması gereken ilk şey, hangi ortamda hangi niyetle insanlara, olaylara baktığıdır. Eflatun, 'Kendini bil,' der. *Kendini bil* birçok anlama gelebilir: ne istediğini bil; kendi sırlarını ve zayıflıklarını bil; diğer insanlar seni nasıl algılıyorlar farkında ol, gibi. Daha birçok anlamı olabilir 'kendini bil' sözünün.

> *Savaşçının en büyük gücü, onun niyetinin saflığındadır.*
> **don Juan**

"Savaşçı önce kendi niyetinin, güdülerinin, isteklerinin farkına vararak işe başlar. Daha önceki kitaplarımda sözünü ettiğim Kızılderili bilge don Juan, 'Savaşçının en büyük gücü, onun niyetinin saflığındadır,' der."

Arif Bey, düşünmeye başlamıştı. Ben konuşmayı kestim, onun bana bir şey söylemesini beklemeye başladım. Sustuğumun dahi farkına varmadı. Gözlerini kısmış, bir konuya odaklanmıştı. Daha sonra bana baktı, kendisini gözlediğimi gördü. Gülümsedi, kafasının bir şeye takıldığını ve ona açıklık getirmek istediğini söyledi ve şöyle devam etti:

"Kişinin kendinin farkına varması, kendini bilmesi bana bir sonuç olarak gözüküyor. Yani..." Burada durdu, konuşmaya çalıştı, ağzından laf çıkmadı. Bana baktı, gülümsedi, "Ben ne demek istediğimi biliyorum, ama nasıl söyleyeceğimi bilmiyorum," dedi ve bir süre sonra yeniden konuşmaya başladı.

"Sanırım şöyle bir örnek vererek ne demek istediğimi anlatabilirim: Karı-koca ilişkisinde ilişkinin nasıl olduğu, birbirlerinin isteklerinin hesaba alınıp alınmadığı konusunda, farz edelim kadın daha bilinçli, daha farkında. Ve yine farz edelim ki, kadın erkekten daha çok ilgi, daha çok duygusal yakınlık bekliyor. Ama, erkeğin şöyle dediğini düşünelim: 'Erkek olduğum için ilişkinin bütün boyutlarına senin kadar duyarlı değilim; böyle yetiştirilmemişim. Sen ilişkiye daha derin bir farkında oluş getiriyorsun; çünkü kadın olarak bunu yapabilmek senin için kolay. Ben bunu yapamıyorum. Benden senin kadar duyarlılık bekleme!' Bu noktada şunu diyebilir miyiz: Bu erkek kendini biliyor, kendini tanıyor ve bildiği bu gerçeği karısıyla paylaşıyor. Bu insan 'kendini bilen' biri olarak kabul edilebilir mi?"

Arif Bey'in ne demek istediğini anlamıştım. Bu yerinde bir soruydu. Böyle zor sorular sormaya devam ederse, kendisiyle bir daha hiç buluşmayacağımı söyledim. Gülüştük.

"Şimdi belki sana tuhaf gelecek, belki tuhaf gelmeyecek, ama ilk duyduğum zaman beni bayağı sarsan bir kavram, bir farkındalık söyleyeceğim. Kişi bir ortama değişik derecelerde bilinç, farkında oluş getirebilir. Bilinci, farkında oluşu bir ampule benzetecek olursan, 25 Watt'lık ampul ışığıyla bir ortamı aydınlattığın gibi, 150 Watt'lık bir ışıkla da aydınlatabilirsin. Ve birey, hangi ortama ne derece bilinç getireceğini seçebilir. İşte beni sarsan, hayrete düşüren kavram buydu."

"Yani, anlattığım durumda koca, 'İlişkimizi aydınlatmak üzere senin ampulün daha parlak, ne yapayım benim ampulüm seninki kadar ışık vermiyor,' diyeceği yerde, eğer isterse –ki anahtar fikir bu, *eğer isterse*– kendi ampulünün watt'ını artırabilir."

"Evet, temel fikir bu."

"Peki koca neden daha sönük ampulle ilişkiye bakıyor? Neden ampulünü daha çok ışık veren bir ampulle değiştirmiyor?"

"Sana bir örnek anlatarak cevap vereceğim. Tanıdığım bir genç bayan, çok savruk, unutkan biriydi. 'Ay ne yapayım, çok unutkanım, elimde değil,' der ve kendisinin değişemeyeceğine inanırdı. Daha sonra evlendi, kocası, onun unutkan ve savruk bir insan olduğunu kabul ederek, sürekli onun bıraktıklarını, unuttuklarını toplamaya başladı. Bir süre sonra çocukları oldu. Şimdi çocuk beş yaşında. Geçenlerde bu çifti gördüğümde, yine konu unutkanlığa ve savrukluğa geldi. Genç hanım, 'Ne yapayım, işte öyleyim, elimde değil,' gibi laflar etti.

"Kendisine inanmadığımı, söylediği açıklamaların hiçbir temeli olmadığını söyledim. 'Ama, Doğan Bey, beni biliyorsunuz, unutkan biriyim,' diye itiraz etti. Ona şu soruyu sordum: Çocuğun şimdi beş yaşında, kaç defa onu arabada unuttun, ya da alışverişe gittiğin mağazada kaybettin veya komşudan getirmeyi unuttun?"

"'Ama, Doğan Bey,' diye hemen itiraz etti, 'O benim çocuğum, bir anne çocuğunu nasıl unutabilir!'

"Görüyorsun, Arif Bey, anne kendi çocuğu ile ilişkisine 150 Watt'lık bir ışık getiriyor ve bundan tümüyle sorumluluk alıyor. Sizin anlattığınız olayda, kritik soru, koca bu ilişkiye ne gibi güdülerle giriyor ve ilişkiye getirdiği bilinçten ne kadar sorumluluk alıyor. Karısıyla ilişkisini annenin çocuğuyla ilişkisi kadar önemli görmeye başlasa, o ilişkiye getirdiği farkında oluşun derecesi artar. Yani temelde yine niyet var: Bu ilişkinin benim için anlamı ne? Niçin bu ilişki içindeyim? Bu sorulara verilen cevaba uygun farkında oluş, bilinç derecesi ortama gelir."

"Gerçekten bu önemli bir kavram. Bir insanın gerçekten bir şeye ne kadar önem verdiğinin en belirgin göstergesi bu galiba."

"Evet. Farz et ki, benimle buluşmak istediğini ve buna önem verdiğini söylüyorsun. Ama her buluştuğumuzda, on-on beş dakika geç kalıyorsun. Daha sonra ben konuşurken, gözlerin çevrende güzel kızları süzmekle meşgul ve hep etrafta gördüğün tanıdıklara selam vermek için fırsat kolluyorsun. Böyle bir davranış bana neyi ifade eder?"

"Sizinle buluşmaya ve konuşmaya çok istekli olmadığımı."

"Evet. Bir insanın herhangi bir konuyla gerçekten ilgilenip ilgilenmediğini, o konu konuşulurken ortama getirdiği farkında oluşun, bilincin derecesi gösterir."

"Bunun savaşçı konusuyla ilişkisi ne?"

"Bunun savaşçı konusuyla ilişkisi şu: Savaşçı ortama getirdiği bilincin derecesinden yüzde yüz sorumluluk almasını bilir. Niyetinin saflığı içinde kendini yüzde yüz ilgilendiği konuya verir. İlgilenmiyorsa, 'mış gibi' ilgilenmez. Dürüsttür."

Savaşçı ortama getirdiği bilincin derecesinden yüzde yüz sorumluluk almasını bilir.

Arif Bey söylediklerimi, hafif hafif başını sallayarak dinliyordu. Cümlemi bitirince, anladığını belli eden bir yüz ifadesiyle bana baktı. Bir süre sonra, sormak istediği bir soru olduğunu yine yüzünden anlamıştım.

"Savaşçı bir ortama girdiği zaman kendi niyetinden, niyetinin saflığından emindir. Tamam, bunu kabul ediyorum. Ama, anladığım kadarıyla savaşçı da bizim gibi bir toplum içinde yaşıyor ve onun da tanıdıkları, bildikleri, ailesi, dostları var. Kendi isteğini bilmesi yeter mi? Çevresindekilerin istediklerini de hesaba katmak zorunda değil mi?"

'Hayır' demesini bilemeyen kişi güçsüz kişidir. Hayır demesini bilmeyen kişinin 'evet'inin de anlamı yoktur.

"Aslında bu bizi, daha önce konuştuğumuz hapishane konusuna, ait olma-birey olma dengesi ve yaşam dansı farkındalıklarına geri götürüyor. Savaşçı 'evet'ini ve 'hayır'ını keşfetmiş biridir. Bu evet ve hayır dengesi içine kişinin yakınları, dostları, ailesi, çevresi de girer. Yani savaşçı ortama getirdiği bilinçte bütün dinamikler üzerinde düşünüp karar vermiştir.

"Savaşçı şunun farkındadır: 'Hayır' demesini bilemeyen kişi güçsüz kişidir. Hayır demesini bilmeyen kişinin 'evet'inin de anlamı yoktur. Kendi yaşamlarının liderliğine soyunmuş kişiler, 'hayır' ve 'evet' kelimelerinin tam-eksiksiz-tüm birer cümle olduğunu bilirler. 'Hayır' ve 'evet'leriyle savaşçı hem kendinin hem de ilişki içinde olduğu insanların sınırlarına saygılıdır."

Sözümü bitirdikten sonra Arif Bey'e baktım, büyük bir dikkatle dinliyordu. Yeni bir dünyanın kapısını açmış bir maceraperestin şevki içindeydi.

"Arif Bey, buluşmalarımızdan ve konuşmalarımızdan memnun musunuz?"

"Evet, çok. Trabzonlu vatandaşın öykusünü dinlemek kendi başına bir ayrıcalık. Keşke siz konuşurken, gizli bir televizyon kamerası bizim konuştuklarımızı yayınlasa ve yüz binlerce öğretmen ve vatandaş bu konuşmaları dinlese diye aklımdan geçirdim."

"Şimdi önemli olan bu konuştuklarımızın sizin ve benim için anlamlı olması."

"Umarım sizin için de anlamlıdır, Hocam?"

"Evet, neyi bilip bilmediğim, neyi özümseyip özümsemediğim bu süreç içinde belli oluyor. Bu benim için büyük bir kazanç."

"Yani, sizin için de yararlı oluyor."

"Kesinlikle."

"O zaman buluşmalara devam edeceğiz."

"Evet, edeceğiz. Eyüp'te Pierre Loti Kahvesi varmış, hiç gittiniz mi?"

"Yıllar önce gitmiştim. Nereden söz ettiğinizi biliyorum. Orada mı buluşmak istiyorsunuz?"

"Evet, önümüzdeki Cumartesi orada buluşalım mı?"

"Saat kaçta?"

"Saat ikide buluşalım."

Hesabı ben ödedim. El sıkışarak Arif Bey'den ayrıldım.

Dışarı çıkınca Sıraselviler'e doğru yürümeye başladım. Solda bir banka şubesinin önünden geçtim. Her öğleden sonra akşama kadar, hatta gece geç vakitlere kadar burada çiçek satan bir çingene kadın vardır. Su dolu kovalarda bekleyen güzelim çiçekleri satar ve sürekli sigara içer. Yürümeye devam edince sol kolda yapımı devam eden ve tahta perdelerle boylu boyunca kapatılmış inşaatların önünden geçtim. İnşaatların önü ve tahta perdelerin açık kısımları çöplük gibi kâğıt ve plastik parçalarıyla dolu.

Sağ tarafa bakınca birçok reklamların yanı sıra, İstanbul Büyükşehir Belediyesi'nin 'Yaşasın Cumhuriyet' pankartını görüyorum.

Tramvay gelmiş, yolcularını boşaltıyor, dönüş yapıp geldiği yöne geri gidecek.

Solumda bir otel var. Büfelerin, dönercilerin, hamburgercilerin, kuruyemişçilerin tabela karmaşası arkasında bir Ortadoks Rum Kilisesi yer alıyor. Kilisenin taş binası kırık dökük büfe kulübelerinin arkasında daha bir sağlam ve uygarca duruyor. Ağaçlar sanırım kilisenin bahçesinde olmalı, manzaraya bir doğallık, bir güzellik katıyor.

Yürüdüğüm kaldırım iki kişinin zor olarak karşılıklı geçeceği bir genişlikte. Yani bizim 'mış gibi kaldırım'larımızdan. O nedenle, karşıdan iki kişi geldiği zaman, sokağa iniyor, karşıdan gelen sürücünün insafına bağlı olarak ya yolda yürüyor ya da bir kenara çekilip arabanın geçmesini bekliyorum.

'Mış gibi yaşayanlar ülkesi' farkındalığı gittikçe kafamda belirginleşmeye başladı. Bu farkındalık içinde, Arif Bey'le buluşmalarımın önemi gözümde daha da arttı. Eve doğru, 'mış gibi kaldırımlar' üzerinde yürümeye devam ettim.

4
Geleceği Yaratmak

Cumartesi, Cihangir'den tuttuğum bir taksiyle Eyüp'e geldim. Taksi şoförü Pierre Loti kahvesini bilmediği için Eyüp'te gördüğümüz bir taksi şoförüne yolu sordum. Şoföre "Beyefendi" diyerek sorduğum için olacak, son derece efendi bir tavırla yolu tarif etti ve bize "hayırlı günler" diledi.

Şoförün "işaret göreceksiniz" dediği yerde yol işareti vardı. Ama, daha ilerde başka işaretlerle desteklenmediği için, gideceğimiz yeri yine sormak zorunda kaldık.

"Sora sora Bağdat bulunur" sözü, bizim kültürümüzden çıkmış olsa gerek. Çünkü yollara gerekli işaretleri koyma gereğini duymamamızın bir nedeni olmalı. Bilinçli bir neden değil, ilişki kültürü içinde olayları algılama ve değerlendirmemizden kaynaklanan bir neden. Bizim kültürün temel "niyetliliği" insanların birbirine muhtaç olduğu bir dünya yaratmak. Her şeyin açık seçik belirgin olduğu, kurallara göre işleyen bir ortamda bu niyeti gerçekleştiremezsiniz. Yol işaretlerinin olmaması, insanları birbirine muhtaç kılar. "Sora sora Bağdat bulunur." Burada kritik farkındalık *sormak*. Peki ya sorduğun sana bildiğini söylemez ise. O zaman onunla iyi geçinmek, onu mutlu etmek zorundasın. Bu mutlu etmenin içine çoğu kere rüşvet de girer.

Ben bunları düşünürken, "Geldik efendim," diyen şoföre ücretini ödeyerek arabadan indim.

Sabahleyin yağmur yağmıştı, yerler ıslaktı; ama şimdi gökyüzü masmavi, güneş pırıl pırıldı.

Kahvehanenin bahçe kısmına girerken bir asmalıktan geçiyorum. Her iki yana üçer direk dikilmiş, bu direklerin üzerine üçgen destekler, onların da üzerine orta kalınlıkta keresteler konmuş ve böylece asmanın yayılması sağlanmış. Üzümler vardı ama göz dolduracak türden değil. Fakat bu haliyle bile girişe kesinlikle bir Osmanlı binası havası veriyor.

Bahçe kat kat setlerle ayrılmış. Setlerin içinde ve kıyısında ağaçlar ve çiçekler var. Her setteki çiçekler farklı. Büyük saksılar serpiştirilmiş oraya buraya, bazılarına çiçek, bazılarına ise fidan ekilmiş.

Yerler arnavut kaldırımı, ama merdivenler büyük düz taşlardan yapılmış. Üst setlere küçük sandalyeler ve tabureler konmuş, aşağıdaki setlerde ise normal büyüklükte masa ve sandalyeler yer alıyor.

Sizi ilk önce Haliç'in panoramik bir manzarası karşılıyor.

Kahvenin önünden geçen yol, ilk başlarda setlerden biri gibi görünüyor, ama sonra bakıyorsunuz yukarıdan insanlar yürüyerek geliyorlar, kahvenin önünden geçtikten sonra kıvrılarak aşağıya doğru yürüyüşlerine devam ediyorlar. Yol da, her iki tarafına masalar konarak, kahvenin bir setine dönüştürülmüş.

Yol üstündeki masalardan birine oturdum. Bütün Eyüp ve Haliç'i görebiliyordum.

Bir süre sonra gülümseyen yüzüyle Arif karşımdaydı. Garsonlar şalvar giymişler, cepkenleriyle Osmanlı külhanbeylerinin giyimini anımsatıyorlar. Her ikimiz de birer çay söyledik.

Birkaç hoş sohbetten sonra, "Arif Bey, bugün geleceği yaratmak konusunda konuşmak istiyorum," diye söze başladım ve, "kişisel bütünlük, geleceği yaratmanın en önemli öğesidir," diye devam ettim.

"Bu konuya önem verdiğinizi biliyorum, Hocam."

"Kitaplardan mı?"

"Evet. Bir kitabınızda şöyle bir düşünce ifade etmiştiniz: 'Ülkedeki tüm ekonomik, yasal, siyasal koşullar aynı kalsa, ama bizim insanımızın yaşamına, *kişisel bütünlük*, yaşayan bir değer olarak girse, ülkenin sorunlarının yüzde yetmişinden çoğu sorun olmaktan çıkar.' Doğru hatırlıyor muyum?"

"Evet, hatırlıyorsunuz. Yine öyle düşünmeye devam ediyorum.

Savaşçı konusunu işlerken, kişisel bütünlüğü göz ardı edemezdim."

Garson çaylarımızı getirdi. Giriş kapısında simit satan bir çocuk görmüştüm. Canım simit çekti. Kalktım, iki simit aldım. Bu Arif Bey'in de hoşuna gitmişti, çayla simit yemeye başladık ve sohbetimize devam ettik.

Gerçeğe Saygı Kişisel Bütünlüğün Temelidir

"Gerçeğe saygı, kişisel bütünlüğün temelinde yatar. Gerçeğin ne olduğu bilinci, kişilerin bu bildikleri gerçeğe saygılı olmasına yol açar."

"Gerçeğe saygı kişisel bütünlüğün temelinde yatar fikri, benim için yeni bir fikir, Doğan Bey. Bunun üzerinde hiç düşünmemiştim. Sizin kitaplarınızdan kişisel bütünlüğün önemli olduğunu okuduktan sonra bu konu üzerinde düşündüm; ama gerçeğe saygı ile kişisel bütünlük arasındaki ilişki üzerinde hiç düşünmemiştim."

"Evet Arif Bey, her şey gerçeğe saygının bir değer olarak kabul edilmesiyle başlar."

Gerçeğe saygı, kişisel bütünlüğün temelinde yatar.

Bir süre sustum; Arif Bey, bu yeni fikri sanki özümsemek istercesine düşünceliydi. Nihayet, 'gerçeğe saygı' fikrinin iyice yerleştiğini ifade eden bir yüz ifadesiyle simidinden ısırıp bana bakınca, konuşmama devam ettim:

"Çocuk doğduğunda gerçeğin ne olduğunu bilmez. Daha doğrusu kendi algılamalarına nasıl bir tutum içinde bakacağı konusunda herhangi bir ön bilgisi yoktur. Çocuk büyürken sürekli öğrenmeye açıktır; özellikle 3 ile 7 yaş arasında soru sorma devresi, yani her şeyi öğrenme isteği çok belirgin olarak kendini gösterir."

"Gerçekten Doğan Bey, çocukların bu yaşlarda sordukları sorular ne kadar çok ve ne kadar şaşırtıcı."

"Evet, muhteşem bir olay. İşte bu devrelerde eğer çocuk gerçeğe saygılı bir ortamda büyüyorsa, gerçeğin ne olduğu ile ilgili sağlıklı bir fikir edinmesi ve gerçeğe nasıl yaklaşacağı konusunda tutum geliştirmesi çok kolay olacaktır."

"Peki, ya gerçeğe saygılı olmayan bir ortamda büyüyorsa?"

"Maalesef, birçok yetişkinin gerçekle yani rasyonel bir insanın gerçeğiyle ilişkisi yoktur ve gerçeğe saygı duymayı unutmuşlardır. Bu ortamlarda çocuk, gerçekle ilişkisinde sorunlar geliştirecektir."

"Sanırım çocuğun aklını hiçe saymak ona yapılabilecek en büyük zulüm."

Aynı şeyden yüreği yanan iki insan olmanın oluşturduğu bir dostluk içinde konuşmaya devam ettim.

"Çocuk sürekli yetişkinin davranışını gözler; bu davranışlardan anlam çıkarmaya çalışır. Yetişkinin davranışı tutarsız, açıklanamaz, söylenene uymayan türden olduğu zaman çocuk şaşırır ve hem kendine hem de içinde yaşadığı dünyaya güveni temelden sarsılır. Bu nedenle çocuk içinde bulunduğu gerçeği algılamamayı öğrenmeye başlar; içinde bulunduğu ortama getirdiği bilinçte bir azalma görülür.

"Kişinin özüne saygısı ve sorumluluğu üzerine araştırmalar yapmış ve kitaplar yazmış olan psikoterapist Nathaniel Branden çocuğun bilincindeki azalmaya birçok örnek verir. Şu örneklere bir göz atalım:

"Anne, dürüstlük üzerine çocuğuyla önemli bir konuşma yapar. Daha sonra misafirler gelir ve anne misafirlere bir şey anlatır; çocuk bu olayın doğru olmadığını bilmektedir, ama annesi olay doğru imiş gibi, üstelik abartarak anlatır. Bu tutarsızlığın açıklamasını bulmak üzere çocuk annesinin yüzüne bakar; annesinin yüzünde hiçbir değişiklik yoktur; suçluluk duymadan, doğru bir şeyi anlatıyormuş gibi olayı anlatmaya devam eder."

Arif Bey, bu noktada sözümü kesti:

"Doğan Bey, çocuk hangi tutarsızlığın açıklanmasını bekliyor?"

"Misafirler gelmeden önce anne çocuğuna dürüstlüğün önemiyle ilgili bir konuşma yapmıştı."

"Ha evet, anladım. Misafirler gelmeden önce söylediği ile, misafirler önünde yaptığı davranış arasındaki tutarsızlık."

"Evet. Başka bir örnek de alkolik baba veya annenin bulunduğu evlerden verilebilir. Alkolik birinin bulunduğu ailede sık sık gözlenen şu durumu düşünün:

"Anne masada çocuklara hoş bir şey anlatmaktadır. O sırada baba sarhoş olarak eve gelir, ayakta zor durmaktadır. Anne dönüp bakmaz bile, çocuklarla aynı şekilde konuşmaya devam eder. Baba, daha fazla ayakta kalamaz, kıçının üzerine yıkılır, yan yatmış vaziyette yerdedir. Anne konuşmasına devam eder. Çocuk yerdeki babaya bakar, konuşmaya devam eden annesine bakar, gözleri bu ikisi arasında gider gelir. Olumsuz şeylerden hiç söz etmeme alışkanlığı olan anne, çocuklarla konuşmasına devam eder. Çocuk ortamdaki mesajı alır: 'Eğer bir olayı görmemezliğe gelirsen, o gerçekte olmamış gibidir.' Çocuk görmemeyi öğrenir.

"Çevresinde gerçekle ilişkisini açık ve seçik kurmayan insanlar olduğu zaman çocuğun kafasında birçok soru açıkta kalır. Bu soruların en önemlilerinden biri, *'Ben bu dünyada nasıl yaşayacağım?'* sorusudur.

"Bu sorunun birçok alt soruları vardır:

"İnsanlar söylediğini yapmadığı, yapılanı söylemediği zaman ben neyin doğru olduğunu nasıl anlayacağım?

"Yalan söylediğini hiçbir zaman anlayamayacağıma göre, ben insanlara nasıl güveneceğim?

"Gördüğüm şeylerin konuşulmadığı, yokmuş gibi davranıldığı bir ortamda ben emniyette miyim?

"Gerçek diye bir şey var mı ve ben, gerçeğin ne olduğunu nasıl anlayacağım? Neyin ne olduğunu nasıl anlayacağım?

"Bunları bilmeden ben nasıl yaşayacağım?"

Bu soruları teker teker ifade etmemi dinleyen Arif Bey, duyduklarının etkisinde kalmış bir insanın tavrıyla:

"Bunlar önemli sorular Hocam," dedi. "Kendi öğrencilerimle ilişkilerimden biliyorum, çocuğun kendi algılamasına güvenmesi çok önemli."

"Evet Arif Bey, bu sorular büyükler için de önemli, ama çocuklar için daha önemli.

"Çocuk sorduğu sorular ve gözlemleriyle içinde bulunduğu dünyayı ve kendini anlamaya çalışmaktadır. Bu, doğanın insanoğluna verdiği özel ve muhteşem bir potansiyeldir: anlayabilme, öğrenebilme, düşünebilme yeteneği. Gerçeğin inkâr edildiği, kişisel bütünlüğün olmadığı bir yetişme ortamında çocuk bu muhteşem yeteneğini ömrü boyu kaybedebilir: 'Düşünmenin, anlamanın, algılamanın hiçbir anlamı yok, hiçbir değeri yok,' sonucuna ulaşabilir.

"Ortamda gerçeğe, düşünceye, algılamaya değer verebilmesi için insanın kişisel bütünlük içinde olması gerekir.

"Bu sadece ailede söz konusu değil herhalde. Sınıfta öğretmenlerin de dikkat etmesi gereken bir konu."

"Evet, özellikle kendilerini öğretmenliğe adamış öğretmenlerin ilk dikkat etmesi gereken konu bence bu. Algılanan gerçeklere mutlak saygı duyarak, onların konuşulmasına olanak sağlamak. Çocuk her konuda soru sorabileceğini ve istediği kadar soru sorabileceğini bilmeli. Bütün soruların cevabını yetişkin bilmeyebilir; yetişkin soruların cevaplarını bilmek zorunda değildir. Ama, çocuğun sorusunu duymak, işitmek ve çocuğun ne dediğini anlamak zorundadır. Bir öğretmen bunu yapabilecek bilinci geliştirmiş olmalıdır."

Biraz durduktan sonra, hızımı alamadım. Tekrar ettim: "Öğretmen mutlaka bu bilinci geliştirmiş olmalıdır. Bu bilinci geliştirmeden, öğretmen olmamalı. Bu o denli önemli!"

"Hocam, toplumumuzda ailelerin –ki sizin bir kitabınızda bunun birçok örnekleri var, özellikle beş temel özgürlükten konuşurken bunları dile getirmişsiniz– öğretmenlerin ve daha da acısı, medyanın –gazetesiyle, TV'siyle, radyosuyla– çok büyük bir çoğunluğu gerçeğe saygılı bir yaklaşım içinde değil maalesef. Öyle algılıyorum; hemfikir misiniz, merak ediyorum?"

"Evet, maalesef hemfikirim. Bütün kötülüklerin anası, bütün yanlışlıkların ve geriliklerin kaynağı gerçeğe saygısızlıktır. Ailesiyle, öğretmeniyle, medyasıyla gerçeklere saygılı olmayan toplumumuzda çocuk rasyonel bir varlık olarak gelişemez."

Bütün kötülüklerin anası, bütün yanlışlıkların ve geriliklerin kaynağı gerçeğe saygısızlıktır.

Rasyonel Bir Varlık Olarak Gelişmek

"Hocam, rasyonel bir varlık, dediniz. Bunu biraz açar mısınız?"

"İnsanoğlu inanan, hisseden, duyan; ve bu arada aklıyla hareket edebilen, düşünen, düşüncelerini uygulayabilen rasyonel bir varlıktır. Eğer insanın gördüğü, algıladığı dünya önemsenmez ise, o zaman kişi rasyonel bir varlık olarak gelişemez. Çünkü düşünebilmek için kişinin algıladıklarının bilincinde olması ve algıladıklarını hesaba katması gerekir."

"Anlıyorum. Yani algılama konusunda, neyi gördüğü konusunda insanların açık seçik ve dürüst olması gerekir."

"Evet, öyle olması gerekir. Bizim toplumumuzda maalesef çoğunlukla yetişkinler çocukların korkularına hitap ederler, onların zihinlerine, anlayışlarına değil. Bir toplumun gelecekteki..."

"Hocam bir dakika. Sözünüzü tekrar eder misiniz?"

"Maalesef çoğunlukla yetişkinler çocukların korkularına hitap ederler, onların zihinlerine, anlayışlarına değil. Bu fikri tekrar etmemi istediniz, değil mi?"

Nerede sen ben bilinci hâkim ise, orada insanlar birbirlerinin korkularına konuşurlar.

"Evet! Evet! Hocam, bu müthiş önemli bir fikir."

"Arif Bey, bu fikre verdiğiniz öneme katılıyorum. Nerede sen ben bilinci hâkim ise, orada insanlar birbirlerinin korkularına konuşurlar. Bu arada çocuklar da nasibini alır."

"Sen ben bilinci."

Arif Bey durdu, yeniden, "Sen ben bilinci," diye tekrar etti.

"Doğan Bey, sen ben bilinci ile korku arasındaki nasıl bir ilişki var?"

Toplumun gelecekteki sağlığı, çocukların zihinlerini ve gönüllerini geliştirmede yatar.

"Sen ben bilinci içinde kurulan ilişkilerin temelinde, 'kim daha güçlü?', 'kim kimden korkmalı?' anlayışı yatar."

"Bunu biraz açar mısınız?"

"Arif Bey, izin verin bu konuya daha çok girmemeyim. Daha önceki kitaplarımda bunu oldukça ayrıntılarıyla incelemiştim."

Bir süre sustum; gözlerimi kapatarak, daha önce ne konuştuğumu hatırlamaya çalıştım. Bu sırada bir rüzgâr esti, rüzgâr esince ağaçların üzerindeki sular masaların üzerine düşmeye başladı; bir ara yeniden yağmur yağıyor sandım.

Konuştuğum konuyu hatırladım:

"Yetişkinlerin çoğunlukla çocukların korkularına konuştuklarını söylüyordum. Biliyorsun, toplumun gelecekteki sağlığı, çocukların zihinlerini ve gönüllerini geliştirmede yatar. Toplumun sağlığı dediğim zaman, bir toplumun, her yönünü kastediyorum. Aile yapısı, ekonomik süreçler, siyasal yönetim, yasal uygulamalar, kültür, sosyal yaşamın aklınıza gelebilecek tüm boyutlarını kastediyorum."

"Doğan Bey, biz ezbere önem veriyoruz. Çocuğun rasyonel bir dünyada, düşüncenin, soru sorarak gerçekleri aramanın önemli olduğu bir dünyada yetişmesinin önemini çoğu öğretmenlerimiz bile pek düşünmüyor. Hatta itiraf edeyim Hocam, ezber bilgi ile bilgi üreten düşünme arasındaki farkı birçok öğretmen arkadaşımız bilmiyor."

Arif Bey, monolog halinde konuşmasına devam etti:

"Niçin bilmiyor? Bu onların kabahati mi?"

Bir süre sustuktan sonra, kendi sorduğu soruya kendisi cevap vermeye başladı:

"Bilmiyorlar, çünkü onları yetiştirenler de bilmiyor." Bir süre sustu, yine kendi kendine konuşmaya başladı: "Halbuki öğretmenler düşünmeyi öğretmede önemli bir konuma sahipler."

Bir süre sustu. Söylediğinin önemini kavrayıp kavramadığımı anlamak istercesine yüzüme baktı ve söylediğini tekrar etti:

"Çok önemli. Özellikle sınıf öğretmenleri. Çünkü çocuklar hâlâ tam kalıplanmış, kemikleşmiş değiller. Biz öğretmenler onlara düşünmenin gücünü gösterebiliriz."

"Teşekkür ederim Arif Bey. Bir öğretmen olmanın bu kadar önemli olduğunun bilincinde olmanız bana heyecan veriyor."

"Hocam konuştukça öğretmenlik şevkim geri geliyor. İyi bir öğretmen olup, bütün gücümle öğrencilerimi yetiştirmek istiyorum. İçim enerjiyle dolmaya başladı."

"Buna memnun oluyorum. Umarım daha da derinlere ulaşan bir enerji olur bu."

Bir süre sustum. Çayımdan bir yudum aldım ve bir süre sonra konuşmaya devam ettim:

"Unutma, savaşçı kimdir onu irdeliyoruz. Savaşçının anlam

arayışından, uyanışından, niyetinden söz ettik. Şimdi savaşçının kişisel bütünlüğünden söz ediyoruz. Kişisel bütünlüğün olabilmesi için, savaşçının kendi içindeki ve çevresindeki gerçeklere koşulsuz saygı duyması ve onları tanıması gerekir.

"Gerçeğe koşulsuz saygı çocuğun öğrendiği bir tutumdur. Büyükler verdikleri sözleri tutmadıkları, bir dediği bir dediğine veya dediği yaptığına uymadığı zaman, çocuğun kafası karışır."

"Hocam, geçenlerde sınıfımda bir öğrencim, ezanın niye Arapça okunduğunu sordu. İlkokul dörtteki bir çocuk bunu merak etmiş. Hazreti Muhammet'in Arap olduğunu, Kuran'ın Arapça olduğunu ve Müslümanların Kuran'ın dilinde, orijinal haliyle ezanı okumak istediklerini söyledim. Ama gergindim. Çünkü bu konularda konuşmak bizim toplumda mantık ve gerçek sınırlarını aşar. Ama, çocuğun düşüncesine saygı göstermek için çocuğun sorusunu onurlandırdım ve cevapladım.

"Ben bu açıklamayı yaptıktan sonra, çocuk tüm saflığı ile şunu söyledi: 'Allah Türkçe bilenlerin anlamasına önem vermiyor mu?' "

"Nasıl yanıtladınız?"

"Kuran'ın Türkçesi olduğunu, ezanın da Türkçesi olduğunu, isterse kendisine daha sonra anlatabileceğimi söyledim. Ama gergindim. Çünkü o masumiyeti içinde bizim toplumun yüzyıllardır kaçındığı, kafasını kuma soktuğu konuları deşmeye başlamıştı. 'Din konusunda konuşmak ve akıl yürütmek tehlikeli ve yasaktır' levhasını henüz görmemişti. Ama sanırım, yüzümden, sesimin tonundan ve bedenimin gerginliğinden bu konuda pek rahat konuşamadığımı anlamıştı."

"Çok güzel bir örnek verdiniz. Kızım Ayşen Ankara Gazi Osman Paşa İlkokulu birinci sınıfta iken bana şu soruyu sordu: 'Baba, Allah mı büyük, Atatürk mü?' Bilmem geçmişimle ilgili ne kadar bilginiz var, Arif Bey; o zaman Emily ile evliydim. Ayşen'in annesi, Emily, Amerikalıydı. Emily hayretler içinde bir Ayşen'e, bir de bana baktı. Ayşen sorusunda son derece ciddi idi. Emily, Ayşen'in bu soruyu nasıl aklına getirdiğini, nasıl böyle bir karşılaştırma yapmak gereğini duyduğunu anlayamadı. Ama, ben içim burkularak çok iyi anlamıştım. Kızıma Atatürk'ün bizim gibi insan olduğunu, bu ülke için önemli ve büyük işler yaptığını, memleketini sevdiği için, memleketinin insanlarının uygarca yaşaması için çalıştığını anlattım. Atatürk'ün büyük insan olduğunu, ama onu Allah'la karşılaştırmanın anlamsız olduğunu, çünkü birinin insan, öbürünün Tanrı olduğunu söyledim."

"'Ayşen büyük bir saflıkla, 'bunu gidip öğretmenime anlatacağım, çünkü sanırım o, Atatürk'ün Allah'tan daha büyük olduğunu sanıyor, babacığım,' dedi. Öğretmeniyle konuşmuş olacak ki, bir veli toplantısında öğretmen, 'Biz çocuklara Atatürk'ün ne kadar büyük bir insan olduğunu anlatıyoruz; siz de evde bunu pekiştirin, lütfen,' demek gereğini duydu."

"Evet, o da tabu konulardan biri. Atatürk hakkında dengeli ve gerçekçi değerlendirmeler yapmak gittikçe zor hale geliyor. Maalesef çocuklarımız daha okula başlamadan önce bu konularda düşünmemeyi öğrenmeye başlamışlar, ezbere laflar edip, bunların ne anlama geldiğini dahi düşünmüyorlar. Bunu öğrencilerimde net olarak görebiliyorum. Atatürk hakkında çocuklar büyüklerin dediklerini ezberleyip tekrar etmenin ötesinde herhangi bir değerlendirme yapmaktan acizler; onları bu şekilde aciz hale getiren biz büyükleriz."

"Evet, Arif Bey. Biz öğretmenlerin, çocukların gerçeklik duygusunu nasıl kazandığını bilmemiz gerekir. Bu gerçek duygusu bilinçli yaşamanın, bilinçli yaşam da, kişisel bütünlüğün gereğidir. Gerçeklik duygusunun kazanılışına bakalım."

Çayım bitmişti, garsona el ettim. Arif de çay istiyordu, iki çay daha söyledik. Simit taze idi. Uzun zamandır simit yememiştim. Bize özgü bir zevki Eyüp'te, Haliç'in manzarasını seyrederken yaşamak ayrı bir hoşluk veriyordu.

Haliç köprüsü karşıdan gözüküyordu. Bu civarda çok miktarda fabrika varmış, şimdi onlar kaldırılmış. Pembeye boyanan eski defterdarlık binası, buradan gözüküyor. Haliç'in çevresi temizlenmiş ve yeşillendirilmiş. Suyu temizlenmeye çalışılmış, ama sanırım bu pek başarılı olamamış.

Gerçeklik

"Arif Bey, şimdi şu anda, ben sizin karşınızda oturuyorum. Önünüzde bir defter var ve onun da içinde bir kalem duruyor. Bu defterin başka bir şey haline gelmeyeceğini biliyorsunuz; şimdi ayağa kalksanız ve biraz dışarda yürüseniz ve yine bu masaya geri gelseniz, benim koyun veya keçi olmayacağımdan, yine Doğan olarak kalacağımdan eminsiniz.

"Buna felsefede *özdeşim yasası* denir, yani nesneler ne ise odur. A, A'dır. Bu varoluşla ilgili bir ifadedir ve mantığın başlangıcıdır.

"Özdeşim yasası, *nedensellik yasasını* doğurur."

"Bir kere daha tekrar eder misiniz, Doğan Bey? Özdeşim yasası ne idi?"

"Özdeşim yasası şunu der: *Bir şey, ne ise odur; başka bir şey değildir.* Sandalye, sandalyedir. Bardak bardaktır."

"Çok basit. O kadar basit ki, insan, 'Acaba bir şey mi anlamıyorum?' diye şüpheye düşüyor. Bir de nedensellik yasasından söz eder misiniz?"

Bir şey, ne ise odur; başka bir şey değildir.

"Nedensellik yasası ise şudur: *Bir nesne kendi doğasına uygun davranır. Bir nesnenin ne yapacağı, onun ne olduğu ile belirlenmiştir."*

"Bu dedikleriniz sadece nesneler için mi geçerli? Yani canlılar da bu yasalara tabi mi?"

"Evet. Burada nesne yerine 'varlık' diyebiliriz. Bu varlık, bir insan, bir eşya, bir ağaç, hatta bir özellik veya bir eylem olabilir. Bir düşünce, bir duygu, herhangi bir düşünce hali olabilir. Enerji olarak tanımlayabileceğimiz her 'var' bu sınıfa girer.

"Bu dünyada duyduğumuz emniyet duygusu, durağan ve kalıcı bir evren içinde yaşadığımız duygusu, bu özdeşim yasasına –ki bazen özdeşim aksiyomu adı da verilir– indirgenebilir. Tüm yaşantılarımızın temelinde bu o kadar yer almıştır ki, bunu hakkında hemen hemen hiç düşünmeyiz. Ama, bu yasa, her şeyin temelini oluşturur. Olan şey kendisidir; kendisi olmayan şey, kendisi değildir. Bundan daha temel ve daha emin bir şey yoktur."

"Bu yasanın geçersiz olduğu bir durum yok mu?"

"Özdeşim ve nedensellik yasası sarsıldığı zaman dünyamız sarsılmış olur. Güneşin yarın doğmama ihtimali hiç aklımıza gelmez. Şu içinde bulunduğumuz binanın yarın yine burada var olmaya devam edeceğini varsayarız. Şu altımızdaki toprak sallanmayacaktır. Şu önümüzde görünen ağaçlar, çimler, ilerdeki evler, okyanusun altında olmayacaklardır. Eğer bu tür temel varsayımlarımız, ki şimdi onların farkında bile değiliz, yok olur ise, bizim tüm hayat görüşümüz değişir. Çok farklı bir evrende yaşamaya başlarız."

"Deprem gibi doğal afetlerde bu varsayımlarımız alt üst olunca ne oluyor?"

"Büyük bir kaygı ortaya çıkar. Kişinin yaşamının temelleri sarsılır ve yaşamın kendisine uyum sağlamakta büyük zorluklar belirir."

"Bu kaygıların giderilmesi çok önemlidir, değil mi Doğan Bey?"

"Bu temel varsayımların, yine temel varsayım olarak yerli yerine yerleşmesi gerekir. Aksi halde kişi büyük bir uyumsuzluk içine girer, gergin olur, psikiyatrik bir vaka haline gelir. Akut anksiyete, nevroz denilen haller baş gösterir."

"Doğan Bey, sizinle konuşuncaya kadar, böyle varsayımlarımın olduğunun farkında değildim. Bu tür varsayımlarımızın olduğunun farkına ilk kim varmış?"

"Filozoflar bunun farkına varan ve bunlar üzerinde düşünen insanlardır. Sana aktardığım bu düşünceleri psikolog Nathaniel Branden'in kitaplarında okudum; anladığım kadarıyla onu da bu konuda düşünmeye yönelten Ayn Rand adında Amerika'da oldukça tanınmış bir filozof olmuş."

Bir süre sustuktan sonra, başladığım konuyu geliştirmeye devam ettim:

"Arif Bey, bütün kavramların altında yatan iki temel kavram vardır. Bu her şeyin temelinde bulunan iki kavram *varlık* ve *yokluk*'tur. Daha basit bir dille söyleyecek olursak bir şey veya hiçbir şey."

Bir süre sustum, bu tür felsefi konulara bazı insanların alerjisi vardır, acaba Arif Bey nasıl dinliyor diye onun yüz ifadesini sürekli gözlemliyordum. Arif Bey, ilgiyle dinlemeye hazır görünüyordu, konuşmama devam ettim:

"Varlık kavramı sizin bildiğiniz her şeyin, tüm bilincinizin temelindeki kavramdır. Bu temel kavram bilincin en ana öğesidir; bununla farkında oluş başlar. Bebek gözünü açıp ışığı gördüğü, veya sesi duyduğu zaman ilk farkına vardığı, *bir şeyin var olduğu*'dur. Bebek gördüğü veya duyduğu şeyin ne olduğunu bilmez, ona isim veremez, çünkü henüz bizim bildiğimiz kavramlara sahip değildir; *orada bir şey var*'ın farkına varır. Farkına varmak, ancak *bir şeyin farkına varılarak* gerçekleştirilir.

"Bebeğin bilincinin gelişmesiyle bu farkına varılan *şey*, sınırları olan, biçimi olan bir *birim* haline dönüşür. Beyin geliştikçe farklı duyuları yakalama ve birleştirme özellikleri gelişir. Mekân, biçim, renk, düzey farklı farklı algılanıp birleştirilerek nesneler birbirinden ayırt edilmeye başlanır. İşte bu düzeyde *bilgi* oluşmaya başlar."

Arif Bey'e buraya kadar konuştuklarımızla ilgili bir sorusu olup olmadığını sordum. Olmadığını ve zevkle dinlediğini söyledi. Konuşmama devam ettim:

"Olmayan şey yoktur. 'Cebimde bir şey yok,' dediğim zaman, cebimde hiçbir nesne olmadığını söylüyorum. 'Servetim sıfırdır,' dediğim zaman, param olmadığını ifade ediyorum. Bunlar yokluğun özel, pratik anlamda kullanılışıdır. Felsefi anlamda yokluk, var olmamayı ifade eder. Boşluk, hiçlik, sıfır olma."

Bir süre sustum. Yokluk kavramını iyice vurgularcasına yeniden bu fikir üzerinde durdum:

"Var olmama, var olmamayı ifade eder."

Bu noktada Arif Bey, gülmeye başladı. "Hocam, bu biraz Demirel mantığına benziyor," dedi. Ben de, "Demirel mantığını yabana atma o mantık sayesinde, bak bir köylü çocuğu nerelere geldi," diyerek onun esprisine cevap verdim.

Daha sonra, konuşmama devam ettim:

"Özdeşim yasası –veya aksiyomu– taş taştır, masa masadır, saç teli saç telidir der. Eğer öfke duygusu içindeysen, öfke duygusu içindesin demektir. Eğer kendini başarısız görüyorsan, kendini başarısız görüyorsundur. Bütün mantığın ve rasyonel düşüncenin temeli bu gerçekte yatar. Bu yasayı, bu aksiyomu ihlal edip, göz ardı edersek düşüncemiz tutarlılığını, mantıksal yapısını kaybeder."

"Hocam anlattıklarınızdan zevk alıyorum, ama izin verirseniz, bütün bu anlattıklarınızın kişisel bütünlük ile ilişkisinin ne olduğunu soracağım. Bütün bu anlattıklarınızla kişisel bütünlük arasındaki ilişkiyi göremedim."

"Arif Bey, farkındayım. Lütfen biraz sabırlı olun. Kişisel bütünlüğün üzerine inşa edildiği temelleri inceliyoruz. Daha sonra şimdi konuştuklarımla kişisel bütünlük arasındaki ilişkiyi açık seçik görebileceksiniz."

"Peki Hocam."

"Özdeşim aksiyomunun doğal sonucu çelişki aksiyomudur. *Çelişki aksiyomu bir şey aynı zamanda, aynı boyutta hem A hem de 'A değil' olamaz,* der. Bu aksiyom, hiçbir şeyin aynı zamanda ve aynı boyutlarda hem kendisi olup, hem de kendisi olmamasının mümkün olmadığını ifade eder."

"Bu boyut işini anlayamadım?"

"'Aynı boyutlarda' sözüne takıldın galiba."

"Evet."

"'Doğan gür saçlı bir insandır,' dedikten sonra, 'Doğan keldir' diyemezsiniz. Çünkü, *saçlı olma boyutu* yönünden hem saçlı hem de saçsız olamam. Ama, 'Doğan gür saçlı bir insandır,' dedikten sonra, 'Doğan kısa boylu biridir,' diyebilirsiniz; çünkü 'saç' ve 'kısa-uzun olma' aynı boyutlar değildir."

"Tamam, şimdi anladım."

"Eğer düşüncemizde böyle bir sonuçla karşılaşırsak, biliriz ki bir yerde düşüncemizde bir hata yaptık."

Söyleyeyim mi, söylemeyeyim mi diye düşündükten sonra, bir gözlemimi Arif Bey'le anlattım:

"Bir keresinde, bir emlakçı hakkında birisi şöyle demişti, 'Çok dürüst bir insandır, gerekmedikçe yalan söylemez!' Bir keresinde de bir anne, 'Dayaktan nefret ederim; çocuklarım beni kızdırdığı zaman babalarına söylerim, o döver,' demişti."

"Herhalde burada söz konusu anne, 'dayaktan' değil, 'dayak atmaktan' bahsediyor. Yani şöyle dese idi, bir çelişki söz konusu değildi: 'Dayak atmaktan nefret ederim; çocuklarım beni kızdırdığı zaman babalarına söylerim, o döver.' "

"Peki bu anne hangi noktaya yeteri kadar bilinç getirmiyor, sence?"

"Konuştuğumuz özdeşim yasası ve çelişki yasası yönünden mi?"

"Evet o yönden."

"Bu anne özdeşim yasasına uymuyor: 'Dayak atma' ve 'dayak' iki farklı şeydir. Bunlar aynı şeymiş gibi aynı cümle içinde kullanılınca o zaman çelişkili bir ifade ortaya çıkıyor."

"Doğru. Ve bu tür masum dikkatsizlikler, iletişimin kalitesini etkiler. Çocuk bu tür konularda bilinci yüksek bir ortamda yetiştiği zaman, daha açık seçik ve dikkatli düşünmeyi ve konuşmayı öğrenir. Ama, paldır küldür diyebileceğimiz bir bilinç ortamı içinde çocuk da süratle bu konulara dikkat etmemeyi öğrenir. O da, çevresindekiler gibi kafası karmakarışık yaşamaya başlar."

"Doğan Bey, ülke için, ülkenin çocukları için önemli konulardan söz ediyorsunuz. İnsanımız açık seçik düşünme ortamında yetişmiyor. Okulda da bu böyle; öğretmenler ile, sokakta gördüğünüz insanlar arasında açık seçik düşünme, düşünmeye özen gösterme bakımından maalesef pek fark yok. Çocuk annesinden, babasından, amcasından göremediği düşünce berraklığını, öğretmeninde de göremiyor. Bir süre sonra o da çevresindekiler gibi dikkatsiz, bilinçsiz bir insan oluyor."

"Arif Bey, çocukların sağlıklı, açık seçik düşünmeyi öğrenmesi için öğretmenlerin açık seçik sağlıklı düşünmeye aşina olmaları, bunu kendi yaşamlarında kullanmaya başlamaları gerekir. Bu konuda sizinle anlaşıyoruz.

"Şimdi biraz önce sözünü ettiğimiz özdeşim ve çelişki yasası ile kişisel bütünlük arasında bir ilişki kurmak istiyorum."

"Tamam, benim de beklediğim bu idi."

Kişisel Bütünlüğün Felsefi Temelleri

"Doğadaki yaratıklara baktığımız zaman onlarda hiçbir eksiklik olmadığını görürüz. Kuş, kuş gibi yaşaması için donatılmıştır; hiçbir eksikliği yoktur. Örümcek, karınca bütündürler, hiçbir eksiklikleri yoktur. Kuşun bu bütünlüğünü bozarsanız, örneğin kanadının birini keserseniz artık o kuş gibi yaşayamaz. Veya bir karıncayı ele alalım; onun ayaklarının ikisini koparalım. Karınca olarak yaşaması güçleşir.

"İnsanoğlu doğduğu zaman onun da örümcek, kuş ve karınca gibi bütünlüğü vardır ve tamdır. Onun zihinsel kanatlarını ve ayaklarını göremeyiz ama, eğer yakından bakar, çocuğu gözler, onun sorduğu sorulara dikkat edersek, muhteşem bir potansiyel ile karşı karşıya olduğumuzu görürüz. Bu potansiyel çocuğun bütünlüğünün bir parçasıdır; bu bilişsel yetenek insan olma dediğimiz bütünün bir parçasıdır.

Özdeşim ve çelişki yasasına uyulmayan ortamlarda, farkına varılmadan çocuğun zihinsel kanatları ve zihinsel ayakları koparılmaya başlanır. Zihinsel kanatları ve zihinsel ayakları koparılan çocuk gelişemez; insan olma muhteşemliğini gerçekleştiremez.

"Arif Bey, şimdiye kadar söylediklerimin önemi şuradan kaynaklanmaktadır: Özdeşim ve çelişki yasasına uyulmayan ortamlarda, farkına varılmadan çocuğun zihinsel kanatları ve ayakları koparılmaya başlanır. Zihinsel kanatları ve ayakları koparılan çocuk gelişemez; insan olma muhteşemliğini gerçekleştiremez."

Burada durdum. Bu söylediğim cümle bence en önemli sorunu dile getiriyordu. 'Anladı mı?' diye yüzüne baktım.

Karşımda gördüğüm bir gerçeklik vardı. Eyüp camisi, cami yakınındaki medreseler ve mezarlıklar aşağıya doğru uzanıyordu. Karşımızda Halıcıoğlu, Sütlüce, daha ilerde Kasımpaşa görülüyor, önümüzden geçen yol Alibeyköy'e ulaşıyordu. İlerde görülen yüksek binalar Maslak'ta yapılan yeni gökdelenler olmalı.

Gözlerimle gördüğüm bu gerçeklik kadar, aklımın gözüyle gördüğüm bir başka gerçeklik daha var: Çocuklarımızın zihinsel kanatları ve ayaklarının koparılmaya başlandığı gerçeği. Aklımın gözüyle gördüğüm bu gerçeği Arif Bey'in görmesini istiyordum.

Ne demek istediğimi iyi anlamıştı. Göz göze geldik. Arif Bey, gerçek bir öğretmendi. Onun gelişimine kendimi adamak, yavrularımızın gelişimine kendimi adamak demekti. Konuşmaya devam ettim:

"Algılama ile kişisel bütünlük arasındaki ilişkiden söz etmek istiyorum. Kişisel bütünlüğün ilk koşulu gerçeğe saygıdır, demiştim. Algıladığı gerçeğe kişinin koşulsuz saygısı olmalıdır. Gerçeğe saygısı olmayan insanın, kişisel bütünlük içinde kalması mümkün değildir.

"Algılanan bu gerçek, işine geldiği için öylesine algılanmış, 'çarpıtılmış gerçek' değil. Kişinin niyetinin saflığı içinde algılanan gerçekten söz ediyorum. Gerçeği çarpıtmak yalan söylemenin kılıfı olarak kullanılabilir; böylece yalan söyleyen kişi, gerçeği çarpıtarak kişisel bütünlük içinde imiş gibi görünür. Bu tür 'mış gibi' bir durumdan söz etmiyorum."

Gerçeğe saygısı olmayan insanın, kişisel bütünlük içinde kalması mümkün değildir.

"Bu açıklamayı yapmanız iyi oldu Doğan Bey. Algılanan ve gerçek olduğunun kabul edilmesi beklenen şey ya gerçek değilse tereddütü aklıma gelmişti."

"Arif Bey, şimdi daha önce gerçekle ilgili konuştuğumuz felsefi konuların, kişisel bütünlükle olan ilişkisini kuruyoruz. Bu çerçeve içinde kişisel bütünlüğün ilk koşulundan söz ediyorum. Gerçeğe saygı koşulu, çok temel bir koşul."

"Bunu anlıyorum ve rahatlıkla takip edebiliyorum, Doğan Bey."

Mezarlığın alt tarafında, aşağılarda, sahile yakın büyükçe bir binanın beton çatısı üstündeki iki güvercin dikkatimi çekti. Orada geziniyorlar, yem arıyorlar, ara sıra bir şeyleri bulup yiyorlar. 'Onlar kişisel bütünlük içinde günlük yaşamlarının gereğini yerine getiriyorlar,' diye düşündüm. Yaşam eylemde; her canlı için gereği ne ise onu gerçekleştirmek üzere, yaşam harekete geçmiş durumda.

Arif Bey'in, konuştuklarımı rahatlıkla izlediğini söylediğini yeniden duydum. Konuşmaya devam ettim:

"O zaman devam edelim. Kişisel bütünlüğün ikinci koşulu algılanan gerçeğin tüm sorumluluğunu almaktır."

"Hocam, sanırım anlıyorum, ama bir örnek vererek bu iki koşulu açıklayabilir misiniz?"

"Farz edelim ki söylediklerimi dinleyecek yerde, şu anda başka şeylere ilgi göstermeye başladınız. İki koşul der ki, 'Arif öğretmen, konuşmalarımı dinlemiyor.' Bu benim için bir gerçektir. Bu yokmuş gibi davranamam. Bu yokmuş gibi davranırsam kişisel bütünlüğüm yok olur. Yani içimden, 'Arif Bey konuşmalarımı dinlemiyor,' derken, dışımda hiç ipucu vermeyeceğim ve siz dinliyormuşsunuz gibi konuşmama devam edeceğim. Bu kendi gerçeğime saygı ile ilgili ilk koşula örnek."

"Evet, bunu anlayabiliyorum. Kişinin kendi gerçeğine saygısını ifade ediyor. Fakat, bazı durumlarda içimden geçeni karşımdakine tercih edebilirim. Öyle değil mi?"

"Karşınızdaki ile paylaşmadığınız zaman kendiniz ve o insan için nasıl bir durum yaratıyorsunuz? Bu durumda siz ve karşınızdaki insan onur, sevgi, hakkaniyet gibi temel değerlerinden kaybedecek mi? Bu tür soruları açık seçik biçimde yanıtlamışsanız, yani nasıl bir gelecek yarattığınızın bilincinde iseniz ve 'doğru olan' sizce bu geleceği yaratmak ise, bazı durumlarda paylaşmayabilirsiniz. Kesinlikle. O zaman tercihinizin farkındasınız ve niçin böyle davranmayı tercih ettiğinizin farkındasınız. Bu tercih sizin gerçeğiniz oluyor; bu nedenle yine kişisel bütünlük içinde olmaya devam ediyorsunuz."

"Nasıl yine kişisel bütünlük içinde oluyorum?"

"Eğer yaptığınız tercih sizin o anki bilincinizin gerçeğini ifade ediyor ise, o zaman siz o bilinçle kişisel bütünlük içindesiniz. Önemli olan sizin sürekli bilincinizin; neyi, niçin yaptığınızın, yani 'doğru olanın' farkında olmanız."

"O zaman, yalan söyleyen de kişisel bütünlük içinde olmalı."

"Yalan söyleyen kişi, yarattığı geleceğin, kendisi ve karşıdaki için 'doğru olan' sonuç olduğuna inanıyorsa, inandığı doğru ile kişisel bütünlük içinde."

"Anlayamadım, Hocam."

"Farz edelim bir arkadaşınıza bir yalan söylediniz ve bu yalanın sonucu olarak arkadaşınızın evliliği kurtuldu ve mutlu bir aile temeli oluştu. Doğru olan ailenin mutluluğunu sağlamaktı. Bir başka örnek, arkadaşınıza bir yalan söylediniz ve bu nedenle arkadaşınız büyük maddi zarara uğradı. O maddi zararı siz yüklenip, arkadaşınızın yükünü üzerinize alabiliyorsanız, kişisel bütünlüğünüzü kazandınız demektir. Ama, o yalanın yarattığı sonuçtan sorumluluk almıyorsanız, o zaman kişisel bütünlüğünüz yoktur."

"Şimdi anlıyorum."

"Aynı örneğe devam edersek, 'Arif Bey konuşmalarımı dinlemiyor,' algılamasının benim yarattığım bir algılama, bir yorum, bir anlam olduğunu da bilmeliyim. Kendi algılamamdan yüzde yüz sorumluluk almalıyım."

"Bunun faydası ne oluyor?"

"Bu iki koşulun bilincinde olarak kurduğun ilişkiler, diğerlerinden farklı olacaktır."

"Bunu görebiliyorum. Özellikle ikinci koşulla ilgili olarak sordum. Yani, 'Bu bana özgü, bu benim algılamam ve dolayısıyla bu gerçek tamamiyle yüzde yüz benim sorumluluğum,' demenin faydası ne?"

"Bir örneği irdeleyerek bu soruya cevap verebiliriz. İlk örnek olarak kendi algılamamdan yüzde yüz sorumluluk almadığımı bir düşünün, yani bu örnekte ikinci koşulu yerine getirmiyorum."

Örnek 1

Doğan: "Beni dinlemiyorsun, ben konuşurken başka şeylere ilgi gösteriyorsun." *(Koşul 1, yerine getirildi.)*

Arif: "Hayır dinliyorum. Ben böyleyim; dinlediğim insanın yüzüne bakamam; dinlediğim insanın yüzüne bakarsam, onun söylediklerini anlayamam. Etrafa bakarken, sizin söylediklerinizi daha iyi anlıyorum."

Doğan: "Öyle şey olmaz. Hiç böyle dinleyen insan görmedim. İnsan dinlediği insanın gözüne bakar. Gözüne bakmasa bile, etrafa bakmaz, hiç olmazsa önüne bakar." (*Koşul 2 yerine gelmiyor.* Kendi algılamamın sorumluluğunu kabul edecek yerde, benim algılamamın gerçek olduğuna ve bu algılamanın kriter olarak kullanılması gerektiğine inanıyorum –senin gerçekten beni dinlemediğin 'gerçeği'ne inanıyorum– ve ben onu algılıyorum. Yani algılamamın sorumluluğu bana değil, sana ait.)

Arif:"Ama ben böyleyim. Ben de hiç benim gibi dinleyen insan görmedim, ama ben böyle dinliyorum." (Bu anlamı sen veriyorsun, beni tanımadığın için, başkalarına vereceğin anlamı bana veriyorsun; anlamın kaynağı sende.)

Doğan: "Bana yalan söylüyorsun, durumu idare etmeye çalışıyorsun. Beni enayi yerine koyuyorsun." (Benim böyle anlamamın kaynağı sensin, ben değil.)

"Bu bizim günlük yaşamda şahit olduğumuz konuşmalara benziyor: 'Dedin,' 'Hayır, demedim,' 'Dedin işte, kulağımla duydum,' 'Hayır, demedim, sen uyduruyorsun!' türünden çekişmelerin temelinde kişinin kendi algılamasından sorumluluk almaması yatıyor, demek ki."

"Evet. Şimdi aşağıdaki ikinci örnekte, ikinci koşul yerine getirilince ne oluyor, bak:

Örnek 2

Doğan: "Beni dinlemiyorsun, ben konuşurken başka şeylere ilgi gösteriyorsun." *(Koşul 1, yerine getirildi.)*

Arif: "Hayır dinliyorum. Ben böyleyim; dinlediğim insanın yüzüne bakamam; dinlediğim insanın yüzüne bakarsam, onun söylediklerini anlayamam. Etrafa bakarken, sizin söylediklerinizi daha iyi anlıyorum."

Doğan: "Hiç böyle dinleyen insan görmediğim için ben bu anlamı verdim. Seninle konuşmaya devam etmek istiyorum, ama daha önce senin gibi dinleyen biriyle hiç konuşmadığım için, ne kadar rahat konuşacağımı bilemiyorum. Eğer konuşmamı engelleyecek kadar bu beni rahatsız ederse, belki konuşarak değil, mektuplaşarak iletişim kurarız." (*Koşul 2 yerine geliyor.* Kendi algılamamın sorumluluğunu alıyorum.)

Bu örneği verdikten sonra Arif Bey'in yüzü güldü. "Aradaki farkı şimdi açık seçik görebiliyorum," dedi.

Bir süre ikimiz de sustuk. Daha sonra konuşmayı düşündüğüm, şimdi sadece kısaca dokunmak istediğim bir konuyu dile getirdim:

"Arif Bey, kişisel bütünlüğün zamanla ilişkisinden söz edebiliriz. Şu anda kişisel bütünlüğün şimdi ve burada gerçekleşen yönünden bahsediyorum. Ne var ki, kişisel bütünlüğü sadece şimdi ve burada düşünmemek gerekir. Kişisel bütünlüğün geçmişle ve gelecekle ilgili boyutları vardır. Geçmişle ilişkili olarak, yani geçmişteki işlere dönük olarak kişisel bütünlük içine girebiliriz; buna 'bitmemiş işleri bitirmek' diyorum. Biriyle aradaki bitmemiş işlerini bitirince, ilişki dürüstlüğüne kavuşmuş olur."

Arif Bey'in gözleri parladı. Bir şey hatırladığı belli oluyordu.

"Geçenlerde bir arkadaş birisiyle olan ilişkisinden bahsederken, 'İlişkimiz çöplüğe dönüştü,' demişti; sanırım, 'ilişkimizde bitmemiş işler çoğaldı,' demek istiyordu."

"Sanırım. Eğer insan gerçekleri söylemeyip hiçbir şey yokmuş gibi davranırsa, ilişki gerçekten çöplüğe dönüşür. Kişisel bütünlük şimdi ve buraya dönük olabilir. Yani kişi şu anda neler düşündüğünü ve hissettiğini olduğu gibi söyleyebilir. Bu süregiden bir dürüstlük ve cesaret ister. Böyle bir tutum içinde ilişki hiçbir zaman çöplüğe dönüşmez."

Bir süre sustum ve devam ettim: "Savaşçının ilişkisi hiçbir zaman çöplüğe dönüşmez."

"Kişisel bütünlük sadece savaşçı için değil, herkes için önemli; öyle değil mi?"

"Evet, tabii ki herkes için önemli. Aslında sıradan insanla savaşçıyı ayırt eden en önemli özelliklerden biri, kişinin yaşamına getirdiği kişisel bütünlüğün düzeyidir."

"Kişisel bütünlüğün düzeyi mi dediniz, Hocam?"

"Evet, biraz sonra bu konuya gireceğim. Fakat şimdi şunu söylemekle yetinelim: Kişisel bütünlük her insanın üzerinde düşünmesi gereken, yaşamın önemli bir boyutu."

"Evet, bunu görebiliyorum: 'A', 'A'dır dediğimiz zaman, bu özdeşim ilkesini veriyor. Ben Arif Okurer olarak, düşündüğüm, hissettiğim ve yaptığım zaman, kendim olarak varoluyorum. Doğal olan bu; karıncanın karınca, kuşun kuş olarak devam edebilmesi için onların özdeşim ilkesi içinde yaşamlarını devam ettirmeleri gerekiyor. Hayvanlar için bu sorun değil; çünkü bir kuş, hiçbir zaman kuştan başka bir şeymiş gibi davranmaz. Karınca da öyle. Böylece bir kuşa veya karıncaya baktığımda, onlar hakkında düşündüğümde onlar ne ise onu görürüm.

"Kişisel bütünlük içinde algılar, düşünür ve davranırsam, o zaman sürekli kendim olmaya, Arif Okurer olmaya devam edeceğim."

Arif Bey durdu, bana baktı, "Hocam lafı sizden aldım, ben konuşmaya başladım. Çok mu konuşuyorum?" diye sordu.

Onun konuşmasından memnun olduğumu, konuyu iyi kavradığını belirttiğini ve açıklamasına devam etmesini istediğimi söyledim. Arif Bey konuşmasına devam etti:

"Korku nedeniyle, ya da bir menfaat temin etmek nedeniyle, veya başka bir nedenle, Arif Okurer olmayı bırakır, bir başkası imiş gibi algılar, düşünür ve davranırsam, o zaman çelişki ilkesine karşı geliyorum demektir. Yani, 'aynı zamanda hem A, hem de A değil olamaz' ilkesini ihlal ediyorum. Bir insan aynı zamanda ve aynı boyutta hem kendisi, hem de bir başkası olamaz. Eğer, bu ilkeyi ihlal edersem kişisel bütünlük içinde olmuyorum demektir ve zaman içinde özdeşimi kaybederim."

"Arif Okurer, bu şahane bir açıklamaydı. Sizi kutlarım. Milattan sonra 121-180 yılları arasında yaşamış bir Latin bilge kişi –adı Marcus Aurelius Antoninus– şöyle der:

" 'Dünyadaki hiçbir çıkar, verdiğiniz sözü tutmamaya veya kendinize olan saygınızı kaybetmeye değmez.' "

"Doğan Bey, şunu söyleyebilir miyiz: Bir insan ancak kişisel bütünlüğü kadar kendisidir. Kendisi olmayan insanın etkileme gücü de yoktur. Bu nedenle, bir insanın ancak kişisel bütünlüğü kadar etkileme gücü vardır, diyebilir miyiz?"

"Evet, diyebiliriz. Şu anda siz bir psikolojik gerçeği de dile getirdiniz. Hepimiz özü sözü doğru insana güveniriz ve onun dediğine inanırız. İki birey arasındaki ilişkide, ailede, şirkette, toplumda özü sözü doğru insan, yani kişisel bütünlük içinde olan insan daha etkilidir. Kişisel bütünlük içinde olmayan insan zamanla kendi gücünü yok eder."

Bir insan ancak kişisel bütünlüğü kadar kendisidir. Kendisi olmayan insanın etkileme gücü de yoktur.

Genç bir çift, 18-24 aylık bir kız çocuğu ve ellerinde büyük sarı benekli bir çanta ile gelip bizden iki masa öteye oturdular. Yüzlerinde bir gülümseme var, burada olmaktan mutlular, çünkü böyle bir yere gelmek sanırım olağan bir hadise değil, önemli bir olay. Yüzlerinde mutluluk, gülümseme var; buraya gelmiş olmanın şükür duygusu içindeler.

Arif Bey'e, bu çifti mutlu görüp görmediğini sordum. "Evet, mutlular," dedi. Daha sonra ilave etti, "Huzurlu bir mutluluk."

Küçük çocuk kahvenin içinden geçen yolda yürümeye başladı, büyük bir coşkuyla düz taşlardan yapılmış yol üzerinde yürüyor, hatta koşturuyor; ne annesi, ne babası karışmıyor; çok rahatlar.

Çocuğun üzerinde kırmızı bir penye var, üzerinde büyük harflerle "I am Mr. Mac Big" yazıyor.

Çocuğun coşkusu Arif'in ve benim dikkatimizi çekti. Daha önce dikkatimi çekmeyen, ama şimdi farkına vardığım yedi-sekiz yaşlarında, sarı bir penye, sarı bir pantolon (skin-tight dedikleri türden) giymiş bir kız, küçük çocuğu takip ediyor, onunla ilgileniyor. Şimdi anlaşılıyor, neden anne ve baba o kadar rahat. Çünkü çocuğun ablası var ve onlar bu ablaya güveniyorlar.

Kişisel Bütünlük mü, Patavatsızlık mı?

Tekrar konuya döndük. Arif Bey, aklına muziplik gelmiş gibi gülümsedi. Sanki sorayım mı, sormayayım mı diye bir süre düşündükten sonra konuştu:

"Hocam, özü sözü doğru, kişisel bütünlüğü yüksek insanla, bizim halkımızın 'patavatsız' veya 'dangalak' dediği tipten insanı nasıl ayırt edebiliriz?"

Bana baktı, güldü. Tabii, ben de güldüm. Arif Bey belki farkında değildi, ama önemli bir soru sormuştu.

"Belki muziplik olsun diye sordunuz, ama aslında önemli bir soru sordunuz Arif Bey."

"Bu sorunun benim için ciddi bir tarafı da var."

"Önce, 'patavatsız' kavramını ele alalım. Patavatsız, 'sözlerinin kime dokunacağını, nereye varacağını düşünmeden ve saygısızca konuşur, davranışlarına dikkat etmez. Bu kimsede ait olma boyutu önemini kaybetmiştir, ilişkilerini sadece kendi algılamaları yönünden değerlendirir, diğerlerinin gözüyle olayları görmez.'

"Diğer yandan kişisel bütünlük içinde olan kişi ise, sadece kendini değil, ilişki içinde olduğu insanları düşünerek paylaşımını yapar."

"Herhalde, 'dangalak' da aynı durumdadır?"

"Arif Bey, 'dangalak', bizim düşüncesiz, budala, akıl yoksunu, hödük dediğimiz kimsedir. 'Patavatsız' ile 'dangalak' arasında önemli bir fark var; patavatsız önem vermediği için, dangalak aklı yetmediği için başkalarını rahatsız edecek şekilde davranır.

"Konuya, kişisel bütünlük gibi genel olarak değil, 'savaşçının kişisel bütünlüğü' olarak bakarsak daha bir açıklık getiririz."

Savaşçının Kişisel Bütünlüğü

"Kişisel bütünlüğün üç düzeyi vardır ve savaşçı bu üç düzeyin bilincinde olarak yaşar.

Özü, Sözü Doğru Olmak

"Bunlardan ilki, 'olduğun gibi konuşmak ve konuştuğun gibi davranmak' biçiminde özetlenebilir.

"Bu düzeyde insan şimdi söyleyeceğim üç şeye özen gösterir:"

"*Bir*, iç dünyasının farkında olmaya özen gösterir. Bunun en güzel örneğini, savaşçının, sürekli niyetinin bilincinde olmasında görürüz. Savaşçı tüm duygularının -kızgınlık, mutluluk, kaygı, korku, beklentilerinin, tabii en önemlisi *niyetinin*, yani niçin bir şeyi söylemek ya da yapmak istediğinin- farkındadır.

"*İki*, ağzından çıkan sözün, iç dünyasındaki duygu ve düşüncelere ters düşmemesine, onları geçersiz, sahte, yok duruma düşürmemesine özen gösterir; eğer öfkeli ise, mutlu imiş gibi konuşmaz. Farkında olduğu her şeyi hesaba katarak, niyetinin doğrultusunda konuşur."

Bu noktada Arif Bey'e baktım; yüzümdeki, "kafanı karıştırıyor muyum?" sorusunu gördü ve ne anladığını o söyledi:

"Yani, durumu idare edeyim, ne şiş yansın ne kebap türünden

konuşmaz; konuşacaksa her şeyi hesaba katarak bilinçli konuşur, konuşmayacaksa susar."

"Ama, bu susması ile de kendini güçsüz duruma düşürmez."

"Evet, onu da anladım."

"Savaşçının özen gösterdiği *üçüncü* şey de, eyleminin sözü ile, sözünün de iç dünyası ile uyum içinde olmasıdır."

> *"Ya olduğun gibi görün ya da göründüğün gibi ol."*
>
> Mevlana Celaleddin-i Rumi

"Hocam, bu bizim Mevlana'nın sözüne gelmiyor mu: 'Ya olduğun gibi görün ya da göründüğün gibi ol.' Sanırım böyle bir sözdü."

"Evet, geliyor. Aynen."

"Bu kişisel bütünlüğün birinci düzeyi, öyle değil mi? Üç düzeyi olduğundan söz etmiştiniz."

"Evet, daha bu ilk düzeyde savaşçı ile, savaşçı olmayan arasındaki fark kendini belli eder."

"Bunu görebiliyorum, Doğan Bey. Aslında halkımızın kişisel bütünlükten anladığı bundan ibaret. Kişisel bütünlüğün diğer düzeyleri neler?"

Değerler ve İlkelerle Ahenk İçinde Yaşamak

"Kişisel bütünlüğün ikinci düzeyi, inandığın değerler ve ilkelerle ahenk içinde yaşamaktır."

"Hocam, bunun birincisinden farkı ne?"

"Birincisi, 'olduğun gibi konuşmak ve konuştuğun gibi davranmak' idi. Kişi kendi iç dünyası ile tutarlı bir konuşma ve eylem oluşturuyor. İkincisinde ise, kendi iç dünyasını, fenomenini, belirli değerler ve ilkelerle ahenk içinde tutmaya özen gösteriyor. Herhalde şimdi bir örnek isteyeceksiniz?"

"Evet, isteyeceğim."

"Farz edelim iki öğrenciniz var. Birinin adı Zehra olsun, diğerininki Yıldız. Zehra fakir bir ailenin kızı, annesi babası işçi ve çocuklarını okutmayı çok istiyorlar; çocuk hem akıllı, hem gayretli. Ama, ailenin ek ders aldıracak imkânı yok.

"Yıldız'ın annesi babası profesyonel meslek sahibi. Onlar da zengin değil, ama evde sürekli kitap okunuyor ve Zehra'nın ailesine göre eğitim olanakları daha fazla. Yıldız da akıllı bir kız; derslerine çalışıyor, ama Zehra'nın şevki ve sebatı onda yok. Ve bunların her ikisinin durumunu, öğretmenleri olduğunuz için, siz biliyorsunuz."

"Böyle öğrencilerim oldu. Dediğiniz durumlarla karşılaştım. Merak ediyorum, bakalım bunun altından ne çıkacak?"

"Sınav verdikçe, daha çok çalışmadığı halde Yıldız'ın, Zehra'dan daha iyi notlar aldığını görüyorsunuz. Ama, Zehra'nın içinde bulunduğu koşullarda yapabileceğinin en iyisini yaptığına inanıyorsunuz."

"Yıldız ise bulunduğu koşullar içinde yapabileceğinin en iyisini yapmıyor. Doğru anlıyorum, değil mi? Yani, Yıldız isterse, şimdiki performansının üstüne çıkabilir."

"Evet, doğru anladınız. Eğer Yıldız, Zehra'nın gayreti içinde olsa, daha yüksek performans gösterecektir."

"Tamam, anladım. Peki, sonra?"

"Siz, sınavı, sınav kâğıtlarındaki bilgiye göre değerlendirme durumundasınız."

"Evet, öğretmen ancak sınavda gösterilen performansı değerlendirmek durumunda. Ancak böyle eşit davranmış olur."

"Evet, bu durum, kişisel bütünlüğün ilk düzeyi."

"Yani, eşit davranarak, kişisel bütünlüğün ilk düzeyinde davranmış oluyor. Peki, ikinci düzeyi, yani ilke ve değerlerle ahenk içinde olduğu zaman öğretmenin ne yapması gerekiyor?"

"Kişisel bütünlüğün ikinci düzeyi ile uyum içinde olduğu zaman öğretmenin, Zehra ile ilişkisini gözden geçirerek, 'Zehra'nın hayatına eğitim olanakları katabilir miyim?' konusunu ciddi olarak düşünmesi gerekiyor."

"Niçin?"

"Çünkü, Zehra ve Yıldız aynı koşullar altında sınava tabi tutuluyorlar, ama içinde yetiştikleri koşullar itibariyle eşit değiller. Eşit olmayan insanların eşit muamele görmesi, büyük haksızlıktır."

"Peki, öğretmen olarak bu durumda ben ne yapmalıyım?"

"Aslında eğitim sisteminin kendisi bu tür eğitim olanaklarını sağlamaya yönelmeli. Eğitim sisteminin esas görevi bu olmalı. Ama mademki sistem bu yönden yetersiz kalıyor, olanakları dahilinde öğretmenler hakkaniyet değerini canlı tutmaya çabalamalılar. Yani, Zehra ve onun gibi olan öğrencilere yeni eğitim olanakları yaratabilirsiniz. Bu yeni eğitim olanakları sayesinde Zehra geçmişinden gelen eksiklikleri gidererek, gerçekten Yıldız'la eşit olarak değerlendirilebilir."

"O kadar işimizin, gücümüzün arasında bir de Zehra ile niçin uğraşalım, Hocam?"

"Uğraşmak zorunluluğunuz yok, tabii. Dediğim gibi bu aslında eğitim sisteminin sorunu. Ne yasal olarak, ne sosyal olarak sizi sorumlu tutamazlar. Ama eğer hakkaniyet diye bir değer sizin yaşamınızda varsa ve yaşıyorsa, o zaman siz, bu değerle ahenk içinde olmaya kendinizi adayabilirsiniz. Bu seçimi yapabilirsiniz."

Bir süre sustum, burada bir püf nokta olduğunu biliyordum. Arif Bey'in kafasını karıştırmadan bunu nasıl anlatırım diye düşündüm. Arif Bey konuşmaya başlayacaktı, yüz ifademden, bir şeyler söylemek veya söylememek için tereddüt ettiğimi anladı ve sustu.

O anda farkında olduğum şu oldu. Yüz ifademi anlamadan, kendi söyleyeceğine odaklanmış, ben merkezli biri olsa idi, Arif Bey'le konuşmamın kalitesi ne kadar düşerdi.

Arif Bey'in duygusal zekâsının yüksek olduğunu görüyordum. Aklımdan geçeni söylemeye karar verdim:

"Hakkaniyet konusu konuşulurken, çoğu kez, bir yanlış anlama söz konusu olur. Şimdi de böyle bir şey olmasını istemiyorum."

"Nasıl bir yanlış anlama Doğan Bey?"

Hakkaniyetin, ancak 'diğerleri' göz önüne alınarak karar verilen bir konu gibi anlaşılması."

"Yani...?"

"Biraz önce siz, 'O kadar işimizin, gücümüzün arasında bir de Zehra ile niçin uğraşalım, Hocam,' dediniz. Bu haklı bir soruydu. Bazı öğretmenler öyle durumdadır ki, eğer Zehra'ya fazladan zaman ayırsalar, kendilerine, ailelerine, çocuklarına haksızlık yapmış olurlar. Yani, kendileri için, eşleri ve çocukları için gerekli zamandan çalarak Zehra'ya zaman ayırmak hakkaniyet değerini yaşatmak olmaz. Kişi kendini ve kendi sorumluluklarını mutlaka hesaba katmalı. Hakkaniyet, diğerlerinin olduğu kadar, kendi haklarını korumayı da içerir."

"Peki, gerçekten elimizden geleni yapıyor muyuz, yoksa kolaya kaçarak, 'zamanım olsa kendime, çocuklarıma ayırırım,' deyip işin içinden çıkıyor muyuz, buna kim karar verecek?"

"Eğer gözlemleyen bilinciniz gelişmiş ise, o zaman bilirsiniz. Hakkaniyet içinde davranıp davranmadığınızı ancak sizin gözlemleyen bilinciniz bilir. Hakkaniyet söz konusu olduğu zaman gözlemleyen bilincin adı, 'vicdan' olur."

"Yani, Zehra'ya zaman ayırıp ayırmama konusunda vicdanımızın sesini dinleyeceğiz."

"Evet, başka hiçbir güç sizi Zehra'ya zaman ayırmaktan veya ayırmamaktan sorumlu tutamaz."

"Doğan Hocam, galiba insanın kaçamayacağı en büyük otorite kendi vicdanı."

"Ne söylediğimi unutma: Gözlemleyen bilinç hakkaniyet konusunda gözlemlerken, bu sürecin adına, 'vicdan' denir. Ve bil ki, gözlemleyen bilinç gelişip yaşamaya başlayınca, her an sizi gözler. Sizin dünyanızla ilişkinizi o kurar. Dünya'ya bakarken kullandığınız gözlük o olur."

"Bu söyledikleriniz dışarıdan bakınca ne kadar basit görünüyor. Ama bu bilgilerin hayatımda yapabileceği muazzam etkiyi düşününce hayretler içinde kalıyorum. Daha doğrusu korkuyorum."

"Korkuyorsunuz?"

"Evet, bu bilgilerin beni daha yalnız bir insan yapacağı korkusu var!"

"Anlıyorum."

"Korkumda haklı mıyım, Doğan Bey?"

"Hem evet hem hayır. Sıradan insanlar sizden uzaklaşır. Ancak değerlere önem verenler size yakınlaşır. Sıradan bir insan olmaktan uzaklaştıkça, sıradan insanlar arasında kendinizi yalnız hissedersiniz."

İnsanın kaçamayacağı en büyük otorite kendi vicdanıdır.

Sıradan bir insan olmaktan uzaklaştıkça, sıradan insanlar arasında kendinizi yalnız hissedersiniz.

"Ama, o sıradan insanlar arasında yaşıyorum."

"Evet, o sıradan insanlar arasında yaşıyorsunuz. Fakat unuttuğunuz bir şey var!"

"Unuttuğum şey ne?"

"Unuttuğunuz şey şu: Siz sadece diğer insanlarla beraber yaşamıyorsunuz; kendinizle de sürekli beraber yaşıyorsunuz. Sıradan insanları sizden uzaklaştıran süreç, sizi kendinize yakın hissettirecek olan süreçtir. Bu nedenle savaşçı olma yolculuğuna çıkacak kişi, kimin yoldaşlığını istediğine karar vermelidir.

"Diğer insanlarla olan ilişkinizi kendinizle olan ilişkinizden daha üstün tuttuğunuz andan itibaren, sizin dediğiniz türden yalnızlık başlar; bir süre sonra kendinizin değil, diğer insanların beklentilerini yaşayan, sıradan bir insan haline dönüşürsünüz."

Arif Bey, duyduklarını özümsemek istercesine gözünü kapadı. Arkaya yaslandı. Şimdiye kadar konuştuklarımızın tümünü gözden geçirdiği belli oluyordu.

Bir süre sonra konuşmaya başladı.

Siz sadece diğer insanlarla beraber yaşamıyorsunuz; kendinizle de sürekli beraber yaşıyorsunuz. Sıradan insanları sizden uzaklaştıran süreç, sizi kendinize yakın getirecek olan süreçtir.

"İkinci düzeyde kişisel bütünlük içinde olup olmadığımı anlamak için şu soruyu sorarım: 'Şimdi hakkaniyet içinde düşünüyor muyum, konuşuyor muyum, davranıyor muyum?' "

"Evet, ikinci düzeyde kişisel bütünlüğe önem veren kişi, sadece kendi iç dünyasının farkına varıp, onunla ahenk içinde konuşup, davranmakla yetinmez; iç dünyasının kendi temel değerleriyle ahenk içinde olup olmamasına da özen gösterir."

"Savaşçı olmak ne kadar zor bir hadiseymiş! Gittikçe zorlaştı."

"Savaşçı olarak yaşamak muhteşem bir başarıdır. Sıradan insanın ha deyince omuzlayacağı bir şey değildir. Böylece savaşçı, kişisel bütünlüğün ikinci düzeyinde, kendi fenomenini temel değer ve ilkelerle ahenk içinde tutmaya özen gösterir."

Savaşçı olarak yaşamak, muhteşem bir başarıdır. Sıradan insanın ha deyince omuzlayacağı bir şey değildir.

"Sözünü ettiğiniz bu temel değerler, sevgi, hakkaniyet, hizmet, onura saygı gibi, kitaplarınızda sözünü ettiğiniz değerler, değil mi?"

"Evet."

"Böylece savaşçı, kendi iç dünyasını da başıboş bırakmıyor. İç dünyasını, yani duygu ve düşüncelerini, gözlemleyen bilinci ile süreçleyerek, iç dünyasının hangi temel değerleri yansıttığını, yaşattığını gözlüyor."

"Yani bu değerleri, kendi fenomeninde yaşayan gerçekler olarak tutuyor. Eğer iç dünyasında sevgi yok ise, bunun farkına vararak sevgiye yönelik bir seçim yapıyor. Ve o seçim sayesinde sevgi onun iç dünyasında yaşayan bir değer haline geliyor. Verdiğim örnekte, öğretmen öyle bir seçim yaptı ki, artık onun dünyasında, hakkaniyet bir değer olarak yaşamaya başladı."

Bir süre sustuktan sonra başka bir örnekle konuşmama devam ettim:

"Aynı şeyi insan onuru için de söyleyebiliriz. Şöyle bir örnek vermek istiyorum: Varsayalım ki, birine kızdım ve tam küfretmek üzereyim. İç dünyamı bu küfürle ifade etmem ilk düzeyde bir kişisel bütünlük. Ama, insan onurunu yaşatmaya kendimi adamış biri olarak farkına varıyorum ki, bu insana küfrederek onunla ilişkimde sevgi değerini yaşatamam.

"O zaman, karşımdakinin onurunu kırmayacak bir biçimde konuşmaya yöneliyorum. Yani, iç dünyama, algılamama, bilinçli olarak müdahale edip, onun içeriğini seçiyorum. Bilincimde o değeri yaşar hale getiriyorum. Fenomenimde o değer yaşamaya başlayınca, doğal olarak sözümde ve eylemimde de kendini gösteriyor."

Biraz gezinmek istedim. Arif Bey teklifimi kabul etti. Garsona geleceğimizi söyledik, ceketleri orada bıraktık, kuzeye doğru yolda yürümeye başladık.

Kahvenin önünden geçen yoldan kuzeye doğru gidildiğinde sağda mezarlık başlıyor. Solda sağlam, kalın bir duvar uzanıyor. Sanırım istinat duvarı olarak yapılmış. Duvarın içinde çok önceden yapılmış bir çeşme var, ama şimdi kuruçeşme haline gelmiş. Çeşmenin sağına soluna eski yazılar yazılmış. Onun yakınına paslı bir elektrik direği dikilmiş. Duvarın yukarı kısımlarında yine mezarlıklar var. Aşağıda sağ taraftaki ilk mezarın; üstü toprakla örtülü, üzerine 2733 numarası yazılı bir tahta konmuş. Tahtanın yanında ölü bir kuş yatıyor. İlk iki üç mezara henüz isim ve mezar taşı konmamış. Biraz aşağıdaki mezar taşlarının üzerinde büyük harflerle kime ait olduğu yazılı.

Bir süre daha yürüyünce, plastik şişeler, bir sürü plastik ambalaj maddesi, büyükçe bir yağ tenekesi, kâğıt parçaları, tam anlamıyla çöp diyebileceğimiz şeyler atılmış olduğunu görüyoruz. Burası çöplük haline gelmiş durumda.

Bir yanda ruhuna fatiha diyen, özenle mezar yaptıran bir bilinç var, diğer yanda, burayı çöplük haline getiren bir bilinç. Farklı iki dünya görüşü mü? Değerlerle ilgisi ne?

Bu sorularımı dile getirdiğim zaman, Arif Bey, "Burası hem mezarlık, hem çöplük olamaz. Özdeşim kuralına aykırı," dedi.

Ben de, "Kişisel bütünlüğün bir değer olarak yaşamadığı toplumda burası 'mış gibi bir mezarlık' ve 'mış gibi bir çöplük' olabilir," dedim.

Herhalde bu mezarlar pek ziyaret edilmiyordu. Aksi halde bu kadar pislik birikmezdi. Ölüm sırasında üzüntü ile ve belki de, başkalarına gösteriş isteğinin etkisi altında mermer taşlar, gösterişli mezarlar yapılıyor; ama, bir süre sonra, hiç ziyaret edilmediği, bakım yapılmadığı için böyle çöplük haline dönebiliyor.

Pierre Loti kahvehanesine giderken sol tarafta modern ahşap bir dizi bina yapıldığını gördük. İstinat duvarının üst kısmında bu binaların arka cephelerinin, yani arka bahçelerinin olduğunu öğrendik, orda çalışan işçi başı, "Burada her şeyi olan bir alışveriş merkezi ve turistik merkez kuruluyor, dükkânlarıyla, sinemasıyla, kahvehaneleriyle," dedi.

Geri geldik, masamıza oturduk. Benim için adaçayı, Arif Bey için kola istedik.

Bir Duruş İçinde Olmak

"Hocam, kişisel bütünlüğün üçüncü düzeyine mi geldik?"

"Evet. Kişisel bütünlüğün bu düzeyinde savaşçı kendini bir duruş içinde görür."

Arif Bey yüzüme gülümseyerek baktı. 'Bir duruş içinde görmek' sözünün ona bir anlam ifade etmediğini anlıyordum. Devam ettim:

"Bu duruş gelecekte yaratılmak istenen bir olanağa kendini adamaktır."

"Doğan Hocam, bir şey anladıysam Arap olayım derler ya! Şimdi valla öyleyim. Çince konuşsanız, belki daha çok anlardım."

"Arif Bey, burada önemli birkaç kavram var, onların her birini teker teker ele almalıyım."

"Önce Hocam, şu duruş içinde olmak kavramından başlayalım. Ne demek insanın bir duruş içinde olması?"

"Şu örneği düşün: seçim zamanı yaklaşıyor, parti ileri gelenleri, özellikle liderler, memleketin değişik yerlerinde konuşmalar yapıyorlar."

"Evet, bu aşina olduğumuz bir durum."

"Onun için bu örneği veriyorum. İşi zorlaştırmamak için iki partiden söz edelim: A partisi ve B partisi diyelim ve bunların liderlerine, 'lider A' ve 'lider B' adını verelim."

"Tamam."

"Lider A, eğer kendini bir duruş içinde görüyorsa, bütün konuşmalarını bu duruş içinde oluşturur. Bu duruş içinde hangi olanağa kendini adadığını anlatır ve bu olanağı yaratmaktan nasıl sorumlu olacağını, nasıl, ne zaman, hangi durumlarda hesap vereceğini belirtir."

"Örneğin?"

"Örneğin, lider A, eğitim konusunda ülkenin önümüzdeki on yıl içinde hangi olanaklara kavuşması gerektiğini, bu olanakları yaratmak için neler yapacaklarını, bu yaptıklarının hesabını her yıl, belirli aylarda nasıl vereceklerini anlatır. En önemlisi, eğitim duruşlarının temelinde yatan ilke ve değerleri açık seçik belirtir ve yaptıkları her işte, bu ilke ve değerlere uyulacağına kendini adar."

"Hocam, biraz daha somut olabilir misiniz?"

"Örnek olarak vermek istediğim lider şöyle konuşur:

"Eğitimde temel ilkemiz insanoğlunun muhteşem bir potansiyel olduğudur. Doğan her bir çocuk yalnız ülkenin değil, dünyanın geleceği için bir potansiyeldir. Bu potansiyeli geliştirmek, insanın olabileceğinin en iyisini olmasını sağlamak, bizim eğitim felsefemizin temelini oluşturur. Ülkenin eğitim sisteminin, ülkenin çocuklarını, en iyi şekilde, bedenen, aklen ve ruhen geliştirmeye olanak sağlamasına kendimizi adamış durumdayız. Bizim eğitim konusunda duruşumuz budur.

"Bu duruş içinde biz A partisi olarak önümüzdeki 5 yıl içinde şunları gerçekleştirmeye kendimizi adıyoruz...

"Kendilerini gerçekleştirmeye adadıkları konuları teker teker anlatır; şimdiki durumun değerlendirilmesi yapar, karşılaşabilecekleri zorlukları ifade eder ve başarılarının ölçülebileceği kilometre taşlarını koyar. Öğretmen konusunda şu zamanda şunları başarmış olacağız, okulun iç donanımıyla ilgili konuda şu zamana kadar şunları başaracağız, eğitimin yasal alt yapısıyla ilgili konuda şu zamana kadar şunları başaracağız gibi.

"Tabii ülkenin tek konusu eğitim değildir. O nedenle, ülkenin genelinde nasıl bir duruş içindeler ve bu duruşun altında yatan temel değer ve ilkeler ne, bunu ifade ettikten sonra, eğitim bu genel çerçeve içinde yer alır."

"Ve lider A, bütün zaman ve enerjisini bu duruş içinde harcar.

"Bütün zaman ve enerjisini bu duruş içinde harcamak ne demektir biliyor musunuz?"

Arif Bey, biliyorum ama, siz yine söyleyin der gibi bakıyordu, yüzüme.

"Hiçbir politik partinin aleyhine, kişinin aleyhine, şu veya bu polemiğe zaman ve enerji harcamaz.

"Kendisine, 'Efendim, şu partinin lideri sizin için şöyle diyor,' diye söylendiğinde, 'Bakın arkadaşlar, ben A partisinin lideri olarak şöyle bir duruş içindeyim. Bu duruş şu temel değerler üzerine kurulmuştur. Biz parti olarak kendimizi bu duruşun yaratacağı olanaklara adadık. Diğer liderler bu duruş üzerinde konuşacaklarsa, onlarla konuşur, işbirliği yaparız. Bu ülke hepimizin. Gemi battığı zaman bir tarafı batmaz. Biz gemi kaptanlığına soyunuyoruz ve bu yönde kişisel bütünlük içinde, hesap vermeye hazırlanıyoruz. O şunu dedi, bu şunu yaptı ile harcayacak zamanımız yok. Hepsi bu kadar."

"Peki duruş içinde olmayan lider B nasıl konuşur?"

"Lider B duruş içinde değil, bir pozisyon içindedir."

"Yani?"

"Yani, lider B, ülkenin sorunlarına bakış tarzlarının tümünü gözden geçirdikten sonra, mevcut pozisyonlardan birine kendini adar. 'Biz sosyalistiz, biz serbest sermayeciyiz, biz ikisinin karışımıyız, biz devletçiyiz,' gibi. Yeni olanaklar yaratmak, bu olanakları yaratırken hangi değerler ve ilkeler içinde bulunduklarını ifade etmek akıllarından geçmez veya geçse de önemsemezler.

"Lider B, kendi görüşüne destekçi ararken, lider A yaratmak istediği olanağa katılımcı arar. Lider B, 'ötekiler' kavramı üzerinde zaman harcarken, lider A, 'biz' kavramı üzerinde zaman harcar."

Bu noktada durdum, Arif Bey'e baktım. "Konu biraz açıklığa kavuştu mu," gibisinden baktığımı anladı.

"Şimdi daha iyi anlıyorum. Bu, savaşçının niyetinin sürekli farkında olarak yaşamını stratejik olarak düzenlemesine benziyor," dedi.

Bunu pek düşünmemiştim, Arif Bey söyleyince, benzerliği hemen gördüm.

"Arif Bey, susuyor susuyor bir konuşuyorsunuz, turnayı gözünden vuruyorsunuz," dedim.

Çocuksu bir sevinçle güldü. Hem anlamış olmaktan, hem de takdir edilmekten hoşlanmıştı.

"Bir örnek daha vermek istiyorum, Arif Bey."

"Hocam, izin verin bir örnek ben vereyim."

"Peki."

"Zehra ile Yıldız örneğinden hareket etmek istiyorum. Varsayalım ki, öğretmen olarak Zehra'nın geleceği için güçlü bir eğitim olanağı yaratmak duruşu içindeyim."

"Çok güzel kullandınız, duruş içinde olmayı."

"Teşekkür ederim. Bu duruşun temelinde sevgi ve hakkaniyet, temel değerler olarak yer alıyor. Eğer kendimi bu duruşun yaratacağı olanaklara adamış isem, o zaman karşıma çıkan zorluklara, engellere, eften püften kavgalara zaman harcamam. Örneğin, Zehra'nın babası, 'Bu kız çocuğu, okuyup da ne olacakmış,' diye, bir süre sonra onun gelişmesini engellemeye çalışabilir. Bundan yılmamalıyım. Zamanımı ve enerjimi sürekli, Zehra'nın gelişimini gerçekleştirmek üzere olanaklar yaratmaya vermeliyim."

"Evet, kendinizi hedefe kitlemişsinizdir ve ancak bu hedefi gerçekleştirmenin sorumluluğu size anlamlı gelir."

"Doğan Hocam, bir evlilik için de aynı şey söylenemez mi?"

"Yaşamın her yönüyle ilgili bir örnek bulabilirsiniz, Arif Bey. Ama, evlilik konusuyla ilgili bir örnek düşünmüşseniz, duymak isterim."

"Eşlerden biri, şöyle bir duruş içinde olsun: 'Bu evlilik içinde birbirimizi sevgi, hakkaniyet, onur içinde desteklemeye, birbirimize hizmet etmeye olanak sağlayan bir yuvamız olacak.'

"Böyle bir duruş içinde olan eş, karşısındaki ne yaparsa yapsın, davranışını sürekli bu duruş içinde izleyecektir: 'X' davranışı yaptığımda sevgi içinde miydim; hakkaniyet içinde miydim; eşimin onurunu destekleyici miydim, yoksa onu rencide mi ediyordum; ona hizmet sunuyor muydum?"

"Ya eşi ona başka türlü davranıyor ise?"

"Doğan Bey, duruş içinde olmak, bir olanağa kendini adamakla oluyor. Sizin söylediklerinizden bunu anladım. 'Başkası bunu yaparsa,' şartı yok. Başkası ne yaparsa yapsın, kişi o olanağı yaratmak için kendini adamış oluyor.

"Lider A, 'Başka politikacılar benim aleyhimde konuşmazsa, onlara saldırmam,' demiyor. Zaman ve enerjisini içinde bulunduğu duruşa adıyor. Ben öğretmen olarak, 'Kimse Zehra'nın gelişimine itiraz etmez ise ona gelişim olanakları sağlayacağım,' demiyorum. Evlilikte de, 'Eşim şöyle böyle yaparsa, o zaman evlilik içinde yuvamız sevgi, hakkaniyet, onur ve hizmet değerlerinin yaşadığı bir yer olur,' demiyorum. Bunu yaratmakla ilgili, kolları sıvıyorum."

"Yani sorumluluk yüzde yüz sizde imiş gibi hareket ediyorsunuz."

"Evet, sorumluluğun tümünü alarak hareket ediyorum."

"Varsayalım ki evliyim ve ben tümüyle sorumlu hareket ederken eşim bu tür bir sorumluluk almıyor."

"Onun sorumluluk almamasına rağmen, daha önce o kadınla evlenmeyi düşünmüş taşınmış, bir seçim yapmış birey olarak, siz kendi niyetinizden sorumlusunuz."

"Yani, savaşçı olarak niyetinizi belirliyorsunuz!"

"Evet, niyetimi kendim belirliyorum ve bu niyetin saflığı içinde kalıyorum. Bu niyetten ben sorumluyum."

"Arif Bey, şimdi kişisel bütünlüğün üçüncü düzeyi ile ilgili söylediğimi yeniden tekrar etmek istiyorum; bakalım şimdi bir anlam ifade edecek mi?"

"Peki Hocam, deneyelim, ben de merak ediyorum."

Bir süre sustuktan sonra, söylediklerimi hatırlayarak tekrar ettim: 'Kişisel bütünlüğün bu düzeyinde savaşçı kendini bir duruş içinde görür. Bu duruş gelecekte yaratılmak istenen bir olanağa kendini adamaktır.'

Arif Bey söylediklerimi tekrar etti. Durdu. Ve, "Tamam Hocam, tümünü anladım; anlaşılmamış bir şey yok," dedi.

"Yani Çince olmaktan çıktı, öyle mi?"

"Evet, o kadar örnekten sonra, söylediğiniz cümle Türkçe'leşmeye başladı."

"Bu da kendi başına ilginç bir gözlem, öyle değil mi, Arif Bey?"

"Gerçekten ilginç. Kelimeler aynı ama önce anlayamadım, şimdi anlıyorum. Hocam, bu konuda da konuşacak mıyız?"

"Hayır, bu konu bizi savaşçı konusunu irdelemekten başka yönlere götürür. Onun için ılginç bir gözlem olarak bir yere kaydedin, isterseniz ileride üzerinde düşünürsünüz."

Biraz hayal kırıklığı içinde, "Peki," dedi. Bilgiye ve öğrenmeye açlığı Arif Bey'i değerli bir söyleşi yoldaşı yapıyordu. Bir an içimde psikolinguistik konularına girme isteği belirdi, daha sonra, buluşmamızın arkasında yatan niyetin saflığını bozmamak için, yeni beliren bu isteğe sırt çevirdim.

Başında sarı benekli bir başörtüsü olan elli-elli beş yaşlarında bir kadın ile orta yaşta bir erkek ve otuzlarında bir kadın, çocuklarıyla birlikte dört masa ilerimize geldiler. On iki-on üç yaşlarındaki kız çocuğu ve beş-altı yaşlarındaki oğlan çocuğu ile birlikte masaya oturdular. Erkeğin iki veya üç günlük tıraşı var; yüzü gergin, koruyucu, asabi ve mutsuz. Ailenin koruyucusu o. Ailesini getirmek zorunda olmasa getirmezdi ama, buralara gelmenin onların da hakkı olduğunu düşündüğü için, getirmek zorunda kalmış izlenimini veriyor.

Her iki kadının da başı, geleneksel başörtüsüyle örtülmüş, ama kız çocuğu ortaokul öğrencisi kıyafetinde, saçları ensesinde toplanmış. Hem oğlan hem kız anne, büyükanne ve babalarıyla özgürce etkileşim kuruyorlar. Adam, iki erkek olarak bizim farkımızda, Arif ve beni hiç çaktırmadan gözünün ucuyla gözetliyor.

Bizim sağımızdaki masada oturan iki genç, üniversite çağlarında bir kız ve yine o yaşlarda bir oğlan. Konuşuşları, hareketleri gayet enerjik, serbest, herhangi bir baskı ve eziklik yok. Birbirlerine duydukları ilgi yüksek, onun için ilgilerini çevreden çok birbirlerine vermiş durumdalar. Besbelli ki, konuşacakları çok şey var.

Yol aşağı doğru zikzaklarla iniyor ve yolun her iki tarafı mezarlık. Mezarlıktaki ağaçları kesmedikleri için, yukarıdan bakınca mezarlar yerine, sadece ağaçlar görünüyor.

Oturduğumuz yerden baktığımızda cami minareleri ile donatılan ufuk, bu görünüme büyük bir gizem katıyor. Fatih Camisi, Süleymaniye, Beyazıt, Ayasofya buradan görülebiliyor. Sultanahmet Camisi'nin sadece minareleri seçiliyor. Tabii yakınlarda Eyüp Camisi ve daha adını koyamadığım birçok camiler var. Karşıda Galata Kulesi'ni görebiliyoruz.

Tuvalete gitmek istedim, garson yönü gösterdi. Yanlışlıkla bayan tuvaletine giriyormuşum, oradaki görevli çocuk, "Ağabey, nereye gittiğinizi biliyor musunuz?" diye bana ikazda bulundu. "Hayır, besbelli ki, nereye gittiğimi bilmiyorum; uyardığın için teşekkür ederim," dedim. Çocuk, önemli iş yapmış birinin edasıyla güldü. Ondan daha büyük, ağabey durumunda, on üç-on beş yaşlarından iki gencin yanında sanki ayrı bir statü kazandı. Bir tür kâğıt oynuyorlardı, beni uyardıktan sonra daha da hesaba alınması gerektiğini hissettirdi onlara.

Günlük Yaşamda Kişisel Bütünlük

Döndüğümde konunun günlük yaşamda yansıması üzerinde konuşmak istedim.

> *Kişisel bütünlük içinde olmayan insan kendisini sürekli zehirliyor demektir.*

"Arif Bey, kişisel bütünlük, günlük yaşamda kendini nasıl gösterir? Örnekler düşünebiliyor musunuz?"

"Örneğin, bazı öğretmen arkadaşlarım, çocuklara kitap okumanın iyi bir şey olduğunu ve kitap okuyan insanın sürekli gelişeceğini söyler; ama kendileri kitap okumaz. Eğer kitap okumanın iyi olduğunu söylüyorlarsa, kendilerinin de kitap okuması gerekir."

"Verdiğiniz örnekte ilk düzeyde bile kişisel bütünlük yok."

"Doğan Hocam, maalesef tanıdıklarımın çoğu kişisel bütünlük konusuna özen göstermiyorlar."

"Benim çevremde de durum pek farklı değil. Her gün, her yerde kişisel bütünlüğün sürekli ihlal edildiğini görüyoruz. Yalan söylemek yaygın. Bu nedenle insanlar arasında güven düşük. Yalan insanların ruhunu öldürür ve bu zehiri biz günlük yaşamımızın bir parçası yapmışız."

"Hocam, bunun zararı kime?"

"Arif Bey, bunun zararı önce kendimize. Kişisel bütünlük içinde olmayan insan kendi kanadını koparan kuşa, kendi bacağını koparan karıncaya benzer. Kişisel bütünlükten yoksun insan gelişemez, büyüyemez."

"Şunu görebiliyorum, Doğan Bey: Kişisel bütünlük içinde olduğum kadar öğrencilerimi etkileyebilir, şevklendirebilir ve gelişimlerine yardımcı olabilirim. Kişisel bütünlük içinde olmadan yaptığım tüm çabalar, söylediğim sözler dumanın havada dağılması gibi, etkisini kısa zamanda kaybedecektir."

"Bu nedenle Arif Okurer'le buluşup savaşçı tutumunu tartışıyorum. Kafası karışık, seçtiği meslekten emin olmayan, karamsar bir öğretmen olarak öğrencilerinizin karşısına çıkmanız, hem siz hem de öğrencileriniz için haksızlık olur. Öğretmen olacaksanız, kişisel bütünlük içinde o çocukların karşısına çıkmalısınız."

Sağ tarafımızdaki masaya başı örtülü üç kız ve bir delikanlı geldi. Oğlan masanın bir ucuna oturdu ve solundan itibaren kızlar dizildi. Oğlanın sağ elinin parmağında yüzük vardı. Arif onun yanında oturan kızın da sağ parmağında yüzük olduğunu görmüş. "Diğerleri de bekçi olarak gelmişler," dedi. Oğlan herkesle konuşuyordu ve herkes de oğlanla konuşuyordu, yani sadece nişanlılar arasında kalan bir konuşma değildi bu. Herkes hayatından memnun görünüyordu.

İnsanın Kendisiyle Olan İlişkisi Onun En Önemli İlişkisidir

Konuya dönerek, konuşmaya başladım:

"Bütün ilişkilerin temelinde kendimizle olan ilişkimiz yatar. Kişisel bütünlüğün bu kadar önemli olmasının temel nedeni, budur. Gözlemleyen bilinç, 'Ben, şöyle bir insanım,' diyebilme gücüne sahip. Bu *dürüst, açık sözlü veya hizmet eden, yardım eden* gibi bir özellik olabilir. Eğer kişi, *'Ben dürüstüm,'* diyebiliyor ve bununla kişisel bütünlük içinde oluyorsa, o kişi *dürüstlük* özelliğini yaşamında gerçekleştirir. Kendisiyle *dürüst* olarak ilişki kuran kişi, diğer kişilerle ilişkisini de bu *dürüst* olma bilinci üzerine kuracaktır. O nedenle yeniden üzerinde durarak söylemek istiyorum: Bir insanın en önemli ilişkisi onun kendisiyle olan ilişkisidir."

"Bu konuyu biraz daha açar mısınız?"

"Farz edelim ki, birini kırmak istemediğiniz için doğru bildiğinizden farklı konuştunuz. Doğru bildiğinizden farklı konuştuğunuz zaman, özdeşim ilkesine uymadınız! Özdeşim ilkesi X, X'tir der. Bu ne demektir: *Dürüst* insan, *dürüsttür;* doğru bildiğini konuşur; 'Bazı durumlarda, bazı kişilerle doğru bildiğini konuşmaz,' diye bir şey yok. Yani dürüst insan, aynı zamanda yalan söyleyen insan olamaz. Yalan söylediğin zaman kendinle

Bir insanın en önemli ilişkisi onun kendisiyle olan ilişkisidir.

ilgili algılaman bir yara alır. 'Ben dürüst bir insanım' demeniz yara alır; sizin kendinize dürüst bir insan olarak bakmanız zorlaşmaya başlar. Kişisel bütünlüğünüz zedelenir. Kim olduğunuz konusunda şüphelenmeye başlarsınız ve böyle olunca da etkili olma gücünüz azalmaya başlar. 'Koşullar ne olursa olsun doğruyu söyleyen biri,' ile, 'Durum uygun olduğu zaman doğruyu söyleyen biri,' aynı gücü taşımazlar; aynı enerjiye sahip değillerdir. Bir işteki sebatları, azimleri, işe kendilerini vermeleri, kendilerini adamaları birbirinden farklı olur.

"Yani, 'Ben *dürüst* bir insanım,' diyen kişi bu algılamasıyla kişisel bütünlük içinde ise, o zaman *dürüst* bir insan olmayı mutlaka yaşamının her noktasında gerçekleştirecektir. Çünkü, kendisiyle *dürüst* olarak ilişki kuran kişi, diğer kişilerle ilişkisini de *dürüst olma* bilinci üzerine kuracaktır. Bu nedenle, yine tekrar ediyorum, bir insanın en önemli ilişkisi onun kendisiyle olan ilişkisidir."

"Evet, şimdi daha iyi görebiliyorum. Yani kişinin kendisiyle ilgili vardığı sonuçlar, kendisiyle ilişkisindeki tutarlılık, onun kendi özdeşim yasasının, 'ben kimim' tanımlamasının temelini oluşturuyor.

> ***Kişinin kendisiyle ilgili vardığı sonuçlar, kendisiyle ilişkisinde tutarlılık, onun kendi özdeşim yasasının, "ben kimim" tanımlamasının temelini oluşturur.***

"Bir kitabevinin önünde duruyordum. Sonradan öğretmen olduğunu anladığım kişi kitapçı olduğunu sandığım kişi ile konuşuyordu. Konu korsan kitaplar idi. Öğretmen, 'Bizim maaşımız az, onun için ucuz kitaba yöneliyoruz ve korsan kitaplar daha ucuz olduğu için korsan kitap alıyoruz,' diyordu. Kitapçı da, 'Bu sözleriniz beni üzüyor. Siz öğretmensiniz, sizin örnek davranışlar içinde olmanız gerekir. Eğer kitap almaya paranız yetmiyor ise, birkaç kişi bir araya gelin, okul kitaplığını zenginleştirin, yayınevlerine yazın, ama paramız yok gibi bir mazeretin arkasına saklanarak kişisel bütünlüğünüzden ödün vermeyin. Ülkede hırsızlığa açık seçik teşvik ediyorsunuz. Bunun sonucu oluşan hırsız toplum, sizi de yakar,' diyordu. Ne var ki, öğretmen arkadaşımın bu sözlerden bir anlam çıkardığını görmedim. Bu bana acı verdi."

"'Ortaya çıkan hırsız toplum hepimizi yakar,' sözü ne kadar doğru bir söz. Evet, kişinin özdeşim yasası onun özüne saygısı ile yakından ilişkili."

"Doğan Bey, bir insan kişisel bütünlüğünü artırmak için nelere dikkat etmeli?"

"Verilen sözlerin önemli olduğu bilincini yerleştirmeli. Kişinin, verilen sözleri tutmayla ilgili bilincini keskinleştirmesi ve uyanık tutması gerekir."

"Herhalde ancak tutabileceği sözleri vermeli."

"Evet, bu en önemli ilk adım: Ancak tutulabilecek sözlerin verilmesi gerekir. Fakat kişisel bütünlüğü mekanik bir olay olarak almamalı. Mekanik bir söz verdim, yaparım anlayışı ile Nasreddin Hoca alay eder. Hocaya yaşını sormuşlar, 'Kırk dört,' demiş. Çevresindeki biri, 'Hocam, beş sene önce yaşını sorduklarında da sen kırk dört dedin, bu nasıl iştir,' deyince, Hoca, 'Erkek adam sözünden dönmez,' demiş.

> *Söz vermenin önemlisi, önemsizi yoktur. Haklı nedenler olmadan tutulamayan her söz, sizin kendi gözünüzde kim olduğunuzu derinden yaralar.*

'Böylesine bir mekanik sözünü tutmadan söz etmiyoruz. Ancak tutulabilecek sözlerin verilmesinden söz ediyoruz. Bunu yapabilmesi için kişinin 'hayır' demeyi öğrenmesi gerekir. 'Hayır' demek cesaret ister; başkaları kırılır mı, alınır mı, beni sevmezler mi, hakkımda olumsuz düşünürler mi gibi sorular içinde yaşamını düzenleyen biri 'hayır' diyemez. Çünkü, henüz yaşamında neye 'evet!' dediğini keşfetmemiştir."

"Bu sözü anlamlı buluyorum: yaşamının 'evet'ini keşfetme. Yaşamımın 'evet'ini öğretmenlikte bulmuştum ve yavaş yavaş bu 'evet'i kaybetmeye başlamıştım. Şimdi bu 'evet'i yeniden keşfetme süreci içindeyim."

"Arif Bey, ben de sizi öyle görüyorum. Sözünü tutan insan, verdiği her sözü önemli görür. Söz vermenin önemlisi, önemsizi yoktur. Haklı nedenler olmadan tutulmayan her söz, sizin kendi gözünüzde kim olduğunuzu derinden yaralar."

"Halk dilinde 'insanın haysiyeti olmalı' sözü vardır. Bir insana hakaret etmek için 'haysiyetsiz!' derler. Bu kişisel bütünlükle ilgili bir durum, değil mi?"

"Evet. Haysiyet, kesinlikle kişisel bütünlükle ilgili bir söz. İnsanın değeri, saygınlığı, onuru, şerefi kişisel bütünlükle ilgili."

"Doğan Bey, siz iş yerlerine de seminerler veriyorsunuz. Kişisel bütünlük kavramı sanırım iş yerlerinde de önemli bir kavram."

> *"Hayır" demek cesaret ister; 'başkaları kırılır mı, alınır mı, beni sevmezler mi, hakkımda olumsuz düşünürler mi?' gibi sorular içinde yaşamını düzenleyen biri "hayır" diyemez.*

'İnsan ilişkilerinin olduğu her yerde kişisel bütünlük önemli. Kişisel bütünlük olmadan insanlar arasında güven oluşmaz. Güvenli ortamda yaratıcılık, destek, geleceği şevkle yaratma yer alırken, güvensiz ortamda herkes kendi menfaatlerini koruma derdine düşer.

"Aynı hizmeti veren veya malı üreten iki şirketi karşılaştırdığınızda, uzun vadede, güvenli ortamı gerçekleştirmiş şirketler ayakta kalacaklardır. Kişisel bütünlük şirketteki liderler ve yöneticiler için vazgeçilmez bir özelliktir. Liderlerin ve yöneticilerin mutlaka kişisel bütünlük içinde olması gerekir.

"Sizinle olan konuşmalarımızı özellikle sınıf öğretmenlerine dönük tutmak istiyorum. Aslında bu kavramlar iş yaşamındaki insanlara da aynen uygulanabilen kavramlardır. Bu kavramlar bir politik partinin başındaki liderler için de geçerlidir. Herkesi ilgilendiren farkındalıklardan söz ediyoruz."

"Nasıl bu kadar kişisel bütünlük fakiri bir toplum olmuşuz?"

"Kişisel bütünlük fakiri bir toplum olmuşuz sözü, daha önce kişisel bütünlük var idi de, daha sonra kaybettik anlamını veriyor."

"Evet, onu demek istedim."

"Daha önce kişisel bütünlüğe önem veren bir toplum olduğumuzu sanmıyorum. Çetin Altan'ın *Tarihin Saklanan Yüzü: İdam Edilen 44 Vezir-i Azamın Dramı, Öldürülmüş Şehzâdeler ve Devrilmiş Padişahlar* adlı kitabını okudunuz mu?"

"Hayır, okumadım."

"Okumanızı öneririm. Bugünlerde ben okuyorum; işaretlediğim bir yeri sizinle paylaşmak istiyorum. Sayfa 58'de şöyle yazıyor:

'Bana sorarsanız Osmanlı İmparatorluğu imrenilmesi gereken bir model değil ibret alınması gereken bir modeldir. Nedense bizim cumhuriyet, böylesi bir gerçekçiliğe her zaman yan çizmiştir.

Kanuni'nin torun çocuğu olan III. Mehmet'in saltanatı sekiz yıl sürdü. 1595'den 1603'e kadar.

Yerine oğlu I. Ahmet geçti.

I. Ahmet sadece iki vezir-i azam boğdurmuştur; Derviş Paşa'yla, Nasuh Paşa'yı...

Derviş Paşa, 1453'den sonra sık sık idam edilmeye başlanmış olan vezir-i azamların on üçüncüsü...

Kendisi Bosnalıydı.

Önce bostancıbaşı, yani bir bakıma sarayın baş celladı oldu.

Yavaş yavaş I. Ahmet'in gözüne girdi. Hem vezirliğe, hem de kaptan paşalığa atandı.

O tarihlerde vezir-i azam Lala Mehmet Paşa'ydı.

Sinan Paşa'nın daha III. Murat döneminde durup dururken başlattığı Avusturya savaşı, sürüp gidiyordu.

I. Ahmet, Derviş Paşa'nın etkisiyle bir de İran seferi başlatmaya kalktı.

Lala Mehmet Paşa buna karşı çıktı:

"Sultanım," dedi "on üç yıldır hâlâ Avusturya savaşını bitiremedik. Bir de İran'a sefer başlatmayalım."

I. Ahmet:

"Hayır," dedi "seferi başlatacaksın. Yoksa bak canından olursun paşa."

Vezir-i azam Lala Paşa öylesine kahroldu ki, felç indi kendisine. Birkaç gün sonra da öldü.

Sultan Ahmet, Derviş Paşa'yı vezir-i azam yaptı, Lala Mehmet Paşa'nın yerine. Tarih, Mayıs 1606.

Ölen Lala Mehmet Paşa'nın malına mülküne el koydular. Parasını orduya dağıttılar. Padişah, mallarının yetim kalan çocuklarına bırakılmasına izin verdi.

Ancak yeni vezir-i azam Derviş Paşa, bu mallara da el koyarak ölen vezir-i azam Lala Mehmet Paşa'nın çoluğunu çocuğunu çırılçıplak bıraktı.

Hazinenin sıkışıklığı git gide artıyordu.

Vezir-i azam Derviş Paşa, karşılığını sonradan ödemek vaadiyle, zengin Yahudilerden gümüş ve mücevher toplamaya başladı.

İş o hale geldi ki, Yahudisi Müslümanı, herkes Derviş Paşa'dan illallah demeye başladı...

Ve yavaş yavaş aleyhindeki söylentiler iyice yoğunlaştı.

Bu söylentilere göre Derviş Paşa, oturduğu Demirkapı'dan saraya doğru tünel kazdırıyordu. Bir gece adamlarıyla yeraltı tünelinden geçerek sarayı basacak ve padişah I. Ahmet'i devirecekti. Bu konuda yeniçerileriyle de anlaşmıştı.

Derviş Paşa'nın düşmanları bu söylentileri padişaha yansıtarak, I. Ahmet'i öylesine kışkırttılar ki, Sultan Ahmet, söylentilerin doğru olup olmadığını araştırmaya bile gerek duymadan, Derviş Paşa'nın öldürülmesini emretti.

Ve kendisini saraya davet etti.

Derviş Paşa sarayda şehzadeler muallimhanesine girdiği sırada acemi oğlanlarının üstüne saldırısıyla orada öldürüldü. Aralık 1606.

Vezir-i azamlığı topu topu yedi ay sürebildi.

Galiba kendinden önceki vezir-i azam Lala Mehmet Paşa'yla, çırılçıplak bıraktığı yetimlerinin ahına uğramıştı...'

"Okuduğum bölümlerde nasıl insanların mallarının ve canlarının keyfi olarak dedikodulara, söylentilere, anlık kızgınlıklara dayanarak hemen yok edildiğini görüyorsunuz. Kitapta bunun gibi o kadar çok örnek var ki, bu tür keyfi tutumların sadece birkaç sultana, birkaç üst yöneticiye ait olduğunu düşünmek mümkün değil. Bizim toplumun kültürünün temelinde kişisel bütünlüğün sadece sözde kaldığını düşünmek bana acı bir gerçekmiş gibi geliyor. Kişisel bütünlüğün gerçekten eylem içinde yaşama geçtiğini ender olarak görüyoruz. O nedenle, şimdiki durumu hiç de hayret edilecek bir durum olarak görmüyorum. Hatta, genç kuşağın eski nesile göre kişisel bütünlüğe daha değer veren bir kuşak olduğunu sanıyorum."

"Hocam, geçmişin bu kadar değerlerden yoksun oluşu bana acı geliyor."

"Bana da acı geliyor, ama gerçeği görmemeyi daha acı ve tehlikeli görüyorum. Ticaret hayatında 'açıkgöz', 'akıllı' en iyi alavereyi, dalavereyi bilen ve uygulayan insana denirdi ve bu tür sıfatlarla çağrılmak övünç kaynağı idi. 'Ticaretle uğraşan kişiler çoğunlukla dürüst ve sözüne güvenilir insanlardır' cümlesini kaç kişi, sizce, bizim toplumun gerçeğini ifade eden bir cümle olarak kabul eder? Bence çok azı. Ama, bu kanaat, yavaş yavaş yeni nesil iş adamlarının tutarlı ve bilinçli davranışlarıyla değişiyor."

"Yeni nesil iş adamlarının hepsi de bu dürüst, bilinçli ve tutarlı gruba giriyor mu?"

"Böyle bir şey söylemem olanaksız. Seminerler dolayısıyla tanıdıklarımın büyük bir çoğunluğu kişisel bütünlüğe kendi yaşamlarında, ailelerinde, işlerinde değer veren insanlar. Değerlerin öneminin farkında olanlar artıyor. Bu gelişmeyi çağdaş toplum için sağlıklı buluyorum."

"Öğretmenliği bırakıp, ben de iş hayatına mı atılayım, Doğan Bey?"

Bu sözler üzerine gülüştük.

"Arif Bey, gönlünüzden iş hayatına atılmak ve orada kendinize bir yaşam oluşturmak geçiyorsa, bunu saygıyla karşılarım. Ülkemizde iş yaşamı entelektüeller tarafından uzun süre horlanmış bir alandır. Savaşçı tutumu içinde olan bir iş adamının, memlekete önemli hizmetler yapabileceğine inananlardanım. Ve bu tür iş adamları toplumda etkilerini küçümsenemeyecek derecelerde göstermeye başladılar.

"Ama, öğretmenliğin büyük bir katkı potansiyeli olduğunu ve çocuklarımızın sağlıklı gelişebilmesi için bilinçli, kendini adamış, kısacası 'savaşçı öğretmenler'in ne kadar gerekli olduğunu beraberce konuştuk, siz de biliyorsunuz."

İkimiz de gülerek söylemek istediklerimizin aynı olduğunu bilen gözlerle birbirimize baktık. Arif Bey, bir süre sonra:

"Doğan Bey, bilirsiniz, 'balık baştan kokar' diye bir söz vardır," dedi ve daha sonra devam etti: "Yakın bir arkadaşımın çalıştığı şirkette genel müdür, şirketin sahibine, daha kârlı bir mali yıl portresi çizmek için kendisine verilen verileri, gerçekleri çarpıtarak bir rapor hazırlamış. Genel müdür patronun gözüne girmiş. Bir süre sonra gerçeğin verilen rapordakine uymadığı ortaya çıkmaya başlamış. Ve genel müdür, kabahati beraber çalıştığı insanlara atmaya başlamış. Sekiz ay içinde onun yanında çalışan en kıymetli altı elemandan beşi ayrılarak, rakip şirketlerde çalışmaya başlamış. Genel müdürün kişisel bütünlükten yoksun oluşu, şirkete, çalışanlara, genel müdürün kendisine, patrona çok pahalıya mal olmuş."

"Anlayana."

"Efendim?"

"Anlayana. Yani, genel müdürün kişisel bütünlükten yoksun oluşundan kaynaklanan zararı algılayabilmek oldukça bilinç isteyen bir olay. Osmanlı sultanlarının çoğu bu bilinçten mahrum olduğu için koca imparatorluk çöktü, tüm dünyaya 'hasta adam' olarak gösterilen bir kukla haline dönüştü."

> *Eğer akvaryumdaki su hasta ise, içindeki balıklar, eninde sonunda hasta olurlar.*

"Sizce, insanlar kişisel bütünlükten kaynaklanan zararları algılayabilecek bilince sahip mi?"

"Büyük çoğunluk bu bilince sahip değil. Şunu iyi hatırlamalıyız: Eğer akvaryumdaki su hasta ise, içindeki balıklar, eninde sonunda hasta olurlar."

"Evet, hatırlıyorum. Değerler konusunu tartışırken bu örneği veriyordunuz."

"Mina Urgan, *Bir Dinozorun Anıları* kitabında, alkolle kendi ilişkisi konusuna değinirken, neden alkole karşı dikkatli olması gerektiğini, 'İşte ben böyle eğitildim,' diyerek anlatır.

> 'Gençlik günlerimin en pırıl pırıl, en üstün zekâlı, en yaratıcı kişilerinin, en iyi yazarlarının, şairlerin, sanatçıların, sarhoş olunca ne hallere düştüklerini gördüm. Gerçi o hale gelenler çok sevdiğim, çok beğendiğim insanlar oldukları için, Sparta'lı çocuklar gibi acımasız gözlerle değil, yüreğim parçalanarak baktım onlara. Ama içime korku düştü. 'Sakın ben böyle olmayayım' dedim kendi kendime...'

"Doğan Bey bu size neyi ifade ediyor? Yani, Mina Urgan'dan okuduğunuz bu kısım, konuştuğumuz konuyla nasıl bir ilişki içinde."

"Mina Urgan'ın 'günlerimin en pırıl pırıl, en üstün zekâlı, en yaratıcı kişileri, en iyi yazarları, şairleri, sanatçıları,' dediğini unutma. Bunlar ülkenin gözbebeği olan insanlar. Ve sarhoş olunca hepsi acınacak duruma düşüyor."

"Yani?"

"Yani, kişisel bütünlük içinde yaşayan insanın sarhoşlukla ilişkisi rezilce olmaz. Biraz içer, mutludur, hoştur, esprilidir. Ama, kendini oradakilere rezil edecek durumlara düşmez."

"Sarhoş olmanın savaşçı olma ile, daha doğrusu kişisel bütünlük ile ilişkisi var mı?"

"Hem de nasıl!"

"Nasıl?"

"İçerken ortama getirdiği bilinç ne? Bu bilinçten aldığı sorumluluk ne? Ne kadar içince ne gibi sonuçlar yaratıyor, yarattığı bu sonuçlardan sorumluluk alıyor mu? Rezilcesine sarhoş olan insanın bu tür bilinçle ve sorumlulukla bağdaşacak bir yönü yoktur. Bu tür sorular sorarsanız, bir küfür de siz yersiniz."

"Ve bu insanlar, bizim kültürümüzün belirli bir çağının gözbebeği durumunda olan insanlar."

"Öyle anlaşılıyor!"

"Demek oluyor ki, bu toplumun çoğunluğu için kişisel bütünlük kavramı aşina olunan, bilinen, uygulanan, hayatın bir parçası haline gelmiş bir kavram değil. Yeni bir şey öğrenircesine dikkat etmemiz gereken, bilincimize iyice yerleştirmemiz gereken bir farkındalık."

"Evet. Bunun için savaşçı kavramına önem veriyorum. Ve şöyle bir genellemeyi içim rahat olarak yapabilirim: Bu ülkede yaşayan herkesin yaşamında kişisel bütünlük bir değer olarak yer almadıkça, toplum uygar bir toplum haline gelemez."

"Peki toplumun uygar bir toplum haline geldiğini nasıl ölçeceksiniz?"

"Çok basit!"

"Nasıl?"

"Ülkede rüşvet kalkar. Tanıdık, bildik yoluyla işe alınma ve terfi etme kalkar. Trafik, kuralların ve yasaların biçimlediği gibi gerçekleşir. Ve bütün bunlardan daha da basiti, sıraya girilmesi gereken yerlerde insanlar, başkası sopayla zorlamadan, korkutmadan, kendi istekleriyle sıraya girerler ve sıraya girmeyenlere de halkın kendisi öyle bir müdahale eder ki, sıraya girmemeyi aklından geçirenler, bunu yapmaya cesaret edemezler.

"Kısacası, 'mış gibi yaşam' kalkar, insan gibi yaşamaya başlarız. 'Mış gibi' kaldırımlar yerine hakikaten kaldırımlarımız olur; 'mış gibi' anababalarımız yerine gerçekten ana ve babalığı bilinçli olarak yapmak isteyenler çocuk sahibi olur, 'mış gibi' politikacıların devri geçer, gerçekten hizmete kendini adamış, sözüne önem veren liderleri seçeriz. Kişisel bütünlük olunca bütün bunlar doğal olarak bir toplumun yaşamında gerçekleşir."

"Kişisel bütünlük bizim derdimizin devası mı oluyor? Yani kişisel bütünlüğü yaşamımıza katarsak, toplumun çağdaşlaşmasının önündeki engeller kalkmış olur mu diyorsunuz? Doğru anlıyor muyum?"

"Biliyorsunuz bir kitabımda değerler konusundan uzun uzun söz ediyorum. Kişisel bütünlük gerekli bir koşul, ama yeterli bir koşul değil. Kişisel bütünlüğün bir anlam ifade edebilmesi için evrensel değerlerin toplumun kültüründe yaşaması gerekir. Geleceği yaratmak, değerleri yaşamak ve yaşatmakla mümkündür."

Uzun boylu, sarışın, az saçlı bir adam, renkli giyinmiş, kahverengi saçlı, kırk yaşlarında bir kadın, beş altı yaşlarında küçük bir kız çocuğu birlikte yürüyorlar. Kızın saçları örgü yapılmış, cıvıl cıvıl, zıp zıp yerinde duramıyor, hemen duvarın üstüne çıktı, büyükler bir şey demediler. Adam sürekli videoya çekiyor. Yanlarında tıknazca, altmış yaşlarında beyaz saçlı bir adam var. O da onlarla ve küçük kızla konuşuyor. Anne kızın arası özellikle iyi, sürekli iki iyi arkadaş gibi birbirleriyle konuşuyorlar. Bir süre sonra aralarında Almanca konuştuklarını duyduk.

Yoldan sarışın, yeşil gözlü, uzunca boylu, endamlı, türbanlı, uzun mantolu genç bir bayan yürüyerek geldi. Modaya göre giyindiği belli. Dini çerçeve içinde kalmaya özen gösterilerek yaratılan modanın güzel örneklerinden biriydi giydiği kostüm.

Buluşmanın sonuna gelmiştik. Garsona bir çay daha söyledik

ve orada sessizce oturarak insan manzaralarını ve Haliç'i bir süre seyrettik. Bir hafta sonra yine Cumartesi günü saat ikide, bu defa Ortaköy'de buluşmaya karar verdik. Sıra Arif Bey'de olduğu için hesabı o ödedi. Arif Bey de Kabataş'a gelmek istediği için, beraberce bir taksiye bindik.

Kişisel bütünlüğün bir anlam ifade edebilmesi için evrensel değerlerin toplumun kültüründe yaşaması gerekir. Geleceği yaratmak, değerleri yaşamak ve yaşatmakla mümkündür.

Taksi, Eyüp meydanından geçtikten sonra lağımı patlamış bir yoldan geçti. Pis sular akıyor ve berbat bir koku bürümüş etrafı. Yol dar olduğundan arabalar sırayla birbirlerine yol veriyorlar. Biraz ileride bir kamyondan yolun karşısındaki manava kavun taşıyorlar. Kamyondan genç bir delikanlı arabalardan fırsat buldukça, manavın önündeki adama kavunu atıyor, diğeri de havada yakalıyor. Her ikisi de riskli bir iş yaptıklarının farkında, yüzlerinde bir gülümseme var; bu işin riskini düşürmeye özen gösterdikleri belli oluyor.

İnsanın her ortamda mutlu olabileceğinin en güzel kanıtı, diye düşündüm.

5
Güç

Ortaköy'deki bir banka şubesinin önünde arabadan indim, kıyıya doğru yürümeye başlayacaktım ki, Arif Bey'i karşımda buldum. El sıkıştık ve beraberce Mecidiye Köprüsü Sokağı'na girdik. Burada kafeler ve sokak boyunca dizilmiş dürüm yapan, küpe, yüzük, bilezik ve kolye gibi takılar satan tezgâhlar dizilmiş. Sokakta yürüyenlerin çoğu genç, kadın erkek dağılımı eşit gibi görünüyor. Ara sokaklar gümüş işleri, ahşap işleri, dürüm, gözleme satan tezgâhlar dizisiyle kaplanmış. Bu hengâmenin arasına kahvehaneler sıkışmış, sokağa konmuş birkaç sandalye ve masa ile varlıklarını gösteriyorlar.

Ortaköy Camisi'ne doğru yürüdükçe tezgâhlar azaldı, kalabalık seyrekleşti. Arif Bey'e, küpe, yüzük, bilezik ve kolye satan tezgâhlara 'incik boncuk tezgâhları' dediğimi söyledim. "Kendimi gözlüyorum, bu tezgâhlarda sergilenen süs eşyalarına zerre kadar, ama şöyle ufak bir kırıntı da olsa ilgim olmadığını görüyorum," dedim. O da pek ilgilenmediğini söyledi. "Bizde bir bozukluk mu var?" diye gülerek sordum. "Hocam, gördüğüm kadarıyla daha ziyade genç bayanlar ilgi gösteriyorlar," dedi. Gerçekten de öyleydi; bu tür tezgâhların önünde duranların büyük bir çoğunluğu bayandı; eğer yanlarında erkekler var ise, erkekler bayanların hatırı için orada duruyor ve tezgâhlara ilgisizce bakıyorlardı. Yürümeye devam ettik.

Bir genç kız sağda ufak bir masa ve sandalyeden oluşan bir tezgâhta sol kolunun omuza yakın kısmına bir dövme yaptırıyordu. Yürüyoruz, caminin önünden geçiyoruz, caminin kapıları açık, avlunun içine ve dışına banklar konmuş; herhalde yaşlıların oturup deniz manzarasını seyretmeleri için.

Biraz ileride bir çeşme var, Arap harfleriyle yazılı tabela parlatılmış, temizlenmiş. Tabii ben ve Arif bu tabelanın ne dediğini anlayamadık. Çeşmenin musluklarından bazıları plastik torbalar kıvrılarak tıkanmış, diğerinden su akıyor.

Meydanın büyük bir kısmını çay bahçeleri ve lokantalar kaplamış. Deniz solumuzda, çay bahçeleri sağımızda kalarak yürümeye devam ettik. Büyük akasya ağaçlarının altına çepeçevre oturacak yerler yapılmış. Ağacın gövdesi ile tahta oturaklar arasında kalan toprak bölge gazete parçaları, plastik bardaklar, alüminyum kutularla doldurulmuş.

Çay bahçelerinden birinde boş gördüğümüz masaya yöneldik, hemen bir garson bize yol gösterdi ve küçük bir masa etrafına konmuş iki sandalyelik yerimize oturduk. İkimiz de çay istedik.

Biraz havadan sudan konuştuktan sonra, konuya girmek istediğimi belirttim, Arif Bey hemen oturuşunu değiştirerek dinlemek üzere hazırlandı. Konuşmaya başladım ve Arif Bey'e, "'Güçlü bir insanım, benim gücüm var,' diyen insanla, 'güçsüz bir insanım, benim gücüm yok,' diyen insan arasındaki fark ne, sizce?" diye sordum.

"Biri kendini güçlü görüyor, diğeri ise güçsüz."

Güldüm. Bu gerçekten sade ve doğrudan bir yanıttı. Sorumu sormaya devam ettim:

"Kendini güçlü gören insanla, kendini güçsüz gören insan arasındaki fark ne? Soruyu böyle sormamı isterdiniz herhalde?"

"Kendini güçlü gören insan, yapmak istediği şeyi yapabilecek gücü olduğunu düşünür. Kendini güçsüz gören ise, yapmayı düşündüğü şeyi yapacak gücü olmadığını düşünür."

Arif Bey biraz düşündükten sonra şu soruyu sordu:

"Doğan Bey, sanırım bugün 'güç' konusunda konuşacağız. Biz şimdi genel olarak güçlü veya güçsüz olmaktan bahsediyoruz. Aslında kişinin kendini güçlü ya da güçsüz hissetmesi konudan konuya, durumdan duruma değişmez mi?"

"Güzel gözlem. Şimdi şunu sorayım. Sizinle ilk konuşmaya başladığımız zamanı hatırlayın. Bir öğretmen olarak o zaman mı kendinizi güçlü hissediyordunuz, şimdi mi?"

"Bir öğretmen olarak soruyorsunuz?"

"Evet, o zaman bir öğretmen olarak kendinizi ne kadar güçlü hissediyordunuz?"

"Pek güçlü hissetmiyordum."

"Peki şimdi nasıl hissediyorsunuz?"

"Daha güçlü hissediyorum."

"Neden?"

"O zaman kendimi güçlü hissetmiyordum, çünkü öğretmenlik mesleğini seçmekle, 'acaba yanlış bir seçim mi yaptım?' diye düşünmeye başlamıştım."

"Buna, 'düşündürtülmeye başlamıştım,' desek daha doğru olmaz mı?"

"Evet, daha doğru olur. Kendimi böyle bir mesleği seçtiğim için enayi gibi hissetmeye başlamıştım."

"Çünkü çevrenizdeki meslektaşlarınızın bazıları, sizden daha deneyimli ve bilgili öğretmenlerin bir kısmı, sizin gibi düşünmüyorlardı ve size 'yanlış' düşündüğünüzü söylüyorlardı."

"Evet, akılsız biriyim diye düşünmeye başlamıştım."

"Peki şimdi niye güçlü hissediyorsunuz?"

"Ben kimim, benim hayatımın anlamı ne, ben hayatımda neyi gerçekleştirmek istiyorum gibi sorular çerçevesinde, öğretmenliği ve öğrencilerimi değerlendirmeye başladım. Sizinle yaptığımız tartışmalar bu değerlendirmelerimin çerçevesini oluşturdu. Ve gördüm ki, ben kendim için doğru bir meslek seçmişim. Ben ancak böyle mutlu olurum. Şimdi, başkalarının dediğine göre değil, kendi düşüncelerime göre mesleğimi değerlendiriyorum."

Çaylarımız geldi. Garson küçük bir hesap pusulasını, masanın üzerindeki sigara tablasının altına koyarak, hemen bir başka masaya geçti. Çayımdan bir yudum aldım. Ben konuşurken, Arif Bey de çayını yudumlamaya başlamıştı.

"Peki Arif Bey, bir sorum daha var. Şimdiye kadar 'bir öğretmen olarak' kendinizi güçlü hissedip hissetmediğinizi konuştuk. Şimdi aynı soruları bir insan olarak, daha genel anlamda soracağım. Sizinle ilk konuşmaya başladığımız zamanı hatırlayın, kendinizi hayalinizde o günlere götürün. Bir insan olarak o zaman mı kendinizi güçlü hissediyordunuz, şimdi mi?"

"Şimdi!"

"Yani, bu güçlü olma duygusu sadece öğretmen olmanızla ilgili değil, bir birey olarak da kendinizi şimdi daha güçlü hissediyorsunuz."

> *'Ben güçlü bir insanım, benim gücüm var,' diyen insan, yaşamının direksiyonunu elinde tutan insandır. 'Düşünürüm, isterim, yaparım' duygusu içinde yaşar.*

"Evet."

"Peki bunu nasıl açıklıyorsunuz?"

"Önce, hayatımla ilgili kararları benim dışımdaki güçlerin, diğer insanların vermesine izin vermeye başlamıştım. 'Bunlar tecrübeli öğretmenler, ne dediklerini biliyorlar, ben deneyimsiz, saf biriyim, onlardan daha iyi bilecek değilim ya,' diye düşünmeye başlamıştım. Sizinle yaptığım tartışmaların sonucunda yavaş yavaş aslında kararlarımı benim verdiğimi ve doğru kararlar verdiğimi görmeye başladım. Kendime güvenim geldi ve o nedenle kendimi şimdi daha güçlü hissediyorum."

"Şimdi size sorduğum ilk soruya geri dönüyorum: 'güçlü bir insanım, benim gücüm var,' diyen insanla, 'güçsüz bir insanım, benim gücüm yok,' diyen insan arasındaki fark ne?"

Arif Bey gülümsedi. "Aynı soru ama, şimdi daha farklı algılıyorum," dedi ve şöyle yanıtladı:

"Sanırım, kişinin yaşamını kendisinin yönetip yönetemediği temel ölçüt olmalı. 'Ben güçlü bir insanım, benim gücüm var,' diyen insan, yaşamının direksiyonunu elinde tutan insandır. 'Düşünürüm, isterim, yaparım,' duygusu içinde yaşar. 'Ben güçsüz bir insanım, benim gücüm yok,' diyen ise, yaşamının direksiyonunu başkalarına vermiştir. 'Onlar izin verirse düşünürüm, onlar izin verirse isterim ve ancak onlar isterse yaparım,' duygusu içindedir."

"Biraz önce, 'Kişinin kendini güçlü ya da güçsüz hissetmesi konudan konuya, durumdan duruma göre değişmez mi?' diye sormuştunuz."

"Evet, hatırlıyorum."

"Şimdi bu sorunuza cevap bulabildiniz mi?"

Hayatlarını tribünlerden seyreden insanların kendilerini güçlü hissetmeleri çok zordur.

"Evet, buldum. Yani, sorumun hâlâ geçerli bir soru olduğuna inanıyorum. Kişinin kendisini güçlü ya da güçsüz hissetmesi konudan konuya, durumdan duruma değişebilir. Ama, hangi konu veya durumda olursa olsun, kişi kendisini, yaşamının direksiyonunda hissettiği zaman güçlü görecektir."

"Bir örnek verebilir misiniz?"

"Örneğin annem, kendini mutfağında rahat hisseder, güçlüdür, istediği yemeği pişireceğinden emindir. Ama, babamın işiyle ilgili konularda konuşulduğu zaman pek söze karışmaz, fikir beyan etmez. Yine annem, babaannemlere gittiğimiz zaman, babaannemlerin mutfağında kendini pek güçlü hissetmez; çünkü babaannem ona sürekli neyi nasıl yapması gerektiğini söyler."

"Evet. Bu örnekler açık seçik; konuştuklarımızı açıklıyor. Peki genel olarak kendine güvenen, kendini güçlü hisseden insanlar yok mu? Örneğin, senin annen babanın işiyle ilgili konularda fikir beyan etmez, karışmaz. Belki o konularda bilgisi ve tecrübesi olmadığı için ve belki de ilgisi olmadığı için uzakta duruyor olabilir. Ama, ben iki kadın türü düşünebiliyorum: Bunlardan biri, 'eğer yapmak zorunda kalırsam, iş başa düşerse yapabilirim!' diyen bir tip; diğeri ise, 'elimden iş gelmez, ben yapamam, Allah beni o duruma düşürmesin,' diyen bir tip. Yani, genel olarak, kendini güçlü hisseden veya güçsüz hisseden insanlar düşünebilir miyiz?"

"Tabii, düşünebiliriz. Ama, bu konuya ve duruma göre insanın güçlülük duygusu değişir gözleminin yanlış olduğunu göstermez."

"Hayır, göstermez. Evet, ben de sizin gibi düşünüyorum. Bazı insanlar hayatlarını tribünlerde oturarak seyrederler: babam şu mesleği seçmemi istedi, annem şu kızla evlenmemi nasihat etti, komşum şu arabanın bana uyacağını söyledi, şu partiye oy atmamız tavsiye edildi, diyerek hayatlarını seyrederler. Hayatları onlar için kararlaştırılır, onlar da kendilerine düşen rolleri, kendilerine söylendiği gibi oynarlar. İşte buna 'ikinci elden yaşamak' diyorum."

"Daha önce bahsettiğiniz 'mış gibi yaşamak' bu, değil mi?"

"Evet bu. Hayatlarını tribünlerden seyreden bu insanların kendilerini güçlü hissetmeleri çok zordur."

"Çünkü direksiyonda başkası var."

"Evet, direksiyonda başkası var. Tribünlerde seyirci olmaktan çıkar, sahaya oyuncu olarak inersek, kendi hayatımızda ne olup bittiğine biz karar vermeye başlarsak..."

Sözümü Arif Bey tamamladı:

"Yani direksiyona biz geçersek..."

"Evet, direksiyona biz geçersek o zaman o bizim yaşamımız olur ve kendimizi güçlü hissederiz. Tabii, birçok insan kendisini direksiyonda sanıyor, ama bakıyorsun, bir başkası direksiyona oturmuş ve onları yönetiyor."

Balığın okyanusta yaşadığı gibi biz insanlar da kültür okyanusu içinde yaşarız. Bu kültür okyanusunda birçok inançlar, varsayımlar, felsefi mesajlar bize zaman içinde, biz farkına varmadan verilir, öğretilir.

"Bunu pek anlayamadım."

"Reklamlar, propagandalar, beyin yıkamalar, etki altında bırakma taktikleri bu amaçla kullanılır."

"Hipnoz da bu gruba girmez mi?"

"Evet, güzel bir örnek. Ben unutmuştum. Hatırlıyorsunuz, daha önce trans ve hipnoz konusunda konuşmuştuk."

"Kültürün yarattığı bir hipnozdan da söz etmiştik."

"Evet, bu konuyu hatırlatmanız iyi oldu; kültür konusunda biraz daha konuşmamızda fayda var. Balığın okyanusta yaşadığı gibi biz insanlar da kültür okyanusu içinde yaşarız. Bu kültür okyanusunda birçok inançlar, varsayımlar, felsefi mesajlar bize zaman içinde, biz farkına varmadan verilir, öğretilir. Bunun öğreten de farkında değildir, öğrenen de. Ne öğreten, ne de öğrenen farkında olduğu için kültürden gelen değerlerin, varsayımların, inançların, felsefi mesajların farkına varmak çok zordur. Bir tür, 'kültürel bilinçaltı' türünden bilgilerdir bunlar.

"Bizdeki namus meselesi, karı-koca ilişkilerinin nasıl olacağı, neyin iyi neyin kötü olduğu, çocuk-anababa ilişkisi ve bunun gibi daha birçok konu kültür tarafından öğretilmiş ve farkında olmadan uyguladığımız bilgilerdir. Savaşçı, geliştirmiş olduğu gözlemleyen bilinci ile, ne tür bilgi, inanç ve değerlerin kültürden aktarıldığını gözlemleyebilen insandır.

"Tabii iş bununla bitmiyor. Savaşçı inançların, değerlerin, bilgilerin kaynağını gözlemledikten sonra, bir de, kendisi bunları kabul edecek mi, yoksa kendine yeni inançlar, değerler, bilgiler mi geliştirecek sorunuyla karşılaşır.

"Ait olma ve birey olma dansının bilinci içinde savaşçı kendi yaşamının dokusunu oluşturmaya başlar. Sıradan, kalıplanmış, 'mış gibi bir yaşam'ı olan insanın kendine özgü, kendi geliştirdiği, 'bu benim' diyebileceği inançları, değerleri ve bilgisi olmadığı için, başkalarının sunduğu inançları, değerleri ve bilgileri hemen kabul eder.

"Çünkü var olabilmesi için bunlara ihtiyacı vardır. Yani, bu insanın yaşamını yönetenler, diğer insanlar ya da daha genel bir ifadeyle, toplum ve toplumun inançları, değerleridir. Birey kendi yaşamına, kendi içinden gelen bir şey katmamaktadır. On altısında öldü, altmışında gömüldü dediğimiz kişilerdir, bunlar. Tamamiyle ait olma içinde geçen bir hayat. Bu insanlar için diğer insanların ne dediği, ne gördüğü onların gerçeklerini tayin eder, kendi hayatlarının anlamlarını başkalarının vermelerini beklerler.

> *Savaşçı, "ben varım"ı bilinçli olarak söyleyebilen kişidir. Gücü bundan gelir.*

"Savaşçı gözlemleyen bilincini geliştirmiş olduğu için diğer insanların gördüğü, inandığı gerçekliği gördüğü gibi, onun ötesinde olan, kendi gözleriyle görebildiği gerçeği de algılar. Kendisi, kültürün verdiğinin ötesinde vardır. Savaşçı, 'ben varım'ı bilinçli olarak söyleyebilen kişidir. Gücü bundan gelir."

"Sıradan, kalıplanmış insanın güçlü olma ihtiyacı yok mu?"

"Var. Kalıplanmış insan, herkesin takdirini kazanma çabasındadır ve 'aferin!' dendiği sürece kendini güçlü hisseder. Ama, herkes aferin derken bile, içinde bir yerlerde korku vardır, 'Ya biraz sonra aferin demeyi keserlerse,' diye. O nedenle yaptığı işlerde hep sonuca önem verir. 'Bak ben pekiyi aldım', 'bak ben oyunda üç gol attım', 'bak ben çocuğuma dükkân açtım' demeye önem verir.

"Sürece önem vermez, çünkü süreç ancak kendisinin gözlediği, bildiği bir oluşumdur.

"O nedenle şöyle düşünemez ve söyleyemez: 'Dersten pekiyi aldım, ama, en önemli tarafı zevk alarak yeni bilgiler öğrenmemdi, bu ders bana yeni ufuklar açtı', 'oyunda hiç gol atamadım, ama arkadaşlarla beraber geçirdiğimiz iki saat çok zevkliydi', 'çocuğuma dükkân açtım ve üç ay sonra çocuk iflas etti. Ama, bu üç ay içinde hayatında başka hiçbir yerde alamayacağı dersleri aldı, olgunlaştı, ticareti ve insan ilişkilerinin önemini öğrendi."

Bir insan niyetinin bilincinde, neyi niçin istediğinin anlamını kavramış olarak, istediği şeyi, istediği için yapabilecek gücü görebiliyorsa, bu insan kendini güçlü hissedecektir.

"Yani, bu öğretmenlik hakkında verdiğim karardan dolayı kendimi enayi hissetmeme benzeyen bir örnek. Onların gözüyle öğretmenliğe bakmaya başladığım için sıradan bir insan olmaya başlamıştım. Öğretmenliğe, öğretmenliğin getirdiği sonuçlar gözüyle bakmaya başladım; yani başkalarının gözünde anlamlı olacak sonuçlar demek istiyorum. Maaşı ne kadar, başkaları saygı duyacak mı, annem babam memnun kalacak mı, gibi. Ama, öğretmenliğin bana getirdiği süreçleri geri ittim: çocukların gözlerinde gördüğüm ışıltı, bir şeyi anladıklarında yüzlerindeki ifade, ilgilerini çektiği için bir konu üzerinde yoğunlaşmaları, çaba göstermeleri, bunların hepsini anlamsız görmeye başladım.

"Halbuki, yaşamımda esas anlamlı olanın bunlar olduğunu şimdi biliyorum."

"Evet, güzel bir örnek verdiniz."

"Yani Hocam, şunu söyleyebilir miyiz? Bir insan niyetinin bilincinde, neyi niçin istediğinin anlamını kavramış olarak, istediği şeyi, istediği için yapabilecek gücü görebiliyorsa, bu insan kendini güçlü hissedecektir."

"Evet, diyebiliriz. Ve de güzel söylediniz.

"Niyet var.

"Yapma isteği var.

"Ve yapma gücü var.

"Bu insan kendini güçlü hissedecektir. Yalnız bir şeye dikkatini çekmek isterim."

"Neye, Hocam?"

Korku Gücün Kaynağı Olunca

Çayımı yudumladım. Konuşmamız yeni bir aşamaya geçiyordu. Arif Bey, bunu hissetmişti.

İleride üzerinde tuğra olan bir çeşme daha gözüme ilişti. Bu çeşme de pislik, toz, pas içinde. Ve yeni Türk harfleriyle yazılmış herhangi açıklayıcı bir bilgi yok. Arap alfabesi içinde yazılmış rakamlar var. Aklıma gelen soru şu oldu: Arap alfabesini bilmeyenlerin bu çeşme hakkında bilgi edinmesini engellemek bilinçli bir davranış mı? Çeşmenin ortasında kuş yalağı yapılmış, kuşların gelip su içmesi için. Çeşmeyi yapanlar kuşları düşünmüşler, ama burayı restore edenler, gelip bu çeşmeye bakanların anlayıp anlamamasını düşünmemişler.

Konuştuğumuz konu 'güç' olduğu için, bu çeşmenin karşısına geçip, bu çeşmenin kim tarafından hangi yılda yapıldığını öğrenmek isteyen sıradan vatandaşın kendisini nasıl hissettiğini düşündüm.

İnsanımızın kendini önemli ve güçlü hissetmemesi acaba birilerinin planlayarak yaptıkları bir şey mi? Yoksa, bizzat insanımız, insan olmanın sorumluluğundan kaçtığı için kendisi mi bu durumu yaratıyor?

Düşündüklerimi Arif Bey'e söyledim. Ben konuşunca, önce sorusuna yanıt veriyorum sandı, daha sonra bir tür zihinsel ara verdiğimizi kavradı. "Sorumluluk kavramı üzerinde konuşacak mıyız?" diye sordu. "İstersen, önümüzdeki buluşmada sorumluluk üzerine konuşabiliriz," dedim. Kafasıyla onayladı.

Boğaz gezisinin yapılabildiği bir motor iskelesi gözüme ilişti. Günün bu saatinde Boğaz gezisi yapmak isteyen kimse yok galiba, iskele bomboş. Meydanda dolaşan insanların çoğunluğunu genç kız ve erkekler oluşturuyor, yer yer çocuklu aileler var, çoğu çocuğunun elini tutmuş, serbest olan çocuklar diğerlerinden daha neşeli bir şekilde orada burada koşuşturuyorlar.

Çayımdan bir yudum daha aldım. Konuyu irdelemeye devam ettim.

"Evet, bir şeye dikkatini çekmek isterim. Kalıplanmış insan kendini güçlü hissetmek istediği zaman, başkalarının gözünde nasıl güçlü olunacağını bilerek hareket eder."

"Örnek verebilir misiniz?"

"Başkaları bana güçlü desin diye, karısını evliliğinin ilk haftalarında döven 'kazak erkek' duydunuz mu?"

"Duydum! Benim yaşımda, eğitim görmüş tanıdığım erkekler var, böyle düşünen. 'Karıya yüz vermeyeceksin, yüzünü verdin mi astarını da ister,' dediklerini kaç defa duydum."

"Peki, öğretmenlik yaptığınız okulda öğretmenlerin çoğunluğu öğrencilerine nasıl davranır, asık suratla mı, yoksa güler yüzle mi?"

"Çoğu asık suratlıdır. Güler yüzlü davranırlarsa öğrencilerin şımarıklığından ve disiplinin ortadan kalkacağından çekinirler."

"Peki öğretmenlik yaptığınız okulda yöneticiler asık suratlı mı, yoksa güler yüzlü mü?"

"Çoğunlukla asık suratlı. Hatta şunu da söyleyebilirim: Çoğu kez en asık suratlı olan yönetici en yüksek mevkiye sahip olandır. Mevkisinin yüksekliği ile, suratının asık olma derecesi arasında doğrudan bir ilişki var gibi."

"Peki neden çoğu yöneticinin yüzü asık, bir fikriniz var mı?"

"Var. Asık suratlı olmazlarsa, yönettikleri öğretmenler üzerinde disiplin kuramayacaklarını düşünüyorlar, herhalde!"

"'Akıllı baba, çocuğunu uyurken öper,' sözünü duydunuz mu?"

"Evet, duydum. Bana öyle geliyor ki, bütün bu verdiğiniz örneklerin arkasında korku yatıyor."

"Doğru, bütün bu verdiğim örneklerin arkasında kişinin yarattığı gücün kaynağı korku; kişinin gücü, insanların kendisinden korkmalarından kaynaklanıyor."

"İlginç bir durum var ortada: Otorite durumunda olan kişi de korkuyor, onun yönettiği kişi de."

"Otorite durumundaki kişi, yönettiği kişinin gözünde güçsüz görünmekten korkuyor; bunu mu kastediyorsunuz?"

"Evet, onu kastediyorum. Öyle bir ortam var ki, herkes birbirinden korkuyor."

"Doğru. Dünyadaki birçok kültür korkuyu doğal bir güç kaynağı olarak görür. Bu kültürlerin üyeleri için korku yaşamın doğal bir parçasıdır. Hatta korkuya övgüler vardır."

"Kızını dövmeyen dizini döver, bunlardan biri mi?"

"Öğretmenin vurduğu yerde gül biter de bir başkası."

"Dayak cennetten çıkmadır."

"Korkuların en büyüğü de Allah korkusu. Kaliforniya'da iken öğlenleri, çalıştığım üniversitenin yakınındaki bakkal lokanta karışımı, Ürdünlü birisi tarafından işletilen bir yere gider, döner yer, beyaz peynir, siyah zeytin falan alırdım. Güler yüzlü bir adamdı sahibi. Duvarda asılı bir levha vardı, Arap harfleriyle bir şeylerin yazılı olduğu bir levha. Orada ne yazdığını sordum. 'O, Arapça'dır' dedi. Anlamının ne olduğunu sordum. Önce Arapça okudu, daha sonra İngilizce'ye çevirdi; *Bütün hikmetlerin kaynağı Allah korkusudur.*

"Bunun üzerinde bayağı düşündüğümü hatırlıyorum. İçinde büyüdüğüm çevrede sürekli duyduğum laflardan biri, 'insanda Allah korkusu olmalı; eğer bir insanda Allah korkusu yoksa, o insan her türlü kötülüğü yapabilir,' idi. Ve büyüdüğüm çevrede Allah sevgisinden pek bahsedildiğini duymadım. Allah sevgisinden kasıt sadece, Allah'ın peygamberi çok sevdiği, onun sevgisinden dolayı bütün cihanı yarattığı şeklindeydi.

"O ortamda korku kültürünün uzantısı karşımda abide gibi levhalaşarak dikilmişti. Allah sevgisi değil, Allah korkusu. Bilgeliğe götüren korku. Bu düşüncelerin etkisi altında ağabeylerimden birine mektup yazdığımı hatırlıyorum. Ona mektupta sormuştum, 'Neden korku, neden Allah sevgisi değil?' diye. İlköğretim öğretmenliğinden emekli olan ve o sıralar kendini tamamiyle dine veren ağabeyim, 'Sen Müslüman değil misin? Kuran'ı okumuyor musun? Kuran'da yirmi sekiz yerde Allah korkusundan bahsedilir, ancak iki yerde sevgiden,' diye yazmıştı.

"Kimin Kuran'la ilgili böyle bir çalışma yaptığını bilmiyorum. Ağabeyim de böyle bir bilgiyi kulaktan duymuş olabilir. O nedenle, ağabeyimin söylediği bu söze dayanarak, 'Kuran korku vurgulu,' demem bilimsel, dürüstçe bir tavır olmaz. Ama, bu mektup sanki gözümü açtı. Hakikaten geleneksel insan ilişkisi korku zeminli bir ilişki. Yani iki sıradan insan bir araya gelince, özellikle erkeklerden söz ediyorum, birbirlerine bakar bakmaz ilk sordukları soru şu: *Sen mi benden korkacaksın, yoksa ben mi senden?*

"Nikâhta, 'kim kimin ayağına basacak!' hadisesi, bu evlilikte kimin kimden korkacağını belirleyeceği için önemli. Kimin kimden korkacağının belirlenmiş olduğu ortamlarda disiplin var. Bizim disiplin anlayışımız bu. Evde disiplini sağlamak için otorite durumunda bulunan ana, dede veya büyükanne asık suratlı olmalı. Aksi halde çocuklar korkmazlar. Okulda disiplini sağlamak için öğretmen sınıfta asık suratlı olmalı. Aksi halde sınıfta disiplin sağlanmaz. Okulu yönetenler öğretmenlere karşı asık suratlı olmalı, aksi halde öğretmenler geç gelmeye, eften püften mazeretlerle işi aksatmaya başlarlar; disiplin bozulur. İş yerlerinde yöneticiler asık suratlı olmalı; yoksa çalışanlar işi aksatmaya başlarlar.

"Tabii böyle bir kültüre sahip toplumun oluşturduğu devlet de vatandaşına asık suratlı olmalıdır; aksi halde vatandaş şımarır, 'Ben vergi vermeyeceğim!', 'Ben askere gitmeyeceğim!' demeye başlar, disiplin bozulur."

"Peki disiplini sağlayacak başka güce, korkunun dışında başka bir güce sahip miyiz? Düşünüyorum da, aklıma gelmiyor."

Gerçek Disiplinin Kaynağı

"Ben de sana şunu sorayım: Sizinle benim aramdaki ilişkide bir disiplin var mı?"

"Hayır yok."

"Emin misiniz?"

"Evet, eminim."

"Yani, buluşma yerimize zamanında gelmeyebilirsiniz, canınız istediği zaman konuşmayı yarıda kesip, 'kes artık, bugünlük bu kadar olsun!' diyebilirsiniz."

"Hayır diyemem."

"O zaman aramızdaki ilişkide bir disiplin var."

"Ama, korkudan kaynaklanan değil, birbirimize duyduğumuz saygıdan kaynaklanan bir disiplin."

"Peki aramızda korku olmaması, ilişkimizdeki disiplinin daha yüzeysel veya daha zayıf olduğunu gösterir mi?"

"Hayır, göstermez. Biraz önce aramızdaki disiplinin birbirimize duyduğumuz saygıdan kaynaklandığını söylemiştim. Bu aslında tam doğru değil. Birbirimize duyduğumuz saygı kadar, benim için sizinle beraber olduğum zaman öğreneceğim bilgiler de önemli. Bilgi kadar bakış tarzları da önemli. Ve onları kaçırmak istemediğim için buraya zamanında gelirim."

"Size geçen gün Beşiktaş'ta gözlemlediğim bir olayı anlatmak istiyorum. Daha sonra bu olay üzerinde konuşuruz."

"Dinliyorum."

"Üsküdar'dan motorla gelmiştim ve motor iskelesinden çıktıktan sonra yürüyerek trafik ışığının bulunduğu caddeye geldim. Arkam denize dönüktü, yüzüm Barbaros Bulvarı'na bakıyordu.

"Trafik ışığında halk yığılmaya başladı. Yürüyenler için yeşil ışık yanınca, yayalar birbirlerine doğru yürümeye başladılar. Bana doğru yürüyen bir kadın dikkatimi çekti; bir kasaba kadınının giysileri içinde idi, mantosu vardı, başı örtülüydü ve üç dört yaşlarındaki bir kız çocuğunun elinden tutuyordu.

"Hizama gelince küçük kıza, eğilerek, 'Ne yaptın elindekini, düşürdün mü?' diye sordu. Küçük kız, şaşkın ve kaygı dolu gözlerle kadına baktı.

"Kadın hiçbir şey demeden geri döndü, kızının elinden tutmaya devam ediyordu; yere baka baka, yavaş yavaş geldiği yolu geri gitmeye başladı. Dikkatimi çekmişti, ben de 'acaba küçük kız ne düşürdü?' diyerek yere bakarak gitmeye başladım.

"O sıra arkadan gelen ve büyük adımlarla, biraz yaylanarak yürüyen on yedi-on sekiz yaşlarındaki bir delikanlı bizi geçti ve geçer geçmez eğilerek yerde duran bir simit parçasını aldı, basılmayacak bir yere, yüksekte duran çalıların üstüne koydu ve yoluna devam etti.

"Kadın bunu görünce, 'hah' dedi ve geri dönerek, gitmek istediği yöne küçük kızla beraber yürümeye başladı."

Durdum, Arif Bey'e baktım.

Gülümseyerek kafasını sallıyordu; anlamıştı.

"Nimete basılmaz Hocam," diyerek durumu nasıl algıladığını özetledi.

"Arif Bey, şimdi benim size birkaç sorum var: Bir, bu genç yani yerden ekmeği alan ve çalıların üzerine koyan delikanlı, etrafta hiç kimse olmasa dahi, bunu yapar mıydı?"

"Yapardı. Sadece o değil, o görmeyip almasa bile, gören bir başkası mutlaka alırdı.

"Ve bu davranış başkalarına gösteriş olsun diye, onlara caka satmak veya onlar tarafından takdir edilmek için yapılmazdı. 'Doğru olduğu için' yapılırdı. Öyle değil mi?"

"Evet."

"Peki, bu kadın gittiği yoldan geri dönüp, o simidi arar mıydı?"

"Yani etrafta hiç kimse olmasa dahi, kadın yine dönüp, o simidi arar mıydı? Onu mu sormak istiyorsunuz?"

"Evet, arardı ve bunu yaparken de hiçbir zaman takdir, beğeni, başkası ne der, diye yapmazdı. İçinden öyle geldiği için yapardı."

"Demek ki, bizim kültürümüz içinde büyümüş, pişmiş, sıradan, sokaktaki vatandaşın nimete göz göre göre basmayacağını söyleyebiliriz."

"Buluşmamıza zamanında geleceğinize güvendiğim gibi, vatandaşların nimete bile bile basmayacağına da güvenebilir miyim?"

"Güvenebilirsiniz."

"Değer verdiğiniz için zamanda gelirsiniz; öyle değil mi?"

"Evet, öyle!"

"Sıradan bir vatandaşımız da, değer verdiği şeyin ayak altında çiğnenmesini istemediği için onu alır ve basılmayacak bir yere koyar. Her iki örnekte de değer verilen bir şeyin korunması var."

"Yani, değer verilen bir şeyle de disiplin sağlanabilir; ille korkuyla olmak zorunda değil; onu mu söylemeye çalışıyorsunuz?"

"Söylemekle kalmıyor, göstermeye çalışıyorum."

"Ama Doğan Bey, 'nimete basılmaz'ın temelinde, günah korkusu, cehenneme gitme korkusu yok mu?"

"Bence orijini itibariyle öyle olabilir, ama, bugün birçok insan, ekmeğe basmamayı bir değer olarak gördüğü için ayak altına almaz. Örneğin, kendimi klasik anlamda bir dindar olarak görmem, hatta, günah ve sevap için yaptığım herhangi bir şeyi hatırlamıyorum, ama ekmeğe katiyen basamam."

"Niçin?"

"Sen basabilir misin?"

"Hayır, ben de basamam. Ama, siz uzun yıllar yurtdışında bulundunuz, belki bizim geleneksel kültürün etkisinden biraz kurtuldunuz; hâlâ ekmeğe basamayışınızı merak ediyorum."

"Nimete basılmaz, şiir gibi güzel bir değer. Nimete basılmaz değerinin altında neler görüyorum, sana söyleyeyim: yaşama saygıyı görüyorum. Biz kıtlık çekmiş, yoksulluğun ne olduğunu bilen bir toplumuz. Yaşama saygı var. Emeğe saygı var. İşbirliğine saygı var. Doğanın üretkenliğine saygı var. Aç insanla empati var, onun açlığına saygı var. Nimete basılmaz, güzel bir değer, umarım bunu hiçbir zaman kaybetmeyiz."

"Bu davranışın altında yatan değerleri, siz söyleyince ben de görebiliyorum. Beni de duygulandırıyor, böyle bir davranışı görmek. Ama, acaba bu davranışın altında, hâlâ günah korkusu var mı diye düşünüyorum."

"Peki, farz edelim ki, birisi farkına varmadan elindeki Türk bayrağını yere düşürdü. Bayrağı yerde gören bir başka Türk, bu bayrağı sence yerden kaldırır mı, yoksa, bana ne der, geçer gider mi?"

"Kaldırır."

"Korkusundan mı kaldırır?"

"Yok, o bayrak onun için önemli bir değeri, kendisinin de üyesi olduğu bir ulusu temsil ediyor, onun için kaldırır."

"Tamam, o zaman. Benim de sana göstermek istediğim şu: insanlar korku nedeniyle değil, kendileri istedikleri için, değerli bildikleri bir şeyi korumak, yüceltmek için de davranışta bulunurlar. Bunu kabul ediyor musunuz?"

"Tabii ki kabul ediyorum! Bir annenin çocuğunu korumayla ilgili davranışına bakın. Korktuğu için değil, çocuğunu sevdiği için, ona değer verdiği için anne öyle davranır."

"Güzel bir örnek verdiniz. Demek ki, bir ortamda disiplini sağlamak için ille de kişilerin korkmaları gerekmiyor. O ortamdaki davranışı düzenleyecek, paylaşılan değerlerin olması da disiplin getirebiliyor."

"Evet, şimdi anlıyorum, bunun güçle ilişkisini. Gücün temelinde sadece korku yatmaz, değerlerden kaynaklanan güç de vardır, demek istiyorsunuz."

"Evet, öyle demek istiyorum. Ve değerlerden kaynaklanan güç, insanı ezmeyen, insan onurunu küçültmeyen, aksine insan onurunu yücelten bir güçtür."

"Bunun savaşçı olmayla ilişkisini bir daha hatırlatır mısınız, Doğan Bey:"

"Savaşçının yaşamındaki güç kaynağı korkudan gelmez. Savaşçı kendini bazı temel değerler üzerine kurduğu bir geleceğe adamıştır. Bu gelecek savaşçı için anlamlıdır. Bu geleceğe ve bu geleceğin üzerine kurulmuş olduğu temel değerlere kendini adamış olmak, savaşçının güç kaynağını oluşturur."

"Siz böyle söyleyince, sizin dediklerinizi anlıyorum, ama bir yerle somutlaştıramıyorum. Yani, siz konuşurken bayağı heyecanlanıyorum, hatta gözlerim dahi yaşarıyor. Ama, bu dedikleriniz hayatta kendini nasıl gösterir diye düşününce, aklıma bir şey gelmiyor."

Değerlerden kaynaklanan güç, insanı ezmeyen, insan onurunu küçültmeyen, aksine insan onurunu yücelten bir güçtür.

"Yukarıda söylediklerimi somutlaştırmamı istiyorsunuz."

"Evet."

"O zaman, sizin yaşamınızı örnek alalım. Sizin yaşamınızı örnek alırsak, yeteri kadar somutlaşmış olur mu?"

Değerler Üzerine Kurulu Bir Gelecek

Arif Bey biraz mahcup bir edayla gülümsedi.

"Çok iyi olur, Doğan Bey."

"Ne demiştik, 'Savaşçının yaşamındaki güç kaynağı korkudan gelmez. Savaşçı kendini bazı temel değerler üzerine kurduğu bir geleceğe adamıştır. Bu gelecek savaşçı için anlamlıdır. Bu geleceğe ve bu geleceğin üzerine kurulmuş olduğu temel değerlere kendini adamış olmak, savaşçının güç kaynağını oluşturur.' Böyle demiştik değil mi?"

"Evet."

"Varsayalım ki, savaşçı tutumu içinde bir öğretmen olmaya karar verdiniz. Bu durumda başkası ne diyecek, kim takdir edecek, kim tekdir edecek diye değil, kendinizi bir geleceğe adadığınız için öğretmenlik yapıyor olacaksınız. Nasıl bir geleceğe adamış olarak öğretmenlik yapmak istersiniz?"

Savaşçının yaşamındaki güç kaynağı korkudan gelmez.

"Nasıl bir geleceğe adamış olarak öğretmenlik yapmak isterim? Bunu biraz açar mısınız?"

"Gönlünüzce öğretmenlik yapsanız, hiç kimse engel olmasa, bütün istediklerinizi yapabilseniz, çabalarınızın sonunda öğretmen olarak neyi başarmış olmak isterdiniz?"

"Gönlümde iki şey yatıyor: Bunlardan biri kendi okutacağım öğrencilerimle ilgili. Öğrencilerimin gelişerek olabileceklerinin en iyisini olmalarını isterdim. Onların ailelerinde bulamadıkları gelişim şevkinin kaynağını bende bulmalarını isterdim. Onların kanatlanıp göklere uçmalarına olanak sağlamak isterdim. Gönlümden öğretmen olarak ilk geçen bu."

"İkincisi ne?"

"İkincisi de, öğretmen meslektaşlarıma bu isteği, bu amacı, bu coşkuyu, adına ne derseniz deyin, bu duyguyu aşılamak isterdim. Onların da öğretmenliğin ne kadar kutsal bir görev olduğunu anlamalarını ve öğrencilerini geliştirmek için kendilerini adamalarını isterdim."

"Arif Bey, kendinizi adadığınız geleceği böylece ifade etmiş oldunuz: *Diğer meslektaşlarımla beraber, öğrencilerimizin potansiyellerini tümüyle geliştirebilecekleri bir öğrenme ortamı yaratmak!* Bu gelecek sizin için anlamlı mı?"

"Hem de nasıl!"

"Uğrunda mücadele edilecek, uğraşılacak, çabalanacak, gayret sarf edilecek bir gelecek mi?"

"Kesinlikle."

"Bu anlamlı geleceğin temelindeki bazı değerleri söyler misiniz?"

Arif Bey, durdu, bana baktı, önüne baktı, biraz düşündü.

"Aklıma hiçbir değer gelmiyor!"

"Aslında güçlü değerleri şu anda yaşıyorsunuz, ama henüz bilinciniz o değerleri gözlemeye alışık değil."

"Şu anda çok güçlü değerleri mi yaşıyorum?"

"Evet!"

"Ama, ben farkında değilim?"

"Sözünü ettiğimiz gelecek için gayret sarf etmek, mücadele etmek gerektiğini siz söylediniz, öyle değil mi?"

"Evet, söyledim. Gerçekten de mücadele etmek gerekir. Kolay iş değil."

"Peki bu zor işi, bu zor geleceği niçin yaratmak istiyorsunuz? Neden bu zor mücadeleyi göze alıyorsunuz?"

Durdu, yüzüme baktı, gözlerinde sorular belirdi, sonra o soruların cevabını kendisi bulmuş gibi bilmiş bilmiş baktı, sonra gülümsedi, daha sonra gözleri ıslandı. Ve sessizce önüne baktı.

Hiç konuşmadım. Sessizce bekledim.

Bir süre gözlerini kapattı. Gözlerinin kenarından iki iri damla süzüldü. Başını önüne eğdi. Hafifçe konuşmaya başladı. Onu zorlukla işitebiliyordum:

"Bizim çocuklarımız da, gelişmiş ülkelerdeki çocuklar gibi mutlu olmaya, gelişmeye, Tanrı'nın verdiği aklı kullanmaya layıklar. Biz büyükler onları buduyor ve gelişmelerini önlüyoruz. Çocukları sevdiğim için, onların gelişmesini istediğim için böyle bir geleceğe kendimi adıyorum."

"Bu söylediklerimizin altında iki temel değer var: birincisi sevgi. Okyanus gibi, tüm çocukları içine alabilecek, bitmez tükenmez bir sevgi."

"Sevgi bir değer midir?"

"Korku da, sevgi de bir değerdir. Siz değer olarak sevgiyi seçmiş durumdasınız."

"Korkuyu değer olarak seçen olur mu?"

"Sizin meslekten biri, sınıf öğretmeni bir bayan, Gaziantep'te verdiğim bir seminerden sonra yanıma yaklaştı, konuşmam için bana teşekkür etti ve, 'Burada konuşulanları keşke tüm öğretmenler duyabilseydi,' diyerek üzüldüğü bir olayı anlattı. Kendisinin tanıdığı bir ilkokul öğretmeni bayan, mali durumlarının iyi olduğunu, kocasının yeteri kadar para kazandığını, kendisinin zevk için öğretmenlik yaptığını söylemiş ve eklemiş, 'Çocukları dövmek, onları korkutmak hoşuma gidiyor.' "

"Çok acı bir durum bu."

"Evet, gerçekten acı. Arif Bey, öğretmenliğe gönlünü vermiş, öğrencilerinin gelişmesine kendini adamış bir bayan öğretmen tanıyorum. Kendisi şimdi emekliliği yaklaşmış deneyimli bir öğretmen. Geçenlerde kendisiyle konuşuyordum. Bana şu anısını anlattı:

" 'Öğretmenliğe ilk başladığım yıllarda, okul müdürümüzün eşi olan hoca hanımın öğretmenler odasına topallayarak girdiğini gördüm. Kalabalık odada birkaç öğretmen, 'Hayrola hoca hanım, geçmiş olsun!' dedik. Ayağının parmaklarına işaret ederek, 'Önemli bir şey değil,' dedi ve devam etti, 'bir öğrenciyi döverken (daha doğrusu tekmelerken, besbelli) ayağımı incittim, geçer...' Yüreğime hançer saplanmış gibi oldum. İçim boşaldı âdeta.(*)"

"Maalesef Hocam, öğrencilerini döven öğretmenleri ben de tanıdım, kendi okulumda. Hatta daha acısı, bazı anababalar, bu tür hocaların iyi hoca olduğunu düşünüyorlar."

"Çünkü bu anababaların ve öğretmenlerin paylaştıkları temel bir değer var. Bu değerin ne olduğunu tahmin etmen zor olmasa gerek."

"Korku mu?"

"Evet, anababa ve öğretmenler korkuyu bir değer olarak yaşatmak istiyorlar. Bu anlamda, çocukları döven öğretmenlerin çoğu, çocuğun yararına, onun eğitimi için iyi bir şey yaptıklarını sanıyorlar. O nedenle bu öğretmenleri kötü niyetli, çocukların zararını isteyen insanlar olarak damgalamak doğru değil."

(*) Anısını paylaşan bu değerli öğretmen, bu olayın otuz iki yıl önce olduğunu, bu tür olaylara artık pek rastlamadığını özellikle belirtti.

"Yani, bu öğretmenlerin niyeti iyi, fakat çocuk nasıl eğitilir konusunda temel bir bilgi eksikliği var. Onu mu demek istiyorsunuz?"

"Evet, gerçekten de onu demek istiyorum. Bu öğretmen arkadaşlarımıza doğru bilgiyi verince, onların davranışları da iyi yönde değişecektir. Örneğin, korkunun değil, sevginin gerçekten geliştirdiğini bildikleri anda, davranışları değişir. Sevgiyle öğrencilerine yaklaşan öğretmenlerimizin sayısı da fazla. Bunlardan biri sevgili ilkokul öğretmenim Muazzez Hanım. İlkokula ilk başladığım gün sınıfa güler yüzlü genç bir bayan öğretmen olarak girdi. Hepimizin adını öğrendi ve bize hep beraber bir şarkı öğretti. 'Aferin çocuklar, ne güzel söylediniz,' dedi. Son dersten sonra eve koşarak gittim, yolda coşkuyla şöyle bağırdığımı hatırlıyorum: 'Ben okulumu seviyorum, ben okulumu seviyorum.' "

Arif Bey bir süre sessiz kaldı. Konuştuklarımız üstünde düşündüğü belli oluyordu. Daha sonra konuşmaya başladı:

"Söylediklerimin altında iki temel değer olduğunu söylemiştiniz. Birincisinin sevgi olduğunu anlıyorum; ikincisi ne?"

"İkincisi de gelişim. Gelişim kendine dönük olduğu zaman kendini geliştirme olarak gerçekleşir; öğrencilerine ve öğretmen arkadaşlarına dönük olduğu zaman geliştirme olarak gerçekleşir. Sevgi ve gelişim temeli üzerine kurulmuş bir geleceğe kendinizi adamış olduğunuzu düşünüyor musunuz?"

"Evet, düşünüyorum."

"O zaman, bu gelecek sizin güç kaynağınızı oluşturacak. Sizin gücünüz kendinizi bu geleceğe adamış olmaktan kaynaklanacak."

"Zorluklarla karşılaştığım zaman, mücadele ederken, bu geleceği düşünerek mücadelemi devam ettireceğim! Bunu demek istiyorsunuz, değil mi?"

"Evet, bu gelecek sizin disiplinli bir biçimde kitap okumanızı sağlayacak. İşinize kendinizi yüzde yüz vermenizi sağlayacak. Arkadaşlarınızla ilişkilerinizi ciddiye almanızı sağlayacak. Yapabileceğinizin en iyisini yapmaya özen göstermenizi sağlayacak. Bu dediklerimi yapabilmeniz için yaşamınızda disiplin olması gerekir."

"Anlıyorum. Ve korku olmadan bu disiplini yaşamımda gerçekleştirebilirim."

"Korkudan gelen disiplin, korku kaynağı yok olduğu zaman kaybolur. Ama, kişinin kendi içinden gelen disiplin hiç kaybolmaz; kişi kendini o geleceğe adadığı sürece devam eder."

"Aklıma bir soru geldi. Şimdiye kadar iki temel duygudan, heyecandan bahsettik: sevgi ve korku. Bunların dışında bir sürü duygu var: inatlaşma, kin, intikam, yarışma, kaygı, hırs ve benzeri. Bunlar da kişinin yaşamında güç kaynağı olabilirler mi?"

"Olabilirler. Ama, aslında söylediğiniz tüm bu duygular kişinin egosundan, nesnel beninden kaynaklanan duygular. Ve bu olumsuz duygulara yakından bakarsanız hepsinin temelinde 'korku' bulunduğunu görürsünüz."

Korkudan gelen disiplin, korku kaynağı yok olduğu zaman kaybolur. Ama, kişinin kendi içinden gelen disiplin hiç kaybolmaz; kişi kendini o geleceğe adadığı sürece devam eder.

"İnatlaşmada korku nasıl olabilir?"

"Siz hiç inatlaştınız mı?"

"Evet. Birçok kez inatlaştım."

"İnatlaştığınız zaman, kazanmak istediğiniz, haklı olmak istediğiniz bir şey, bir konu vardı mutlaka."

"Evet, doğru."

"Ne zaman kendinizi 'mutlaka kazanmalıyım', 'mutlaka sahip olmalıyım' durumlarında görürseniz bilin ki, kazanamamaktan, sahip olamamaktan korkan bir tarafınız var. Bu korku nedeniyle inatlaşırsınız. Aynı şeyi intikam ve kızgınlık gibi diğer olumsuz duyguları incelediğinizde de görürsünüz."

İçimden kalkıp biraz yürümek geldi. Hesabı ödedik. Meydanın bir ucunda kitapçıların yer aldığını gördük, oraya doğru yürümeye karar verdik. Belediyenin yaptırdığı kutu şeklinde tezgâhlar, açıldığı zaman kapakları kitaplarla dolu, kapanınca büyükçe bir sandık gibi oluyor.

Yerdeki kuşların çokluğu dikkatimizi çekti. Biraz ileride yaşlı bir erkek Çingene kuş yemi satıyor ve ondan yem alıp kuşlara atmak isteyen çocuklar, ellerinde paraları, önemli bir iş yapmanın heyecanıyla sıralarını bekliyorlar. Bir çocuk, elinde kuş yemiyle bekliyor. Arif Bey'e sordum, "Bak," dedim, "bu çocuk elindeki yemi atmıyor; neden atmıyor, bir fikrin var mı?" Arif Bey, "Şu an kuşlara yem atmış birçok kişi var ve kuşlar o yemleri yemekle meşgul. Çocuk kuşların yemleri bitirip, kendi atacağı yeme hazır olmasını bekliyor," dedi.

Ben de durumu böyle değerlendirmiştim. Çocuk attığı yemin kuşların dikkatini çekmesini istiyordu. Ama, diğer çocuklar aldıkları yemi hemen gelip attıkları için, o bir türlü istediği ortamı yakalayamıyordu. Ve elindeki yemi hiç beklemeden böylesine "düşüncesizce" atan diğer çocuklara bozulmaya başlıyordu.

Arif Bey'e, "Bu çocuğun 'ortama getirdiği bilincin' diğerlerinden farklı olduğunu söyleyebiliriz, değil mi," diye gözlemimi söyledim. Kafasını sallayarak benimle hemfikir olduğunu belirtti. "Bu çocuk, sağlıklı bir aileden geliyor, anası babası onu dinliyor; bu çocuk, şu ellerindeki yemi hiç düşünmeden atan diğer çocuklardan daha anlamlı bir yaşam oluşturacak," dedim. Hayretle yüzüme baktı.

"Nereden biliyorsunuz, Doğan Bey?" diye sordu.

"Arif Bey, bu çocuk şimdi ortama getirdiği bilinç yönünden kendisiyle, kuşlarla ve kendisi ile kuşlar arasındaki ilişki ile ilgili bir değer sergiliyor. Bu çocuğun bilinci diğerlerinden fersah fersah ileride. Bu bilinç, çocuğun getirdiği potansiyelin gelişmiş olduğunu gösteriyor. Demek ki, bu çocuğun anababası, onu bonzai yapmak üzere budamamışlar. Konuşmuşlar, daha da önemlisi o konuştuğu zaman dinlemişler. Bunu açık seçik görebiliyorum. Siz bu söylediklerimi hayretle dinliyorsunuz; çünkü siz bu çocuğun davranışına henüz gören gözlerle bakamıyorsunuz; sadece bakıyorsunuz. İleride sizin için de böyle şeyler apaçık görünmeye başlayacak."

Arif Bey, "inşallah," der gibi bir yüz ifadesiyle, gülümseyerek bana bakıyordu. Biraz daha yürüdük. Ağaçların altındaki tahta bank üzerine oturmuş iki genç kız ellerindeki hamburgerleri yerken, üç dört aylık bir yavru kedi hamburgerin kokusunu alarak onlara doğru yürümeye başladı. Kedinin kendilerine yaklaşmakta olduğunu gören on yedi-on sekiz yaşlarındaki esmer kız korkuyla ayağa fırladı ve, "Ay bu kediyi alsınlar, ben korkuyorum," diyerek oradan uzaklaşmaya başladı. Öbür kız da korktuğu için, hamburger torbalarını yanlarına alarak cami yönünde hızla yürümeye başladılar.

"Gördün mü?" diye Arif Bey'e sordum.

"Kediden korkuyorlar," dedi.

"Bu tür rasyonel olmayan korkuların yaygın olduğunu gözlüyorum," dedim.

Arif Bey gülerek, "Toplumumuzda bu tür rasyonel olmayan şeyler yaygın, Doğan Bey," dedi.

İnce bir espri idi. Takdir ettiğimi belirtircesine hafifçe omzuna vurdum.

Üç Tür Güç

Kızlardan boşalan yere biz oturduk. Kediden korkmadığımız için rahat rahat konuşabilirdik.

"Angeles Arrien adında bir düşünür, mitolojilerde güç kavramı üzerinde bir araştırma yapmış ve üç tip güçten söz edildiğini gözlemiş: Kişiliğin gücü, iletişimin gücü ve kendini adadığın gelecekten kaynaklanan güç.[*]

"*Kişiliğin gücü* insanların içinde bulundukları ortamda kendilerini nasıl var ettikleriyle ilgili.

"Kimisi bakışı ve duruşuyla sinik, ezik bir varoluş sergiler."

"Kimisi bakışı ve duruşuyla diğerlerini ezen, rahatsız eden bir varoluş sergiler.

"Kimisi de, ortamda bulunduğunu öyle bir ifade eder ki, bu ifade ediş içinde herkesi değerli ve onurlu kılan bir varoluş sergiler."

Arif Bey, bir şey söylemek istercesine nefes aldı. Sustum.

"Doğan Bey, ben sınıfa girdiğim zaman, şimdi söylediğiniz gibi olmak istiyorum. Hiç ağzımı açmadan, sırf benim orada varoluşum, öğrencilerimi onurlu ve değerli kılmalı."

"Bu olacak Arif Bey. Bunu görebiliyorum. Siz de biliyorsunuz, öyle insanlar vardır ki, daha ağızlarını açmadan, insanlar onun

[*] Rick Fields'in derlediği *The Awakened Warrior* kitabından, s.109-112.

önemli ve değerli bir insan olduğunu sezerler. Bu güç kişinin kişisel bütünlük içinde olmasından kaynaklanır. Kişisel bütünlüğü yüksek olan insanın bakışı, oturuşu, duruşu, kendine özgü bir gücü ifade eder. Ve bu insan bakışı ile, sözü ile, varlığı ile çevresindeki diğer insanları değerli kılar, onurlu kılar."

Kişisel bütünlüğü yüksek olan insanın bakışı, oturuşu, duruşu kendine özgü bir gücü ifade eder.

"Doğan Bey, kişisel bütünlük içinde olan insanın zamanla oluşturacağı varoluşta bu güç doğal olarak mı gelişir?"

"Evet, zaten siz bunun daha önce farkına varmıştınız. 'İnsanın ancak kişisel bütünlüğü kadar gücü vardır,' sözünü siz kullanmıştınız."

"Evet."

"Diğer güç türlerinde de aynı şeyi gözleyeceksiniz. Kişisel bütünlük kişinin gücünün kaynağıdır."

"Diğer güçleri de açıklayacak mısınız?"

"Evet. *İletişim gücü* kişinin kime, neyi, ne zaman, nasıl söyleyeceğini bilmesinden kaynaklanır. Bu da kişinin ortama getirdiği bilinçle ilgilidir."

"Kişinin kime, neyi, ne zaman nasıl söyleyeceğini bilmesi kolay kolay ve hemen başarılacak bir hadise değildir."

"Bunları teker teker ele alabilir miyiz?"

"Olur, alalım. 'Kime?' sorusuna cevap verebilmesi için kişinin ortamdaki insanları algılayabilecek zihin berraklığına sahip olması gerekir; yani bir anlamda nesnel beni, egosu ile değil, gözlemleyen bilinci ile ortamı gözlemlemelidir.

" 'Neyi?' sorusuna cevap verebilmesi için kişinin kendi niyetini, istediklerini, vizyonunu, değerlerini gözleyebilmesi, farkında olması gerekir.

" 'Ne zaman?' sorusuna cevap verebilmesi için büyük resmin bilincinde olması gerekir. Büyük resmin bilincinde oluş, ne neden önce ve ne neden sonra gelir bilgisini beraberinde getirir.

" 'Nasıl?' sorusunun cevabını verebilmesi için yukarıda saydığımız 'kime', 'neyi', 'ne zaman' sorularının cevabını bulmuş olması gerekir.

"Ama, en önemlisi, kişinin söylediği şeyleri sadece ağzının mı, yoksa varoluşunun mu söylediğidir. En önemli mesaj insanın kendisidir.

"O nedenle bu gücün de altında kişisel bütünlük yatar. Bir bilge kişi, *'Kim olduğun o kadar bağırıyor ki, ne dediğini duyamıyorum,'* sözünü bu gerçeği ifade etmek için söylemiştir."

Arif Bey, eliyle konuşmamı kesmek istercesine bir işaret yaptı. Ufak el çantasından bir kalem ve kâğıt çıkardı ve:

"Doğan Bey, rica etsem biraz yavaşlar mısınız? Önemli farkındalıklar üzerinde konuşuyorsunuz, birkaç not almak istiyorum. Özellikle, şu cümleniz beni etkiledi: *En önemli mesaj insanın kendisidir.* Bunun üzerinde düşünmek istiyorum. Neden savaşçı olmam gerektiğini bu cümle bana kanıtladı."

"Nasıl Arif Bey? Yani bu cümle sizin savaşçı olmanız gerektiğini nasıl açıkladı?"

"Şimdi birisi, 'Niçin savaşçı bir öğretmen olmak istiyorsun?' diye bana sorsa, ona, 'Çünkü en önemli mesaj insanın kendisidir. Onun için savaşçı bir öğretmen olmak istiyorum,' derim."

En önemli mesaj insanın kendisidir.

"Anlıyorum. Siz gerçek gücün kaynağını keşfettiniz!"

Sonra durdum, yüzümde bir gülümsemeyle, "Bu noktadan sonra isterseniz buluşmayabiliriz. Bunu keşfettikten sonra, gerisini kendiniz keşfedebilirsiniz," dedim.

Arif Bey, şaka yaptığımın bilincinde, "Olur mu Hocam! Daha yapılacak çok keşifler olduğunu seziyorum; bu fırsatı kolay kolay kaçırmam," dedi.

Kaldığım yerden konuyu geliştirmeye devam ettim.

"*Kendini adadığın gelecekten kaynaklanan güç* için daha önce sizin kendinizi adadığınız geleceği örnek verebiliriz. 'Gönlümde iki şey yatıyor,' demiştiniz; 'Bunlardan biri öğrencilerimin gelişerek olabileceklerinin en iyisini olmalarını; onların ailelerinde bulamadıkları gelişim isteğini bende bulmalarını; sağladığım olanaklarla onların kanatlanıp göklere uçmalarını isterdim,' demiştiniz.

"Gönlünüzde yatan ikinci şeyin de, tüm öğretmen arkadaşlarınızın öğrencilerine sizin gibi bakmalarını sağlamak olduğunu söylemiştiniz."

Arif Bey, "doğru söylüyorsunuz" anlamında başını salladı.

Kedi yavrusu tam karşımıza geçerek, güneşli bir yere uzandı ve karnını güneşe verdi. Konuşmama devam ettim:

"Gönül vermiş olduğunuz bu iki amaca ne kadar inanıyor ve onunla kişisel bütünlük içinde yaşıyorsanız, sizin o kadar gücünüz olacaktır. Bu güç sorumluluk duygusu içinde göstereceğiniz eylemden kaynaklanır. Dünyaya damgasını vurmuş olağanüstü liderlerin en büyük güç kaynağı buradan gelir. Atatürk'ün hayatını ve yaptıklarını ayrıntılı olarak incelerseniz, onun Türkiye Cumhuriyeti geleceğine hayatını adadığını görürsünüz. Yaptığı her şey bu gelecekte bütünlük içindeydi. Bu sayede yıkılmış, hasta bir toplumdan, dipdiri, onurlu, gururlu, başarılı, coşkulu yepyeni bir ulus yarattı. Eğer incelerseniz Gandhi'nin başarılarının altında da kendini adadığı geleceğin gücünü görürsünüz."

Arif Bey, açıklamalarımı dinledikten sonra, "Savaşçı bu üç güç kaynağına da sahip biri, anladığım kadarıyla," dedi. "Doğal olarak öyle," diye cevap verdim. Ve devam ettim:

"Savaşçının gücü dediğimiz zaman bu üç gücü birlikte algılıyoruz. Savaşçı karakteriyle kaya gibi sağlam, dipdiri bir bütünlük içindedir. Gözlemleyen bilince ulaştığı için iletişim ortamını ve kendi iç dünyasını tüm ayrıntılarıyla algılayabilir. Gönlünü ve kafasını bir geleceğe adamıştır ve tüm hayatını bu geleceğe odaklamıştır."

"Şimdi daha önce konuştuğumuz, neye 'evet' neye 'hayır' deme farkındalığını daha iyi anlıyorum."

"Savaşçı neye 'evet' neye 'hayır' dediğinin bilincindedir. Bunu mu kastediyorsunuz?"

"Evet.

" 'Evet' ve 'hayır'ları konusunda savaşçının kafası pırıl pırıl ve tertemizdir."

Arif Bey, kitapçılara şöyle bir göz atmak istediğini söyledi.

Ben de, karnım biraz acıkmaya başladığı için, kitapçılara baktıktan sonra bir şeyler yemeyi teklif ettim.

Kitaplara teker teker ilgiyle baktıktan sonra, karnının acıktığını söyleyen Arif Bey'i ara sokaklara yönlendirdim. Ben fırınlanmış patates yemek istiyordum, Arif Bey ise dürüm tercih etti. İkimiz de istediğimiz yiyecekleri ve içecekleri aldık. Yine denize nâzır bir ağacın altındaki banka oturduk, bir yandan yemeklerimizi yerken bir yandan da sohbetimize devam ettik.

Güç konusunun felsefi boyutları olduğunu söyledim. "Arif Bey, güç boyutunun felsefi boyutları hakkında konuşmak ister misiniz?"

Arka tarafımızda, çay bahçesinde bir masada uzun kollu gömleğinin kollarını sıvamış, yirmi-yirmi bir yaşlarında iki delikanlı oturuyordu. Birbirleriyle konuşmuyorlardı; durgun, mutsuz bir yüz ifadeleri vardı. Etrafın pek farkında değilmiş gibi, asık suratla bir boşluğa bakıyorlardı, sıkılmış gibiydiler.

Sanki bu iki genç kendi doğal ortamlarında değillerdi. Belki onlar da kendilerini doğal ortamlarında hissetmedikleri için durgundular ve yüzleri asıktı.

Arif Bey'e gösterdim delikanlıları. Bu tür asık yüzlere çok aşina olduğunu söyledi. "Bu insanlar şu an kendilerinin asık suratlı olduklarının farkında değiller, Doğan Bey," dedi, "Bu yüz ifadesi onlar için her zamanki, günlük yüz ifadesi."

Gücün Felsefi Temelleri

Arif Bey'in konumuza bir an önce dönmek ister gibi bir hali vardı. Güç farkındalığının felsefi boyutları hakkında konuşmaya başladık.

"Güç konusunun bir de felsefi boyutu var. Sofist diye adlandırılan filozoflardan biri, Thrasymachus, sosyal düzenin doğası hakkında şunu söyler: 'En güçlü kişiler sosyal düzeni belirleyen kişilerdir.' Sosyal düzeni belirleyen bu güçlü kişiler genellikle toplumun çıkarını düşünen insanlar değillerdir."

Ben bu cümleleri söylerken Arif Bey, başını sallıyordu. Onun da filozof gibi düşündüğü böylece belli oluyordu. Arif Bey'in tavrını bilmenin rahatlığı içinde, konuşmama devam ettim.

"Thrasymachus bu nedenle adalet hakkında şunu söyler: 'Adalet dediğimiz, güçlü olanın menfaatinden başka bir şey değildir.' Yani güçlü olan, adaletin ne olduğunu belirler, demektir."

"İki bin yıl önce bunları düşünüp söylemiş bu insanlar, akıl alacak gibi değil."

"Evet, felsefe tarihini çalışmak, bu yönden gerçekten zihin açıcı bir süreç. Konumuza devam edersek, şunu söyleyebiliriz: Thrasymachus'un bu bakış tarzı çok etkileyici. Sizin de beni dinlerken başınızı sallayışınızdan bunu anlıyorum. Hem etkileyici hem de bayağı rahatsız edici. Kuralları yapanlar güçlülerdir ve kendi çıkarlarını koruyacak kuralları yapmışlardır; güçsüz olanların çıkarlarını bu kurallar korumaz. Bu fikirler bayağı rahatsız edici fikirler."

"Hocam, Marx'ın da söylediği bu değil mi?"

"Marx'ın getirdiği sistem alt yapı ve üst yapı gibi başka birçok boyutu kapsıyor. Ama, güçlünün sürekli yönettiği ve kimin haklı olduğunu belirlediği konusunda, sanırım Thrasymachus'la hemfikir.

"Güçsüzler kural yapacak güçleri olmadığı için kendi çıkarlarını koruyacak olanağı bulamazlar. Bu şekilde bir kenara itilmişler, eğer güçlü olmak istiyorlarsa, mevcut kuralları çiğnemek zorunda kalırlar. Thrasymachus'a göre, 'hakkaniyet' diye bir şey yoktur. Hakkaniyet güçlünün menfaatlerini koruyan duruma verilen isimdir. Kimin söylediğini bilmiyorum, ama 'Hak güçlünündür,' veya, 'Güçlü olan haklıdır,' diye bir söz vardır. Bu Thrasymachus'un düşüncesini temsil ediyor.

"Thrasymachus, hakkaniyet kavramının halk arasında güçlü bir kavram olarak süregittiğini söyler. Çünkü insanlar bir düzen isterler, belirginlik isterler. Ve hakkaniyet kavramı nesilden nesile aktarılırken güçlünün çıkarını korumak üzere inşa edilmiş olduğu unutulur, farkına varılmadan yeni nesillere bu kavram olduğu gibi öğretilir."

"Yeniden merak ettim. Bu düşünceler kaç yıllarında yazılmış, konuşulmuş, düşünülmüş Doğan Bey?"

"Bundan 2500 yıl kadar önce!"

"Çok etkileyici. Müthiş bir şey! Şimdi yaşayan insanların çoğunun hiç düşünmediği konuları düşünmüşler, irdelemişler. Peki,

Thrasymachus'a göre çözüm nerede? Yani, toplumlar güçlünün yönlendirmesi içinde olmanın ötesinde başka bir şansa sahip mi?"

"Thrasymachus'a göre çözüm bireyin bilinçlenmesinde. Bilinçlenmiş bireylerin sayısı çoğaldıkça, toplum daha bilinçli algılayıp, düşünüp, daha bilinçli davranmaya başlar."

"Eğer sizi doğru anlıyorsam, bugün aynı şeyi siz söylüyorsunuz. Bireyin bilinci donanınca, zenginleşince, onun algılaması değişir. Algılaması zenginleşen insan robot olarak davranmaktan vazgeçer, çok yönlü düşünmeye başlar. Çok yönlü düşününce, davranışlarını daha gelişmiş bir planlama içinde gerçekleştirir. Bireyin bilincinin donatılmasının onun algılamasını değiştireceğini, bireyin algılamasının değişmesinin onun düşünüşünü değiştireceğini, bireyin düşüncesinin değişmesinin de onun eylemini değiştireceğini söylüyorsunuz."

"Evet, öyle diyorum. Ve bunları söylerken, Thrasymachus'a dair hiçbir şey bilmiyordum. Ama, herhalde aklın yolu birdir, dedikleri olay bu. Düşünce sistemim içinde savaşçı kavramının gelişmesi ve savaşçı bireyin öneminin artması, diğer düşünürlerle tanıştıkça oldu. Örneğin, Makyavelli'yi alın."

Bilinçlenmiş bireylerin sayısı çoğaldıkça, toplum daha bilinçli algılayıp, düşünüp, daha bilinçli davranmaya başlar.

"Niccolo Machiavelli (İtalyanca yazılışı böyle) bir İtalyan filozofu. Siyaset üzerine düşünüp yazmayı yeğlemiş.

"İtalya karışıklık içinde iken cumhuriyetçi bir hükümeti desteklenmiş ve bu hükümet, İtalya'nın zengin ve güçlü ailesi yine iktidarı ele geçirince Makyavelli'yi yakalatmış, hapse attırmış ve orada biraz onun canını yakmışlar.

"Hapisten çıkınca, yine politikaya girmek istemiş ama aklı başına gelmiş biri olarak, önce Medici'lerle arasını düzeltmek istemiş. Bunu da *Prens* adlı bir kitap yazarak yapmak istemiş. Bu kitapta ileri sürülen fikirler bir düşünüş sistemi olarak isim almış ve adı da Makyavelcilik olmuş. Ali Püsküllüoğlu'nun 'Arkadaş' sözlüğü Makyavelciliği şöyle tanımlar: *'Siyasada, devlet yönetiminde amaca ulaşmak için, töreye, ahlaka aykırı da olsa, her türlü aracı, yolu kullanma temeline dayanan siyasal öğreti.'* "

"Evet, Makyavelciliğin ne olduğunu daha önce ben de duymuştum. 'Amaç aracı mubah(*) kılar', o düşüncenin ürettiği bir söz, öyle değil mi?

"Evet. Gördüğün gibi bu düşünce içinde gücün algılanışı ve kullanılışı, savaşçının gücü algılayış ve kullanışından farklı olacaktır."

"Evet, görebiliyorum. Makyavelcilik içinde amaç için herkes ve her şey araç olabilir."

"Halbuki, savaşçı öyle bir amaç yaratmalı ki, o amacın yaratılması için yapılacak çabaların içeriği, biçimi, tutumu, amacın kendisiyle ahenk içinde olmalı. Sen öyle bir yol tutmalısın ki, öğrencilerine ve öğretmen arkadaşlarına o eğitim ve gelişim olanaklarını yaratırken sürekli 'sevgi' ve 'gelişim' değerleriyle ahenk içinde olmalısın. Bu savaşçının yolu. Makyavelli sana derdi ki, 'gerekiyorsa yalan söyle, gerekiyorsa onların canını acıt, zorla, it, gerekiyorsa cezalandır; amacını gerçekleştirmek için her eylemde bulunabilir, her şeyi söyleyebilirsin.' "

"Bu dedikleriniz bana pazarlama alanında çalışan iki arkadaşımın tartışmasını hatırlattı. Veli ve Namık adındaki arkadaşlarım iki ayrı şirkette satış elemanı olarak çalışıyordu. Veli, tamamiyle Makyavelci bir tutum içinde, malı satmak için her şeyin mubah olduğunu söylüyordu. Namık ise, malı satmanın bir başlangıç olduğunu, önemli olanın o müşteriyi sürekli memnun edebilecek bir ilişki içinde olmak gerektiğini söylüyordu. 'Yalan üzerine kurulan ilişki sağlıklı bir biçimde devam edemez,' diyor ve önemli olanın mal satmaktan ziyade müşterinin gereksinmesinin onun istediği şekilde karşılanması olduğunu dile getiriyordu.

"Veli, 'müşterinin ağzından girip burnundan çıkmadıkça, müşteri kolay kolay karar verip, senin malını almaz,' tezini savunuyordu. Sizce hangisi haklıydı, Doğan Bey?"

"Bu, bile bile lades gibi bir soru. Benim nasıl düşündüğümü biliyorsun. Önemli olan şu sorunun cevabı: Uzun vadede hangisi daha başarılı oldu?"

(*) 'Mubah' kelimesi, Ali Püsküllüoğlu'nun *Arkadaş Türkçe Sözlük*'te şöyle açıklanıyor: *mubah* [muba:h] s. Ar. *1* yapılmasında din yönünden herhangi bir sakınca bulunmayan. 2 mec. yapılmasında sakınca görülmeyen.

"Şu anda Veli, yeni iş arıyor, eski şirketiyle arası bozuldu. Namık, satış elemanı olarak girdiği bölümün direktörü oldu ve şirkete yeni giren elemanları eğitmek ve yetiştirmek görevini de ona verdiler."

Uzun vadeli ilişkilerde Makyavelcilik hiçbir zaman, ama hiçbir zaman, olumlu bir sonuç doğuramaz.

"Arif Bey, burada kısa vadeli ilişkilerle uzun vadeli ilişkileri ayırt etmek gerekir. Uzun vadeli ilişkilerde Makyavelcilik hiçbir zaman, ama hiçbir zaman, olumlu bir sonuç doğuramaz."

"Hocam, çok emin konuştunuz."

"Evet. Size şunu sorayım: birinin sizi araç olarak kullandığının farkına varsanız, o insana güvenebilir misiniz?"

"Hayır."

İnsanların birbirine güvenmediği yerde, olumlu sonuç alınamaz.

"İnsanların birbirine güvenmediği yerde, olumlu sonuç alınamaz. Bu kadar sade ve basit."

"Doğru."

"Güçle ilgili yazmış olanlardan biri de İngiliz filozofu Thomas Hobbes'tur. *Leviathan* adlı kitabında Hobbes toplumu, *Leviathan* adını verdiği büyük bir canavara benzetir. Bu canavarın ne yapacağı belli olmuyor ve canavar her an tehlikeli olabilir. Bu tür bir canavara benzeyen toplumun denetim altına alınabilmesi ve düzenin oluşabilmesi için kralın gücünün mutlak olması gerekir. Kral, gaddar ve zalim de olsa, toplumun selameti bakımından ona mutlak itaat gereklidir. Aksi halde birbirinin gırtlağına sarılmış, sürekli hırsızlık yapan, çalan, çırpan, birbirinin malına, canına, namusuna göz dikmiş insanlar güruhu ortaya çıkar. Hatta kral yönettiği zaman bile insanlar birbirini yemeye, parçalamaya devam eder."

"Bu düşünce, devlet vatandaş ilişkisinde, devletin vatandaşa teba olarak bakmasının temelinde yer alıyor, olmalı."

"Evet. Hobbes sanki gaddar olmayan yöneticinin iyi yönetici olamayacağını söylüyor. Böylece, Çetin Altan'ın Osmanlı tarihi ile ilgili dile getirdiği eleştirileri cevaplamış oluyor."

"Bunu biraz açar mısınız, Doğan Bey?"

Çantamdan Çetin Altan'ın *Tarihin Saklanan Yüzü* kitabını çıkardım, sayfa 177'den okumaya başladım:

"Prof. İsmail Hakkı Uzunçarşılı, II. Mehmet'in üçüncü kez padişah oluşunu da şöyle anlatıyor:

'II. Mehmet, 18 Şubat 1451'de Edirne'de üçüncü defa hükümdar olduğu zaman yaşı on dokuzla yirmi arasında idi. Sultan Murat öldüğü zaman Mehmet'ten başka İsfendiyar Bey'in torunu olan hareminden –Hatice Sultan– henüz süt emen Ahmet adında bir çocuğu olmuştu...

...Acele Edirne'ye gelen yeni hükümdar teamül mucibince bu çocuk boğuldu...'

Uzunçarşılı gibi ciddi bir bilim adamı bile, II. Mehmet'in emzikteki kardeşini hemen öldürtmesini, "eğilim gereğince" türünden bir kaydırmayla hafifletmeye çalışıyor...

Hangi teamül mucibince?

Fatih, o ünlü yasasını bu olaydan yirmi yedi yıl sonra kaleme alacaktı ve emzikteki kardeşi Ahmet'i öldürterek de 'teamül'ü kendi başlatıyordu.

İsmail Hami Danişmend ise aynı olayı şöyle anlatıyor:

'Küçücük Ahmet, ikinci Murat'ın henüz kundakta bulunduğu rivayet edilen en küçük oğludur. Fatih, Manisa'dan Edirne'ye gelir gelmez, müstakbel bir saltanat müddeisi saydığı bu küçük kardeşini boğdurtup tabutunu babasının cenazesiyle beraber Bursa'ya göndermiştir. Osmanlı tarihindeki amca, evlat ve kardeş katilliği ananesine ait vakalar için Osman Gazi, I. Murat, Savcı Bey, I. Beyazıt olaylarına bakınız. Fatih devrinden itibaren bu siyasi idamlar, kanuni bir mahiyet almış ve şehzadelerin saltanat muharebelerine mani olmak için Kanunname-i Al-i Osman'a şöyle bir madde konmuştur:

'Ve her kimseye evladumdan saltanat müyesser ola, karındaşların nizam-ı âlem için katlitmek münasibdür; ekser-i ulema tecviz etmiştir; onunla amil olalar.'

Fatih'in ilk örneğini de vererek koyduğu ünlü kardeş öldürme maddesi bu işte..."

"Doğan Hocam, burada hem Hobbes var, hem de Makyavelli."

"Haklısın. İlginç yanı ne biliyor musun? Thomas Hobbes

1588-1679 arasında yaşamış bir İngiliz düşünürüdür. İngiltere'de 1215'te Magna Carta Libertatum yasası oluşturulmuştu. İzin verirsen, Çetin Altan'ın bu konuda yazdıklarını da, seninle paylaşmak istiyorum. *Tarihin Saklanan Yüzü* kitabının 186. sayfasından okuyorum:

" 'Burada üzücü olan nedir bilir misiniz?

Kişi hak ve özgürlükleri daha 1215'te, yani Osmanlı Devleti'nin kurulmasından seksen beş yıl önce İngiltere'de 'Magna Carta Libertatum' yasasıyla güvence altına alınmıştı.

O temel yasada şöyle deniyordu:

Madde 39. Hiçbir özgür kişi, kendi denklerinin hukuken geçerli bir hükmü ya da ülke yasalarının gerektirdiği durumlar dışında tutuklanamaz, hapse atılamaz, mallarından ve yasal haklarından yoksun bırakılamaz, sürgüne gönderilemez ya da hiçbir biçimde zarara uğratılamaz; biz (kral olarak) ona saldırmayacağımız gibi, kimseyi de üzerine saldırtmayacağız.

Ve II. Sultan Mehmet, 'Magna Carta'dan 262 yıl sonra, 1477-1480 arasında, padişah olan şehzadenin kardeşlerini öldürebileceği ilkesini getiriyordu.' "

"Bunlar üzerinde yeteri kadar düşündüğümüzü sanmıyorum, Doğan Bey. Halbuki bunlar Cumhuriyet'e inanmış insanların bilmesi gereken, üzerinde düşünülmesi gereken, yargılamadan değerlendirerek açıklığa kavuşması gereken konular. Çetin Altan böyle bir çalışma ile önemli bir adım atmış oluyor."

"Arif Bey, Çetin Altan bu kitabında 'tarih bilincinden' uzun uzadıya söz eder. Ve bizde tarih bilincinin oluşmamasından yakınır. Kendisine teşekkür borçlu olduğumuzu düşünüyorum. Ve kendisinin bir savaşçı tutumu içinde, sırf gerçeklere olan saygısından dolayı bu kitabı yazdığını düşünüyorum. Ama, üzerinde konuştuğumuz esas konuyu göz ardı etmeyelim. Güç kavramı üzerinde konuşuyoruz ve Hobbes da, 'kral, toplumun büyük çıkarını korumak için, zalimce görünen kararlar alabilir ve uygulayabilir' diyor. Bu konuda siz ne diyorsunuz?"

"Yanlış diyorum."

"Niçin?"

"Yanlış da onun için!"

"Yok öyle şey. 'Yanlış da onun için,' gelişmek isteyen bir insanı tatmin eden bir cevap olamaz."

Çoğunluğun doğru demesi, benim bunu yanlış görmemi etkilemez.

"Niçin, Doğan Bey?"

"Algılama kişiye özgü ve dinamiktir de onun için. Şimdi siz şu anda gelişigüzel sokaktan geçenleri durdurun ve deyin ki, size bir sorum var: Osmanlı Devleti'nin yüksek menfaatleri gereği, sultan olan şehzadenin diğer kardeşlerini boğdurması, sizce doğru bir davranış mıydı, yoksa yanlış bir davranış mı? Sana kalıbımı basarım ki, büyük bir çoğunluk 'doğru bir davranıştı,' diyecektir."

"Muhtemelen haklısınız."

"O zaman sorumu yineliyorum: Bu konuda siz ne diyorsunuz?"

"Çoğunluğun doğru demesi, benim bunu yanlış görmemi etkilemez. Şu anda neden yanlış olduğunu entelektüel düzeyde açıklayacak durumda değilim; bunu kabul ediyorum, ama iktidara geçenin kardeşlerini öldürtmesi bana hâlâ yanlış geliyor, hem de çok yanlış geliyor."

"Hah şimdi dürüst bir düşünür oldunuz. Şimdi öğrenci tutumu içinde bir düşünür oldunuz."

"Peki Doğan Bey. Sizce bu yanlış mı, doğru mu?"

"Yanlış veya doğru biçiminde cevaplama yerine, böyle bir yönetim felsefesi nasıl bir yönetim bilinci ve nasıl bir toplum oluşturur, nasıl bir gelecek yaratır? Bunun üzerinde durmalıyız, derim."

"Peki öyle sorayım: Hobbes'un yaklaşımı içinde nasıl bir yönetim bilinci oluşur?"

"Bunun cevabını da Çetin Altan kitabında vermiş. Sayfa 37'den okuyorum:

> " 'Bizim Osmanlı İmparatorluğu'nun tarihi, peri padişahlarının öykülerine benzeyen, üstünde pembe hayaller kurabilecek bir tarih değil...
>
> Tut ki Yavuz Sultan Selim Han'ın vezir-i azamısın, her dem başının üstünde bir cellat gölgesi...

Tut ki Sultan II. Beyazıt Han'ın şehzadesisin, sakalını beyaza boyatıp kafana bir keçe külah geçirerek sarayın arka kapısından tüysen ve bir mağaraya saklansan bile, boynunu cellat kemendinden kurtarma olanağın yok...

Fatih Sultan Mehmet Han bile olsan, kendi ecelinle mi öldüğün yoksa ellini henüz geçmişken zehirlenip de mi öldürüldüğün hep bilinmez kalacak...

Büyük bir imparatorluk, ama hiç kimsenin can güvenliğinin bulunmadığı bir imparatorluk; ne vezir-i azamların, ne şehzadelerin, ne de hünkârların...

Ve bitmez tükenmez iktidar kavgaları... Hem de ne kanlı kavgalar, ne karanlık kavgalar, ne kaypak kavgalar...'

"Böyle bir yönetim bilinci oluşur. Hiç kimsenin kendini güvende hissetmediği, sürekli herkesin herkesten şüphe ettiği, her an arkadan birinin hançerleyebileceği bir yönetim ortamı. Bunu istiyorsan, gerçekten bu yönetim bilinci sana bunu sağlar. 'Doğru' ve 'yanlış'tan ziyade, kendini adadığın gelecek nasıl bir gelecek, o geleceğe hizmet eden ne, onu sormak gerek."

"Güven dolu bir yönetim istiyorsam, o zaman, bu yanlış."

"Evet. Hobbes ve Makyavelli'nin yaklaşımları bugünkü anlamda tanımladığımız demokratik yönetim ortamını oluşturamaz. Bu anlamda sizin 'yanlış' tanımınıza katılıyorum."

"Evet Doğan Bey, sizin ne demek istediğinizi anlıyorum. Bilinçli olarak, sorunları görüp, sonuçlarının farkında olarak konuşmamı istiyorsunuz."

"Bunu görüp, kabul ettiğiniz için teşekkür ederim Arif Bey."

İkimiz de bir süre sustuk.

Çevreye şöyle bir baktım, asık suratlı delikanlılar gitmişti. Deminki kediyi yakalamak isteyen küçük bir kız çocuğu onun peşinden koşuyordu. Annesinin, 'Seni ısırır yaklaşma,' dediğini duydum. Çocuk zınk diye durdu. Arif'le birbirimize baktık. Korkuya dayalı bir eğitim şimdi gözümüzün önünde işliyordu. Bu eğitimin sonuçlarını da üç dört aylık bir kedi yavrusundan kaçan genç kızların davranışlarında biraz önce görmüştük.

Yüreğim sızladı. Anne, çocuğuna yaptığı bu kötülüğün hiç farkında olmadan, "cenneti ayaklarının altına almayı hak etmiş biri olarak" çocuk yetiştirmeye devam edecekti. Yanlış söyledim, çocuk yetiştirmeye değil, "çocuğunu budayarak bodurlaştırmaya" devam edecekti.

Arif Bey, neyi gözlediğimi, ne düşündüğümü biliyordu, çünkü gözlemlerimi ve bana düşündürdüklerini sürekli onunla paylaşıyordum.

Gücün felsefi boyutlarına geri döndüm:

"Belki de en etkili postmodern filozof Fransız Michel Foucault. O, 'yapısalcılık' dediğimiz, dil ve bilgi arasındaki yapısal ilişki ile ilgilenmiş, daha sonra güç konusunda düşüncelerini dile getirmiştir. Kendisi hem tarihçi hem de filozoftu. Kendi çalışmasını 'bilgi arkeolojisi' olarak isimlendirmiştir. Eski yazılı eserleri inceleyerek, tarihte bilginin nasıl yapılandığını incelemiştir.

"Dil ve gerçek arasındaki ilişkiyi değişik devrelerde incelemiş ve bu ilişkinin açıktan değil, örtük olarak, varsayım olarak var olduğunu görmüştür. Rönesans devrinde gerçeğin kelimelerin içinde saklı olduğu düşünülmüştür. Daha sonra 17. yüzyılda insanlar kelimelerin kendisinin gerçeği saklamadığını, fakat gerçeğe işaret ettiğini düşünmeye başlamışlardır."

"Foucault düşünce yapısının insan zihninin yapısını yansıtmadığını ifade eder. Bunu söylerken, antropolog Claude Levi Strauss gibi, insanın bir düşünce yapısı olduğunu ve bu düşünce yapısının toplumun mitolojisinde kendini yansıttığını savunanları muhatap almıştır. Foucault öyle düşünenlerin olduğunu bilir ama onların yanıldığını söyler.

"Foucault insanın düşünce yapısının toplumdaki güç ilişkilerini yansıttığını söyler. 'Bilginin olduğu her yerde, gücün kendini gösterme çabası içinde olduğunu görürsünüz. Bilginin getirdiği gücün baskı altına alıcı bir tarafı vardır; insanları belirli bir yönde davranmaya yönlendirir,' der.

"Foucault, beşeri bilimlerin Rönesans ve Aydınlanma devrinde bazı bilgileri 'doğru' bazılarını 'yanlış' diye etiketleyerek dünyayı denetlemeye yönelik bir çaba içine girdiğini söylemiştir. Güçlü olan bilgiyi üretiyor. Güçlü olan hangi bilginin doğru, hangi bilginin yanlış olduğunu belirleyerek, kimi bilgilerin kabulünü, kimi bilgilerin reddedilmesini sağlıyor. Böylece güç, bilgi aracılığıyla insanların düşünce ve davranışlarını denetliyor."

"Burada Foucault'un sözünü ettiği güç, Marx'ın, Hegel'in sözünü ettiği güç mü?"

"Hegel ve Marx hangi güçten söz ettiklerini açık seçik ifade etmişlerdir. Ama, Foucault daha genel, toplumun tümünü denetleyen, ama varlığını açık seçik görmediğimiz kültürel bir güçten söz ediyor."

"Doğan Bey, Hegel ve Marx'ı da tartışma konusu yapacak mıyız?"

"Onları, değişim konusunu işlerken ele almak istiyordum."

"Tabii. Sadece merak etmiştim."

"Focault, bilginin insanın davranışlarını nasıl denetlediğini Avrupa'daki Aydınlanma döneminden bir örnekle anlatır.

"Aydınlanma dönemi bir yandan insanın aklını ve özgürlüğünü birinci plana çıkarttı, diğer yandan, bu devrede 'deli' dedikleri insanları 'akıl hastaneleri'ne kapamaya başladılar. Akıl ve özgürlük önemli değerlerdi, ama eğer birileri doktorların, filozofların, bilim adamlarının 'akıl' ve 'özgürlük' tanımlarına uymuyorsa, bu kişiyi kurumlara kapamaya ve hapse atmaya başladılar. Böylece akıl hastanesine atılanlar, dışarıda kalanlara, aklın ve özgürlüğün ne kadar önemli olduğunu belirtmek üzere gösterilmeye başlandılar.

"Kimseyi akıl hastanesine koymazsan, aklın, mantığın ve özgürlüğün bir anlamı olmayacaktı; çünkü bu kavramlar, yokluklarıyla karşılaştırılarak anlam kazanırlar. İnsanlar kendilerini zıtlarıyla karşılaştırarak tanımlarlar; tabii kendilerini karşılaştırdıkları 'öteki' kişi kendilerinden daha aşağı, daha anormal, daha tuhaf olan insanlardı. Bu sürece 'ötekileştirme, öteki yapma' denir. Ötekileştirme sürecini kullanan insan, diğer insanı aşağılayarak, kendini normal olarak tanımlar.

"Foucault, insanların doğuştan birbirlerinden çok farklı olmadığını, ama bu ötekileştirme süreci içinde gittikçe birbirlerinden farklı hale geldiklerini söyler. Erkekler, kadınları ötekileştirerek kendilerini tanımlarlar; karşı cinsle ilişki kuranlar eşcinselleri ötekileştirerek kendilerini tanımlarlar; Hıristiyanlar, Yahudileri, Yahudiler Müslümanları ötekileştirir."

"Bu, çok güçlü bir süreç Doğan Bey."

"Ötekileştirme süreci mi?"

"Evet. Çok güçlü. Ve sürekli yaptığımız bir şey. Peki bu ötekileştirme sürecinin üzerinde konuştuğumuz güç konusuyla ilişkisi, 'ötekileştirerek kendimi güçlü yaparım' şeklinde mi?"

"Evet, basit ifadesi bu. Kendimi güçlü gösterebilmem için senden farklı olduğumu belirtirim; ama, bu öyle bir fark ki, bu fark nedeniyle ben 'üst' konumda olurum, sen 'aşağı' durumda kalırsın."

"Bir örnek verebilir misiniz?"

" 'Ben erkeğim' dediğim zaman, bizim toplumda, kendimi kadınlardan aşağı mı gösteriyorum, üstün mü?"

"Tamam, anlaşıldı. Peki bunun savaşçı ile ilişkisi ne?"

"Savaşçı gözlemleyen bilinci sayesinde 'ötekileştirme' sürecini hemen keşfeder ve durdurur. Ötekileştirme süreci tamamiyle nesnel bene ait bir süreç. Kişinin ait olmasından, toplumdan, içinde yaşadığı kültürden kaynaklanan bir süreç. Bu nedenle korku üzerine kurulu bir süreçtir, 'ötekileştirme'."

"Şimdiye kadar konuştuğumuz bütün korku temelli güç ilişkilerinde, sen-ben ilişkisi söz konusu gibi geliyor bana."

"Ayrıma dayanan, farklılığa dayanan, 'kim kimden daha güçlü' bilinci içinde oluşan ilişkiler bunlar değil mi?"

"Bana öyle gözüküyor."

"Bravo. Bütün bu anlattıklarımızı sen-ben ve biz bilinci içinde ele alabiliriz. Değerler üzerine kurulu bir geleceğe kendinizi adadığınız zaman, farktan ziyade potansiyele, geçmişten ziyade geleceğe önem verildiğini görebiliyorsunuz, değil mi?"

"Evet, görebiliyorum."

"Korku temelli bir kültürde, değerler temeli üzerine kurulmuş bir yönetim yaratamazsınız. Makyavelli ve Hobbes'un dediği türden bir güç temeli üzerine kurulu yönetim, korku temelli bir yönetim olacaktır."

"Yani, kültürün temelini değiştirmeden, bu kültür içinde yaratılacak gelecek, değerler üzerine kurulu bir gelecek olamaz mı, demek istiyorsunuz?"

"Biraz fazla laf kalabalığı oldu galiba. Aklınız karıştı mı?"

> *"Kültürün temelini değiştirmeden, bu kültür içinde yaratılacak gelecek, değerler üzerine kurulu bir gelecek olamaz."*

"Evet, karıştı, nereden anladınız?"

"Öyle bir soru sordun ki, çok laf, az fikir vardı!"

Gülüştük. Arif Bey, "Peki, şimdi ne yapalım?" der gibi yüzüme baktı.

Konuşmaya devam ettim:

"Kültürü olduğu gibi bırakarak, o kültürden bağımsız gibi düşünerek, aile kurmak, şirket kurmak, yönetim kurmak olanaksız. Bu daha sade bir anlatım, galiba. Öyle değil mi?"

"Evet, daha sade bir anlatım. Ama eğer yeni bir gelecek yaratmak istiyorsam, ne yapacağım? Kültür değişmeden, ben bir şey yapamam, oturup beklemem gerek gibi bir anlam çıktı, bu dediğinizden."

"Daha somut örnekler verirsek, belki bu korkunuz ortadan kalkar. Söylemek istediğim şu: Öğrencilerinizin sizden korkmasını isteyerek ya da kendi öğretmen arkadaşlarınızdan korkarak, hiçbir zaman, ama hiçbir zaman, kendinizi adadığınız geleceği gerçekleştiremezsiniz."

"Kendimi adadığım gelecekle kişisel bütünlük içinde olmam gerekiyor. Bunu görebiliyorum. Geleceğimin temelinde sevgi ve gelişim iki temel değerdi. Bu iki temelden güç alarak geleceği oluşturmam gerekiyor. Korkuya dayanarak değil."

"Evet Arif Bey, bu anlamda siz bütün toplumu değiştirmekten sorumlu değilsiniz. Sizin sorumlu olduğunuz, kendi davranışlarınız. Siz vuruş menziliniz içinde kalmanın bilinci içindesiniz."

"Ama davranışlarımın neticesinden tüm ülke etkilenebilir."

"Evet, zaten sizin güdülenmenizin altında yatan temel neden o: Bu ülke için daha güçlü, daha sağlıklı, daha mutlu bir gelecek yaratmak. Gayet tabii bu vizyonun bilincinde olacaksınız."

"Yani beni güdüleyen vizyonum, bu vizyonun altında yatan niyetim. Kültürün şimdiki değerleri değil."

"Evet, kritik nokta bu. Savaşçı gücünü, kendini adadığı gelecekten alır. Bu geleceği önce kendi niyetinin saflığında yaratır. Daha sonra, bu saflıktan, masumiyetten aldığı güçle, eyleme geçer."

"Onun niyetinin saflığından, korkunun olmayışını mı kastediyorsunuz?"

Savaşçı gücünü, kendini adadığı gelecekten alır.

"Korkunun yokluğu, yaratmak istediği gelecekten, onun egosunun hiçbir çıkar beklememesinden gelir."

"Buna bir örnek verebilir misiniz?"

"Yine sizi örnek vereceğim: Eğer, kendinizi adadığınız gelecekten, para, mevki, şöhret veya bunun gibi bir çıkar bekliyorsanız, sonuç sizin için önemli olmaya başlar ve siz 'acaba başarısız olur muyum?' diye korkmaya başlarsınız. Ama niyetiniz saf ise, bütün istediğiniz, elinizden gelenin en iyisini yapmak ve öğrencilerinizin gelişmesine olanaklar sağlamak ise, elinizden gelenin en iyisini yaptığınız sürece hiçbir şeyden korkmazsınız."

"Her şey dönüp dolaşıp, niyete geliyor. Herhalde onun için niyet konusunu başlarda irdelediniz."

"Evet; niyetinin saflığı içinde verdiği kararlar, savaşçının en önemli güç kaynağıdır."

Zihnin Gücü

Konuşmamızın sonlarına geliyorduk. Yorulmuştum. Arif Bey pür dikkat, gayet enerjik gözlerimin içine bakıyordu. Kalktım, camiye doğru yürümeyi teklif ettim. Yürürken bir yandan da konuşmaya devam ettik.

"Savaşçının niyetinin saflığı, onun geleceğe odaklanmasını sağlıyor. Savaşçı hiçbir şey istemeden, sadece kendini adamış olduğu geleceği düşünüyor, hayal ediyor, enerjisini, eylemini bu amaca yöneltiyor."

"Güçlü bir odaklanma oluyor. Bu odaklanmanın savaşçının başarısında etkisi büyük, değil mi?"

"İnsan zihninin gücü hiç küçümsenemez, Arif Bey. İnsan zihninin gücünden trans-hipnoz konusunu tartışırken bahsetmiştim, şimdi bir örnekle, bu konuya geri dönmek istiyorum. Denis Waitley adında bir Amerikalı yazar, *Empires of the Mind* adlı kitabında şu örneği verir. Onun yazdıklarına dayanarak size aktarıyorum:

Niyetinin saflığı içinde verdiği kararlar, savaşçının en önemli güç kaynağıdır.

"Nick adında bir demiryolu işçisinin öyküsü bu.[*] Nick güçlü, sağlıklı bir işçi, manevra sahasında çalışıyor. Arkadaşlarıyla ilişkisi iyi ve işini iyi yapan güvenilir bir insan. Ne var ki, kötümser biri, her şeyin en kötüsünü bekler ve başına kötü şeyler geleceğinden korkar. Bir yaz günü, tren işçileri, ustabaşının doğum günü nedeniyle bir saat önceden serbest bırakılırlar. Tamir için gelmiş olan ve manevra alanında bulunan bir soğutucu vagonun içine giren Nick, yanlışlıkla içerden kapıyı kapatır, kendini soğutucu vagona kilitler. Diğer işçiler Nick'in kendilerinden önce çıktığını düşünürler. Nick kapıyı tekmeler, bağırır ama kimse duymaz, duyanlar da bu tür seslerin sürekli geldiği bir ortamda oldukları için pek kulak vermezler.

"Nick burada donarak öleceğinden korkmaya başlar. 'Eğer buradan çıkamazsam, burada kaskatı donacağım,' diye düşünür. İçeride yarısı yırtılmış bir karton kutunun içine girer. Titremeye başlar. Eline geçirdiği bir kâğıda karısına ve ailesine son düşündüklerini yazar: 'Çok soğuk, bedenim hissizleşmeye başladı. Bir uyuyabilsem! Bunlar benim son sözlerim olabilir.'

"Ertesi gün soğutucu vagonun kapısını açan işçiler, Nick'in donmuş bedenini bulurlar. Üzerinde yapılan otopsi, onun donarak öldüğünü gösterir. Fakat, bu olayı olağanüstü yapan, soğutucu vagonun soğutma motorunun bozuk olduğundan çalışmıyor olmasıydı. Vagonun içindeki ısı 18 santigrat derecede idi ve vagonda bol hava vardı. Nick'in korkusu, kendini gerçekleştiren bir kehanet oluşturmuştu."

Hikâyeyi ilgiyle dinleyen Arif Bey,

"Yani Nick kendini donacağına hipnozlamıştı," diye vardığı sonuca ifade etti.

"Evet. Beynin gücünü görebiliyorsun, değil mi?"

"Müthiş bir şey bu! Sanırım bu konuda araştırmalar yapılmıştır."

---

[*] Metnin aslında, 'Bu öykünün film halinde canlandırılmış türü, 'American Media in Des Moines, Iowa, USA' adresinden temin edilebilir,' notu var.

"Evet, çok sayıda araştırma var, ama bu araştırmaların tümünü bilecek kadar bilgi sahibi değilim. Yalnız şunu söyleyeyim, birçok doktor, hem hasta olmada ve hem de iyileşmede zihnin etkisini kabul etmektedir. Zihin salgı bezlerinin çalışmasını etkileyerek, değişik türden hastalıkların ortaya çıkmasını veya tedavi edilmesini etkiliyormuş. Bu kendi başına ayrı bir konu olduğu için bu konuda pek ayrıntıya girmek istemiyorum."

"Ama savaşçı ile ilişkisini görebiliyorum. Savaşçı, niyetinin saflığı içinde, geleceğine baş koymuş bir eylemci. Zihninde bir dünya yaratıyor ve bu dünya onun için tamamiyle gerçek ve anlamlı. Tabii, bu ona büyük bir coşku ve enerji kaynağı oluyor."

"Ben de bundan iyisini söyleyemezdim, Arif Bey."

Cami önünden yavaş yavaş ana yola doğru yürümeye başladık. Arif Bey Beşiktaş'a gidecekti, onu Beşiktaş'ta bıraktıktan sonra taksiyle Cihangir'e gittim.

Önümüzdeki buluşmayı Cumartesi günü yapacağımızı ve konumuzun sorumluluk olacağını biliyordu, bir de Çemberlitaş'ta buluşacağımızı.

6
Sorumluluk

Arif Bey'le Çemberlitaş'ta buluştuk ve oradan Beyazıt'a doğru yürüdük. Sağımızda yer alan Çorlulu Ali Paşa Medresesi'ne geldik. Tramvay yolu ile sağ koldaki Bileyiciler Sokak köşesinde yer alan bu medresenin bahçe giriş kapısının sağında bir Milli Piyango satıcısı, öbür yanında bir ayakkabı boyacısı duruyor. İçeri girerken kapının her iki yanına asılmış, mika dedikleri türden sert plastik panolar üstüne yazılmış İngilizce yazılar, turistleri çekmek için halı ve kilim satıldığını belirtiyor. Plastiklerin bazı kısımları çatlamış, bazıları da kopmuş. Son derece bakımsız, pis, tozlu bir görünüm veriyor. O yazıların altında "Erenler Çay Bahçesi ve Nargile Salonu" yazısını görüyoruz.

Kapıdan içeri girerken ilk dikkati çeken, hemen sol tarafta yere konmuş ufak kömür mangalları; üzerlerine ufak bacalar konmuş ve çıtır çıtır kömürler yanıyor; bazıları yanmaya yeni başlamış, bazıları ise kıpkırmızı kor haline gelmiş. Giriş boyunca sağda solda mezarlar var; demir kafesler bu mezarlıklarla giriş yolunu ayırır biçimde konmuş. Demir kafesler paslı, yer yer boyası dökülmüş; mezarların çevresi tozlanmış, kirlenmiş, kâğıtlar atılmış, sanki çöplük haline gelmiş. Toz ve pislik bu demir kafeslerin içine sinmiş. Girişin üstü kapalı olduğu için sürekli gölgelik ve bu nedenle yosun tutmuş, çevrede ağır bir yosun kokusu var.

Giriş kapısının koridoru bitince, hemen sağda, camekânlı bir çay evi var; camekânda nargile marpuçları, nargile hazneleri ve diğer edevat sergileniyor. Burası nargile kültürünü canlı tutmaya çalışan bir yer ve nargileyi seven müşterileri kendine çekiyor. Çay bahçesinin büyük oturma odasına bitişik olduğu diğer odada bir adam, duvarları ve oda içinde kalan demir kafesleri boyuyor ve ara sıra mola verip nargilesini içiyor. Nargile içerken duvar boyayan birini ilk defa görüyordum. Arif Bey'e baktım; o da bu yeniliğin etkisindeydi. Hoş bir sürprizle karşılaşmış gibi olduk.

Avlu çepeçevre küçük odalarla kuşatılmış ve her bir oda bir halı ve kilim satış mağazası. Sanırım bu mağazalar birbirlerinden ayrı değil, aralarında herhangi bir rekabet olacağını sanmıyorum. Turistler için İstanbul kartpostallarının satıldığı bir tezgâh var. Avluya divan ve plastik sandalyelerden oluşmuş oturma yerleri konmuş. Bir yandan tarihi bir oturuş mekânı olarak divan, üstünde güzel görünümlü kilimler var, diğer yandan en ucuzundan plastik sandalyeler.

Avlunun kapı girişine yakın bir sedire oturduk. Gençler, yaşlılar, yerliler ve yabancı turistlerden oluşan karışık bir müşteri grubu dolanıyor. Burayı bilen İstanbullu müdavimler, selamlaşmalarından, içeri girerken sağa sola bakışlarındaki rahatlıktan belli oluyor. Burada nargile içiyor olmak ayrıcalık ifade ediyor olmalı. Nargile içenler kendilerini daha bir ayrıcalıklı görüyorlar sanki. "Burası nargile içenlerin mekânıdır" sözü, görünmeyen tabelalar üzerine, her yere yazılmış gibi.

Kızılderili Bir Bilge Kişi

Ben adaçayı istedim, Arif Bey elma çayı ısmarladı.

"Sana daha önce don Juan'dan biraz bahsetmiştim, değil mi?" diyerek konuya giriş yaptım. Arif Bey, "Kızılderili kişi mi?" diye sordu.

"Evet."

"Evet, bahsetmiştiniz. Carlos Castaneda adında bir üniversite doktora öğrencisi onunla tanışmış ve daha sonra onun hakkında dokuz kitap yazmış."

"Konuşmalarımıza ara sıra onun kitabından bölümler getirmek istiyorum. İrdelediğimiz konuları daha iyi anlamamıza yardım edeceğini sanıyorum."

"Ben de zaten o konuyu merak ediyordum, iyi olur."

Çantamdan Carlos Casteneda'nın *Journey to Ixtlan* adlı kitabını çıkardım. Daha önce işaretlemiş olduğum sayfayı açtım ve ona okuduğumu anlatmaya başladım. Ben konuşmaya başlamadan Arif Bey, "Bu kitabın Türkçesi var sanırım," dedi. Ben de, bu dizideki kitapların birçoğunun Türkçesinin olduğunu, ama ben Kaliforniya'da iken bu kitapların İngilizcesini okuyup sayfalarını işaretlediğim için şimdi onları kullandığımı söyledim. Ve işaretlediğim sayfadaki içeriği Arif Bey'e aktarmaya başladım. Ama, kitaptakileri aktarmadan önce Carlos ve don Juan ilişkisi hakkında biraz bilgi vermeyi uygun buldum.

"Şimdi sana aktaracağım etkileşim ve gözlemler, Carlos, don Juan'ı Kuzey Meksika'daki köyünde ziyaret ettiği zaman yer alıyor."

Arif Bey sözümü kesti ve "Hocam, konumuz sorumluluk değil mi?" diye sordu. Konumuzun sorumluluk olduğunu söyledim ve kaldığım yerden devam ettim.

"Carlos doktora tezi olarak, 'Kızılderililerin bitkileri tıbbi amaçlarla kullanışları' konusunu seçiyor. Bu konu üzerinde çalışmak ve bilgi almak için sık sık don Juan'ı ziyaret ediyor. Diğer yandan don Juan, Carlos'u savaşçı olmak üzere yetiştirmeye başlamış, ama Carlos'un bundan haberi yok. Don Juan, Carlos'un bir savaşçı olması için belirli bir eğitim programı hazırlamış. Ve bütün bu konuşmalar, etkileşimler, bu programın bir parçası olarak yer alıyor. Ne var ki, Carlos henüz böyle bir program içinde yer aldığını bilmiyor.

"İşte onların etkileşimlerini bu çerçeve içinde dinlemek gerekiyor:

> Altına hasırı çekerek uzandı ve başının altına bohça gibi bir şey koydu. Güzelce yerleşti ve konuşmaya başladı. Eğer bitkiler hakkında daha çok bilgi edinmek istiyorsam, benim bir şey daha yapmam gerektiğini söyledi.
>
> *"Seni gördüğüm zaman anlamıştım; sen yaptığın şeylerden sorumluluk almıyorsun; seni ilk gördüğüm zaman da böyleydin, şimdi de böyle-*

"İnsan bir şeyi yapmaya karar verdi mi, sonuna kadar gitmeli; ama yaptığı şeyden sorumluluk almalı."

• don Juan

sin." Bunları benim anlamamı istercesine yavaş yavaş söylüyordu. *"Otobüs garında bana söylediklerinin hepsi yalandı ve bunların yalan olduğunu sen biliyordun. Neden yalan söylüyordun?"*

Ona, amacımın yaptığım çalışmada bana gerçekten yardım edebilecek, bilgi verebilecek birini bulmak olduğunu söyledim.

Don Juan gülümsedi ve bir Meksika melodisini mırıldanmaya başladı.

"İnsan bir şeyi yapmaya karar verdi mi, sonuna kadar gitmeli; ama yaptığı şeyden sorumluluk almalı. Ne yaparsa yapsın, önce niçin onu yaptığını bilmeli ve daha sonra yaptıklarını hiç kuşkulanmadan, çekinmeden, bütün gücünü vererek yapmalı."

Bana baktı, gözleriyle beni izliyordu. Aklıma söyleyecek bir şey gelmiyordu. Daha sonra, itiraz etmiş olmak için konuşmaya başladım.

"Bu imkânsız!" dedim.

Neden imkânsız olduğunu bana sordu. Ben de, insanların bir şey yapmak istedikleri zaman önce belki öyle düşündüklerini, kararlı olduklarını ama iş uygulamaya gelince insanın içine kuşku girmesinin ve ara sıra pişmanlık duymamasının imkânsız olduğunu söyledim.

"Tabii ki imkân dahilinde," diyerek, ne dediğini bilen ve söylediğinin doğruluğuna inanan bir kimsenin tavrıyla cevap verdi.

> ***"Ölümün avcılık yaptığı bir dünyada, kuşku ve pişmanlık için zaman yok. Ancak kararlar için zaman var."***
>
> **don Juan**

"Bana bak," dedi. *"Bende hiç kuşku ya da pişmanlık yok. Yaptığım her şey benim kararım ve benim sorumluluğum. Yaptığım en basit şey, seni kırda geziye çıkarmak, benim ölümümle sonuçlanabilir. Ölüm sürekli benim peşimde, pusuda. Bu nedenle kuşku ve pişmanlığa benim yaşamımda yer yok. Eğer seni kırda geziye çıkardığım için öleceksem, o zaman ölmeye hazırım.*

"Ama sen, sen sanki ölümsüzsün, ölümsüz insanın kararları iptal edilebilir, pişmanlık duyulabilir veya kuşku duyulabilir. Ölümün avcılık yaptığı bir dünyada, kuşku ve pişmanlık için zaman yok. Ancak kararlar için zaman var."

İçtenlikle böyle bir dünyanın gerçek bir dünya olamayacağını savundum. Bir davranışı ideal bir davranış olarak alıp, böyle yapmak gerek, demenin gelişigüzel bir söz olduğunu, bunun gerçek yaşamla ilgisi olmadığını söyledim.'"

Çaylarımız geldi; garson masaya bırakıp uzaklaştı. Adaçayının rayihası hoştu; bir yudum aldım ve okumaya devam ettim:

"'Ona babamın öyküsünü anlattım. Babam bana bitmez tükenmez nasihatler ederdi; sağlıklı zihin sağlıklı bedende bulunur derdi ve genç delikanlıların zorluklarla mücadele ederek ve sporla uğraşarak kendilerini geliştirmeleri gerektiğini söylerdi. O genç bir insandı; ben 8 yaşında iken, o henüz 27 yaşındaydı. Öğretmenlik yaptığı okul tatil olunca, yazın, en az bir ay benimle birlikte olmak üzere büyükbabamların çiftliğine gelirdi. Ben büyükbabamların yanında kalıyordum. Bu bir ay benim için cehennem gibiydi. Babamın davranışlarından birini, konuştuğumuz konuyla ilgili olduğu için don Juan'a anlattım.

Babam çiftliğe gelir gelmez benimle uzun bir yürüyüşe çıkmakta ısrar ederdi, yürürken konuşurduk ve bu konuşmalar sırasında planlar yapardık. Bu planlardan biri de her sabah saat altıda yüzmeye gitmekti. Akşam, saati sabahın beş otuzuna kurardı; erken kalkacaktık ki, tam saat altıda suya atlamış olacaktık. Sabah alarm çalınca yataktan kalkardı, gözlüklerini takardı ve pencereye gider dışarıya bakardı.

Bundan sonra kendi kendine söylediklerini ezberledim.

"Hım... Bugün biraz bulutlu. Bana bak, sadece beş dakika için yatacağım yeniden. Olur mu? Beş dakikadan fazla değil! Kaslarımı gereceğim ve tamamiyle uyanacağım."

Ama, her gün yeniden uyuyakalırdı; bazen saat ona, bazen ise öğleye kadar uyurdu.

Beni en kızdıran şeyin, onun her gün sahte bir kararlılıkla yeniden aynı şeyleri söylemesi olduğunu anlattım don Juan'a. Her sabah bu hareketleri yapmaya devam ederdi; bir gün saatin alarmını kurmayı reddettim; sanırım bana gücendi.

"Onlar sahte kararlılık değildi," diyerek don Juan babamın tarafını tutar bir tarzda konuşmaya başladı. *"Adamcağız yataktan kendisini nasıl kurtaracağını bilmiyordu, hepsi bu kadar!"*

"Her neyse, ben bu tür gerçek dışı kararlılıkla güvenmem," dedim.

"Sence gerçek olan bir kararlılık nasıl olur?" diye yüzünde belli belirsiz bir gülümsemeyle sordu.

"Babam, sabahın saat altısında yüzmeye gidemeyeceğini kabul

edip, öğleden sonra saat üçte yüzmeye karar verseydi, bu gerçek bir kararlılık olurdu," diye cevap verdim.

"Senin verdiğin kararlar insanın ruhunu zedeler," dedi don Juan; bunu, çok önemli bir şey söyleyen insanın ciddiyetiyle söyledi.

Hatta sesinde bir hüzün bile sezdim. Uzun zaman sessiz kaldık. Kızgınlığım geçmişti. Babamı düşündüm.

"Öğleden sonra üçte yüzmek istemiyordu. Anlamıyor musun?" diye don Juan konuşmaya başladı.

Onun sözleriyle irkilmiştim.

Babamın zayıf bir insan olduğunu, onun hiç uygulamadığı o ideal dünyasının eylemlerinin de zayıf olduğunu söyledim. Bunları hemen hemen bağırarak söylemiştim.

Don Juan bir tek kelime bile söylemedi. Kafasını ritmik bir şekilde sallıyordu. Kendimi hüzne kaptırmıştım. Babamı düşünmek bütün benliğimi kaplayan bir duygu yaratmıştı.

"Sen kendini ondan daha güçlü sanıyordun, değil mi?" diye pek önemsemeyen bir sesle sordu.

Ben de, ondan daha güçlü olduğumu söyledim ve babamın bana çektirdiklerini anlatmaya başladım; ama devam etmeme izin vermedi, sözümü kesti.

"Sana rezilce davrandı mı? Sana rezillik yaptı mı?"

"Hayır."

"Önemsiz, küçük şeylerden dolayı, senin canını yaktı mı?"

"Hayır."

"Yapabileceği her şeyi senin için yaptı mı?"

"Evet."

"Peki, hatası neydi o zaman?"

Yine bağırarak konuşmaya başladım ve onun zayıf bir insan olduğunu söyledim, ama cümlemin yarısında bağırdığımın farkına varıp, sesimi alçalttım. Don Juan'ın beni sorguya çekmesi tuhafıma gitti.

"Bütün bunları ne için yapıyorsun?" dedim. "Bizim bitkiler hakkında konuşuyor olmamız gerekiyordu."

Kendimi daha kızgın ve bedbin hissediyordum. Ona benim davranışlarımı yargılamaya ne hakkı ne de herhangi bir eğitimi olduğunu söyledim ve o kahkahalarla gülmeye başladı.

"Öfkeli olduğun zaman kendini hep üstün görüyorsun, değil mi?" dedi.

Doğruydu, kızdığım zaman hep kendimi haklı ve üstün görürdüm.

"Babamdan söz etmeyelim," dedim, sahte bir mutluluk havasıyla söylemiştim bu cümleyi. "Haydi, bitkilerden söz edelim."

"Hayır, babandan söz edelim," diye ısrar etti. *"Bugün başlamamız gereken yer bu konu. Ondan daha güçlü olduğunu sanıyor idiysen, sabahın altısında onun yerine sen niye yüzmeye gitmedin?"*

Ona kulaklarıma inanamadığımı, bunu bana ciddi olarak soramayacağını söyledim. Sabah saat altıda yüzmenin benim değil, babamın fikri olduğunu söyledim.

"Onun fikrini kabul ettiğin andan itibaren, senin de fikrin haline gelmişti," diyerek hemen beni cevaplandırdı.

Ben, bu fikri hiçbir zaman kabul etmediğimi, babamın verdiği kararlara hiç uymayacağını zaten bildiğimi söyledim. Don Juan, bu kanaatimi neden babama söylemediğimi sordu.

"İnsan babasıyla öyle konuşmaz," diye bir açıklama getirmeye çalıştım.

"Niçin konuşmaz?"

"Bizim evde böyle şeyler yapılmazdı; hepsi bu kadar."

"Ama, sen o evde bundan daha beter şeyler yaptın," diyerek bir yargıcın gür sesiyle beni yargıladı. *"Yapmadığın tek şey, silkinip ruhunu ışıldatmak oldu."*

> **"Bir insanın kararlarının sorumluluğunu kabul etmesi demek, o kararlar uğruna ölmeye hazır olması demektir."**
>
> **don Juan**

Sesinde beni mahveden bir güç vardı ve bu, zihnimde yankılar uyandırıyordu. Bütün savunmalarım çökmüştü. Onunla tartışamazdım. Not almaya kendimi vererek, cevap vermekten kaçındım.

> **"Hiçbir şey, diğerinden veya başka bir şeyden daha önemli veya önemsiz olamaz."**
>
> **don Juan**

Son olarak, güçsüz bir açıklama olarak şunu söyledim: Bütün ömrüm boyunca babam türünden insanlarla tanıştım; onlar da babam gibi planlar yaparlar, bu planlarına ben de dahil olurdum, ama sonunda hiçbir şey gerçekleşmez, ben hep açıkta kalırdım.

"Şikâyet ediyorsun," dedi; sesi yumuşaktı. *"Bütün ömrün şikâyetle geçiyor, çünkü aldığın kararlardan sorumluluk almıyorsun. Eğer, babanın sabah saat altıda yüzme kararından sorumluluk alsaydın, sen gider yüzerdin, eğer gerekirse, tek başına gider yüzerdin; veya, kararını tutmadığının ve bunun bir oyun ol-*

duğunun farkına vardığın ilk kez, ona, canın cehenneme derdin. Bunu yapmadığın için, sen de baban kadar zayıfsın.

"Bir insanın kararlarının sorumluluğunu kabul etmesi demek, o kararlar uğruna ölmeye hazır olması demektir."

"Bir dakika, sen bunu alıp, tam tersine çeviriyorsun," dedim.

Benim bitirmeme fırsat vermedi. Ona diyecektim ki, babamı sadece bir örnek olarak veriyorum ve hiç kimse, aklı başında hiç kimse, sabah altıda yüzmek gibi saçma sapan bir şey için ölmeyi göze alamaz.

"Kararın ne olduğu önemli değil," dedi. *"Hiçbir şey, diğerinden veya başka bir şeyden daha önemli veya önemsiz olamaz. Görmüyor musun? Ölümün avcı olduğu bir dünyada küçük veya büyük kararlar yoktur. Ölümün kaçınılmazlığı ile yüz yüze olduğumuzun bilinci içinde verdiğimiz kararlarımız vardır; hepsi bu kadar!"*

Hiçbir şey söylememiştim. Belki de bir saat geçti. Hasırın üstünde hiç kıpırdamadan yatıyordu, ama uyanıktı.

"Bütün bunları niçin söylüyorsun, don Juan?" diye sordum. "Bütün bunları bana niçin yapıyorsun?"

"Bana sen geldin," dedi. *"Hayır, doğru değil, bana sen getirildin. Ve ben sana özel bir dokunuşta bulundum."*

"Affedersin, ne yaptın?"

"Sen de baban için yüzerek ona özel bir dokunuşta bulunabilirdin, ama yapmadın, belki de küçük olduğun için. Ben senden daha çok yaşadım. Beni bekleyen, askıda kalmış hiçbir şey yok. Benim hayatımda hiç acele yok, bu nedenle ben sana uygun bir özel dokunuşta bulunabilirim."

Arif Bey'in aktardıklarımı büyük bir dikkatle izlediğini görüyordum.

"Bu okuduklarımdan, sizce don Juan ısrarla hangi temel farkındalık üzerinde duruyor?"

Arif Bey, biraz sessiz kaldı; tüm hikâyeyi gözden geçirdiği belliydi. Elma çayından bir yudum aldı. Bir süre sonra konuşmaya başladı:

"Bu anlattığınız kısımda birden fazla farkındalık sezdim. Bunlardan ilki sorumluluk kavramı. İnsanın verdiği kararlardan tam sorumluluk alarak yaşaması. Temel farkındalık olarak don Juan onun üzerinde duruyor. Ama, ölüm bilinci üzerinde de oldukça durmuş; her an ölümün yanımızda, yakınımızda olduğu ve yaşamımızın sonsuz olmayıp, sınırlı olduğundan dolayı sorumluluğun kaçınılmaz olduğunu vurgulamış. Ölüm bilinci de ikinci farkındalık diyorum. Üçüncüsü de, hiçbir kararın diğerinden daha önemli veya önemsiz olmadığı, bütün kararların, düşünülerek, ciddiye alınarak verilmesi gerektiği ve karar alındıktan sonra geriye dönüşün olmamasıdır."

Sorumluluk Üzerine Akla Gelen Sorular

Bunları söyledikten sonra, Arif Bey, "Nasıl doğru söyledim mi?" dercesine yüzüme baktı.

"Gerçekten iyi dinlemişsiniz Arif Bey," dedim. "Bugünkü buluşmamızda, sizinle sorumluluk üzerinde duracağız. Ölüm bilinci üzerinde önümüzdeki buluşmamızda konuşmak istiyorum. Alınan kararların hepsinin önemli olduğu savaşçının temel bir anlayışıdır ve her konuyu tartışırken, yeri geldikçe, ona da dokunacağız."

Adaçayımdan birkaç yudum aldım. Etrafıma bakındım. Ortada akmayan bir şadırvanın çevresine oturacak yerler yaparak, kahvenin bir parçası haline getirmişler. Kısa beyaz saçlı, beyaz uzun kollu gömlek giymiş, üç-dört günlük beyaz sakallı, cildi koyu esmer, yanağında Antep çıbanı olan ve muhtemelen Antepli, elli-elli beş yaşlarında biri, şadırvanın yanındaki masalardan birinde yüzü bana dönük olarak oturuyordu. Aslında buna masa dememek gerek, düz tahtadan yapılmış sehpa bunlar. Alçak sandalyelere oturdukları zaman bu sehpalar ancak oturan kişinin diz hizasına kadar gelebiliyor.

İstanbul'da tarihi bir yerdeyim ve Arif Bey'le, ilgimi çeken bir konuda sohbet ediyorum. Bunu yapabildiğim için, içimde bir mutluluk, bir şükür duygusu var.

Arif Bey'e şu soruyu sordum:

"Sizce sorumluluk nedir? Nasıl tanımlarsınız sorumluluğu?"

"Sorumluluk mesuliyet duygusudur."

"Türkçesinin yerine Arapçasını söyleyince tanımlanmış oluyor mu?"

"Olmuyor, ben de biliyorum. Sanki biraz zaman kazanmaya çalışıyordum. Sorumluluk kişinin üzerine aldığı her şeyden hesap vermeye hazır olması demektir. Bu bir iş, karar, olay veya bir eylem olabilir."

"Evet, ben bu tanımı kabul ederim. Yani sorumluluğun hesap vermeye hazır olma gibi bir temeli var. Tabii hesap vermeye hazır olma duygusu temel bir varsayımdan gelir. Bu varsayım şöyle ifade edilebilir: 'Kendi hayatımda olan biteni ben etkilerim, yönetirim.' "

"Kişisel bütünlük ile yakın ilişkisi var; bana öyle gözüküyor."

"Tabii var. Kişisel bütünlük, aslında sorumluluğun bir türü. Yani, düşünce, duygu ve eylemlerinin ahenk içinde olmasından hesap vermeye hazır olduğun zaman, kişisel bütünlük ortaya çıkıyor."

"Düşünce, duygu ve eylemlerimin uyması bana bağlı. Başka bir insan ve dışımdaki koşullar değil, düşünce, duygu ve eylemlerimin uyum içinde olmasının gücü bende. Hesap verecek olan benim. Sorumluluğu bu tanımlıyor."

"Sorumluluk olmadan kişisel bütünlük olamaz, yani. Doğru mu algılıyorum?"

"Hayır, olamaz. Sorumluluk daha kapsamlı bir farkındalık. Onun için derinlemesine irdelemek istiyorum.

"Sorumluluk konusu üzerinde düşünürken aklıma şöyle sorular geliyor. Sizin aklınıza gelen soruları da sıralayalım ve sonra bunları teker teker ele alalım:

- Bir insanın eyleminden sorumluluk alması ne demektir? Yani eyleminden sorumluluk almış bir insanla, sorumluluk almamış bir insan arasındaki fark nedir?
- 'Ben kendi seçimlerimden ve kararlarımdan sorumluluk alırım,' dediğim zaman kendi seçimlerinden ve kararlarından sorumluluk almayan bir insandan nasıl bir farkım oluyor?
- '*Ortama getirdiğim bilinç düzeyi*'nden sorumluyum,' demekle ne demek istiyorum?
- Son söylediğim bu genel sorunun alt soruları da var ve bu alt sorular değişik ortamlara ne gibi bilinç getirmekten sorumlu-

yum, şeklinde ifade edilebilir. Örneğin, 'o ortamdaki niyetim ne, neyi başarmak istiyorum?', 'şimdi, burada nasıl hissediyorum, gerçek duygularım ne?', 'bu ortamda enerjim var mı, yapılması düşünülen şeyi yapmak istiyor muyum?', 'elimden gelenin en iyisini yapmak istiyor muyum?' gibi sorular sorarak, ortama farkındalıklar getirebilirim.

- Neden sorumlu olduğumu bilmek, neden sorumlu olmadığımı bilmeyi de gerektirmez mi?
- Aynı mantıkla hareket ederek, nelere, ne kadar dikkat edeceğimi bilmek, nelere dikkat etmeme, önem vermeme sorumluluğunu da gerektirmez mi?

"Benim bu konuda kapsayacağım sorular bunlar. Arif Bey, sizin aklınıza gelen sorular var mı?"

"Evet, var. Bir kişi, 'ben sorumlu bir insanım,' dediği zaman, bu sözün anlamı ne? Dış olaylardan hiç etkilenmeyip, yaşamını sadece onun kendisinin mi yönlendirdiğini söylemek istiyor?"

"Çok yerinde bir soru."

"Yani, 'ben sorumlu bir insanım,' diyen kişi, başka insanları kendi yaşamında gereksiz süs olarak mı görüyor? 'Ben her şeyi onlar olmadan da yaparım,' mı demek istiyor?"

"Dediğim gibi, güzel, yerinde bir soru. Sorumluluk konusundaki sohbetimizi bitirdiğimizde, bu sorulara rahatlıkla yanıt verebilecek durumda olmalıyız."

Önümüzdeki, soldaki masada beş genç var. Sanki çalışıyorlar, ellerinde tuttukları faturaya benzer belgeleri gözden geçiriyorlar. Gençlerden birinin sırtı bana dönük; bu gencin üzerinde kareli bir gömlek ve altında da siyah bir şort var ve uzun saçlarını arkada ensesinin üzerinde toplamış; diğerleriyle hem konuşuyor, hem de ayaklarıyla yere tempolu bir şekilde vuruyor. Tempo tuttuğu bu müzik kafasındaki bir müzik olsa gerek, çünkü dışarıda çalınan müzikle onun ayak temposu arasında hiçbir ilişki yok.

Gençlerden biri yanından geçen garsona, "Bana bir gazoz," dedi. Garson yürümeye devam ediyor, duyup duymadığını belli edecek herhangi bir ipucu vermiyor. Aynı masadan bir diğer genç, yürümekte olan garsonun arkasından sesleniyor, "Bir gazoz da bana." Garson yine yürümeye devam ediyor. Bir diğer genç, yine aynı masadan, garsona bakmadan ama onun istikametine, "Bana da bir çay," diyor. Ve bu sırada garson görebileceğim alanın dışına çıkmış. Bir süre sonra, iki gazoz ve çay geliyor. Garsonun ve gençlerin iletişimleri dışarıdan belli olmuyordu, ama besbelli ki, gayet etkili idi.

Adaçayımı zevkle içmeye devam ederek Arif Bey'e, "başlayalım mı?" gibisinden baktım. Gözüyle, "evet" dedi.

Sorumluluk Almak Ne Demektir?

"Şimdi ilk sorumuzu ele alalım. Daha başka sorular aklımıza gelirse, onları da sorular listesine ekler ve tartışırız. İlk soru şöyleydi:

- *Bir insanın eyleminden sorumluluk alması ne demektir? Yani eyleminden sorumluluk almış bir insanla, sorumluluk almamış bir insan arasındaki fark nedir?*

"Doğan Bey, don Juan'ın Carlos ile konuşmalarından anlaşılıyor ki, sorumluluk alan kişi şikâyet etmek yerine, karar verir ve verdiği kararı uygular. En büyük farkı ben burada görüyorum."

"Ben sorumluluk almadan önceki durumu irdelemek istiyorum. Bir kişinin sorumluluk alıp almamasına yol açan ne? Yani, diyelim ki, Ahmet adında bir kişi var. Ve gerçekten kendi yaşamından sorumluluk almak istiyor. Niyeti bu. Bu kişi sorumlu bir kişi haline gelmeden önce, bazı önkoşullar var mı?"

"Ne demek istediğinizi hâlâ anlayamadım."

"Örneğin, cahil biriyse, belirli bir konuda bilgisi yok ise! Yani, bir insan hiç bilgisi olmadığı, bilmediği bir konudan sorumlu tutulabilir mi?"

"Hayır, tutulamaz. Yani insan o kadar cahil olabilir ki, bilmediğini dahi bilmeyebilir. O nedenle, kişi farkında olmadığı bir şeyden sorumlu tutulamaz diyorum."

"Bir örnek verebilir misiniz?"

"Örnek vereyim. Kitaplarınızı okumadan önce, dinlemenin çok önemli olduğunu bilmiyordum. Dinlemenin önemi üzerine bir bilgim yoktu. Arkadaşlarımla konuşurken, sınıfta öğrencilerimle iletişim kurarken, dinleme konusundan hiç haberdar değildim. Ve çok muhtemel ki, bu konuda hatalar yapıyordum. Aslında muhtemel değil, biliyorum, bu konuda sürekli hatalar yapıyordum."

"Evet, güzel bir örnek. Şimdi sorum şu: insan bilmediği, bir fikri olmadığı alanlarda, bilmediği için yaptığı hatalardan sorumlu tutulabilir mi?"

"Nasıl sorumlu olabilir ki? Hata yaptığını bile bilmiyor! Sorumlu olmaması gerek!"

"Öyleyse..."

"Öyleyse, insanın sorumlu olması için, önce neden sorumlu olduğu ile ilgili bir farkındalığı, bir bilinci olması gerek."

"Evet! Farkında olmak en temel koşul. Kişinin farkında olmadığı, bilmediği şeyden, onu sorumlu tutmak bana yanlış geliyor. Düşünüyorum da, Arif Bey, bu konuda ilginç tartışmalar ortaya çıkabilir. Örneğin, yasa yapan kurum, sadece yasa yapmakla kalmamalı, bu yasadan etkilenecek insanlara haber vermeyi, onları bilgilendirmeyi önemsemeli. Vatandaşına 'Biz Bilinci' içinde bakan bir yönetimde, yeni yasalarla ilgili bilgilendirme özenle takip edilir ve uygulanır. Ama, 'Bana ne, öğrensinler, bu onların sorumluluğu, öğrenmezlerse basarım cezayı, bak o zaman akılları başlarına gelir,' düşüncesi içinde olan yönetim, vatandaşı bilgilendirme konusunda duyarlı olmaz. Ama, şimdi bu tür tartışmaların içine girmeyelim, çünkü temel konumuzdan bizi uzaklaştırır diye korkuyorum."

"Şimdi, anladığım şu: bir insanın sorumlu olması için, o insanın sorumlu tutulacağı konuda bir farkındalığı, bir bilinci olması gerekir."

"Evet! 'Bile bile yaptı!' veya 'bile bile yapmadı!' diyebilmemiz gerekiyor."

"O zaman, *'Eyleminden sorumluluk almış bir insanla, sorumluluk almamış bir insan arasındaki fark nedir?'* sorusuna verdiğimiz cevapta, her ikisinin de 'farkında olduğunu', 'bildiğini' varsayıyoruz. Doğru değil mi?"

Bir insanın sorumlu olması için, o insanın sorumlu tutulacağı konuda bir farkındalığı, bir bilinci olması gerekir.

"Evet, farkında olmaları gerekiyor. Aksi halde sorumlu tutmak için gerekli temelden mahrum kalıyoruz."

"Ama, bu da yeterli gelmiyor, bana."

"'Farkında olma', 'bilme' koşulunun yetmediğini mi söylüyorsunuz?"

"Evet. Eksik kalan bir şey var. Bir insanın sorumlu tutulabilmesi için 'seçme özgürlüğü'nün olması gerekir, diyorum. Örnek vermemi ister misiniz?"

"Sanırım ne demek istediğinizi anladım, izin verirseniz ben örnek vereyim. Diyelim ki, sınıftaki öğrencilerimin zihinsel gelişmesini hızlandıran yeni bir yöntem gelişmiş bulunuyor. Ben bu yöntemi hiç bilmiyorum, hiç duymamışım ve bu nedenle şimdiye kadar hiç uygulamamışım. Tabii, bunu hiç bilmiyordum derken, Türkiye'deki bir öğretmenin koşulları içinde bilmediğimi söylüyorum. Yani bu konuda bana ne resmi, ne de özel kanallardan hiçbir bilgi verilmemiş olsun. Bu durumda birinin, 'bu yeni yöntemi niçin uygulamıyorsunuz, öğrencilerimizin gelişmesini istemiyor musunuz?' diyerek beni sorumsuz bir öğretmen olarak damgalaması yanlış olur."

"Ama, bu örnek, farkında olma ile ilgili oldu. Seçme özgürlüğü ile ilgili bir örnek değil."

"Şimdi ona geleceğim. Yine varsayalım ki, öğrencilerimin zihinsel gelişimini hızlandıran bu yöntemi ben kendi çabalarımla öğrendim ve uygulayabilecek hale geldim. Ama, bu yöntemi sınıfımda uygulayabilmem için yönetimden izin almam gerekli. Varsayalım ki yönetim, şu veya bu nedenle, bu yöntemi uygun görmedi. Ve izin verilmediği için bu yöntemi uygulayamıyorum. Bu durumda, yöntemi bildiğim halde uygulayamıyorum, çünkü uygulama özgürlüğüm yok."

Sorumluluk almış insan hesap verir; kendi bilincinin, kendi gücünün, kendi eyleminin sınırları içinde olaya sahip çıkar.

"Hah, benim de demek istediğim buydu. Yani, bir kimseyi bir şeyi yapmak veya yapmamakla sorumlu tutmadan önce iki önkoşulun var olduğunu varsaymak gerekli: Bir, farkında oluş, bilgi, beceri ve iki, seçme özgürlüğü.

"Arif Bey, izin verilmediği zaman, çocukların yararına olan bu yöntemi uygulamaya koyma iznine ulaşmak için, kendi gücünüz dahilide, stratejik olarak, uzun soluklu bir çaba içine girmeniz doğal. Aslında savaşçı ruhu bu noktada kendini göstermeye başlar. Ama, geleceği yaratmak başlığı altında bu konuyu işledik, tekrar etmeye gerek yok."

Bu noktada Arif Bey'le şu soruyu ele almaya hazırdık: '*Bir insanın eyleminden sorumluluk alması ne demektir? Yani eyleminden sorumluluk almış bir insanla, sorumluluk almamış bir insan arasındaki fark nedir?*' sorusu, bilen ve istediğini yapabilme özgürlüğü olan insanlar arasında ayrım yapmak üzere sorulmuş bir soru.

"Sorumluluk almış insan hesap verir; kendi bilincinin, kendi gücünün, kendi eyleminin sınırları içinde olaya sahip çıkar. Burada kişinin kendi yaşamına sahip çıkması var."

"Evet, anlıyorum. Sorumluluk almamış kişi, söz konusu olan her ne ise, ona sahip çıkmaz. Konuyu kendi bilincinin, kendi gücünün, kendi eyleminin sınırları dışında tutar."

"Doğan Bey, bu söylediklerimiz, masum kelimeler gibi görünüyor, ama aslında insanın yaşamında büyük farklar yaratacak, güçlü farkındalıklar. Şu anda tüylerim diken diken. Ben çoğu kere sorumluluktan kaçış görüyorum. Üniversite hocası, öğrencinin sorunlarının kaynağını, onların lisede iyi yetişmemesinde görüyor. Lise öğretmeni, sorumluluğu ortaokul eğitimindeki eksikliğe, ortaokul öğretmeni ilkokul eğitimindeki yetersizliğe veriyor ve ilkokul öğretmeni de aileyi sorumlu tutuyor. Tabii, aile de bütün kabahati devlete atıyor.(*)"

Özgürlük ancak sorumluluk temeli üzerinde yaşayabilir. Sorumluluk olmadan, özgürlük yaşayamaz.

Bir süre sustum, kafamda özgürlük ve sorumluluk konusuyla ilgili söylemek istediklerim vardı, o konuya geri döndüm.

"Özgürlük ve sorumluluk arasındaki ilişkiye bir başka yönden de bakılabilir.

(*) Bu örneği veren öğretmen Yavuz Durmuş'a teşekkür ediyorum.

" 'Özgürlük yoksa, sorumluluk da yoktur,' düşüncesinin ötesinde bir yön olmalı."

"Evet."

"Nasıl?"

"Özgürlük ancak sorumluluk temeli üzerinde yaşayabilir. Sorumluluk olmadan, özgürlük yaşayamaz. Sorumluluk, özgürlüğün diğer yarısıdır. Yani, sorumluluk ve özgürlük el ele, baş başa gitmek zorundadır."

"Sorumluluğun olmadığı yerde özgürlük, özgürlüğün olmadığı yerde sorumluluk olamaz diyorsunuz."

"Evet. Bugün toplumumuzun içinde bulunduğu sorunların temelinde yatan nedenlerden biri de, insanlarımızın yetişkin özgürlüğü isterken, çocuk sorumluluğu içinde kalması."

"İlginç bir kavram: *Yetişkin özgürlüğü istemek, ama çocuk sorumluluğu içinde kalmak*. Bunu biraz açar mısınız, Doğan Bey?"

"Açayım. Siz çocukken özgürlüğünüz bu kadar geniş miydi? Örneğin, istediğiniz zaman bilet alıp Ankara'ya gidebilir miydiniz? Ya da canınız istediği için arkadaşlarınızla buluşup akşam sinemaya gidebilir miydiniz? Bunun gibi daha birçok olanaklar sayabilirim ki, küçücükken sizin yaşamınızda yoktu, ama şimdi var. Değil mi?"

"Evet."

"Ama, küçükken elbisenizi, ayakkabınızı, kitaplarınızı sizin almanız beklenmiyordu; bunlar sizin sorumluluğunuz değildi. Yani ikisi arasında doğrudan bir ilişki var: özgürlüğünüz arttıkça, sorumluluğunuz da artıyor."

"Bunu görebiliyorum."

"Sorumluluk bilinci, kişinin olgunlaşma sürecinde nerede olduğunun en iyi göstergesidir. Bir çift düşün, aralarında bir çatışma olmuş, ondan sonra her ikisi de surat asarak birbirleriyle konuşmamaya başlamışlar. Çocuklar küserler, birbirlerine surat asarlar; ama yetişkinlerin sorunları konuşarak çözüm aramaları beklenir. Böyle durumlarda, 'haydi çocuklaşmayın, aranızdaki sorunu konuşarak çözün,' deriz.

"Yirmi dört, yirmi beş yaşlarında bir genç bayan kendi yaşamıyla ilgili kararları hâlâ annesine bırakıyorsa, 'daha çocuk gibi annesine bağlı,' deriz. Çünkü kendi yaşamından sorumluluk almamakta, kendi yaşamının sorumluluğunu annesine bırakmaktadır. Evdeki geçimsizlikten erkek sürekli karısını sorumlu tutuyor ve hiçbir zaman kendi payını yüklenmiyorsa, 'henüz adam olamadı deriz' (oğlan çocuğu olmaktan kurtulamadı, anlamında). Türkçe'de 'adam olmak' sözü aslında böyle bir olgunlaşmayı ifade ediyor. Askere oğlan çocuğu olarak giden kişi, orada adam olur, öyle döner. Ve 'askere gitmemişe kız verilmez' anlayışı, geleneksel kültürümüzün iyi işleyen yönlerinden biridir."

Su içmek istedim. Nihayet garsonun dikkatini çekerek birer su ısmarladık. Etrafa şöyle bir baktım, erkekler çoğunlukta ve genellikle yüzler durgun, yorgun, neşesiz, çökkün, mutsuz, aldırmaz, bıkmış bir durumda. Hatta psikolog birinin gözüyle, bu insanlar depresyona girmiş insanların yüz ifadesini taşıyor. Bu, memleketimizdeki erkeklerin doğal ifadesi mi?

Sorumluluk bilinci, kişinin olgunlaşma sürecinde nerede olduğunun en iyi göstergesidir.

Hayattan pek bir şey beklemeyen, kaderine razı olmuş, sonuna kadar hep böyle gidecek diyen insanların yüzü. Heyecan duyacak, neşelenecek ne var?

Sorumluluk konusunu konuşurken bu yüz ifadeleri daha anlamlı geldi. Bu kişiler acaba kendi mutluluklarından sorumluluk alıyorlar mı? Sonra onların geliştikleri ortamları düşündüm: Bu insanları yetiştiren anababalar, öğretmenler kendi yaşamlarından sorumluluk alıyorlar mı?

Arif Bey'le konuşmama devam ettim:

"Sorumluluğun gelişmesi için insanın sorumluluk alabileceği bir ortamda yetişmesi gerekir. Kişinin yetiştiği ortamda, kendisi için seçim yapma ve yaptığı seçimin sonuçlarından sorumlu olma fırsatı verilmemişse, sorumluluk duygusu gelişemez. Bu nedenle çocuklarına kendi düşüncelerini söyleme ve uygulama olanağı verilmeyen ailelerde çocuklar olgunlaşamazlar."

"Doğan Bey, sizin kitaplarınızı okudum, ne demek istediğinizi anlıyorum. Ama, sormak istediğim bir soru var: vatandaş hangi

> *Kişinin yetiştiği ortamda kendisi için seçim yapma, ve yaptığı seçimin sonuçlarından sorumlu olma fırsatı verilmemişse, sorumluluk duygusu gelişemez.*

yönde yetişkin özgürlüğü isteyip, çocuk sorumluluğu içinde kalıyor?"

"Rüşvetten arınmış, canlı, dinamik, çağdaş bir bürokrasi istiyor. Okulların kaliteli olmasını, temiz olmasını, müfredat programının çağdaş ve etkili olmasını istiyor. Oturduğu kentin temiz olmasını, kaldırımlarının, çocuk bahçelerinin, konser salonlarının bulunmasını istiyor. İstiyor da istiyor. Kısacası, uygar bir ülkenin insanının yaşam koşullarına sahip olmak istiyor."

"İstemesin mi, Doğan Bey? Yıllar yılı ezilmiş, baskı altında tutulmuş bu halk, artık istemeye başlamasın mı?"

"Arif Bey, biraz daha devam edin. Hatta sizin yerinize ben devam edeyim. 'Doğan Bey, yetmez mi bu milletin, bir lokma, bir hırka devri. Bu vatandaşların, diğer ülkelerin vatandaşlarından neyi eksik? Şimdi siz, onların bu isteklerini de mi fazla görüyorsunuz? Ne zaman biri çıkarak, siz her şeye layıksınız diyecek?' "

"Peki abartmayalım, ama sormayalım mı? Yani vatandaş istemesin mi?"

"İstediği her şeyin sorumluluğunu alarak istesin. Ancak o zaman yetişkin tavrı içinde istemiş olur."

"Bizimkiler çocuk tavrı içinde mi istiyor?"

"Çocuk tavrından ziyade, istedikleri şeyden sorumluluk alarak istemiyor. Bu daha doğru bir tanım olacak."

"Örnek verir misiniz?"

"Vereyim. Benim söylediklerimi bir gözden geçirelim: 'Rüşvetten arınmış, canlı, dinamik, çağdaş bir bürokrasi istiyor,' dedim. Böyle bir bürokrasi ancak politik mekanizmanın tam anlamıyla demokratikleşmesiyle, yönetimin içine halkın iradesinin yansımasıyla olur. Arif Bey biliyorsunuz ben yirmi üç yıl ABD'de öğrenci ve öğretim üyesi olarak bulundum. Orada iken, özellikle Kaliforniya'da Amerikalı'nın politikaya katılımı ile, Türkiye'de bizim vatandaşın politikaya katılımını gözleme olanağı buldum. Sonuç olarak, kendi ülkemdeki vatandaşların Amerika'daki gibi etkin olarak politikaya katılmadıklarını gözlüyorum. Siyaset konusunda konuşulanları televizyonda seyretmek anlamında söylemiyorum; kolları sıvayıp, bir politik örgütün üyesi olarak, kendi değerlerini ve dürüst bildiği politikacıları desteklemek için bizzat çalışmayı söylüyorum."

"Haklısınız, şimdi politikayla ilgilenenlerin büyük bir çoğunluğun kişisel çıkar sağlamak üzere bu yönde faaliyet gösteriyorlar."

"Bu ülkede herkes koro halinde politikacının dürüst olmadığından yakınıyor. Ben de soruyorum: Onların dürüst olmamasının sorumlusu kim? Bu politikacılar gökten zembille mi Ankara'ya indiler? Bizim, seçmen olarak sorumluluğumuz yok mu?"

"Evet, vatandaşlarımız, özellikle aydınlar, siyasetle sorumluluk duygusu içinde ilgilenmiyorlar. Hep gözlemci, pasif ve şikâyetçi durumundalar."

" Vatandaşlarımız için, 'okulların kaliteli olmasını, temiz olmasını, müfredat programının çağdaş ve etkili olmasını istiyor,' dedim. Kaç tane sivil örgüt, okulların kalitesini takip ediyor. Kaç anababa kuruluşu, bu yönde hükümete, okul idarelerine bir baskı oluşturuyor. Şikâyet çok, sorumluluk duygusu içinde, kişisel bütünlük içinde eylem az veya yok. Eyleme girişenleri de aktif olarak desteklemek yok. Bunu da kabul ediyor musun?"

"Evet, kabul ediyorum. Oturduğu kentin temiz olmasını, kaldırımlarının, çocuk bahçelerinin, konser salonlarının bulunmasını istemesiyle ilgili olarak da aynı türden örnekleri çoğaltabiliriz."

"İyi, o zaman, özgürlük ile kişinin sorumluluğu arasında bir ilişki olduğunu kabul ediyorsunuz, demektir."

"Bence, ondan da kapsamlı bir durum var: Kişinin içinde bulunduğu yaşam koşulları ile kişinin sorumluluğu arasında genel bir ilişki görüyorum."

"Sizin söylediğiniz daha üst düzeyden bir genelleme. Aslında şu dört konu birbiriyle sıkı sıkıya bağlantılı: Bir, seçim yapabilme; iki, özgürlük; üç, sorumluluk ve dört, kişisel bütünlük."

> *"Beni diğerlerinden ayıran özellik, benim diğerlerinin sormadığı soruları sormam ve sormaya devam etmemdir!"*
>
> **Vernon**
> **Nobel ödüllü Amerikalı fizyolog**

Arif Bey, söylediklerimi kendi kendine tekrar etti. Ve bu söylediklerimi örnek vererek somutlaştırmamı istemesinin uygun olup olmayacağını sordu. Ben ise onun soru sormasını teşvik etmek istiyordum. Aşağıdaki öyküyü ona anlattım.

Vernon, Bugün Öğretmenine İyi Bir Soru Sordun mu?

Bu öyküyü kızım Elif'ten duymuştum:

"Vernon adında Amerikalı bir fizyoloji profesörü Nobel ödülü almış. Öğrencilerden biri, ödülden sonraki ilk derste, hocaya şu soruyu sormuş: 'Fizyoloji alanında bu ülkede üç binin üzerinde bilim adamı var. Bu kadar bilim adamının arasında bu ödüle niçin siz layık görüldünüz? Sizi diğer bilim adamlarından ayıran özellik ne?'

"Profesör yüzünde bir gülümsemeyle şu cevabı vermiş: 'Hepsini anneme borçluyum. Diğer çocukların anneleri, onlar okuldan dönünce, "Söyle bakalım, öğretmenin sorularına iyi cevap verebildin mi?" derken, annem, "Vernon, bugün öğretmenine iyi bir soru sordun mu?" diye araştırırdı. Ben niçin Nobel ödülü aldım? Beni diğerlerinden ayıran özellik ne? Bunu soruyorsunuz, değil mi? Beni diğerlerinden ayıran özellik, benim diğerlerinin sormadığı soruları sormam ve sormaya devam etmemdir!'

"Bu nedenle Arif Bey, soru sormayı bırakırsan üzülürüm, soru sormaya devam ettiğin sürece beni memnun edersin!"

Bir Örnek

"Oh içim rahatladı. Peki içim rahat rahat şimdi soruyorum: Birbiriyle sıkı ilişkisi olduğunu söylediğiniz seçim, özgürlük, sorumluluk ve kişisel bütünlük konusunda, bu ilişkileri gösteren bir örnek verebilir misiniz?"

"En iyi örnek, sizin yaşamınızdan olabilir. Sizin yaşamınızla ilgili olarak ne alalım? Örneğin, sizin öğretmen olmaya karar verişinizi alalım. Öğretmen olmaya karar vermekte seçim hakkınız var mıydı?"

Ne kadar seçeneğim var ise, o kadar özgürlüğüm var demektir.

"Yani istersem öğretmen olurum, istersem öğretmen olmam biçiminde bir seçimden mi söz ediyorsunuz?"

"Evet. Öğretmen olmaya ya da olmamaya siz karar verebilme durumunda mıydınız?"

"Evet, öyle bir durumdaydım."

"O zaman, 'kendi özgür irademle öğretmen olmaya karar verdim!' diyebilecek durumdasınız."

"Evet, diyebilecek durumdayım."

"Peki, farz edelim ki, sizi öğretmen olmaya, siz istemediğiniz halde, anneniz, babanız veya başka bir güç zorladı. Bu durumda, 'kendi özgür irademle öğretmen olmaya karar verdim!' diyebilir miydiniz?"

"Hayır diyemezdim."

"Görüyorsunuz, seçimin olduğu yerde özgürlük var, olmadığı yerde özgürlük yok."

"Evet, bunu görebiliyorum. Yani seçim ile özgürlük arasındaki ilişki hemen hemen matematiksel bir ilişki. Ne kadar seçeneğim var ise, o kadar özgürlüğüm var demektir. Bunların sorumlulukla ilişkisi hakkında bir şeyler söyleyebilir misiniz?"

"Şimdi iki kişi düşünelim: Bunlardan biri –bu kişiye Özgür adını verelim– kendi isteğiyle öğretmenliği seçmiş olsun. Diğeri –bu kişinin adı da Esir olsun– zorla öğretmenliğe itilmiş olsun.

"Özgür öğretmenlik mesleğinden şikâyet etmeye başlasa, mesleğin birçok olumsuz yönünü gösterse, bu meslekte bir gelecek göremediğini söylese, ne düşünürsün? Onun öğretmenlikten sürekli şikâyet eden durumunu doğal karşılar mısın? Yoksa, 'madem bu kadar şikâyet edecek yönler görüyorsun, niye öğretmenliği seçtin?' diye bir soru aklına gelmez mi?"

"Gelir. Özgür, kendisi isteyerek öğretmenliği seçtiği için, öğretmenlik mesleğiyle ilgili şikâyeti yersiz olur."

"Ama, Esir öğretmenlik mesleğinden aynı biçimde şikâyet etse, onun şikâyetinde bir tutarsızlık görmezsin, değil mi?"

"Hayır, görmem. O istemediği halde, zorla öğretmenliğe itildi; zorla itildiği bu meslekten şimdi şikâyet ediyor, diye bakarım."

"Özgür şikâyet ettiği zaman, kendi yaptığı bir seçimden sorumluluk almadığı ortaya çıkar. Esir şikâyet ettiği zaman, bu anlam çıkmaz. Çünkü öğretmen olmanın sorumluluğunu Esir değil, onu öğretmen yapan güçler taşıyor."

"Evet, yeniden ortaya çıkan şu: sorumluluk, kişinin bilinçli seçimiyle oluşuyor."

"Evet; kişinin birçok seçenekler arasından seçim yapma olanağına özgürlük diyoruz ve kişi seçim yaparak özgürlüğünü kullandığı andan itibaren, yaptığı bu seçimin sorumluluğunu da yüklenmiş oluyor."

"Öğretmen olmaya karar veren birinin, şu anda öğretmenlerin hangi durumda olduğunu araştırmasını, niçin öğretmen olmak istediğini, nasıl öğretmenlik yapmak istediğini, öğretmenlik yaparak neyi gerçekleştirmek istediğini düşünmesini bekleriz. O nedenle durumu inceleyip karar vermeli. Ve karar verdikten sonra da şikâyet etmek yerine, kolları sıvayıp var gücüyle çalışmalı."

Durdu, bana baktı. İlgiyle dinlediğimi gördü ve sözüne devam etti:

"Bu kişi çalışacak yerde zamanını şikâyet ederek harcarsa, sorumsuzca davranıyor demektir."

"Arif Bey, ben bu kadar güçlü söyleyemezdim. Şimdi kişinin seçim yapması, özgürlüğü ve sorumluluğu arasındaki ilişkiyi görebiliyor musunuz?"

"Çok aşikâr."

"Esir şikâyet ettiği zaman onun sorumsuzca davrandığını söylemek o kadar kolay değil; ama, Özgür'ün şikâyete hakkı yok."

"Evet, bunu görebiliyorum. Geriye, bütün bunların kişisel bütünlük ile olan ilişkisini göstermek kaldı."

"Kişisel bütünlüğü 'kişinin özünün, sözünün ve eyleminin tutarlılık içinde olması' olarak tanımlıyoruz. Örnek olarak aldığımız bu iki kişiye dönelim. Özgür kendi özünden gelen bir istekle öğretmenliği seçiyor, seçtiğini söylüyor ve iyi bir öğretmen olarak eylem içinde oluyorsa, kişisel bütünlüğünde aksayan bir şey yok. Böylece serbestçe seçim yapmış, yaptığı seçimin sorumluluğunun bilinciyle, kişisel bütünlük içinde çalışan bir insan görüyoruz karşımızda.

"Ama, bu kişi şikâyet etmeye başlarsa, o zaman kişisel bütünlüğü aksamaya başlar. Ya özünden gelen bir seçim yapmadı, ya ağzından çıkan lafı bilmiyor ya da öğretmen olarak eyleme geçecek gücü yok. Nedeni ne olursa olsun, bu kişinin kişisel bütünlüğü aksamıştır. Ve daha önce tartıştığımız gibi, bu insana güven duyamayız."

"Böylece Doğan Bey, öğretmenlikten şikâyet hakkımı benim elimden almış oluyorsunuz."

"Öğretmenliği kesinlikle seçmeye karar vermişsen evet. Ama, henüz karar vermemiş, hâlâ inceliyorsan, durum başka."

"Seçtim. Öğretmen olmayı seçtim. Kesinlikle seçtim. Ve artık öğretmenliği seçmiş olmamla ilgili benden şikâyet duymayacaksınız."

"Şikâyet edebilirsin. Ama, şikâyet ettiğin zaman, sorumluluk konusunda sorunun var demektir; ayrıca, kişisel bütünlüğünde de aksamalar olduğunu bil."

Bizim kahveye girdiğimiz kapıdan bir kadın ve erkek yan yana yürüyerek geldiler. Kadının üzerinde penye var ama başı kundak yapılarak, saçını arkaya toplayacak şekilde örtülü ve uzun etek giymiş. Adam orta yaşlı, normal yaz kıyafeti giymiş, kısa kollu gömlek, keten pantolon; kadına özel bir güler yüz ve ilgi gösteriyor. Sanki yeni flört etmeye başlamış iki gencin enerjilerini seziyorum. Uzakta bir köşeye oturdular. Adam kadına hafif dokunacak biçimde oturdu. Adam otuz sekiz-kırk, kadın da otuz üç-otuz dört yaşlarında görünüyor. Kadın sanki bu bölgede çalışan biri, ya dükkân sahibi veya başka türlü bir işte çalışan bir esnaf. Bu ortamda çok rahat. Hem giysisi muhafazakâr, hem de serbestliğe alışmış birinin rahat bakışı, oturuşu ve davranışını sergiliyor; herhangi bir eziklik hissedilmiyor davranışlarında. Erkeğin ilgisinin farkında, erkeği itmiyor, ama ona pek yakın da gelmiyor; bu oyunun nasıl oynaması gerektiğini sanki çok iyi biliyor.

Sularımız geldi. En güzel içki memba suyu. Ben soğuk su seviyorum. Arif Bey, suyun soğuk olmasından tedirgin.

Sorumluluk Alan ile Almayan Arasındaki Fark

Arif Bey'e, ikinci soruya geçmek istediğimi söyledim. "Tamam Hocam," dedi.

"İkinci soru neydi, hatırlıyor musunuz?"

"Hayır. Lütfen hatırlatır mısınız?"

"Tabii, ikinci soru şuydu:

- *"Ben kendi seçimlerimden ve kararlarımdan sorumluluk alırım," dediğim zaman, kendi seçimlerinden ve kararlarından sorumluluk almayan bir insandan nasıl bir farkım olur?*

"Soru buydu."

"Sanırım bu şimdiye kadar konuştuğumuz konular içinde cevabını buldu."

"Peki, o zaman, özetler misiniz?"

"Hay, hay, özetleyeyim. 'Kendi seçimlerimden ve kararlarımdan sorumluluk alırım,' diyen kişi şunları ifade etmiş oluyor:

- Bir; karar verirken, o konuda neyi ne kadar bilip bilmediğime önem veririm. Yani ortama getirdiğim bilinçten sorumluluk alırım.
- İki; ortama getirdiğim bilinci eyleme dönüştürebilme özgürlüğüm olduğuna inanırım.
- Üç; ortama getirdiğim bilinci eyleme dönüştürebilme gücüm olduğuna inanırım.
- Dört; neyi, ne kadar, ne zaman, nasıl yapacağıma dair, sınırlarımla ilgili gerçekçi bir algılama içinde olduğuma inanırım.
- Beş; 'bu benim hayatım' diyebileceğim bir gelecek yaratmak için kişisel bütünlük içinde olmam gerektiğine inanırım.

"Sorumluluk almayan insanda bu beş boyut yoktur, diyorsunuz."

"Bu beş boyut yoktur demekten ziyade, bu beş boyutun bilinci belirgin olarak yoktur diyorum ben. Örneğin, kişinin *'ortama getirdiği bilinçten sorumluluk alması'* müthiş yüklü bir kavram. Halbuki sorumluluğun özü, çekirdeği bununla başlıyor. 'Ortama getirilen bilinçten sorumluluk alma' sözünü anlamak, bu sözün ne ifade ettiğini kavramak, bence kendi başına büyük bir gelişimin adımıdır. Sorumluluk almayan insanda, bu farkındalık gelişmemiş demektir."

Arif Bey bir süre sustu ve, 'Kişinin ortama getirdiği bilinçten sorumluluk alması' kavramını biraz açmamı istedi. Açıkladım:

"Bazı kişiler, herhangi bir konuda konuşurken, 'farkına varmamışım', 'dikkatimden kaçmış', 'üzerinde pek durmamışım' gibi sözlerle kendi sorumluluklarını hafifletmek veya tümüyle sorumluluktan kaçmak isterler.

"Ortama getirilen bilinçten sorumluluk almakla, bu tür mazeretlerin önü alınmış oluyor. Kişi algılamasını, dikkatini en üst düzeyde, sürekli duyarlı tutmakla yükümlü. Tabii, sorumluluk almış bir insandan söz ediyoruz. Sıradan, gelişigüzel yaşayan bir insandan değil."

"Bu farkındalığı iyice bilincime yerleştirmek istiyorum. İleride öğrencilerime de öğretmek istiyorum."

"Ortama getirilen bilinç bizim algılamamızın temeli olduğu için çok önemli. Bunun farkında olmanıza sevindim Arif Bey. Öğrencilerinize bu farkındalığı aktarabilirseniz, onların yaşamlarına önemli bir katkıda bulunmuş olursunuz."

"Katılıyorum Doğan Bey. Yaşamından sorumluluk almayan insan kendisinin gerçekten özgür olup olmadığının farkında olamaz; çünkü bu konuda bir bilinç geliştirmemiştir."

"Sanırım böyle bir insanda daha ziyade ait olma ağır basar. Ama, yaşamından sorumluluk almayan insan, bunun da pek farkında olmayacaktır."

"Arif Bey, ait olma-birey olma dansını tam yerinde konu ettiniz. Aynı şekilde, sorumluluk almayan insan, kendi yaşamını yönlendirebilecek gücü olduğuna da inanmaz; kendisini güçsüz görür. Tabii, kendi yaşamını esas itibariyle ait olma boyutunda gören insan için bu doğaldır. Bu kişinin geleceğini yönlendiren diğer insanların kararlarıdır. Böyle alışmıştır; böyle bilir."

"Hocam, şimdiye kadar konuştuğumuz kavramlar yerli yerine oturmaya başladı."

"Bu kavramlardan biri de sınırlar kavramı. Sorumluluk almayan insanın neyi, ne kadar, ne zaman, nasıl yapacağına dair sınırları belirgin değildir. Yaşamında sınırların belirgin olmasını da pek umursamaz. Tabii, bunun da temelinde, yine ait olmanın baskın olması yatmaktadır."

"Kişisel bütünlük ile de ilişkisi var, bunun. Değil mi?"

"Evet, kesinlikle. Sorumluluk duygusu gelişmemiş bir insanda kişisel bütünlüğün bir anlamı yoktur. 'Bu benim yaşamım' diyebileceği bir hayatı olmadığı için, yaşadığı bu hayat, başkalarının beklentilerini gerçekleştirmek temeli üzerine kurulu olduğu için, kendi özüyle ilişkisi kesilmiştir. O nedenle özü, sözü, eylemi birbirini tutmuş, tutmamış bir anlam taşımaz."

Sorumluluk almayan insanın neyi, ne kadar, ne zaman, nasıl yapacağına dair sınırları belirgin değildir.

Çevreme bakıyorum, birçok insan var ve bir şeyin farkına varıyorum: bu kadar insan buraya gelip oturuyor ve gerçekten tamamen oturmak için geliyor ve gerçekten oturuyorlar; hiçbir şey yapmadan, hiçbir şey üretmeden zamanlarını burada geçiriyorlar.

Benim hayatımda hiç olmayan bir şey bu; bir yandan hayranlıkla, yani, 'bunu nasıl yapabiliyorlar, bu kadar umursamaz nasıl olabiliyorlar?' duygusu içinde bakıyorum; diğer yandan içim burkuluyor, 'insan hayatı bu kadar fütursuzca ve bu kadar kolayca çöp sepetine nasıl atılıyor?' duygusunu taşıyorum.

Başka bir tarafım da sanki bir anlamda onlara gıpta ediyor. Bir ağaç gibi, bir taş gibi, bir ot gibi oturmak, sağa sola bakmak, öyle var olmak. Şimdi burada harcadıkları bu zamanla bu insanlar kendi hayatlarında neler yapabilirler? Yapabilecekleri şeyler yapılmadığı için şimdi bu toplumda, ailelerinde, kendi hayatlarında neler eksik kalıyor, kimse bunun farkında görünmüyor. Yaşam denen şeyin zaman olduğunu, gerçek hazinenin işte bu zaman olduğunu acaba biliyorlar mı?

Belki de biliyorlar ve onlar bana, "İşte biz o nedenle burada oturduk, beraber zaman geçiriyoruz, çünkü gerçek yaşam bu," diyebilirler. Milyonlarca, milyarca ve trilyonlarca saatler bir günde, bir haftada, bir ayda ve bir yılda harcanabilir.

Karşımda nargile içen iki erkekten birinin gömleği açık mavi, diğerininki de açık yeşil. Mavi gömleği olan adamın göbeği daha bir öne fırlamış, yeşil gömleklininki o kadar belli değil. Arif Bey, göbekli bu iki insana baktığımı görünce, "Türkler oldukça kilolu değil mi, Doğan Bey?" diye sordu. Ben de, "Amerikalı kadar değil," dedim. Arif Bey hayret etti, "Ben onları daha sırım gibi, daha sağlıklı sanırdım," dedi. Ben de, her yıl Amerika'da şişman sayısının biraz daha arttığını ve şimdi sokaklarda hakikaten şişman olan kadın ve erkek Amerikalıların çoğaldığını söyledim. "Neden zaman içinde artıyor?" diye sordu. Ben de, "Pek yürümüyorlar, yüksek kalorili yiyecekleri kolayca ve ucuza temin edebiliyorlar, genellikle oturarak çalışıyorlar ve her yere arabayla gidiyorlar," dedim. Ve bir de şaka yaptım. "Tabii, Amerikalı işadamı bunu bir fırsat bilerek, zayıflama programları, spor salonları, zayflama hapları, zayıflama tıbbı geliştirerek para kazanmaya bakıyor," dedim. Gülüştük.

Ortama Getirilen Bilinç Düzeyi ve Sınırlar Bilinci

Arif Bey, yeteri kadar ılıklaştığı için suyundan içmeye başladı. "Ne dersiniz, sıradaki soruyu ele alalım mı?" diye sordum. "Alalım, ama, bana bir beş dakika izin verseniz," dedi ve tuvalete gitti.

Geldikten sonra, "Evet, şimdi konumuza geri dönebiliriz," dedi ve bana, şimdi ele alacağımız sorunun ne olduğunu sordu.

"Sorumuz, ortama getirilen bilinç düzeyinin değişik durumlarda ne anlama geldiğiyle ilgiliydi," diye hatırlattım. Ve devam ettim: "Ortama getirilen bilinç düzeyi, kişinin kendisine şu soruyu sormasıyla oluşur:

- *Ortama şimdi ve şu anda ne gibi farkındalıklar getiriyorum?*

"Bu genel soruyu, başka alt sorular izleyebilir:

- *Niyetim ne?*
- *İç dünyam şimdi, buraya neler getiriyor?*
- *Enerjim nerede?*
- *Bendeki farkındalıkların tümünü şimdi, buraya getiriyor muyum?*

"Ortama getirilen bilinç düzeyinden sorumluyum demek, 'ben bu soruları sormuş ve cevaplarını almış olarak ortama geliyorum,' demektir."

Sorumluluğun gerçek temeli kişinin ortama getirdiği bilinç düzeyinde yatar.

Arif Bey yeniden, "Ortama getirilen bilinç düzeyi çok önemli bir kavram," dedi.

Ben konuşmama devam ettim:

"Eyleme geçerken, arkadaş seçerken, insanlarla ilişki kurarken, sinirlendiğim zaman, mutlu olduğum zaman, kaygılandığım zaman, ortama getirdiğim bilinç düzeyinden sorumlu olduğumu hatırlayabilmem, büyük bir başarı olur. Sorumluluğun gerçek temeli kişinin ortama getirdiği bilinç düzeyinde yatar."

"Bu kavramla ilgili olarak öğrencilerimi geliştirebilsem, onlara büyük yarar sağlamış olurum."

Kendi sınırlarının dışında olan bir sorumluluğu aldığında, kişi, kendine karşı sorumsuzca davranmış olur.

"Gerçekten olursunuz. Şimdi sıradaki soruyu ele alalım:

- *Neden sorumlu olduğumu bilmek, neden sorumlu olmadığımı bilmeyi de gerektirmez mi?*

"Doğan Bey, herhalde burada üzerinde durulması gereken hadise, sınırlar kavramı ile ilgili."

"Evet, sınırlar kavramı ile ilgili. Tabii sınır kavramı neyin içerde, neyin dışarda olduğunu aynı anda belirtir. Türkiye'nin sınırı, neyin Türkiye'ye ait olduğunu, neyin Türkiye'nin dışında kaldığını aynı anda belirtir. Kendi sınırlarının dışında olan bir sorumluluğu aldığında, kişi, kendine karşı sorumsuzca davranmış olur. Örneğin, bir anne düşün, komşularının çocuklarına bakmak için kendi çocuklarının sağlığını ihmal ediyor. Bu anne bir sorumluluk örneği oluşturmuyor.

"Sınırlar kavramı kendi içinde felsefi derinliği olan önemli bir kavram. Bu kavramı ayrıntılarıyla işleyen kitabın adı da *Sınırlar*. Yazarları Dr. Henry Cloud ve Dr. John Townsend[*]. Bu kitabı okumanı gerçekten salık veririm, Arif Bey."

"Kitapçılardan bulabilirim, değil mi?"

---

[*] Henry Cloud-John Townsend *Sınırlar*.

"Evet, evet. Güncel bir kitap, eski basım değil."

"Tamam."

"Arif Bey, burada birkaç konuya dokunmak istiyorum. Biliyorsun, şu anda konuştuğumuz, sorumluluğun sınırları. Bu konuda akla gelen ilk soru şu:

Niyetiniz, yaşamınızın pusulası olmalı!

- *Neyden sorumlu olduğumu nasıl bileceğim? Bunu bana biri mi söyleyecek, yoksa ben kendim mi karar vereceğim?*

Diğer soru da,

- *Eğer biri bana neyden sorumlu olduğumu söyleyecekse, hangi otoriteye dayanarak söyleyecek?"*

Ben bu soruları ifade ettikten sonra, Arif Bey konuşmaya bir soru ile başladı:

"Savaşçı neden sorumlu olduğunu nasıl bilir, Doğan Bey?"

"Savaşçı niyetinin saflığı ve yaratmak istediği geleceğin bilinci içinde stratejik olarak kararlar verir."

"Yine bir sürü kulağa hoş gelen kelimeler kullandınız, ama bu, gerçek yaşamda nasıl örneklenir, düşünemiyorum. Örneğin, hayatımda bu dediğinizi ben nasıl uygulayacağım?"

"Arif Bey, önce sizin niyetiniz ne, ona karar verelim."

"Doğan Bey, daha önce size söylemiştim; öğretmen olmak istiyorum ve iki temel amacım var. Bunlardan ilki, öğrencilerimin gelişerek olabileceklerinin en iyisi olmalarına olanaklar sağlamak, ikincisi de, öğretmen arkadaşlarımın en iyi şekilde öğretmenlik yapmalarına yardımcı olmak."

"İşte bu niyet sizin rehberiniz olmalı! Bu niyet ne ile ilgileneceğinizi ve aynı zamanda ne ile ilgilenmeyeceğinizi belirlemeli. Niyetiniz, yaşamınızın pusulası olmalı! Tüm enerjiniz ve zamanınız stratejik olarak bu niyetin bilincinde planlanmalı."

"Şimdi bu niyeti sürekli aklımızda tutarak aşağıdaki soruları cevaplayalım: Neyden sorumlu olduğumu nasıl bileceğim? Bunu bana biri mi söyleyecek, yoksa ben kendim mi karar vereceğim? Söyleyen, hangi otoriteye dayanarak söyleyecek? .

"Sizin öğrencilerinizin ve meslektaşlarınızın gelişmesine olanak sağlayacak her şey sizi ilgilendirmeli. İlgilendiğiniz şeyler sizin doğrudan yapabileceğiniz şeylerse, sizin vuruş menziliniz içindeyse, siz doğrudan sorumlu olursunuz; eğer dolaylı yoldan etki yapabileceğiniz bir şey ise, o zaman dolaylı olarak sorumlu olursunuz."

"Sizin bir kitabınızda şu söz vardı: *'Tanrım, değiştirilebilen ve değişmesi gereken şeyleri değiştirme cesaret ve gücünü; değiştirilemeyecek şeyleri olduğu gibi kabul etme olgunluğunu ve ikisi arasındaki farkı anlayabilecek bilgeliği bana ver.'* Aslında bu söz, şimdi konuştuğumuz konuyu özetliyor. Savaşçı, niyetinin saflığı içinde neyi değiştirmek istediğini tanımlar ve gücü çerçevesi içinde kendini ve zamanını verir."

"Evet Arif Bey, yerinde bir gözlem yaptınız. Aslında bu konuştuğumuz, diğer soruyu da cevaplamış oluyor."

"Hangisini?"

"*Nelere, ne kadar dikkat edeceğimi bilmek, nelere dikkat etmeyeceğimi, önem vermeyeceğimi bilmeyi de gerektirmez mi*, konusunu."

"Ha, evet! Bu soru, neye ne kadar dikkat edeceğimi sorguluyor; yani, enerjimi, dikkatimi, hangi sınırlar içinde, ne kadar yönlendireceğimi irdeliyor. Sanırım, burada önceliklerin bilincinde olma sorumluluğu var."

Savaşçı, niyetinin saflığı içinde neyi değiştirmek istediğini tanımlar, ve gücü çerçevesi içinde kendini ve zamanını verir.

"Öyle. Daha önceki soru, 'nelere' dikkat edeceğini belirlerken, yani, bir tür, 'dikkat edileceklerin listesi'ni oluştururken, bu soru, bu liste içinde yer alan öğelerin 'önceliklerini belirleme' bilinci üzerinde duruyor."

"Yani, benim durumumda, öğrencilerimin ve öğretmen arkadaşlarımın gelişim olanaklarını yaratmak için yapacaklarım arasında nelere öncelik vermeliyim, bunu sorguluyor."

"Kendi örneğinizi kendiniz verince daha güzel oluyor."

"Anladığımı anlıyorsunuz."

"Evet; zamanımızı verimli geçiriyoruz duygusunu yaşıyorum."

Başka İnsana Gereksinme Var mı?

"Başka soru var mıydı?"

"Evet, cevaplamak istediğimiz sorular listesinde sıradaki diğer soru sizin listeye aldığınız bir soru. Şöyle sormuştunuz:

- *Bir kişi, 'ben sorumlu bir insanım,' dediği zaman, bu sözün anlamı ne? Dış olaylardan hiç etkilenmeyip, yaşamını sadece onun kendisinin mi yönlendirdiğini söylemek istiyor? Yani, 'ben sorumlu bir insanım,' diyen kişi, başka insanları kendi yaşamında gereksiz süs olarak mı görüyor? 'Ben her şeyi onlar olmadan da yaparım,' mı demek istiyor?"*

"Güzel soru sormuşum!"

"Ben de öyle demiştim; gerçekten anlamlı bir soru. Cevabını siz vermek ister misiniz?"

"Cevabını bilsem soruyu sormazdım."

"Sorduğunuz zaman bilmeyebilirsiniz; belki şimdiye kadar konuştuklarımızdan yeni fikirler edinmişsinizdir diye düşündüm."

"Hayır, cevabını bilmiyorum. Bildiğim, sorunun önemli bir soru olduğu."

"Oldu. O zaman ben kendi bilgilerim içinde soruyu irdeleyeyim.

"Daha önceki konuşmalarımızda bireyin hem ait olma, hem de birey olma gereksinmelerinden söz etmiştik. Birey bununla doğar. Yerçekimi gibi, yaşamımızda bu gerçeklik her zaman vardır. Her an, her durumda, insan hem ait olan hem de ait olmanın ötesinde birey olan bir yaratıktır. Buraya kadar söylediklerim açık mı?"

"Evet, bunu daha önce konuşmuştuk. Belki de, savaşçının ait olma ve birey olma gereksinmelerini nasıl dengelediğini soruyorum?"

"Savaşçı konusuna geçmeden önce, 'sorumlu bir insanım,' diyen herhangi bir insanı ele alalım. 'Ben sorumlu bir insanım,' dediği zaman, bu insan, eğer, 'Ben dış olaylardan hiç etkilenmem, yaşamımı yalnız kendim yönlendiririm,' diyor ise, bu kişi, ait olma konusunda bilincini geliştirememiş, yaşamın gerçeklerinden kopmuş biridir.

"Çünkü, biraz önce konuştuğumuz gibi, ait olma ve birey olma gereksinmeleri, yerçekimi gibi, bilincinde olsak da olmasak da, yaşamımızı etkilemeye devam eden gerçeklerdir.

"O nedenle, 'ben sorumlu bir insanım,' diyen kişi, başka insanları kendi yaşamında gereksiz süs olarak görüyor ise, onun yaşamın gerçeğini algılayışında önemli bir boşluk var demektir.

"'Ben sorumlu bir insanım,' diyen kişi, önce içinde yaşadığı gerçekleri algılamaktan sorumlu olduğunu bilir. 'Ben sorumlu bir insanım,' diyen kişi, ait olmanın ve birey olmanın dengesini kendi yaşamında gerçekleştirmenin bilincine ermiş biridir."

"Ben sorumlu bir insanım," diyen kişi, önce içinde yaşadığı gerçekleri algılamaktan sorumlu olduğunu bilir.

"Peki savaşçının yaşamında bu nasıl gerçekleşir?"

"Savaşçı büyük resimle ilişkisinin ait olma boyutundan kaynaklandığını bilir. Savaşçı kendisinin ailesine, şirketine, ulusuna, insanlığa, canlılar âlemine, varoluşa, tüm evrene ait olduğunun bilinci içindedir. Savaşçının yaşamında ailesi, çalıştığı şirketi, üyesi olduğu ulusu ve insanlık canlı, önemli, anlamlı farkındalıklardır. Kendi yaşamıyla ilgili anlam arayışını yaparken, niyetinin saflığını tanımlarken, bunları bir kenara bırakmaz."

"Örneğin, benim öğretmenlik şevkim, vizyonum, öğrenciler işin içinde olmadan hiçbir anlam kazanamaz."

"Evet, onlar olmadan sizin öğretmenliğinizin hiçbir anlamı yoktur. Ama, dikkat edin, buna siz, Arif Okurer olarak, kendiniz karar veriyorsunuz. Annen, baban, bilmem ne bakanlığının bilmem ne komitesi değil. Bu anlamda karar son derece kişisel, bireysel ve özgün bir karar. Ama, ait olmanla ilgili bir karar."

"Tamam, anladım. Şimdi açık seçik görebiliyorum. Sorumluluk çok anahtar, çok kritik bir farkındalık. Savaşçıyı savaşçı yapan temel taşlardan biri olduğunu görebiliyorum. Başka sorumuz var mıydı, sorumluluk üzerine, Doğan Bey?"

"Bir dakika notlarıma bir bakayım."

Notlarıma baktım, sorumluluk üzerine not aldığım başka sorumuz yoktu, Arif Bey'e benim kaydetmiş olduğum başka sorumuz olmadığını söyledim.

Arif Bey suyundan içti, şöyle bir gerindi, etrafa bakındı. Tuvalete gitme sırası bendeydi. Döndüğümde Arif Bey, "Ağaçların üzerinde etiket var," dedi.

Kalktı, birinin üzerindeki yazıyı okudu. "Hocam, şu sağımdaki ağacın numarası 4281 ve bu plaketin üzerinde, 'Ağaçlarımızı koruyalım, çocuklarımıza miras bırakalım,' yazıyor, dedi. Dikkat ettim, hakikaten incir ağacının, ceviz ağacının üzerinde etiket var."

Karşımdaki bir ceviz ağacının dalları pek gelişememiş; birkaç ceviz var ama, onlar da cılız, küçük; tepelerde pek yaprak da kalmamış. Bu ceviz ağacı bana, *Tuesdays with Morrie* (Salıları Morrie ile) kitabındaki kişiyi hatırlattı. Sanırım ASL ile belirtilen hastalığa yakalanan Morrie adındaki profesör, zaman içinde, ayağından başlayarak, gittikçe ciğerlerine doğru ilerleyen, bulunduğu yerdeki kasları felce uğratan ve eriten bir hastalığa tutulmuş. Bu ceviz ağacı da, aşağıdan yukarıya doğru kuruyor gibime geldi.

Bir kuş geldi, hangi dala konacağını kestiremedi, bir süre ağacın dalları arasında dolaştıktan sonra, ince bir dala kondu; bu ince dal, hafif hafif esen rüzgârdan sallanıyordu; kuşun konmasıyla bu sallantı biraz daha arttı. Kuş dalla beraber, bir salıncakta imiş gibi, kendi doğal ortamında bir süre sallandı.

Mutluluk

Arif Bey yüzünde bir gülümsemeyle, "Acaba mutluluk ve sorumluluk arasında bir ilişki var mı?" diye, gözlerini kısarak sordu.

Bu konunun şimdi nereden aklına geldiğini sordum. "Mutluluğun herkes için önemli bir kavram olduğunu biliyorum," dedi. 'Şimdi, sorumluluğun da önemli bir kavram olduğunu öğrenmiş bulunuyorum. Acaba, insan kendi mutluluğundan ne kadar sorumludur, onu düşünmeye başladım," diye cevap verdi.

"Geçenlerde bir arkadaşımla konuşuyordum. Şimdi ikinci evliliğini yaşıyor. İlk karısıyla ikinci karısı arasında çok önemli bir fark olduğunu ifade etti."

"Aradaki fark neymiş?"

"Birinci karısı olayların çabucak etkisi altında kalıp, kızar veya üzülürken, ikinci karısı olaylar ne olursa olsun, mutlu olmayı başarabiliyormuş."

"Nasıl başarıyormuş?"

"Mutlu olmanın bir seçim olduğunu söylüyormuş. Kocasına, 'Ben mutlu olmaya kendimi adadım; bu yönde kendimi eğittim,' diyormuş.

"Karısını bana anlatırken şöyle diyor: 'Her gece yatmadan önce hayatında iyi olan, sağlıklı olan şeyleri düşünür ve onlar için teker teker şükreder. Günün son düşünceleri, hayatında iyi olan şeylerin düşünceleridir.' "

"Ne şanslı bir adam!"

"Niçin yalnız adam? Bence, ne şanslı bir aile! O ailede yetişen çocukları düşün. Mutluluğun dış olaylardan çok, bizim olaylara bakış tarzımızda, olaylara verdiğimiz anlamda yattığını gözleyerek büyüyorlar."

"En önemlisi, olaylara verdikleri anlamdan sorumluluk almasını da öğreniyorlar. Bu bilinçte olan insanlar çevremde o kadar az ki!"

"Benim çevremde de. Aradaki farkı görebiliyorsunuz, değil mi? Şu iki insan arasındaki farkı söylemek istiyorum: Bir insan yaşam felsefesi olarak, olayların insanı mutlu ettiğine inanmış durumda. Mutluluğun kaynağı, insanın dışındadır, olup bitenler, söylenenler, alınanlar, satılanlar ve benzeri şeyler insanı mutlu edebilir veya mutsuz edebilir diye düşünüyor."

"Hocam, itiraf ediyorum, şu ana kadar, şu dakikaya kadar ben de böyle düşünüyordum; bunun dışında başka bir bakış tarzının olabileceği aklıma dahi gelmiyordu. Ama, biraz önce söylediğim gibi, ilk defa mutluluk ve sorumluluğu bir araya getirdim."

"Arif Bey, hiç hayıflanmayın, hayatımın büyük bir süresini ben de aynen sizin gibi düşünerek geçirdim."

Durdum, söyleyeceklerimin önemini kavramasını istediğimi fark etmesi için biraz sustum, daha sonra konuşmaya devam ettim:

"Neden? Çünkü, çevremizde başka türlüsünü görmedik ki!

Arkadaşımın karısı, 'mutluluğum benim seçimim, benim kararım, mutluluğumun kaynağı dış olaylarda değil, benim bilincimde,' diyen biri. Sen de, ben de, böyle insan göremiyoruz, çevremizde."

"Dış olayların hiç etkisi olmaz mı bizim mutluluğumuzda Doğan Bey?"

"Tabii, olur. Yakınını bir kazada kaybeden insan, kendini mutluluğa ne kadar adamış olursa olsun, tabii ki hüzünlü bir devre geçirecektir. Ama, kendini mutluluğa adamış ise, hüznü zaman içinde gerçekçi bir çerçeve içine oturacaktır."

Bu arada bir şeyin beni rahatsız ettiğini hissettim. Arif Bey yüzümden anladı ve bana zaman tanırcasına sustu. Bir süre sustuktan sonra, Arif Bey'e içimde bir rahatsızlık hissettiğimi söyledim.

"Yüzünüzden farkına vardım. Bir şey sizi rahatsız etti, ama ne olduğunu bilmiyorum."

"Şu anda ben de tam çıkartamadım. Ama siz, 'Dış olayların hiç etkisi olmaz mı?' sorusunu sorduktan sonra, konuşurken, *kendini mutluluğa adayan insan* gibi bir tabir kullandım ve o andan itibaren rahatsızlık hissetmeye başladım."

Arif Bey, birkaç kez, kendi kendine 'kendini mutluluğa adayan insan, kendini mutluluğa adayan insan' diye mırıldandı. Sonra bana sordu:

"Bu söz mü sizi rahatsız ediyor?"

"Sanırım, bu söz beni rahatsız ediyor."

"Niçin?"

"Bu kalıplanmış bir insanın tavrı da olabilir. Kendini Beşiktaşlı olmaya adamış insan gibi falan."

"Bu sizi niçin rahatsız ediyor?"

"Yani şöyle bir durum düşünebiliyorum; birisine soruyorsunuz, 'niçin mutlusunuz beyefendi veya hanımefendi?' O da cevap olarak diyor ki, 'çünkü ben kendimi mutluluğa adamış biriyim. Hiç kimse, hiçbir şey beni mutsuz edemez.' Böyle bir cevap, bana, 'niçin Beşiktaşlısınız beyefendi?' dendiğinde, 'çünkü ben kendimi Beşiktaşlı olmaya adamış biriyim. Hiç kimse, hiçbir şey beni Beşiktaşlı olmaktan caydıramaz,' diyen birininki ile aynı düzeyde geliyor. İkisi de kalıplanmış ve içi boş cevaplar."

" 'Niçin mutlusunuz hanımefendi?' dendiğinde, nasıl bir cevap size boş gelmezdi?"

"Sanırım benim aradığım şey, savaşçının mutluluğu ile, sıradan insanın kalıplanmış mutluluğu arasındaki farkta yatıyor."

"Savaşçının mutluluğu! Sıradan insanın mutluluğu! Yeni bir farkındalık geliştiriyorum, şu anda farkında olduğum bu. Sizin arkadaşınızın ikinci karısı savaşçı mutluluğu içinde mi, yoksa sıradan bir insan gibi mi mutlu? Biliyor musunuz?"

"Hayır, bilmiyorum. Bana anlatılandan bunu anlayabilmiş değilim. Zaten bu savaşçı mutluluğu, sıradan insanın mutluluğu kavramlarını şu anda düşünmeye başladım. Arkadaşım eşinden söz ederken, bu bilinçle dinlememiştim onu."

"Kendini mutluluğa adamış birinin, kendisini mutluluğa adamış olmasından dolayı mutlu olmasını rahatsız edici bulmuştunuz. Ve şimdi farkına vardığınız, savaşçının mutluluğunun gerçek mutluluk olduğu. Diğer tür mutluluk, kalıplanmış insanın, kendini bir spor kulübünün taraftarı olmaya adamış sıradan insanınki gibi bir mutluluk. Doğru anlamış mıyım söylediklerinizi?"

"Evet, evet. Şimdi ben kendim, savaşçı mutluluğundan ne kastettiğimi keşfetmeliyim."

"Savaşçı mutluluğunu keşfedince, sıradan insanın mutluluğunu da tanımlamış olacak mıyız?"

"Genellikle öyle olur, değil mi? 'İyi', 'kötü' zıtlaşmasında 'iyi' nin ya da 'kötü'nün ne olduğunu tanımlayabilirseniz, diğerini de tanımlamış olursunuz!"

"O zaman, savaşçının mutluluğunu tanımlayın."

"Şu anda deniyorum; daha önce aşina olduğum bir kavram değil. Belki de beraberce geliştirip olgunlaştıracağımız bir kavram olacak, 'savaşçı mutluluğu'."

"Tamam, dinliyorum."

"Önce, savaşçı kimdir, şimdiye kadar konuştuklarımız çerçevesinde bakalım:

"Savaşçı anlam arayışı içinde olan bir insan. Anlam arayışı ne demek? Nerede, neyi, niçin, nasıl yaptığının yanıtını aramak demek.

"Bu arayış içinde niyetini, niyetinin saflığını keşfetmiş biri; yaratmak istediği geleceği niyetinin saflığında yaşatıyor.

"Kişisel bütünlük içinde bu geleceği gerçekleştirmenin sorumluluğunu kendinde gören biri. Evrenden kopuk değil, evrenle organik bir bağ içinde, o büyük bütünün bir parçası olarak hayatında anlam bulan biri.

"Savaşçıya, 'niçin Beşiktaşlısın?' diye sorarsan, savaşçı Beşiktaşlı olmanın anlamını bu bütün içinde sana verir. Aynı şekilde, savaşçıya, 'niçin mutlusun?' diye sorarsan, savaşçı mutlu olmanın anlamını bu bütün içinde verir. Yani savaşçının mutluluğu evren içinde yerini almış, ilişkiler ağı içinde her şeyle temasını kurmuş, anlamlı bir mutluluktur. Sıradan insanın mutluluğu, bütünden kopuk, bağımlı bir mutluluktur, 'X olmazsa ben mutlu olamam' yaklaşımı vardır. Beşiktaş takımı olmazsa, evrenin bütünü onu ilgilendirmez ve mutlu olamaz."

"Savaşçı sırf mutlu olmak için mutlu olan biri değil."

"Bu söylediklerim, açıklık getiriyor mu?"

"Getiriyor. Savaşçının her sözü, her eylemi niyetinin saflığı içinde biçimlenmiş olduğu için büyük resim içinde yerini almış, büyük resimle ilişkisi kurulmuş bir söz ve eylem olacaktır. Bu nedenle, savaşçının hayatı tümüyle anlamlı bir yaşamdır. Böylesine anlamla dopdolu bir yaşamın mutluluk dolu bir yaşam olacağını da görmek zor değil."

"Arif Bey, içimdeki bir sıkıntıdan başlayarak, önemli bir açıklığa kavuşmuş olduk. Dinlemenizin ve etkileşiminizin kalitesi için teşekkür ederim."

"Sağ olun Doğan Bey, bu sözlerinizi duyunca kendime güvenim artıyor."

Kabahat Hep Erkeklerde

Bu noktada Arif Bey'e Amerikalı psikolog Nathaniel Branden'in, terapiye gelen bir kadınla ilgili gözlemlerini aktardım:

Kadına uydurma isim olarak Elsie adını vermiş; Elsie birçok kereler kocasına olan sadakatını koruyamadığını, kocasının şimdi bunun farkında olduğunu, evliliklerinin tehlikeye girdiğini söyleyerek terapiye başlamak istemiş.

Diğer erkeklerle cinsel ilişkisi hep kendisi alkollü iken olmuş. Kendisine, "Sorumluluktan kaçmak için içmiş olabileceği" söylenince, "Bir kadın istediği zaman biraz içebilmeli. Ve biraz flört edebilmeli. Ama erkekler, zorla sahip olmak istiyorlar. Kadının 'hayır'ına kulak asmıyorlar," diye cevap veriyor.

Terapist, kadından, "Bu erkeklere cesaret verecek herhangi bir şey yapıp yapmadığını hatırlamasını," isteyince, "Suçu bana mı atıyorsunuz?" diye terapiste bayağı sinirlenmiş.

Bu konuşmaların sonunda ortaya çıkan durum şu oluyor: Kadın başka erkeklerle cinsel ilişki kurmasının tüm sorumluluğunu, o erkeklere yüklüyor. Kendi davranışlarından herhangi bir sorumluluk almak ihtiyacını görmüyor. Daha doğrusu, kendisinin bir sorumluluğu olabileceği olasılığını aklına bile getirmiyor. Terapist, bu tür cinsel ilişkide kendisinin de sorumlu olabileceği olasılığını ortaya atınca, savunucu bir tavır içinde terapiste kızıyor.

Yazar durumu şöyle özetliyor: "Elsie'ye göre sorunun tüm sorumlusu partideki erkekler; kendini tutamayan, saldırgan erkekler. 'Tabii ki, evliliğimi kurtarmak istiyorum, tabii ki, kocamı seviyorum ve onu üzdüğüm için mutsuzum,' diyor, ama sonunda kendisinin bir sorumluluğu olduğunu kabul etmiyor."

Terapist daha derinlere inecek teknikler kullanmaya başlayınca, bu tekniklerin "yapay" olduğunu söyleyerek kendisine uygulamasını istememiş. Ve birkaç teşebbüsten sonra tarepiyi bırakmış.

Terapisti diyor ki, "Elsie, çaresiz bir mazlum olduğuna kendini ikna etmişti. İçkinin etkisi altında kurduğu cinsel davranışından kendisinin sorumlu tutulamayacağında ısrar ediyordu. 'Benim elimden ne gelir, çaresizim,' düşüncesine, okyanusa düşen birinin can yeleğine yapışması gibi sarılmıştı. Ama, maalesef sarıldığı bu yelek, onu yaşam okyanusunda boğacak olan şeyin ta kendisiydi!"(*)

"Doğan Bey, bu verdiğiniz örnekte, Elsie adındaki kadın, kendi

(*) Nathaniel Branden, *Taking Responsbility*. s. 100-1.

yaşamından sorumluluk almaya başlamadıkça terapi başarılı olabilir mi?"

"Olamaz. Burada kadının ilk adımı, ortama getirdiği bilinçten sorumluluk almak olacaktır. Ancak bu adımdan sonra terapist ile kadın arasında anlamlı bir iletişim başlayabilir."

"Peki, kocası ne demiş?"

"Bilmiyorum; Branden kitabında kocanın ne dediğinden veya kocanın nasıl davrandığından bahsetmiyor."

"Sizce, o kadının kocası ne yaparsa doğru davranmış olur?"

Durdum, Arif Bey'e baktım, gülmeye başladım. O da bana baktı, gülümseyerek, "Tuhaf bir şey mi söyledim, Hocam?" diye sordu. Kendisine, şu anda ortama nasıl bir bilinç getirdiğini gözlemesini istedim.

Aramızda şöyle bir konuşma geçti.

"Kocasının ne düşündüğünü, ne yaptığını merak ettim!"

"Niçin?"

"Hiç, öylesine merak ettim."

"Bir savaşçı tutumu içinde ol, stratejik bir yaşam yaşadığını düşün. Savaşçı, 'Hiç, öylesine merak ettim,' demez. Sürekli niyetinin farkındadır. Evet, bu kadının kocasının ne düşündüğünü, ne yaptığını niçin merak ettiniz?"

"Aslında hem kadına hem de kocasına kızdım."

"Evet, anlıyorum. Ben de öyle tahmin etmiştim."

"Bu kadın benim karım olsa, bir dakika bu kadınla evli kalmazdım, diye düşündüm. Şerefi olan bir erkek, biraz kafayı çektikten sonra başka erkeklerle yatan bir kadınla evli kalamaz diye düşündüm."

"Şöyle bir anlamı ifade etmek, soruyu sormandaki temel niyet olabilir mi? 'Böylesine sorumsuz bir kadınla evli olmaya devam eden bir erkeğin de aile anlayışında, erkeklik anlayışında, namus anlayışında bir eksiklik var. Sorun sadece kadının değil!' "

"Evet! Söylemek istediğim, gerçekten bu."

"Aynı zamanda bu erkeğe karşı biraz kızgınlık hissettin mi?"

"Evet. Biraz değil, bayağı kızgınlık hissettim."

"Tamam. Anladım. Teşekkür ederim."

"Ama, ben anlamadım. Ben hâlâ kendimi o havada hissediyorum. Neyi söylemek istediğinizi anlayamadım."

"Söylemek istediğimden ziyade, farkına varmanızı istediğim sizin niyetinizdi. O anda, o kadının kocası durumunda olmaya devam eden adama içinizde bir kızgınlık vardı. Ama, bu kızgınlığın tam bilincinde değildiniz veya bu kızgınlığın doğrudan ifade edilmesinin uygun olmadığını düşündünüz ve bu konuyu, 'Sizce, o kadının kocası ne yaparsa doğru davranmış olur?' gibi bir soru ile ifade ettiniz."

"Doğru, öyle yaptım. Peki savaşçı nasıl davranırdı?"

"Gerçekten bir savaşçı bilinci içinde olsaydınız:

- "Kadının kocasına karşı duyduğunuz rahatsızlığın farkına varırdınız;
- "Daha sonra, bu rahatsızlığın temelinde, sizin çok derinlerde inandığınız, erkeklik özdeşiminin bir parçası haline gelmiş, 'erkeklik onuru, şerefi, gururu' diyebileceğimiz temel değerlerin çiğnenmiş olmasından kaynaklanan bir kızgınlık duyduğunuzu keşfedebilirdiniz;
- Daha sonra, 'erkeklik onuru, şerefi gururu' diyebileceğimiz temel değerlerin Türk kültüründen kaynaklandığının farkına varır ve Amerikan kültüründe erkeklerin bu değerleri farklı algılayabileceğini düşünürdünüz."
- Şu ihtimale de açık olurdunuz: 'Belki bu adam karısına olan sevgisini, erkeklik gururunu, onurunu, karısının zor günlerinde, onun gelişmesi için onun yanında olarak, onu destekleyerek ifade ediyordur.'
- Böyle bir ihtimal aklınıza gelince de, bilmeden insanları yargılamanın ne kadar büyük bir sorumluluk olduğunun bilincine varır ve dürüst bir savaşçı olarak, yargılamamayı, ama anlamayı tercih ederdiniz."

"Vay be!"

"Ne?"

"Savaşçı olmak öyle kolay bir iş değil. Muazzam bir bilinç gerektiriyor."

"Bilincini geliştirmeye kendini adamışsan, bilincin zaman içinde gelişir."

Bilincini geliştirmeye kendini adamışsan, bilincin zaman içinde gelişir.

"Ama, önce kişinin kendi bilincini geliştirmekten sorumluluk alması gerekir! Öyle değil mi?"

"Evet."

Yandaki dar sokağa çıkan ve tuvaletlerin bulunduğu kapıdan bir adam girdi. Yürüyüşü, bedeninin duruşu, hal ve tavrı, 'ben efeyim!' diyor. Asık suratlı, ama kendisi asık suratlı olduğunun farkında değil. O kadar yerleşmiş ki asık suratlı olmak, onun doğal varoluşunun bir parçası haline gelmiş. Bu duruş, bu yüz ifadesi, bu yürüyüş onun kesinlikle özgün bir parçası haline gelmiş. Salına salına yürüdü. Sağa sola baktı. Yürüyerek öbür kapıdan ana yola doğru gitti.

Arif Bey'le sularımızı içtik. Biraz sessiz kaldık. Daha sonra beraberce Sultanahmet'e doğru yürümeye başladık. Önümüzdeki hafta yine Sultanahmet'te buluşmaya karar verdik. Arif Bey, Cafer Ağa Medresesi adında bir yer duymuş, oraya gitme teklifinde bulundu, kabul ettim; Laleli'deki bir arkadaşına uğrayacakmış, el sıkıştık ve ayrıldık.

7
Ölüm Bilinci

Arif Bey'le Ayasofya önünde buluştuk ve Ayasofya'yı sağımızda bırakarak ilerlemeye başladık. Caferiye Sokağı'na girdik, biraz ileride, solda Cafer Ağa Medresesi göründü.

Cafer Ağa Medresesi'ne gitmek için soldaki Soğuk Kuyu Çıkmazı adlı dar sokağa girdiğimizde solumuzda eski bir duvarla, sağımızda beyaz badanalı bir duvar arasındaki basamaklı taş bir yoldan aşağıya doğru ilerliyoruz. Havada yoğun bir rutubet kokusu var. Karşımıza bir tabela çıkıyor, üzerinde "Türk Kültürüne Hizmet Vakfı, Cafer Ağa Medresesi, Uygulamalı Sanatlar Merkezi" yazılı. Hemen girişte çiçekler dikkati çekiyor. Avlu, tipik medrese avlusu. Çepeçevre küçük odalar, avluya masalar ve sandalyeler konmuş.

Arif Bey'le beraber odalara bakarak yürürken genç garson gülümseyerek yanımıza geldi ve bize yardımcı olacağını düşündüğü broşürü verdi. A4 boyutundaki bir dosya kâğıdının üçe katlanmasıyla oluşan broşürün kapağında giriş kapısından çekilmiş bir resim var ve resmin üstünde, vakfın adı yazılı. Bu kapağın arkasındaki sayfanın üst yarısına iki resim koymuşlar; ilk resim onarılmış bir kapı ve kapı üstündeki ve yanlarındaki, Arap harfleriyle yazılmış yazıları gösteriyor. Eski yazı bilmeyenin anlayabileceği herhangi bir bilgi yok. Alttaki resimde ise kahvehane haline getirilmiş avlunun resmi var. Resimlerin altında ve diğer sayfalarda medreseyle ilgili tarihi bilgi var.

Garsonla ayakta konuşurken, ben mercimek çorbası istedim, Arif orta şekerli bir Türk kahvesi söyledi, avludaki giriş kapısının hemen sağına düşen duvara yakın bir masaya oturduk.

Avlunun üstü, açık kırmızı beyaz şeritleri olan tentelerle kapatılarak güneşten ve yağmurdan korunmuş. Masalar sıkışık değil, gayet rahat mesafelerle avluya serpiştirilmiş.

Neler Hissediyorsun?

"Bugünkü konumuz ne Doğan Bey, ne üzerine konuşacağız?"

"Konuya girmeden önce, şöyle çevrene bir bakmanı istiyorum."

"Çevreme bakıyorum; insanlar, nesneler, hareketler görüyorum. Özellikle bakmamı istediğiniz bir şey var mı?"

"Senin dikkatini çeken, ilgini çeken bir şey var mı?"

"Şu genç kızın gülüşü içimi ısıtıyor, onun farkındayım. O kadar temiz bir yüzü, o kadar sıcak ve içten bir gülüşü var ki, gözüm kendiliğinden ona gidiyor."

"Evet, şu on dört-on beş yaşında görünen kızdan söz ediyorsun, değil mi?"

"Evet."

"Benim de dikkatimi çekti. Şimdi o kıza iki türlü bakmanı istiyorum. Varsay ki, bu genç kız, her gün buraya geliyor ve bu saatlerde burada oluyor. Yılın hangi ayında, ayın hangi gününde gelirsen gel, bu kızı burada böyle güler yüzüyle görebilme olanağın var. Bu anlayış içinde kıza bak."

"Peki, o gözle bakıyorum. 'Ben bu güler yüzlü kızı, istediğim zaman görebilme şansına sahibim,' diye düşünerek bakıyorum."

"Böyle bakarken hissettiklerini aklında tut."

"Peki."

Bir süre sustum. Arif Bey bir ara gözlerini kapadı; neler hissettiğini iyice kavramaya çalışıyordu. Ona duygularını gözlemek için yeteri kadar zaman verdikten sonra, konuşmaya devam ettim:

"Şimdi, aynı kıza şöyle bakmanı istiyorum. Bu kızın ölümcül bir hastalığa yakalandığını biliyorsun; şu anda gördüğün bu cıvıl cıvıl kızın, ancak bir haftalık ömrü var. Çevresindekiler söylememişler, öleceğini bilmiyor; fakat sen biliyorsun.

"Şimdi kıza bak."

"İçim burkuldu Doğan Bey, inşallah böyle bir hastalığa hiç yakalanmaz. O kadar genç, o kadar hayat dolu ki."

"Ama sen, 'öleceğini' biliyormuşsun gibi ona bak."

"Peki, şimdi o gözle bakıyorum. İçim hüzünle doldu."

"*Her zaman görebileceğin biri* olarak baktığında hissettiklerinle, 'bir hafta sonra ölecek biri' diye baktığında hissettiklerin arasında fark oldu mu?"

"Hem de nasıl! İlkinde yüzeyseldim. Şimdi ise bütün dikkatimle bakıyorum. Şimdi o kızın tam anlamıyla farkındayım; onun varlığını tümüyle algılıyorum; her davranışını, her hareketini en ince ayrıntılarıyla gördüğümün farkındayım. Kendi duygularımın farkındayım. Şu anın farkındayım."

Bu noktada Arif Bey gözlerini kıstı, bana baktı, önemli bir şeyi keşfeden bir insanın heyecanı içinde konuşmaya devam etti:

"Evet, belki de en önemlisi bu; şimdi ve burada olduğumun, yaşadığımın, bir daha geri gelmeyecek şekilde şu anda var olduğumun farkındayım."

"Hangi algılaman daha zengindi?"

"İkincisi!"

"Hangisinde duyguların daha yoğundu?"

"İkincisinde!"

"Ve hangi algılamanda genç kız daha dikkat etmeye, bakmaya, üzerinde düşünmeye değerdi?"

"Yine ikincisinde!"

"Peki niçin?"

"Çünkü, onu bir daha göremeyeceğimin farkına vardım. Bir daha şu anı yaşayamayacağımın farkına vardım. İçinde bulunduğum anın ve onun tekliği çok belirginleşti."

Çorba ve kahve geldi. Arif Bey, "Şu kahvenin gelişi duygularımın içine etti; kendimi birdenbire adi biri gibi gördüm," dedi. Böyle hassas duygulardan söz ederken, çorba ve kahve ile iştigal etmek bana da tuhaf bir his vermişti. Aynı duyguları paylaşıyormuşuz.

Bir süre çorbamı içtim; sessiz kaldık. Daha sonra konuşmaya başladım.

"Ben de sizinle beraber, aynı deneyi hayalimde yaptım; ben de sizin söylediklerinizin aynısı yaşadım."

"Fakat, şimdi bana ne oldu biliyor musunuz, Doğan Bey?"

"Ne oldu?"

"Gözümü kızdan ayıramıyorum, çünkü, şu anın bir daha hiç tekrar etmeyeceğini gerçekten düşünmeye başladım."

"Evet, anlıyorum. Aslında gerçek olan da bu, değil mi? Yani şu an, kendine özgü ve tek. Sen ve ben, bir daha, şu evrende aynı durumda, aynı çevre, olaylar ve etkileşimler içinde bulunmayacağız. Örneğin, şu kız bir daha çevremizde yer almayacak. Şimdi ve buranın tekliğinin bilincinde olmak bu."

"Anlıyorum. Aslında yaşamımın tüm anları tek ve kendine özgü ama ben bunun bilincinde değilim. Bu güler yüzlü kıza iki türlü bakınca, bunun bilincine vardım."

Arif Bey'le göz göze geldik. Yaptırdığım egzersizin amacının bu olduğunun farkındaydı.

> ***Yaşamımın tüm anları tek ve kendine özgüdür.***

Daha önce gözlediğimiz kız, beş kişilik bir grupla beraberdi. Yirmili yaşlarda üç genç kız ve yine aynı yaşlarda iki delikanlı ile birlikteydi. Sanki o grubun neşesini o getiriyordu; masalarına serpilmiş bir demet çiçek gibi, herkesin ruhuna dokunuyordu.

Pişmanlık Duygusu

"Bilincine varmaktan söz ediyorsunuz, Arif Bey. Çok sık olmasa da, ara sıra bu farkına varma olur. Ama bazen geç olur.

"Bir terapist, kırk yedi yaşındaki bir tarih profesörünün öyküsünü şöyle anlatır:

"Karısıyla ilişkisi hakkında konuşmak için bana geldi. Karısını çok sevdiği halde, ona, farkında olmadan çok değişik biçimlerde kabalık yaptığını düşünüyordu. Karısı, kendisi için önemli bir konuda profesörle konuşmak istediği zaman, genellikle çok meşgul olduğunu, yarı kulakla dinlediğini ve doğru dürüst cevap vermediğini belirtti. Karısı bir arzusunu belirttiğinde, gülümseyerek karısına baktığını ama konuyu hemen değiştirerek başka şeyler konuştuğunu ve karısının arzusunu yerine getirmediğini söyledi. Karısı kendisiyle hemfikir olmadığı zamanlarda, onun ne söylediğine dikkat etmediğini, aksine başka bir konuya atlayarak kendisinin konuşmaya devam ettiğini anlattı. Karısı, 'Bu sözlerinle beni kırıyorsun,'

dediğinde, çoğu kere buna önem vermediğini, özür dilemediğini, geçiştirdiğini ve bir süre sonra unutup gittiğini ifade etti.

Tarih profesörü karısını sevdiğini söyledi; havasında olduğu zaman son derece eli açık, düşünceli ve destekleyen biriydi. Kafasında karısını seviyor, sayıyordu ama davranışlarında bunu göstermiyordu; kendi iç dünyasında sevdiği kadınla, gerçekte etkileşimde bulunduğu kadın sanki iki farklı yaratıktı. Sanki gün-be-gün yaşamında karısı yer almıyordu; yaşamını onunla paylaşmıyordu.

Bir süre sonra kadın hastalandı ve öldü; böylelikle kadın, profesörün hayatından çıkmış oldu. Karısının mezarının başında durduğunda, profesör farkına vardı ki, karısı hayattayken onunla birlikte olmadı; hep kendi kafasının içinde bir yerlerde hayal içindeydi. Karısı toprağa gömülmeden önce, o karısını yaşamından çıkarıp bir yerlere gömmüş olduğunu gördü.

Sevginin başaramadığını, ölüm başarmıştı: profesörü içine gömüldüğü dünyadan çıkartıp, onun gerçek yaşamla ilişkisini kurmasını sağlamıştı.[*]"

"Sıradan insanları savaşçı olmaya götüren ilk adımlardan birisi 'ölüm bilinci'dir."

"Bugünkü konumuz bu, değil mi Doğan Bey?"

"Evet, bugünkü konumuz, 'ölüm bilinci'."

"Savaşçının sahip olması gereken bir bilinç bu, öyle mi?"

"Sıradan insanı, savaşçı olmaya götüren ilk adımlardan birini oluşturur bu bilinç."

"Sıradan insan, ölümünün bilincinde değil mi?"

"Önce ben sana bir soru sorayım: Tarih profesörü karısını sevdiğinin bilincinde miydi?"

"Hayır, değildi."

"Ama karısı ölünce onu ne kadar sevdiğini anladı, değil mi?"

"Evet."

"İşte sıradan insan, biraz önce anlattığım öyküdeki tarih profesörünün karısını sevdiği türden ölümünün bilincinde."

"Yani, sözde bir bilinç."

---

[*] Nathaniel Branden, *The Art of Living Consciously*. s. 11-2.

"Evet, sözde bir bilinç. Özellikle bizim kültürde, 'Bu fani dünyada değer mi böyle yapmak', 'nasıl olsa hepimizin sonu ölüm', 'dünya malı, dünyada kalır,' gibi laflarda kalan bir bilinç."

"Yani, söyleyenler bu söylediklerinin anlamını gerçekten kavramış değiller. Bunu mu söylemek istiyorsunuz?"

"Evet, bunu söylemek istiyorum. Sıradan insan bu yaşamın geçici olduğunu, bir sonu olduğunu, ölümün her an, her yerde yaşama son verebileceğini tam kavrayamamıştır; henüz yaşamın sınırlı oluşunun bilincinde değildir.

"Savaşçı?"

"Savaşçı ölümünün bilincindedir. Hatırlıyorsun, daha önceki konuşmamızda, don Juan'ın Carlos ile konuşmasından örnekler vermiştim. Don Juan'a göre, yaşamından sorumluluk almanın temelinde, kişinin ölümünün bilinci yatar. Ne demişti:

> *"Eğer, ölümün her an ve her yerden gelebileceğini kabul edersem, bencilliğimden gelen 'şimdi ve burada'ya ilişkin tembelliğim kaybolur."*
>
> **Martin Heidegger**
> *Alman filozof*

"Ama sen, sen sanki ölümsüzsün, ölümsüz insanın kararları iptal edilebilir, pişmanlık duyulabilir veya kuşku duyulabilir. Ölümün avcılık yaptığı bir dünyada, kuşku ve pişmanlık için zaman yok. Ancak kararlar için zaman var."

"Evet, hatırlıyorum."

"Martin Heidegger bir varoluşçu filozoftur ve o da aynı don Juan gibi, ölüm bilinci ile ilgilenir. Heidegger'in düşüncesini kısaca şöyle ifade edebiliriz: *'Yaşamın sınırlı oluşu, beni geçmişin zincirinden kurtarır ve geleceğe serbest bırakır. Eğer, ölümün her an ve her yerden gelebileceğini kabul edersem, bencilliğimden gelen 'şimdi ve burada'ya ilişkin tembelliğim kaybolur. Kısa bir süre burada olmamın bilincinde olarak, bu yaşamda yapmak istediklerime hemen şimdi ve burada başlamanın ötesinde başka bir yolum olmadığını görürüm. Ama, genellikle ne yaparım: 'gerçekten yaşamayı' gelecekte bir zamana atarım ve tek şansım olan 'şimdi ve burada' tembelliğime devam ederim.*[*]

"Ölümden 'mış gibi' konuşmak ile, yaşamın her an bitebileceği-

---

[*] Brad Blanton, *Radical Honesty*. s. 244-5.

nin bilincinde olmak, savaşçı ile sıradan insan arasındaki fark mı oluyor?"

Şekil Zemin İlişkisi

"Böyle söyleyince savaşçı ile sıradan insan arasında bir tek fark varmış ve o da, ölüm bilinci imiş gibi bir anlam çıkar. Bu doğru değil. Sıradan insan ile savaşçı arasında birçok fark vardır ve bunların en önemlilerinden biri, savaşçının ölüm bilincidir. Savaşçı eylemini bu bilinç içinde oluşturur. Savaşçı ölümden konuşmaz. Savaşçı ölümünü hiç unutmaz. Her düşüncesi, her sözü, her eylemi bu zemin üzerine inşa edilmiştir."

"Algılamadaki şekil ve zemin ilişkisinden mi bahsediyorsunuz?"

"Evet. Hatırlıyor musunuz, algıdan bahsederken, hem vazo, hem de iki insan portresi olarak algılanan bir resim vardı?"

"Evet, hatırlıyorum."

"O resimde vazo mu, yoksa insan yüzümü göreceğinizi belirleyen temel faktör, neyi zemin olarak kabul ettiğinizdi. Eğer, beyazı zemin kabul ederseniz başka, siyah zemini kabul ederseniz, bir başka algılıyordunuz."

"Sıradan insan sonsuz yaşamı zemin kabul ederek, günlük yaşamını anlamlandırırken, savaşçı, her an ölüm bilincini zemin kabul ederek, günlük yaşamını anlamlandırıyor."

"Evet. Genellikle bizim kültürde ölümden pek konuşulmaz, ama Amerikan kültürüne göre, biz daha açığız. Bizim halkımız ölüm konusunda daha gerçekçi bir tavır içinde. Ama ölümden konuşmak, gerçekçi bir tavır içinde olmak, ölüm bilincinin gelişmesine yol açmayabilir. Savaşçının farklılığı bu bilinçte."

Sıradan insan, sonsuz yaşamı zemin kabul ederek günlük yaşamını anlamlandırırken, savaşçı, her an ölüm bilincini zemin kabul ederek, günlük yaşamını anlamlandırıyor.

"Don Juan, Carlos'a ölümden, geçenlerde söz ettiğinizin dışında, söz etmiş mi?"

"Evet, etmiş. Bugün ölüm bilincinden konuşacağımızı bildiğim için, hazırlıklı geldim."

Çorbanın yarısını bitirmiştim, iştahım kalmamıştı. Garson, "Tamam mısınız?" diye sordu, başımı salladım.

Don Juan, Carlos'la

Çantamdan Carlos Castaneda'nın yazmış olduğu kitapları çıkardım, işaretlemiş olduğum yerler üzerinde Arif Bey'le konuşmaya başladım:

"Ölüm düşüncesi insanoğlunun ruhuna çeki düzen veren tek şeydir!"
don Juan

"Bir keresinde Carlos kafasının karışık olduğundan, neye nasıl karar vereceğini bilmediğinden söz eder. Don Juan'la aralarında şöyle bir konuşma geçer:

" '*Savaşçı kafası karıştığı zaman ölümünü düşünür.*'

"Bu söz üzerine Carlos,

" 'Ama, don Juan, insanın ölümünü düşünmesi daha zor! Birçok insan için ölüm uzakta ve belirsiz bir şey. Birçoğumuz ölümümüzü hiç düşünmeyiz,' der.

" '*Neden düşünülmesin?*'

"Neden düşünelim ki?'

" '*Çok basit,*' der don Juan. '*Çünkü ölüm düşüncesi insanoğlunun ruhuna çeki düzen veren tek şeydir!*'

"Savaşçı kafası karıştığı zaman ölümünü düşünür."
don Juan

"Bir keresinde Kuzey Meksika dağlarında beraber gezerken konu yine ölüm kavramına gelir. Don Juan şöyle der: '*Savaşçı olmak isteyen kişi önce ölümünün bilincine ulaşmalıdır. Sıradan insan ölümünü düşünmeye başladığı zaman, kendinden başka hiçbir şey düşünemez hale gelir; yatar, kalkar kendini düşünmeye başlar ve böylece bir nevi felce uğrar. Savaşçı ise, ölümünün bilincine vardıktan sonra, onunla ilgilenmeyi öğrenir. Böylece sürekli kendini düşüneceği yerde, kendinin diğer hiçbir yaratıktan farklı olmadığını anlamaya başlar.*'

"Tarafsız kalmayı öğrenmiş kişi, ölümünün bilincinde olarak, yapabileceği tek şeyin, almış olduğu bilinçli kararları uygulamak olduğunu bilir. Son derece bilinçli olarak seçimlerini yapar ve bu seçimlerin başka hiç kimsenin değil, kendisinin sorumluluğu olduğunu bilir. Kararını verdikten sonra, ok yaydan çıkmıştır; artık pişmanlığa, geri dönüşe yer yoktur. Böylece savaşçı stratejik bir yaşam içinde verdiği kararlar ve eylemleriyle baş başadır."

Yeniden Ortama Getirilen Bilinç

Arif Bey, düşünceli bir tavırla, "Savaşçı olmak kolay bir iş değil," dedi. Sessizce kafamı salladım.

Savaşçı stratejik bir yaşam içinde verdiği kararlar ve eylemleriyle baş başadır.

Arif Bey düşünceye dalmıştı. Onun düşüncesini kesmemek için sessizce tuvalete gittim, geldim. Geldiğimde hâlâ düşünüyordu.

"Biliyor musunuz, Doğan Bey," diye konuşmaya başladı, "beni en düşündüren şey, verilen kararların bilinçli verilmesi ve o kararlardan pişmanlık duymadan kişinin tüm gücüyle eyleme geçmesi. Kendi eksikliğimi en çok burada görüyorum."

"Yani, pişmanlık ve karar değiştirme sık sık başınıza gelen şeyler, öyle mi?"

"Evet. Öğretmenlik kararımda da aynı şey oldu. Hatırlıyorsunuz, sizinle ilk konuştuğumuzda öğretmenliğe karar vermiş olmaktan pişmanlık duymaya başlamıştım."

"Hatırlıyorum Arif Bey. Aynı şey benim de sık sık başıma geliyor. Ve böylesine sık sık pişmanlık duymamı, henüz savaşçı olmaktan uzaklığımın bir göstergesi olarak görüyorum."

"Siz de sık sık pişman oluyor musunuz, aldığınız kararlardan?"

"Evet. Önceleri daha sık pişmanlık duyan biriydim, şimdi azaldı, ama hâlâ pişmanlık duyduğum kararlar alıyorum."

"Neden yapıyoruz bunu?"

"Neden mi pişman oluyoruz?"

"Neden pişman olduğumuz kararlar alıyoruz?"

"Ben kendimi gözlediğim zaman en temel neden ortama getirdiğim bilinçteki eksiklik."

"Bunu biraz açar mısınız?"

"Karar verirken, karar verdiğim konuda derinlemesine düşünüp, gözlemler yapmadan aceleyle karar veriyorum."

"Peki bunun temelinde ne yatıyor?"

"Karar verdiğim konudaki gerçek niyetimin ne olduğunun bilincinde olmamam. Çoğu kere, bana derinlerde pek anlam ifade etmeyen şeyleri, başkalarını memnun etmek için yapmaya karar veriyorum. Daha sonra, yaptığım şeyin benim için anlamsız olduğunu kavramaya başlayınca, pişmanlık duyuyorum."

"Peki bunun çaresi ne Doğan Bey? Çünkü, pişman olduğum zamanlarda sık sık ben de sizin gibi hissettim. Yani, gerçekten yapmayı istemediğim bir şeyi yaparken pişmanlık duydum."

"Sanırım şurada gördüğümüz insanların yüzde doksan dokuzundan fazlası, bu durumdadır."

Böyle deyince yeniden etrafımıza baktık. Üç masa önümüzde oturan insanlardan birini Arif Bey tanıdı. Cuma akşamları oynayan "Baba Evi"* adlı bir dizide ebru ustası olarak rol alıyormuş. Oturan gözlüklü kişinin o olduğunu söyledi. "Gerçekten ebru ustası mıdır, yoksa sadece rol olarak mı oynuyor, bilmiyorum," dedi.

Ebru sanatının ne olduğunu sordum. "Su üzerine boyaların konulması ve su üstündeki bu renklerden üretilen desenin kâğıda aktarılması," şeklinde bir açıklama yaptı.

Biz çevreye bakarken medrese avlusuna genç bir kız ve bir erkek geldi ve ortadaki masaya oturdular. Kızın üzerinde kırmızı renkte bir penye ve kot pantolon var. Kız oğlanla daha ilgiliydi; sanki onun daha çok anlatacağı vardı. Oğlan pek aldırmaz bir tavır içindeydi; olumsuz değildi, ama durgun, olağan bir tavır içindeydi. Kız gülerek ona bir şeyler anlatıyordu, kızın gözleri cıvıl cıvıl parlıyordu. Oğlan ara sıra birkaç kelime ile katılıyordu.

Yanımızdan orta yaşlı bir garson geçerken medresenin dışından bir gürültü geldi; sanki dört-beş erkek kavga ediyormuş gibi bir bağrışma duydum. Garson, "Hah, gol attık galiba!" dedi.

Garsona, elimde olmadan, "Bugün maç mı var?" diye sordum.

Garson, "Bugün saat beşte var ya! İrlanda'yla oynuyoruz ya!" dedi.

Garson bu sözleri öyle söyledi ki, bizim bu bilgileri normal olarak bilmemizi bekliyordu ve bilmediğimizden dolayı da, "Siz ne biçim adamsınız?" gibi bir tavırla konuşmuştu. "Peki ne durumda?" diye sorduğumda, "Bunu alırsak, Avrupa şampiyonasında oynama hakkı kazanacağız," gibi, önemli gördüğü bir durumu açıkladı. Ve önemli bir bilgiyi paylaşmış insanın edasıyla çay ocağına doğru yürüdü.

Yaşam, çevremizde şu an tüm sıradanlığıyla devam ediyordu. Öbür yandan benim sıradan algıladığım bu süreçlerin hepsi anlaşılamayacak kadar karmaşık, gizemli, girift ve çok yönlüydü. Ve biz bu süreci anlamaya çalışıyorduk.

"Ama niye?" diye sordu Arif Bey. Ve bu soru ile başlayan konuşmamız devam etti.

"Çünkü ait olma-birey olma dansında, ait olma ağır basıyor."

"Niye ağır basıyor? Neden insanların çoğunluğunda birey olma ağır basmıyor da, ait olma ağır basıyor?"

"Ben bizim toplumumuz için konuşuyorum. Biz yetiştirilirken, 'Elalem ne der!' diye yetiştirildik."

"Evet, 'Aman, başkası görmesin sonra ayıp olur,' en sık duyduğum laflardan biriydi. Peki şimdi bunu biliyor olmak, bizim sorunumuzu çözmemize yetmiyor mu?"

"Düşün ki, tüm ömrünü, 'başkası ne der' diye yaşamış, ona göre meslek seçmiş, evlenmiş, çocuk yetiştirmiş, komşu edinmiş, arkadaş edinmişsin. Bunları böyle bir anda değiştirmek kolay değil."

"O zaman bizim toplumdan savaşçı çıkması daha mı zor?"

"Eğer Amerika ile karşılaştırarak böyle bir söz söylüyorsan, cevabım 'hayır'."

"Ama, onlar ait olmaya bizim kadar önem vermiyorlar."

"Doğru, onlar ait olmaya bizim kadar önem vermiyorlar. Ama, o kültürde de, başka türden bir dengesizlik var. Onlarda da birey olmak ağır basıyor; ait olma-birey olma dengesi yine bozuk. Onlar savaşçı olmak istedikleri zaman bizimkinden daha büyük bir ego ile, 'ben' ile savaşmak zorundalar."

"Anlıyorum."

"Ama ister Amerikalı, ister Türk olsun, bir kişinin verdiği kararlardan pişmanlık duymaması için aynı şeyi yapması gerekir."

Burada sustum ve Arif Bey'in yüzüne baktım. O da sustu, bana soru sormadı; konuşmamı bekledi.

Bir süre sonra devam ettim.

"İster Türk olsun, ister Amerikalı, kararlardan pişmanlık duymamak için kişi, karar verme ortamına yüksek bir bilinç düzeyi ile gelmelidir. Bu yüksek bilinç düzeyinde kendi niyetinin saflığından emin olarak, ait olma-birey olma dansının bilincinde, yaşamın hemen bitebileceğini anlamış olarak kararını vermeli."

"Yani, şimdiye kadar konuştuğumuz bütün konuların bilincinde olarak karar vermelidir. Ancak, o zaman pişmanlık duymaz."

"Evet öyle."

Bir genç kız atölye dükkânlardan birinden çıktı, dış kapıya doğru giderken bizim masanın yakınından geçmeye özen göstererek yüzüme baka baka geçerek gitti. Yüzünde, "Bu o adam mı?" sorusu vardı, sanki.

Arif Bey cıvıl cıvıl konuşan kırmızı penyeli kıza bakıyordu. "Sana da böyle cıvıl cıvıl gözlerle bakan bir kız arkadaşın olsun, istemez misin?" diye sordum.

Güldü, "Ben de şimdi aklımdan onu geçiriyordum. Benimle böyle cıvıl cıvıl konuşan bir kızın hayatımda olmasını isteyen bir tarafım var, onun farkındayım. Ama, böyle bir kadının hayatımda olmasının beni korkutan bir yönü de var. Onun da farkındayım," dedi. İkimiz de bir süre masada oturan gençlere baktık. Arif Bey'in ne dediğini çok iyi biliyordum.

Konuyu dağıtmamak için bu yönde aklımdan geçenleri kendime sakladım. "Başka bir zaman konuşuruz," diye düşündüm.

Konuya geri dönmek istedim.

Şiirler Söyler En Güzelini

"Ölüm bilincini en güzel şairler ifade ederler. Onların dilinde sezgi canlanır ve onlar kelimeler aracılığıyla kelimelerin ötesinde bir iletişim olanağı yaratırlar."

"Dediğiniz ilginç geldi, Doğan Bey. 'Kelimeler aracılığıyla, kelimelerin ötesinde bir iletişim olanağı yaratmak'."

"Bunu ancak şiir yapabilir. Arif Bey, siz Mina Urgan'ın *Bir Dinozorun Anıları* kitabını okumuştunuz, değil mi?"

"Evet, okumuştum."

"O kitapta dikkatinizi çekti mi, bilmiyorum, Mina Urgan ölüm konusuna girdiğinde sık sık şiirsel dile başvurmuş."

"Hayır dikkatimi çekmemişti. Eve gidince bakayım."

"Ben hazırlıklı geldim."

Çantamdan kitabı çıkardım ve daha önce işaretlemiş olduğum kısımları ona gösterdim. Gerçekten de, sayfa 61-75 arasında değişik uzunluklarda on dokuz şiir vardı.

Arif Bey, "Bu şiirleri kendisi mi yazmış?" diye sordu.

"Evet, kendi şiirleri. Mina Urgan yaşlılığın nimetlerinden bahseden biri; ama, yaşlılığın felâketleri olduğunu da kabul ediyor: 'Bunların en korkuncu sevdiklerinin ölümüdür,' diyor ve devam ediyor: 'En yakın arkadaşların ölür, gencecik insanlar ölür, doğurduğun çocuk ölür.' "

"Sizin en hoşunuza giden hangi şiiri?"

"Her bir şiiri ayrı bir bağlamda yazılmış; o nedenle ayrı ayrı yerleri var. Ama, sayfa yetmiş birde başlayan ve daha sonraki sayfada devam eden birkaç şiiri derin ve etkileyici buldum. Sana bunlardan birkaçını okumak istiyorum.

"Uykusuz gecelerin saatleri ilerledikçe, yakında öleceği için bir çeşit hüzün duyduğu da olur.

Nice güneşler doğacak, göremeyeceksin.
Yaz yağmurları yüzünü okşamayacak,
Karpuz dilimlerini ısıramayacaksın.
Hanımelilerin kokusu
Senin için artmayacak
Karanlık basarken.
Kurumuş bir yapraksın sen,
Toprağa karışacaksın.

"Sonra güneş doğar ve ihtiyarın yaşama içgüdüsü ölüm özlemini yenilgiye uğratır:

Ölümün mağarasından
Gün ışığına çıktı.
Güneş ne güzelmiş,
Ne güzelmiş kıyıda koşan çocuk
Kayalara martılar gibi konan âşıklar,
Açıklardaki beyaz tekne.
Ne güzelmiş Karacaahmet'te
Adsız bir ölü olmamak.

Arif Bey, bu okuduklarımı gülümseyerek dinliyordu. "Gerçekten şiirsel dilin gücü başka," dedi ve arkasından ekledi, "Yaşamak, yaşadığının bilincinde olmak, gerçekten yaşadığını bilerek yaşamak!" Durdu, çevresine baktı. "Biliyor musunuz, Doğan Bey, merak ediyorum; acaba buradaki insanlardan kaç kişi gerçekten şu anda yaşadığının farkında? Kaç kişi şu anda yaşamanın bir mucize olduğunun bilincinde?"

Yanıtlamadım; ikimiz de cevabı biliyorduk. Bir süre ikimiz de sessiz kaldık. Daha sonra kitaptan okumaya devam ettim:

"Bu yaşama içgüdüsü her zaman ayaklanmaya hazırdır zaten:

Tamam, bitti diyor.
Karanlık kuyu kapağını açmış
Beni bekliyor diyor.
Derken kirli bir motel odasının banyosunda
Sevinçle zıplayan küçücük
Yemyeşil bir kurbağa yavrusu görüyor
Vazgeçmekten vazgeçiyor.

Bu son şiiri de içimize sindirmek üzere bir süre sustuktan sonra, Arif Bey'e, "Bunlar beni en sarsan şiirleri," dedim. "Özellikle, yaşam ve ölümün aynı anda yer aldığı mısraları derinden etkiliyor. Bunun bir örneği de, sayfa yetmiş üçte var," diyerek okumaya başladım:

"Çevresinde gördüklerini, örneğin rüzgârda sallanan bir ağacı sevmeye başlar:

Ölüm ona yaklaştıkça
O çılgın ağaca sevdası artıyor.
Sevdası arttıkça
Büsbütün çıldırıyor ağaç,
Ölüm de biraz uzaklaşıyor sanki.

Bir süre ikimiz de sessiz kaldık. Arif Bey, "İçimi bir hüzün kapladı," dedi. Daha sonra konuşmaya devam etti: "Sanırım ölüm düşüncesi, birçok insanın içini hüzünle kaplar. Ama, bu hüzün, sanki coşkuya gebe. Ölüm bilincini kaybetmeden, şimdi ve şu anda yaşıyor olmayı keşfetmenin potansiyel coşkusu. Sanırım, sevinçle zıplayan yemyeşil küçücük bir kurbağa yavrusunu görebilmek için, ölümün hüznünü tatmak gerekir."

Solumuzdaki masada bir genç kız ve delikanlı oturuyorlar, gayet rahat bir konuşma içindeler, ilişkilerinde herhangi bir gerginlik yok. Öyle görünüyor ki, birbirlerini uzun zamandır tanıyorlar, aralarında bir dostluk, yakınlık oluşmuş.

Oğlanın gözlüğü var, yeğenim Sami'yi hatırlatıyor; kızla konuşurken, masaya iki dirseğini dayıyor ve böyle oturunca, arkada bir kambur oluşuyor. Farkına vardım Türkiye'de sık sık gördüğüm bu tür kamburu Kaliforniya'da ancak yabancı öğrenciler arasında gördüm. Türkiye'de çok yaygın olan bu tür kamburlu oturma acaba nasıl oluşuyor, diye aklımdan geçirdim.

Arif Bey'e bu düşüncemi söyledim, acaba, bizim çocuklarımız büyürken yaşadıkları utangaçlık, mahcubiyet bunun nedeni olabilir mi, diye konuştuk.

Arif Bey kendi kuramını şöyle anlattı: "Korku ilişkisinin egemen olduğu bir kültür ortamında yetişen çocuk, başı dik olarak, dik oturma, dik yürüme konularında bastırılmış olmalı ve bu da zaman içinde oturuşunda, yürüyüşünde kendini gösterir."

Ben de Arif gibi düşünüyordum. Husserl'in sözünü ettiği "kültürün niyetliliği" o kültür içinde yer alan her canlıyı biçimler, diye düşündüm.

Ölüm bilinci üzerine don Juan'ın söyledikleri hakkında Arif Bey'le konuşmaya başladım.

Don Juan'ın Öğretisi

Don Juan ve Carlos kırda geziye çıkıyorlar. Bir yerde dinlenirken konuşmaya başlıyorlar:

Don Juan, Carlos'un değişmesi gerektiği söyler. Carlos, yavaş yavaş değişmekte olduğunu, zamana ihtiyacı olduğunu belirtir. Don Juan, *"Benim konuştuğum, bir anda olan değişme,"* der. Ve tüm sorunun nerede yattığına işaret eder; *"Sorunun temelinde, senin istediğin kadar zamanın olduğunu düşünmen yatıyor,"* der.

Carlos, düşüncesinde ısrar eder. "Evet, dünyada bir devamlılık vardır. Önceden bilebildiğimiz, önceden tahmin edebildiğimiz bir tutarlılık vardır," düşüncesini savunur.

Don Juan, *"Senin devamlılık düşüncen seni daha çekingen, ürkek yapar. Devamlılık bilinci içinde senin eylemin ürkek, çekingen bir insan eylemi olur. Şu dünyada hayatının son savaşını veren bir insanın havası, gücü, etkileyici tavrı olamaz. Yani, senin önceden bildiğin devamlılık ve tutarlılık, seni ne güçlü kılar, ne de mutlu eder,"* der.

Bir süre sonra, Carlos, "Çekingen bir insan olmak, çok mu kötü bir şey?" diye sorar.

Don Juan, *"Hayır,"* der. *"Eğer, ölümsüz isen, istediğin kadar çekingen, ürkek olabilirsin. Ama, ölümlü bir dünyada yaşıyorsan, çekingenliğe, ürkekliğe hiç yer yok. Ürkeklik aslında sadece senin kafanda olan bir şeye bağlanmadan kaynaklanır. Ama, bu huşu veren, gizemli dünya senin için ağzını açacaktır; herkese açtığı gibi, sana da ağzını açacaktır. O zaman, senin güvenilir dediğin devamlılığın, hiç de öyle güvenilir olmadığını anlayacaksın. Ürkek ve çekingen olmak, insan olarak yapmamız gereken şeyleri yapmamızı engeller."*

Carlos, "İnsanın sürekli ölümünü düşünerek yaşaması, bana doğal gelmiyor," diye düşüncesini ifade eder.

> **"Bir savaşçı, her bir eylemi dikkatle inceler, çünkü o eylem onun bu dünyadaki son eylemi olabilir."**
> **don Juan**

"Ölüm bizi bekliyor ve içinde yaşadığımız şu an bizim bu dünyadaki son savaşımız olabilir," diye don Juan ciddi bir sesle cevap verir. *"Ben buna savaş diyorum, çünkü bir mücadeledir. Birçok insan bir eylemden diğerine hiçbir mücadele göstermeden geçer. Ama, bir savaşçı, her bir eylemi dikkatle inceler, çünkü o eylem onun bu dünyadaki son eylemi olabilir. ...Savaşçı, bu dünyadaki son savaşına gerekli saygıyı gösterir. Bu son savaşı, onun*

yapabileceğinin en iyisini temsil etmeli. Böylesi daha mutluluk vericidir. İnsanın korkusunu giderir."

Carlos, bu söylenenlerle hemfikir olduğunu, yalnız bunu kabul etmenin ve böyle yaşamanın zor olduğunu söyler.

Don Juan, Carlos'a bakar ve, *"Senin kendini ikna etmen yıllar alacak; ayrıca, ikna olduktan sonra buna göre hareket etmen de yıllar alacak. Umarım bu kadar zamanın vardır,"* der.

"Sen böyle konuşunca beni korkutuyorsun," diye Carlos duygusunu ifade eder.

Don Juan yüzünde ciddi bir ifadeyle Carlos'u tetkik eder.

"Bu dünyanın esrarengiz bir dünya olduğunu sana söylemiştim," der. *"İnsanları yöneten güçler önceden kestirilemez, korkutucudur, ama onların görkemine tanık olmak her türlü çabaya değer."*

Daha sonra don Juan, Carlos'a bir tuzak kurarak bir tavşan yakalamasını, o tavşanın derisini yüzerek, akşam karanlık çökmeden tavşanı pişirmesini söyler. Don Juan, daha önce nasıl tuzak kurulduğunu Carlos'a öğrettiği için, Carlos kısa zamanda tuzağı kurar ve tavşanı yakalar.

Tavşanın yakalandığını gören don Juan, *"Şimdi onu öldür,"* der.

Carlos, tuzağın içine uzanır, tavşanı kulaklarından yakalar, tam dışarı çıkarırken birdenbire dehşete düşer; çünkü tavşanı nasıl öldüreceğini bilmediğini anlar; don Juan şimdiye kadar tuzak kurmasını öğretmiştir, ama nasıl öldürüleceğini öğretmemiştir.

Tavşanı elinden bırakır ve don Juan'a, "Ben öldürmem," der.

"Neden?" diye don Juan sorar.

"Daha önce hiç öldürmedim," der.

"Ama, daha önce yüzlerce kuş ve diğer hayvan avladın," diye don Juan cevap verir.

"Ben onları tüfekle öldürdüm; ellerimle hiç hayvan öldürmedim."

"Ne fark eder? Bu tavşanın vadesi geldi."

Don Juan bu sözleri tavşanın vadesinin geldiğini gerçekten bilen bir insanın otoriter edası içinde söyler.

Carlos'un ağzından öykünün geri kalanını dinleyelim:

Don Juan gözlerinde vahşi bir bakışla, *"Öldür onu!"* diye emretti.

"Öldüremem," dedim.

Tavşanın ölmesi gerektiğini bağırarak söyledi. Bu güzel çölde onun serbestçe gezmesinin sonunun geldiğini söyledi. Benim oyalanmaya hakkım olmadığını, tavşanları yöneten ruhun onu tam akşam üzeri benim tuzağıma yönlendirdiğini söyledi.

Aklımı karıştıran bir sürü düşünce ve duygular, onlar beni bekliyorlarmış gibi, kafama üşüştüler. Benim tuzağıma yakalanan tavşanın trajedisini tüm açıklığıyla kavramıştım. Birkaç saniye içinde hayatımda yaşadığım böyle can alıcı anlar aklımdan süratle geçti ve benim de o zamanlar tavşanın durumunda olduğunu anladım.

Tavşana baktım; o da bana baktı. Tavşan kafesin kenarına çekilmişti, büzüşmüştü, sessizdi ve hareketsizdi. Yeniden göz göze geldik; onun bakışlarında sessiz bir umutsuzluk gördüm ve bu umutsuzluğun kendi umutsuzluğum olduğunu ta derinlerimde hissettim.

Yüksek sesle, "Canı cehenneme," dedim, "hiçbir şey öldürmeyeceğim. Bu tavşanı serbest bırakacağım."

Yoğun bir duygu içinde titredim. Tavşanı kulağından yakalamaya çalışırken kollarım titriyordu; tavşan kaçtı ve onu yakalayamadım. Yeniden denedim ve yine beceremedim. Başım döndü, gözüm karardı, tuzağı tekmeledim; amacım tuzağı parçalamak ve tavşanı serbest bırakmaktı. Tuzak umduğumdan daha sağlamdı, beklediğim şekilde tekmemin altında parçalara ayrılacağına, sapasağlam duruyordu. Çaresizlik duygum dayanılamayacak bir yeise dönüştü. Sağ ayağımla tuzağın ucuna bütün gücümle bastırdım. Tuzağı yapmakta kullandığım sopalar çatırdayarak kırıldı. Tavşanı dışarı çıkardım. Bir an içim rahatladı, fakat bu iç rahatlığı uzun sürmedi. Tavşan elimde hareketsiz sarkıyordu. Ölmüştü.

Ne yapacağımı bilemedim. Nasıl öldüğünü bulmaya verdim kendimi. İncelemeye başladım. Don Juan'a döndüm. Gözlerini dikmiş bana bakıyordu. Dehşetle tüm vücudum titredi.

Taşların yanına oturdum. Başım müthiş ağrıyordu. Don Juan elini başımın üstüne koydu ve tavşanın derisini yüzüp karanlık basmadan onu pişirmem gerektiğini söyledi.

Midem bulanıyordu. Bir çocuğa konuşuyormuş gibi, büyük bir sabırla benimle konuştu. İnsanları ve hayvanları yönlendiren güçlerin, bu tavşanı bana yönlendirdiğini söyledi; aynı güçlerin beni de kendi ölümüme yönlendireceğini ifade etti. Tavşanın ölümü nasıl benim için bir armağan olmuşsa, benim ölümümün de, birisine veya bir şeye bir armağan olacağını söyledi.

Başım dönüyordu. Günün basit olayları beni yerle bir etmişti. Bunun sadece bir tavşan olduğunu düşünmeye çalıştım; ama onunla kurmuş olduğum özdeşimi aklımdan çıkartamadım; o tavşanın kendim olduğum duygusundan silkinip kurtulamadım.

Don Juan, tavşanın etinden, küçük bir parça da olsa yemem gerektiğini söyledi. Bu şekilde öğrendiğim bilgiyi geçerli kılmış olacaktım.

Cılız bir sesle, "Hayır, yiyemem," dedim.

"Bu güçlerin elinde biz sağa sola savrulan yapraklarız," diye beni azarladı. *"Egona önem vermeyi, bencilliği bırak ve bu armağanı uygun bir biçimde değerlendir."*

Tavşanı yerden kaldırdım; henüz sıcaktı.

Don Juan üzerime eğilerek kulağıma şunları fısıldadı: *"Senin tuzağın onun bu dünyadaki son savaşı idi. Sana söyledim, bu muhteşem çölde artık onun serbestçe gezmesinin sonu gelmişti."*

"Çok güçlü bir öykü," dedi Arif Bey.

Ben uzun süre sessiz kalmayı tercih ettim. Don Juan'ın ne güçlü bir öğretmen olduğunu fark etmiştim. Ölüm bilinci bundan daha güzel yaşatılamaz ve öğretilemezdi. Bu düşüncemi Arif Bey'e söyledim. Bana hak verdi.

Çevreme baktım. İnsanlar tarihin yoğun olduğu bir ortam içinde, hiç ölmeyeceklermiş gibi, heyecansız, sıradan bir tavır içinde nefes alıp veriyorlar gibi geldi, bana. Acaba don Juan burada olsaydı, onlarla ilgili ne derdi, diye düşündüm. Daha sonra, büyük bir olasılıkla don Juan, "Sana ne onlardan, sen kendin bu muhteşemliğin bilincinde ne yapıyorsun?" diye bana sorardı diye düşündüm.

İçinde bulunduğum bu yeri düşündüm. Garsonun vermiş olduğu broşüre şöyle bir göz attım.

'Çağlar boyu dünyanın merkezi olarak kabul edilen İstanbul'un tarihi merkezi neresidir? diye sorulduğunda cevap mutlaka Sultanahmet olacaktır,' diye başlıyordu.

'Geçmişte dünyanın merkezine işaret eden anıtların hepsi buradadır.

'Mimar Sinan'ın eseri Cafer Ağa Medresesi, bu anıtlar içinde sessizce yerini almıştır.'

Gerçekten sessizce yer almış olmalı, ben daha önce hiç buradan söz edildiğini duymamıştım. Broşüre göz gezdirmeye devam ettim:

'1559-1560 yıllarında Mimar Sinan tarafından inşa edilen Cafer Ağa Medresesi Türk Kültürüne Hizmet Vakfı'na tahsis edilmiş ve 1989 yılında büyük bir restorasyon geçirmiştir. Bu tarihten itibaren uygulamalı Türk El Sanatları Merkezi olarak faaliyete geçen Cafer Ağa Medresesi'nde hat, tezhip, minyatür, ebru, dokuma, yazma, batik, kumaş boyama, takı, ahşap dekoratif süsleme, folklorik bebek, resim, ud, ney, gitar çalışmalarının yanında ustaların en güzide eserlerinin sergi ve satışları da yapılmaktadır.

"1998 yılında vakıf tarafından bakım ve onarımı yaptırılan Medrese yeni dönemde sanat, kültür ve eğitim merkezi sıfatıyla sergi, defile, konferans, konser, turizm gibi kültürel faaliyetlere ev sahipliği yapmaya hazır hale gelmiştir.'

Broşürün arka kapağında 'Uygulanan Türk El Sanatları' başlığı altında el sanatlarının listesi yazılmış ve onun da altında Sultanahmet yöresinin krokisi verilerek Cafer Ağa Medresesi kırmızı ile işaretlenmiş. Krokinin altına da vakfın adresi ve telefon numarası yazılmış.

Broşürde yazılı olanları Arif Bey'le beraberce okumuştuk. Çetin Altan'ın tarih bilincinin ne kadar önemli olduğuyla ilgili söyledikleri aklıma geldi. Böyle bir hizmeti sunan kişileri tanımıyordum, ama içimden onlara, "değerli hizmetleri için teşekkürlerimi" gönderdim.

Ne Demişler?

Ölüm üzerine söylenmiş sözlerle ilgili bir çalışma yapmıştım, bu çalışmanın Arif Bey'in ilgisini çekip çekmediğini sordum. "Çeker" cevabını alınca, "İngiliz düşünürü Francis Bacon'un ölümle ilgili bir sözü var," diyerek konuya girdim. "Ölüm bizim dostumuzdur; onu evine misafir etmek istemeyen zaten evde değildir."

Arif Bey bu sözü dinledikten sonra, "Ölüm bilinci ne kadar temel bir bilinçmiş. Ve tarih boyunca bundan sürekli konuşulmuş, üzerinde düşünülmüş. Ama çok az insan ciddi olarak, ölümünün bilincini içine sindirerek yaşamının anlamını bulmuş durumda. Sanki bir rüya âleminde yaşıyoruz," dedi.

Ben de, "O kadar ciddi olmayan görüşler de ifade edilmiştir," dedim ve Woody Allen'i örnek gösterdim. "Woody Allen, 'Ölüm, insanın yatarak yapabileceği birkaç şeyden bir tanesidir,' der ve ilave eder: 'Seks ve ölüm arasındaki fark şudur: ölümü kendi başınıza yapabilirsiniz ve kimse sizinle alay etmez,'."

Arif Bey, gülmeye başladı. "Bu kadar ciddi bir konuda bu kadar alaycı olabilmek de bir marifet herhalde!" dedi. Ben de Woody Allen'ın öyle tanındığını, sanki başka türlü konuşur veya yazarsa, milletin onu okumaktan vazgeçeceğini ara sıra düşündüğümü söyledim.

> "Ölüm bizim dostumuzdur; onu evine misafir etmek istemeyen zaten evde değildir."
> Francis Bacon

Arif Bey, bir süre sustuktan sonra düşünceli bir tavırla bir soru sordu:

"Ölümün gerçekliği kaçınılmaz bir biçimde gözler önüne konabilir. Bir insanla karşılaştığım zaman, iki şeyden emin olabilirim: Bir, bu insan doğmuştur; iki, bu insan ölecektir. O bakımdan hiç kimsenin ölümün var olduğunu yadsıyacak bir tavrı olamaz, diye düşünüyorum. Evet, sıradan insanlar olarak, ölümsüz gibi düşünüyoruz ve davranıyoruz, ama aslında ölümün kaçınılmaz olduğunu zihinsel bir gerçek olarak biliyoruz."

Arif Bey'i dinledim. Göz göze geldik, 'Bunları bana niye söylüyorsun?' gibi bakmış olacağım ki, konuşmaya devam etti:

"Ölümün var olduğunu herkes kabul ediyor, ama ölümün neye yol açtığı, yani ölümden sonra ne olduğu konusunda fikirler farklı sanırım. Bu konuda sizin fikriniz var mı?" diye sordu.

"Pek yok. Bildiğim, farklı görüşlerin olduğu. Bilimin dediği başka, değişik dinlerin dedikleri başka. Ama geçenlerde bir yerde okumuştum; üç tür inançtan bahsediyordu."

"Bunlar neymiş?"

"Bu üç görüşten ilki biyolojik görüş. Beyin işleyişini durdurunca, artık yaşama duygusu da kaybolur. Bundan ötesinde de başka bir şey yoktur.

"İkinci görüş, ölünce ruhun cennete veya cehenneme gideceğidir. Bu yaşam kısa bir deneme yeridir. Sınavı iyi verirsen cennete, kötü verirsen, cehenneme gidersin. Birçok din bu iki temel kavramı 'öbür dünya' gerçeği olarak tanımlar. Öbür dünya sonsuzdur. Yeteri kadar cehennemde yandıktan sonra cennete gidebileceğin gibi, günahlarının türü ve büyüklüğüne göre, affedilebilme olasılığı da var. Veya hiç affedilmeden ebediyen cehennemde yanma olasılığı da var."

Arif Bey, "Benim bildiğim, daha doğrusu bana öğretilen öbür dünya bu," dedi.

"Bana öğretilen de bu. Ama, bir üçüncü görüş daha var: Reenkarnasyon. Bu görüşe göre, ruh kendi evrimini tamamlamak için yaşama değişik bedenlerde defalarca geri döner. Bu, ruhun evrimi için gereklidir ve yaşama her geliş, ruhun evrimini en iyi tamamlayacak biçimde ayarlanır. Örneğin, ilk hayatlarının birinde sorumluluk alarak çocuk yetiştirmeyi öğrenememiş biri, daha sonraki hayatlarında çocuk sahibi olacak ve sorumluluk içinde çocuk yetiştirmeyi öğrenecektir.

"Hinduizm böyle bir dindir ve bu dinin bütün öğretisi reenkarnasyon kavramı üzerine kurmuştur."

"Doğan Bey, geçenlerde televizyonda bu konuda bir program izlemiştim. Türkiye'nin değişik yerlerinde öldükten sonra yeniden doğarak, eski evlerini, analarını ve babalarını tanıyan insanlarla ilgili bir program yapılmıştı."

"Evet, bir kez ben de gördüm. Yani bu üç görüş de bizim halkın aşina olmadığı görüşler değil."

"Ama dinimiz İslam olduğu için, dinimizin ölümden sonra ne olduğu ile ilgili getirdiği inanç en yaygın olanı."

"Tabii, böyle olması da doğal. Bu buluşmamda ölümden sonrası üzerinde durmak istemiyorum. Üzerinde durmak istediğim ölüm bilincinin insanın yaşayış biçimini nasıl etkileyeceği üzerinde. Savaşçının ölüm bilinci, onun yaşamının en temel öğelerinden biridir."

"Savaşçının yaşamının anlamı, kişisel bütünlüğü, sorumluluğu, gücü, niyetinin saflığı onun ölüm bilincini temel almış durumda. Onu görebiliyorum."

"Don Juan buna 'son dansını yaparcasına yaşamak' der. Arif

Bey; 'son dansını yaparcasına yaşamak', savaşçının yaşayış biçimi ve bunu, ancak ölümünün bilincine vardığı zaman başarabilir."

Şiirlerin Bilinci

Arif Bey'le konuşmamızın sonlarına geliyorduk. "Biliyor musunuz, Doğan Bey," dedi, "bu konuşmamızdan sonra, birçok şeye bakışımda değişiklik olacağını sanıyorum. Karar vermeden önce dikkatli olmam gerektiğini ve karar verdikten sonra, hani derler ya, 'ölümüne' diye, işte öyle 'ölümüne' o kararları eyleme geçireceğimi düşünüyorum. Bu konuşmalarımızın bir ilginç yanı da, şiirlere bakış tarzımda bir değişiklik olduğunu sezmiş olmam," diye konuşmasına devam etti.

Şiirler konusuna değinince, ben de düşündüklerimi söylemek istedim:

"Ben de ancak son zamanlarda şiirle ilgilenmeye başladım. Yani, felsefi anlamda ilgilenmemden söz ediyorum. Ait olma-birey olma dansı ve bireyin kendi yaşamını yaşayabilme özgürlüğüyle birlikte, şimdi ölüm bilinci açısından şiirlere bakmaya başladım. Cahit Sıtkı Tarancı'nın 'Otuz Beş Yaş Şiiri' ölüm bilincinin uyanmaya başlamasının en klasik, en güzel örneklerinden biri."

"Doğan Bey, sanırım konuşmamızın sonlarına geldik. İçimden birkaç şiir okuyarak bu konuşmayı bitirmek geliyor. Ama, yanımızda şiir kitabı yok."

"Sen öyle san!"

"Şiir kitabı da getirdiniz mi?"

"Evet, hem de sayfaları işaretlenmiş olarak."

"Gerçekten iyi bir hazırlık yapmışsınız. Kimlerin şiirlerini okuyacaksınız."

"Ben buldum, okuması senden."

İlhami Soysal'ın *20. Yüzyıl Türk Şiiri Antolojisi* kitabını ona verdim. Küçük kâğıt parçaları koyarak işaretlediğim ilk sayfayı açtı. Yahya Kemal'in "Sessiz Gemi" başlıklı şiirini okumaya başladı:

SESSİZ GEMİ

Artık demir almak günü gelmişse zamandan,
Meçhule giden bir gemi kalkar bu limandan.
Hiç yolcusu yokmuş gibi sessizce alır yol;
Sallanmaz o kalkışta ne mendil ne de bir kol.
Rıhtımda kalanlar bu seyahatten elemli,
Günlerce siyah ufka bakar gözleri nemli.
Biçare gönüller. Ne giden son gemidir bu!
Hicranlı hayatın, ne de son matemidir bu!
Dünyada sevilmiş ve seven nafile bekler;
Bilmez ki, giden sevgililer dönmeyecekler.
Birçok gidenin her biri memnun ki yerinden,
Birçok seneler geçti; dönen yok seferinden.

"Çok güçlü bir şiir," diyerek, Arif Bey okumasını bitirdi. Bir süre sustu ve, "Size bir sorum var," diyerek yüzüme baktı.

"Sor," dedim.

"Ben ölümü düşününce veya bu tür şiirleri okuyup ölümün bilincine varınca, içimi bir hüzün kaplıyor."

"Benim de."

"Ama sizin temel fikrinize göre, insan ölümünün bilincine varınca, şimdinin, şu anın önemini daha fazla kavrayacak ve yaşamın muhteşemliğini anlayarak hayatına sahip çıkacak. Doğru değil mi? Yani doğru anlamışım değil mi?"

"Evet, doğru anlamışsınız!"

"Ama, örneğin, bu şiiri okuyunca, hüzünden, elemden, acıdan başka bir şey düşünemez hale geliyorum. Neden?"

"Çünkü sevgili dostum Arif Bey, sen ve ben, sıradan insanlar olarak, egomuzla, nesnel ben ile bu şiiri dinliyoruz. Gözlemleyen ben bilinci içinde dinlersek, savaşçının verdiği anlamı algılamaya başlarız."

"Peki, savaşçının algılaması içinde bu şiiri nasıl dinleyebilirim?"

"Savaşçı olmadan savaşçının algılamasına sahip olmak olanaksız. Savaşçı olmak bir varoluş meselesidir, bir bilgi meselesi değil. Önce varoluşu halletmek gerek. Önümüzdeki buluşmamızda, değişim konusunu ele almak istiyorum. O zaman bunu daha ayrıntılı konuşabiliriz."

"Peki, gerçekten merak ettiğim bir konu bu."

"Benim de merak ettiğim, bundan sonraki şiiri nasıl algılayacağınız."

Cahit Sıtkı Tarancı'nın birkaç şiirini işaretlemiştim. İlk şiirini okumaya başladı:

GENÇLİK BÖYLEDİR İŞTE

İçimi titreten bir sestir her gün,
Saat her çalışında tekrar eder:
"Ne yaptın tarlanı, nerde hasadın?
Elin boş mu gireceksin geceye?
Bir düşünsen! Yarıyı buldu ömrün.
Gençlik böyledir işte, gelir gider;
Ve kırılır sonra kolun kanadın;
Koşarsın pencereden pencereye."
Ah o kadrini bilmediğim günler,
Koklamadan attığım gül demeti,
Suyunu sebil ettiğim o çeşme,
Eserken yelken açmadığım rüzgâr!
Gel gör ki sular batıya meyleder,
Ağaçta bülbülün sesi değişti,
Gölgeler yerleşiyor pencereme;
Çağınız başlıyor ey hatıralar.

Arif Bey, bu şiirden sonra da bir süre sustu ve, "Bu da güçlü bir şiir," dedi. "Sanırım bu şiiri don Juan severdi," diye sözüne devam etti. Merak ettiğim için sordum:

"Don Juan sence bu şiiri niçin severdi?"

"Birçok yönden, savaşçı olmadan yaşanmış bir yaşamın 'keşke'leriyle dolu, pişmanlıklar, hüzünler, mecburiyetler dile getiriliyor. 'Günlerin kadrini bilmemek, koklamadan atılan gül demeti, yelken açılmamış rüzgâr' ne kadar da, don Juan'ın Carlos'a söylediğini hatırlatıyor."

"Ne yönden?"

"Doya doya yaşanmamış bir yaşamın öyküsü var burada! Sürekli kendini tutmuş, özgürce, istediği gibi hareket edememiş ve şimdi pişman olan bir insanın öyküsü. 'Eğer, ölümsüz isen, istediğin kadar çekingen, ürkek olabilirsin,' demişti don Juan. 'Ama, ölümlü bir dünyada yaşıyorsan çekingenliğe, ürkekliğe hiç yer yok. ...Ürkek ve çekingen olmak, insan olarak yapmamız gereken şeyleri yapmamızı engeller.'"

"Evet," dedim, Arif Bey'in konuyu bu kadar iyi kavrayıp, don Juan'ın söylediklerini bu kadar iyi hatırlamasına şaşmış olarak. "Evet, şiirde, sıradan bir insanın, sonradan farkına vardığı ve içten içe özlemini çektiği savaşçı yaşamının özgürlüğü dile getiriliyor," diye devam ettim. "Sanırım öbür şiirini de aynı derecede anlamlı bulacaksınız."

Arif Bey, Cahit Sıtkı Tarancı'nın "Abbas" adlı şiirini okumaya başladı:

ABBAS

Haydi Abbas, vakit tamam;
Akşam diyordun işte oldu akşam.
Kur bakalım çilingir sofromızı;
Dinsin artık bu kalp ağrısı,
Şu ağacın gölgesinde olsun;
Tam kenarında havuzun.
Aya haber sal çıksın bu gece;
Görünsün şöyle gönlümce.
Bas kırbacı sihirli seccadeye,
Göster hükmettiğini mesafeye
Ve zamana.
Katıp tozu dumana,
Var git,
Böyle ferman etti Cahit,
Al getir ilk sevgiliyi Beşiktaş'tan;
Yaşamak istiyorum gençliğimi yeni baştan.

Arif Bey, kitap elinde, gözlerini kapattı ve, "Ben bir şiiri bu kadar hissederek, bu kadar anlayarak, yaşayarak okuduğumu hatırlamıyorum," dedi.

Bu şiirle ilgili bir anım aklıma geldi:

"Hülya Avşar Show'a Mustafa Keser davetli olarak gelmişti. Bu şiiri önce ezberden okudu ve şiiri bitirince, kendisi arkasından, 'Geçmiş ola!' dedi. Bunu öyle bir eda ile ve gülümseyerek söyledi ki, 'Her şey zamanında yapılmalıdır; pişmanlık içinde olmanın hiçbir faydası yok insana,' demek istedi sanki. Ve daha sonra, bu şiirin şarkısını okudu. O anda yaşayan bir kültür gördüm. Şair yazmış, müzisyen bestelemiş ve söyleyen şiiri özümsemiş, düşünmüş ve içselleştirmiş. Çok hoşuma gitti."

"Doğan Hocam, bir gün sırf şiir okumak için bir araya gelelim. Şiirlerin bu kadar anlamlı olduğunu fark etmemiştim."

"Şairler, muhteşem bilgelikler sunuyorlar. Ama, sunuşları sezgisel ve örtük. Bizim onları algılayabilmemiz için açık olmamız gerekir. Yani, sırf zihinsel, entelektüel boyutta değil, gönül ve sezgi kapısının da açık olması gerekir."

"Şimdi kim var sırada?"

"Orhan Veli Kanık var."

Arif Bey, kitabın işaretli sayfasını açtı ve, "Ayrılış" başlıklı şiiri okumaya başladı:

AYRILIŞ

Bakakalırım giden geminin ardından;
Atamam kendimi denize, dünya güzel;
Serde erkeklik var, ağlayamam.

"Bu şiiri niçin seçtiniz, Doğan Bey?"

"Önce, şiiri nasıl buldun, onu söyle?"

"Bu kadar yalın olur, bu kadar buram buram insan kokar bir şiir. Varoluşunu güzel dile getiriyor."

"Burada iki şey beni etkiledi: Kendisini gözlemleyişi ve bu gözlemleyişteki yalınlığı ve dürüstlüğü, diğeri de, kendini olduğu gibi kabul edişi."

"Evet, size katılıyorum. Ama ölüm bilinci yok burada."

"Evet, ama ayrılık var. Ayrılıktır aslında ölümü acı kılan. Şair ne demiş: 'Ölüm Allah'ın emri; ayrılık olmasaydı!' Bu nedenle bir daha göremeyeceği sevgilisini götüren geminin ardından bakakalmak, bir tür ölümle selamlaşmaktır bence."

"İlginçtir, Orhan Veli'nin bu şiiri içimi hüzünle doldurmuyor. Sevgi anlayış, yakınlık, dostluk, 'ben de öyleyim' duyguları kaplıyor içimi."

"Evet. Gerçekleri abartmayan, olduğu gibi kabul eden bir eda içinde, yalın, ama derinden insanca söylenmiş sözler. Son şiirimiz de Orhan Veli'den."

Arif Bey kitabı bana verdi, "Hocam, bunu da siz okuyun," dedi. "Rahat" adlı şiiri okumaya başladım.

RAHAT

Şu kavga bir bitse dersin,
Acıkmasam dersin,
Yorulmasam dersin,
Çişim gelmese dersin,
Uykum gelmese dersin;

Ölsem desene!

"Bu şiirin ölüm bilinciyle ilişkisi ne, Doğan Bey?"

"Bu şiirin, ölüm bilinciyle doğrudan ilişkisi yok."

"Konuştuğumuz konulardan biriyle ilişkisi var mı?"

"Bence var. Sence var mı?"

"Kendimi imtihana çekiliyor gibi hissettim. Savaşçı konularıyla doğrudan bir ilişkisini göremedim."

"Orhan Veli, bu şiiri ya kendisi için veya bir başkası için yazmıştır. 'Acıkmak'tan, 'yorulmak'tan, 'çişinin gelmesi'nden şikâyet eden birini düşün. Gerçi bazı anne babalar çocuklarından hep bu şekilde şikâyet ederler, 'hep acıkır', 'hep yorulur', 'hep çişi gelir,' diye. Burada aksayan ne biliyor musunuz? Burada aksayan, gerçeği olduğu gibi kabul etmemek; daha doğrusu gerçeğe olan saygısızlık. Bu saygısızlık, gerçeğe direniş şeklinde kendini gösterir.

Şair, 'yaşayacaksan, yaşamaya karar vermişsen, yaşamanın gereklerini de kabul etmek zorundasın,' mesajını veriyor."

"Evet, bunu görebiliyorum. Kişisel bütünlük konusunu tartışırken, gerçeğe saygının kişisel bütünlüğün temelinde yattığını söylemiştiniz. Ne oldu, şimdi ben sınıfta mı kaldım?"

"Hayır, sınıfta kalmadın ama, henüz diploma almaya da hak kazanmadın."

İkimiz de gülüştük.

Hesabı ödeme sırası bende olduğu için garsona ödemeyi yaptım ve dışarı çıkarak Caferiye Sokak'ta yürümeye başladık. Bu sokak üzerinde biraz ilerleyince Anadolu pansiyonlarının bulunduğu bir sokağa geliyoruz. İlk başta sokağın ismini görmüyoruz. Tahtadan yapılmış tertemiz evler sokağın solunda, Ayasofya sağda kalıyor. Evler Osmanlı tarzını korumuş, cumbalar evin görünümünde önemli bir özellik olarak göze çarpıyor.

Ayrılma zamanı gelmişti. Sultanahmet civarına ısınmıştık. Önümüzdeki hafta yine burada buluşmaya karar vererek, birbirimizden ayrıldık.

8
Değişim

Cağaloğlu'ndan Sultanahmet'e yürürken, yayıncıların depo ve dağıtım merkezlerinin bulunduğu bir bölge var. Arif Bey'le buluştuktan sonra buralarda yürümeye başladık. Buralarda bir ara sokakta 'Yazarlar Birliği Lokali' varmış, oraya gidelim dedik. Gerçekten de, trafiğe kapatılmış ve yer tuğlaları ile döşenmiş Hoca Rüstem Sokak üzerinde 'Türkiye Yazarlar Birliği Kızlarağası Mehmet Ağa Medresesi İstanbul Kültür Merkezi'ni bulduk.

Yazarlar Kültür Merkezi'nin tam karşısında bir erkek berberi var. Berber sokağın ortasına, üzerine havlularını atabileceği açılır kapanır çamaşır asacağını koymuş ve değişik renklerdeki havluları sererek güneşte kurutuyor. Onun yanında bir saksı var, içi çiçekle dolu ve bir ağaç bulunuyor. Yol arabalara kapalı olduğu için sandalyeler, masalar, çamaşır asacakları istenildiği gibi serpiştirilmiş.

Yazarlar Kültür Merkezi'ne taş merdivenlerden iniliyor. Biz merdivenlerin başında durduğumuzda bir delikanlı geldi, bizi içeri buyur etti, yakın ilgi gösterdi, sorduğumuz soruları elinden geldiğince cevapladı, bilmediklerini görevli bey geldiğinde cevaplayabileceğini söyledi. Gencin burayı sevdiği ve burada çalışmaktan memnun olduğu, bakışlarından ve tavırlarından belli oluyordu.

Taş merdivenlerden avluya giriliyordu. Genellikle bu medrese avlularında bir şadırvan olur, bunda yoktu. Güney-kuzey istikametindeki iki tarafta beşer sütun ve doğu-batı istikametinde de birer sütun sıralanmıştı. Yerlere mermerler yeni döşenmişti. Avlu etrafında büyük saksılar içine dikilmiş palmiye türünden ağaçlar, küçük saksılarda çiçekler var; ama bakımlı değiller. Tahta kafesler pano haline getirilmiş, ayaklı, taşınabilen bölmeler olarak kullanılabiliyor.

Avluda küçük bir odaya kurulan mutfağın girişinde solda boydan boya camekânlı bir buzdolabı var. Avluya bakan kapalı çıkartmaların altındaki bölgelere masa ve sandalyeler serpiştirilmiş, duvarlara yerleştirilmiş hoparlörlerden klasik Türk müziği yayılıyordu. Avlunun üstü, kalın, sert plastik örtülerle kaplanmış, böylece avlu yağmurdan ve rüzgârdan korunmuş.

Avluya kat kaloriferi yapılmış. Bu ilginç ve güzel bir fikir; böylece buraları kışın da ısıtmak mümkün olabiliyor herhalde.

Kapıdan girince avluya serpiştirilmiş olan masalardan sağdaki duvara yakın olanına oturduk. Ben ayran söyledim, Arif Bey çay istedi.

İçecekleri getirdiğinde, garsona, "Buraya yazarlar geliyor mu?" diye sordum. Gururla, "Büyük yazarlar geliyor, abi," dedi. İçimden, "Mesela kim geliyor?" diye sormak geçti, ama sınav yapıyormuş gibi bir durum ortaya çıkacak diye vazgeçtim.

Ayranımdan bir yudum aldım ve Arif Bey'e baktım. Arif Bey artık o aşina olduğum, 'Ben hazırım Hocam' bakışı ile bakınca konuşmaya başladık.

"Arif Bey, değişimden söz etmek istiyorum."

"Ne tür bir değişimden söz edeceğiz, Doğan Bey?"

"Önce genel olarak değişimden söz etmek istiyorum. Bu bireysel değişim olabilir, toplumsal değişim olabilir, kültürel değişim olabilir."

"Yani, savaşçı olmakla ilgili bir değişimi konuşma zorunluluğunuz yok."

"Ama sonunda konuyu savaşçı olma yolunda değişime getirmek istiyorum. Bütün bu toplantılarımız 'savaşçı olma' çerçevesi içinde, o niyetle yer alıyor."

Ayranımdan bir yudum daha aldıktan sonra, rahat bir oturuş arayışı içine geçtim, nihayet arkamı, belimi, bacaklarımı en rahat hissettiğim pozisyonu buldum ve konuya girdim.

"Filozoflar her konuda olduğu gibi değişim konusunda da düşünmüşler ve tartışmışlar. Filozofların ilk farkına vardıkları şey, bilgeliğin kendiliğinden oluşan bir şey olmadığı idi. İnsanın bilgelik yolunda bilinçli emek vermesi, gayret sarf etmesi gerektiğini anlamışlardı.

"Bilge olmak için değişim üzerinde düşünceler öyle başlamış. Ve sanırım felsefenin incelediği ilk konularından biri, 'Ben doğru olanı mı yapıyorum?' sorusuyla başlamıştır. Bu soruyu aralarında konuşmaya başlayan insanlar yavaş yavaş bu konuşmaları sistematize etmeye başlamışlar ve böylece felsefe doğmuş."

Eski Yunan

"Sizce felsefe ilk olarak hangi yıllarda doğmuştur, Doğan Bey?"

"Bizim bildiğimiz ilk düşünürler eski Yunan filozofları. Fakat, Sanskrit uygarlığı üzerine çalışanlar eski Yunan felsefesinden daha eski bir kültürle karşılaştıklarını söylemektedirler. Aynı şey eski Mısır uygarlığı için de söylenmektedir. Fakat yazılı verilere dayanarak ilk felsefi tartışmaların M.Ö. 6. yüzyılda yer aldığını söyleyebiliriz."

"Yani bundan iki bin beş yüz yıl önceden daha fazla bir zaman önce."

"Evet. Bu filozoflardan bazıları düşünebilmek ve tartışabilmek için toplumdan uzaklaşmak, inzivaya çekilmek gerektiğini düşünmüşlerdir. Bu tür filozofların insanları değiştirmeyle ilgili herhangi bir girişimi olmamıştır. Onlar gözlemler yapıp düşünerek hayatlarını geçirmek istemişlerdir."

"Filozof deyince genellikle benim de aklıma böyle bir tip geliyor."

"Bazı filozoflar farklı bir tavır takınmışlardır; onlar halkın içinde yaşayarak, onlarla konuşarak, herkes gibi iş güç sahibi olarak, toplumla sürekli iletişim içinde bulunarak gerçek felsefenin yapılabileceğine inanmışlardır."

"Yani yaşam içinde felsefe, yaşayarak felsefe yapmak diyebilir miyiz?"

"Hıh hı! Yaşam içinde, yaşayarak felsefe yapmayı seçmişlerdir. Üçüncü bir grup da, ideal bir gerçeğin olduğunu düşünmüş ve toplumu bu ideal gerçeğe uygun hale getirmeye çalışmıştır. Bu grup için, değişim zorunluydu; toplumun değişmesi zorunluydu; değişim toplum için zorunlu olarak belirli bir yönde yapılmalıydı."

"Herhalde bu farklı yaklaşımlar içinde her bir grup, değişim konusuna farklı farklı yaklaşmışlardır."

"Gerçekten de öyle. İlk gruptaki filozoflar için değişim olabilir de, olmayabilir de, önemli olan, onu gözlemek ve niçin olduğunu veya olmadığını anlayabilmek.

"İkinci gruptakiler, yaşayarak değişimin içinde olmak gerektiğini düşünmüşlerdir; sadece dışarıdan gözlenerek değişimin anlaşılamayacağını, onun içinde yer alarak onu yaşamak gerektiğini söylemişlerdir.

"Üçüncü gruptakiler değişime inanmakla kalmamışlar, değişimin hangi yönde olması gerektiği yönünde bizzat kolları sıvayarak gayret sarf etmişlerdir."

Her şeyin gerçekleştirmek istediği bir varoluş amacı vardır ve değişim, bu amacın gerçekleşmesi için doğal olarak ortaya çıkar.

Bu genel girişten sonra bir süre sustum. Ayranımdan bir yudum alırken, Arif Bey çayına uzandı.

"Aristo adını hiç duydun mu?"

"Duymaz olur muyum! Mantık dersine ondan örneklerle başlardık."

"Evet, 'Aristo Mantığı' hâlâ dipdiri ayakta. Değişimle ilgili de sözler söylemiştir Aristo. Değişimin kötü bir şey olmadığını söyler. Değişimin yer alması, dünyanın veya toplumun yanlış veya eksik olduğunu göstermez. Ona göre değişim doğal bir olaydır. Her şeyin gerçekleştirmek istediği bir varoluş amacı vardır; değişim, bu amacın gerçekleşmesi için doğal olarak ortaya çıkar.

"Aristo'ya göre, nesnelerin özü, nesnenin ne olduğunu ve daha sonra nasıl bir değişim içinde olacağını belirler. Bir meşe palamudunun özü onu bir meşe ağacı yapma yönünde değiştirmek ister; bir kayanın özü, binlerce yıl orada kaldıktan sonra rüzgârın ve yağmurun etkisiyle parçalanıp toprak olmaktır."

"Bizim şimdi potansiyel dediğimiz kavramı, Aristo öz olarak ifade etmiş, bana göre."

"Gerçekten bugün birçok düşünür, buna psikologlar da dahil,

her varlığın kendi gizli potansiyelini gerçekleştirme yönünde eğilimi olduğunu söyler. Her tohum kendi potansiyelini gerçekleştirme eğilimindedir. Her çocuk doğal olarak kendi potansiyelini gerçekleştirme eğilimindedir."

Değişim, varoluşun içinde potansiyel olarak vardır.

"O zaman değişim kaçınılmaz, doğal bir olay."

"Aristo'nun da söylemek istediği bu. 'Değişim varoluşun içinde potansiyel olarak vardır,' der. Tabii, bu kelimelerle söylemez ama, onun düşüncesini böyle ifade edebiliriz."

"Değişim, bu anlamda, belirli bir yönde ilerler. Değişimin sanki bir amacı vardır. Öyle değil mi? Meşe palamudunu örnek alırsak, onun değişiminin amacı, bir meşe ağacı olmak."

"Evet, Arif Bey. Aristo da gerçekten böyle söyler. Aristo'nun bu düşüncesi yüzyıllar boyunca düşünürleri ve bilim adamlarını etkilemeye devam etmiştir. Evrim kuramının babası Charles Darwin'e gelinceye kadar Aristo'nun değişim düşüncesi en güçlü, en baskın düşünce olarak kaldı."

"Aristo'dan başka değişim üzerinde düşünmüş kimler var?"

"Biliyorsunuz alanım felsefe değil, ama önem verdiğim ve ilgi duyduğum bir alan. O nedenle derinliğine gitmeden ancak isimlerini ve temel fikirlerini söyleyebilirim."

"Olsun."

"Heraclitus, değişimin şeylerin birbirlerinin zıtlarıyla çarpışmasının doğal sonucu olarak ortaya çıktığını söyler."

"Ne kadar diyalektik yaklaşımı andıran bir tarafı var."

"Evet, bunu sık sık görebilirsiniz. Beni felsefeye çeken şey, bugün moda olan bir fikrin, binlerce yıl önce, daha saf ve sade şeklinde ifade edilmiş bir biçimini görebilmek. Tabii, bu diyalektik düşüncenin Heraclitus'un düşüncesinin aynısı olduğunu söylemek değil. Tarihsel gelişimi içinde temellerini görebilmekten söz ediyorum."

"Anlıyorum; ben de zaten, aynısıdır anlamında söylemedim. Benzerliğe dikkati çekmek istedim."

"Parmenides değişimin aslında yer almadığını söyler. Görünüşte değişiyorlarmış gibi gelir bize, ama aslında her şey aynı kalır. Hiçbir şeyin değişmediğini söyler."

"Bu düşüncenin insanlar için kullanıldığını duymuştum, ama nesnelerin değişmediğini de söylüyor bu filozof."

"İnsanların değişmediği ile ilgili neler duymuştun?"

" 'Ağaç yaşken eğilir', 'İnsan kırkından sonra değişmez', 'Katranı kaynat olur mu şeker,' gibi lafları çok duydum."

"Evet, ben de duydum. Bu lafların her biri belirli bir felsefi bakış tarzını yansıtıyor, farkında mısınız? Ama, bu lafları kullananlar, felsefe bilmedikleri için, belirli bir felsefi görüşü yansıttıklarının farkında değiller."

"Bu sözleri söyleyenler için, söyledikleri bu sözler, gerçeğin ta kendisi. Yani söylediklerinin gerçek olduğuna inanırlar."

"Eflatun, idea dünyasında şeylerin ideal formları olduğuna inanır. Değişim, şimdi mevcut şeylerin ideal formuna ulaşmak için ortaya çıkar ve onların bu ideal forma ne kadar yakın veya uzak olduğunu gösterir."

"Bizim potansiyel dediğimiz şeyi Eflatun idea dünyasında gerçekleşmiş ve hiç değişmeyen bir form olarak görüyor, eğer doğru anladıysam."

"Evet; bu anlamda, Eflatun için değişim idea dünyasında yer almaz. İdea dünyası mükemmelliğin var olduğu, var olan her şeyin zaten mükemmel olduğu bir dünya. Bu dünyada değişime gerek yok."

"Charles Darwin'den söz etmiştiniz. Anladığım kadarıyla, o Aristo'nun düşüncesinden farklı bir yaklaşım içinde."

"Evet, Darwin bambaşka bir düşünce tarzı getiriyor."

"Ne yönden farklı?"

"Her şeyden önce, Darwin bireyde meydana gelen değişimleri, türde meydana gelen değişimlerin temeline oturtuyor."

"Bu dediğinizden pek bir şey anlayamadım."

"Şimdiye kadar değişim derken, bir insanın kendi yaşamı boyunca görülebilecek değişimlerden söz ettik. Meşe palamudunun meşe ağacı haline gelmesi örneğinde olduğu gibi. Darwin, bizim ömrümüzü aşan türden değişimlere açıklama getirdi."

"Bir örnek verebilir misiniz?"

"Kuşların gelişimini ele alalım. Önce sürüngenler vardı. Darwin'e göre yüz binlerce yıllık süreç içinde bu sürüngenler çoğalırken birbirlerinden farklı karakterler göstererek çoğaldılar. Bazılarının gözleri dışarıya fırlamış gibi duruyordu, diğerlerinin ayak parmaklarının arasında perde vardı, bazıları da kanat yapısında çıkıntılar gösteriyorlardı.

"Yüz binlerce yıl süren üreme türü içinde kanat gibi çıkıntıları çırparak daha hızlı gidebilen sürüngenler türedi. Onlar da diğer sürüngenlerle yaşamaya devam ettiler. Ama, kanat gibi çıkıntıları çırparak daha hızlı gittikleri için yiyeceğe daha çabuk ulaşabiliyorlardı; bundan da önemlisi, kendilerine zarar verecek düşmanlardan daha çabuk ve daha ötelere kaçabiliyorlardı. Kanatlılar kurtulup kaçarken, kanatsızlar daha çok ölmeye başladılar. Yüz binlerce yıl devam eden bu sürecin sonunda kuş türü ortaya çıkmaya başladı.

"Darwin'in kuramı, değişimin arkasında herhangi bir amacın olmasını var saymaz. Değişimler tesadüflere bağlı olarak ortaya çıkar. Hangi değişim devam edecek veya ortadan kalkacak, doğal seçim bunu belirler. Ortama en iyi uyumu sağlayan değişim kalıcı olur; ortama uyum sağlamayan türden gelişim elenir, ortadan yok olur."

Tüm dünya birbirleriyle ilişkisi olan parçalardan oluşur ve her bir parçanın kendine özgü amacı, hedefi vardır.

"Bu düşünceyi insanların gelişimine de uyguladığımızda, bazı maymun türlerinde yer alan değişimler çevreye uyum sağlamada üstünlük sağladığı için, bugün 'insan özellikleri' dediğimiz özelliklere sahip olanlar çoğalmışlar ve yayılmışlardır. Uyum sağlamada o kadar üstün olmayanları da, egemenlikleri altına almış bulunuyorlar. Doğru söylüyorum, değil mi?"

"Evet, evrim kuramının söylediği bu. Ama Aristo, bireyin yaşamı çerçevesi içinde düşünerek, değişimi, gelişimi o anlamda irdelemiştir. Ona göre, tesadüflere bağlı, gelişigüzel değişim olmaz. Tüm dünya birbirleriyle ilişkisi olan parçalardan oluşur ve her bir parçanın kendine özgü amacı, hedefi vardır. İnsanlar da bu amaçlı dünyanın, kendilerine özgü amacı olan üyeleridir. İnsanlar, insan olmak üzere vardırlar ve insan olarak düşünmek zorundadırlar. Akıl, mantık, dünya hakkında düşünme yeteneği insanlarda vardır, çünkü onun varoluşunun bir amacı vardır. İnsanlar yaşarken, insan olarak varolmanın amacını akıllarından çıkarmamalıdırlar."

"Bu son kısım, din kitaplarının söylediklerine benziyor biraz."

"Evet, doğru algıladın. 'Bu dünyaya niçin geldin? İnsan olarak yerine getirmen gereken sorumlulukların var' anlayışı bütün dinlerde var. Yapılması gerekenin ne olduğunu belirleyen içerik, bir dinden diğerine farklı olabilir, ama genel yaklaşım tarzı bu."

"Din adamlarının Aristo'ya karşı tavrını merak ediyorum."

"Din adamları Aristo'yu kendilerine yakın bir dost bildiler ve yüzyıllar boyunca onun düşünüş tarzını, kendi dini inançlarını destekler mahiyette yorumladılar ve kullandılar. Ama daha sonra felsefe öğrenimi kiliselerin tekelinden çıkıp daha laik öğrenim ortamlarında incelenmeye başlanınca, Aristo'nun düşüncesinde 'öbür dünya' kavramı olmadığı anlaşıldı. Aristo'ya göre ruh, bedenle doğar ve bedenle ölür. Bu kilisenin işine gelmedi."

Ayranımın sonlarına gelmiştim, onu bitirdim. Suya sıra geldi, onu bardağa koydum. Arif Bey de çayını bitirip kendi suyunu bardağına koymuştu.

Tao

"Asya kıtasında köklü bir kültürün insanları da felsefe ile uğraşmışlardır. Lao-tzu, Tao adı ile bilinen felsefeyi tanıtmış ve bir yaşamın tümünü kapsayan bu yaklaşımın temellerini açıklamıştır."

"Tao'nun adını daha önce duymuştum, ama felsefesinin ne olduğunu bilmiyorum."

"Kendi içinde tüm bir sistem. Ben de bu sistemi bütünüyle bilmiyorum. Bildiğim şu: Tao'culara göre var olan her şey, kendi zıddı olma yolunda bir değişim içindedir. Yaşam sürekli ölüme, ölüm ise sürekli yaşama doğru ilerler. Yaş şeyler kurumakta, kuru şeyler yaş olmakta; kuvvetliler zayıflamakta, zayıflar kuvvetlenmekteler."

Taoculara göre var olan her şey, kendi zıddı olma yolunda bir değişim içindedir.

"Kadınlar erkek, erkekler kadın olmakta!!"

"Bildiğin için mi böyle bir şey söyledin, yoksa şaka mı yapıyorsun?"

"Sadece şaka yapıyorum."

"Sen şaka yapıyorsun ama, Amerika'da bazı düşünürler, Amerikan toplumunda böyle bir sürecin yer almakta olduğunu söylüyorlar."

"Ben şaka olsun diye söyledim."

"Ünlü psikolog Carl Jung da, bireyin içinde hem kadın, hem erkek özelliklerinin bulunduğunu, yaşlandıkça erkeklerde kadınımsı özelliklerin –duyarlılık, kişilerarası ilişkilere daha çok önem verme gibi– ve kadınlarda ise erkeğimsi özelliklerin –daha saldırgan, daha pratik olma gibi– arttığını ifade etmiştir."

"Bilmeden önemli bir şey söylemişim; farkında değildim."

"Her ne ise, Taoculara göre dünya bu iki kutup arasındaki değişim içinde dengesini bulur. Bu zıt güçlere *yin* ve *yang* adını verirler. Bu iki güç birbiriyle kaynaşmış bir bütün oluştururlar.

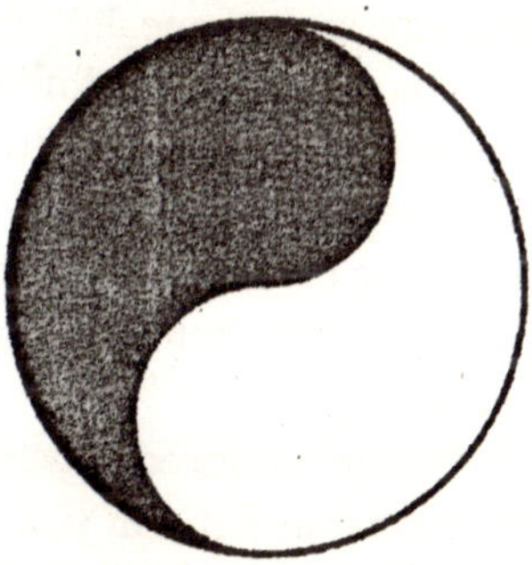

"Bu şekilde siyah ve beyaz birbiri içine girerek bir bütün oluşturur. Birbirine doğru gidiyormuş gibi, biri diğeri olmak istercesine diğerine giriyormuş gibi bir görünüm var. Siyah şekil ortasında, özünde beyaz bir noktaya sahip; beyaz şekil de ortasında, özünde siyah bir noktaya sahip. 'Her şey kendi zıddından bir parçayı özünde taşır,' anlamını ifade etmekte bu şekil."

"Peki dünyada bu *yin* ve *yang* güçlerini gözlemek mümkün mü?"

"Taocular dünyadaki her şeyin *yin* veya *yang* olarak gruplanabileceğini söylerler. *Yin* dişidir: toprak, su ve kış. *Yang* erkektir: gökyüzü, ateş ve yaz. Neyin *yin*, neyin *yang* olduğunu bilen bilge kişi, bu ikisi arasındaki etkileşime ayak uydurarak daha ahenkli ve huzurlu bir hayat yaşar."

"Bu ikisi arasındaki etkileşime ayak uydurmak demek, aslında değişime ayak uydurmak demek. Öyle değil mi?"

Her şey kendi zıddından bir parçayı özünde taşır.

"Evet, değişime ayak uydurdukları için de, çelişki ve çatışma içine girmiyorlar."

"Değişimden söz ederken, diyalektik felsefeden de söz edecek misiniz?"

"Evet. Değişimle ilgili en önemli görüşlerden birini temsil ediyor diyalektik yaklaşım. Ben de zaten şimdi Alman filozoflarından söz etmek istiyordum."

Hegel

Dışımızda gördüğümüz ve gerçeklik dediğimiz şu karmaşık dünya, kendisini bu süreç içinde anlamaya çalışır.

"Alman filozofu Kant'tan etkilenen en önemli filozoflardan biri George Wilhelm Friedrich Hegel'di. Hegel, Kant'ın geliştirmiş olduğu kavramları yeni bir tarih görüşü oluşturarak yorumladı. Yeni bir tarihi görüş geliştirirken, doğal olarak Kant ile arasında bazı temel farklar da oluşturdu. Örneğin, Kant kategorilerin değişmezliğinden söz ederken, Hegel kategorilerin kendi zıtlarıyla sürekli etkileşim halinde olduğunu ve bu nedenle değiştiklerini ifade ediyordu.

"Hegel'e göre bu kategorilerin değişimi, zaman içinde, doğal bir süreç olarak kendini gösterir. Kategoriler bir yandan değişiyor, bir yandan da kendi zıtlarıyla sürekli etkileşim halini devam ettiriyorlar.

"Hegel bu sürece *diyalektik* adını verdi. Bu terimi Eflatun'dan aldı; Sokrat'ın öğretim yöntemi soru-cevap biçiminde bir etkileşimi içeriyordu; bu yönteme Eflatun diyalektik adını vermişti. Sürekli birbiriyle etkileşim içinde olma sürecini belirtmek için Hegel de bu kavramı kullandı."

"Bu terimin kaynağının Eflatun'dan geldiğini bilmiyordum."

"Evet, oradan geliyor. Diyalektik şu şekilde oluşur: Bir fikir –Hegel buna *tez* der– kendi zıddıyla –Hegel buna *antitez* adını verir– çelişki içine girer. Tez ile antitez arasındaki çatışma, *sentez* adı verilen yeni bir fikrin ortaya çıkmasıyla çözülür."

"Bir örnek verebilir misiniz?"

"Örnek vermeden önce, Hegel'in düşüncelerini ifade etmek istiyorum. Hegel'e göre, dışımızda gördüğümüz ve gerçeklik dediğimiz şu karmaşık dünya, kendisini bu süreç içinde anlamaya çalışır. Gerçeğin varmak istediği nokta bu süreç içinde kendi son sentezini bulmak, kendini keşfetmektir."

Burada durdum, Arif Bey'e baktım. Dikkatle dinliyordu.

"Hegel'in ifade ettiğim bu düşüncesinde size tuhaf gelen bir şey var mı?" diye sordum. Olmadığını söyledi.

"Nasıl olmaz, Arif Bey?"

"Tuhaf gelen bir şey mi olmalı?"

"Hegel ile ilgili söylediğimi tekrar ediyorum, iyi dinleyin: Hegel'e göre, dışımızda gördüğümüz ve gerçeklik dediğimiz şu karmaşık dünya, kendisini bu süreç içinde anlamaya çalışır. Gerçeğin varmak istediği nokta bu süreç içinde kendi son sentezini bulmak, kendini keşfetmektir."

"Evet duydum; ama bana hâlâ tuhaf gelen bir şey yok."

" 'Dışımızda gördüğümüz ve gerçeklik dediğimiz şu karmaşık dünya' sözünü duydunuz mu?"

"Evet."

"Bu dünya neden oluşur?"

"Her şey."

"Ağaç, bulut, dağ, deniz, insanlar, böcekler, her şey."

"Evet, her şey."

"Ağaç kendini anlamaya çalışır mı?"

"Hegel'e göre evet."

"Bulut kendini anlamaya çalışır mı?"

"Yine Hegel'e göre evet."

"Deniz kendini anlamaya çalışır mı? Arif Bey, bu söz ile Hegel doğanın bilinçli bir çaba içinde olduğunu ifade ediyor. Bu size tuhaf gelmiyor mu?"

"Hayır gelmiyor."

"İlginç."

"Niçin ilginç Doğan Bey?"

"Birisi size ağacın, bulutun, denizin, böceklerin, şu evrendeki her şeyin kendini anlamaya çalıştığını söylese onu olduğu gibi kabul edeceksiniz, demek ki."

"Ama, bunu söyleyen Hegel."

"Ne fark eder?"

"O bir filozof!"

"Arif Bey bu tür dinleme, eleştirel dinleme örneği değil. Kimin söylediği değil, söylenenin ne olduğu önemli. Hegel, tüm evrenin özünde bir bilinç olduğunu söylüyor. Bu iddia önemli bir iddia. Sanki peygamber edası ile konuşmaya başlıyor."

"Yunan filozofları da bu tür iddialarda bulunmuşlar."

"Ama, Yunan filozofları bilimsel düşünceye aşina olan ve çağımız toplumlarının düşüncelerini yönlendiren kişiler olmaktan çıktılar. Diyalektik düşünce, çok ciddi bir düşünce okulu olarak halen etkisini sürdürmektedir."

Eğer bir düşünce, büyük resmin bir parçası olarak kendini göremiyorsa, o zaman bütünden kopar, işte o zaman o düşünce, o fikir yabancılaşmıştır.
Hegel

"Doğan Bey, farkına varmamı istediğiniz ne?"

"Hegel'in maddenin özünde bir bilinç olduğunu ifade ettiğinin farkına varmanızı istiyorum. Bu çok derin doğurguları olan bir varsayım."

"Şimdi farkına vardım. Çabanız için teşekkür ederim."

Suyumdan bir yudum aldım ve konuşmama devam ettim.

"Hegel'in verdiği örnek oldukça soyut. Varlık tezdir. Varlığın antitezi yokluktur, hiçliktir. Varlık ve yokluk birbiriyle etkileşim içine girince, varolma haline geliş, varoluş ortaya çıkar.

"Hegel, bu sürecin devam edip gittiğini ve sonunda gerçeğin bütünlüğü içinde kendinin bilincine varacağını söyler. Bu kendinin farkına varma, kendinin bütünlüğünü görme yer aldığı zaman gerçek özgürlük oluşacaktır. Bu bütünlük yer almadan insanlar ıstırap çekecekler ve *yabancılaşma* duygusu yaşayacaklardır. Yabancılaşma, fikirler bölük pörçük olup diğer fikirlerden koptuğu zaman oluşur. Eğer bir düşünce, büyük resmin bir parçası olarak kendini göremiyorsa, o zaman bütünden kopar, işte o zaman o düşünce, o fikir yabancılaşmıştır."

"Bir dakika Doğan Bey, şöyle söyleyebilir miyiz? Tez, antitez ve sentez sürecinin neresinde olduğunu bilemediğimiz zaman, bütünlük bilincini kaybederiz. Bütünlük bilincini kaybetmenin sonucu olarak da, yabancılaşma duygusu içine gireriz. Böyle düşünebilir miyiz?"

"Evet. O sürecin neresinde olduğunu bilmek, kişinin bütünden kopmamasını sağlıyor. İyi bir gözlemdi, teşekkür ederim. Şimdi devam ediyorum:

"Hegel'in verdiği örneklerden biri Tanrı kavramıyla ilgilidir. 'İnsanların yaşamından kopuk, onların üstünde ve insanlarla doğrudan temas halinde olmayan bir tanrı kavramı, yabancılaşmış bir tanrı kavramıdır,' der. Eğer insanlar böyle bir Tanrıya inanıyorlarsa, günlük yaşamlarını Tanrının bir parçası olarak değil, ondan kopmuş olarak görmeye başlarlar.

"Bu kavramı daha sonra Karl Marx işçilerin çalıştığı işyerine yabancılaşmasında kullanmıştır. Yabancılaşmış işçi, yaptığı işin kendi hayatının bütünüyle nasıl ilişkisi olduğu konusunda aklı karışmış işçidir."

"Bu yabancılaşma kavramı öğrenciler için de kullanılabilir. 'Ben bu dersi neden alıyorum?' sorusunu soran ve yanıtını alamayan öğrenci eğitim sistemine yabancılaşır. Marx'ı daha sonra ele alacak mıyız?"

> *Gerçek evrensel bilince erişmeden önce, sahip olduğumuz tek şey, istektir.*
> Hegel

"Evet. Karl Marx devlerden biri, ondan söz etmeden değişim konusunu tamamlayamayız. Şimdi Hegel'den söz etmeye devam etmek istiyorum. Hegel, yabancılaşma konusunda 'bir esir ve onun sahibi' öyküsünü anlatır.

"Hegel'e göre, gerçek evrensel bilince erişmeden önce, sahip olduğumuz tek şey, istektir.

"Affedersin, Doğan Bey. Gerçek evrensel bilinç kavramı, sizin biz bilinci dediğinize yakın bir kavram değil mi?"

"Evet, ben de öyle anlıyorum. Aslında birçok filozofun, Aristo, Eflatun, Kant, Hegel, Marx ve daha sonra kısaca söz edeceğim Husserl, Heidegger'in düşüncesinde, şimdi kaos kuramı olarak bilinen, fizikçilerin birleşik alan fiziği olarak adlandırdıkları bir 'olgu' var. Bu olgu Hint felsefesinde, bizim tasavvuf düşüncesinde ve diğer mistik geleneklerde de açık seçik ifade edilmiş. Ben, 'biz bilinci' kavramı derken, aslında yeni bir şey söylemiş olmuyorum. Sadece bu kavram, yani 'biz bilinci' kavramı, ilişkiler psikolojisi içinde, günlük yaşamda bilincin gelişimini tanımlıyor. Bunun farkına vardığınız için sizi kutlarım."

"Hocam, 'biz bilincinin felsefi temelleri' konusunda siz bir çalışma yapmalısınız."

"Belki o çalışmayı siz yaparsınız, ben size yardımcı olurum."

"Elimden gelse, gerçekten isterim. Kimbilir, belki!"

"Benim, şu anda üzerinde çalıştığım başka projeler var; ama bu dediğiniz proje de aklımdan geçmiyor değil. Bir gün belki!

"Şimdi, Hegel'e dönelim. Ne demiştim? Evet, 'Hegel'e göre, gerçek evrensel bilince erişmeden önce, sahip olduğumuz tek şey, arzudur. İsteyen, arzu eden bilinç, istemenin ötesinde başka bir şey bilmez. İsterken, başka isteyen bilinçlerle etkileşim içine girer.

"İki istekli bilinç etkileşim içine girince, aralarında bir mücadele başlar."

"Neyin mücadelesi?"

"Tanınmak, kabul edilmek mücadelesi. Biri kendi iradesini, diğerine kabul ettirmeye çalışır."

"Bu mücadelenin sonunda ne olur?"

"Biri kazanır. Kazanan 'efendi', 'sahip', 'patron' olur. Kaybeden ise 'esir.' Bu ilişkide efendi ve esir birbirlerini tanımayı ve kabul etmeyi öğrenmişlerdir. Ne var ki, hiçbiri bu ilişkiden mutlu değildir."

"Niçin mutlu değiller?"

"Çünkü Hegel'e göre hem esir hem de onun sahibi, her biri ancak yarım bilince sahiptir. Sahip, istediğini yapma gücüne sahiptir, fakat hiçbir şey yapmaz, çünkü işi hep esir yapar. Esir yaptığı işler yoluyla kendini öğrenme fırsatı bulmaktadır, ama yaptığı bütün işleri, kendisi için değil, hep sahibi için yapar."

"Çözümü ne bu durumun?"

"Her ikisinin de birbirlerinin isteklerini, iradelerini tanımaları, hesaba almaları. Birbirlerinin karşılıklı isteklerini hesaba almaları gerçek evrensel bilince erişmeye yol açar."

"Sizin 'biz bilincinin' gelişimiyle paralelliği hayret verici. Önce 'ben' diye yola çıkan kişi, 'evet, efendim, sen' diyen birini bulur. Ama, mutlu değildir. Ben-sen bilinci içinde kişiler kendi gerçek potansiyellerini gerçekleştiremezler. Ancak 'biz bilinci' içinde kendilerini ve aralarındaki potansiyelleri gerçekleştirebilirler. Kitabınızın birinde bunu yazıyorsunuz."

"Kutlarım, iyi yakaladınız. Evet, paralellik çok belirgin. Ama, Arif Bey, 'biz bilinci' kavramını oluştururken, yoğun biçimde gelişim, sosyal ve iletişim psikolojisi alanlarında yapılan çalışmalardan yararlandım. Yani 'biz bilinci' felsefi bir çalışma değil, araştırma sonuçlarını sentezleyen ampirik verilere dayalı bir çalışma oldu. Bu benzerlik o nedenle gerçekten ilginç ve düşündürücü."

"Sizin bu konuşmalarınızdan sonra felsefeye daha fazla ilgi duymaya başladım."

Marx

"Güzel. O zaman değişimle ilgili konuşmamıza devam edelim. Karl Marx, Hegel'in tarihi bakış tarzının etkisi altında kalmıştı ve onun diyalektiğini politik ve ekonomik özgürlük kavramlarını açıklamak için kullandı.

"Marx, insanların yaşam tarzlarının üretimle olan ilişkileriyle biçimlendiğine inanıyordu. Yani, 'insanların yaşamı insanların yaptıkları, sattıkları ve kullandıkları ürünlerle biçimlenmektedir,' diyordu.

"Marx, şimdiki yaşamın kapitalist sistemle biçimlendiğini belirtmiştir. Kapitalist düzen içinde parası –kapitali– olanlar, parası olmayanları mal üretmek üzere tutarlar. Üretilen malı üzerine kâr koyarak satarlar ve elde ettikleri parayla daha çok insan tutarlar. Tabii, malı satarken en yüksek fiyata satmak isterler, işçiye ücret verirken de en düşük ücreti vermek isterler.

"Marx, kapitalizmin günlerinin sayılı olduğuna inanıyordu. Çünkü kapitalizm gittikçe daha çok paranın bir avuç insanın elinde toplanmasına yol açacaktı. Parasız insanlar o kadar çoğalacak ki, bu sistemi değiştirerek, paranın o kadar önemli rol oynamadığı başka bir sistem kuracaklardı.

"Bu yeni sistemin adını *komünizm* koydu. Marx'a göre komünizm sisteminde her insan hem kendisi hem de toplumun iyiliği için gayret sarf edip, üretim yapacaktı.

"Kapitalizm ile komünizm arasındaki en önemli fark, Marx'a göre, çalışanın yaptığı işten aldığı paranın miktarından ve sahip olduğu malların değerinden çok, yaptığı işin kendi hayatına ve topluma yaptığı katkıya önem vermesi olacaktı. Kapitalizmde insanlar hep başkaları için çalışırlar. Başkalarının daha fazla para kazanması için çalışanlar, kazandıkları para çok dahi olsa, mutlu olamazlar. Çünkü kendi yaşamlarından ve toplumun genelinden kopuk düşmüşler, kendilerine ve topluma yabancılaşmışlardır."

"Hocam, sözünüzü kestiğim için özür dilerim, ama bugün konuştuklarımız, Karl Marx da dahil, savaşçı kavramıyla nasıl ilgili? Şimdiye kadar anlattıklarınızla savaşçı arasında hâlâ bir ilgi kurabilmiş değilim."

"Savaşçı olma ile değişim süreci arasında bir ilişki kurabildiniz mi?"

"Vallahi kurabildiğimi söyleyemem."

"Hatırlıyor musunuz, geçen buluşmamızda şiirleri dinlerken aramızda şiirleri anlamayla ilgili bir konuşma geçmişti; savaşçının algılaması içinde bir şiiri nasıl dinleyebileceğinizi sormuştunuz."

"Evet hatırlıyorum. Sıradan bir insan olmaktan çıkarak, savaşçı algılaması içinde şiiri nasıl dinleyebileceğimi sormuştum."

"Peki, benim verdiğim cevabı hatırlıyor musunuz?"

" 'Savaşçı olmadan savaşçının algılamasına sahip olmak olanaksız,' demiştiniz."

"Bravo, iyi hatırlıyorsunuz."

" 'Önce varoluşu halletmek gerek,' dediniz ve önümüzdeki buluşmada 'değişim' konusunu ele almak istediğinizi söylediniz."

"Doğru hatırlıyorsunuz."

"Ama, bizim ele aldığımız değişim konusu savaşçı olmakla ilgili gözükmüyor, bana. Filozoflar, değişim konusunda neler söylemişler, şimdiye kadar onların dediklerini gözden geçirmeye devam ediyoruz."

"Bu seni sıkıyor mu?"

"Hayır, sıkmıyor. Ama savaşçı ile ilgisini merak etmekten de kendimi alamıyorum."

"Sıradan bir insanın savaşçı olması önemli bir değişim. Bu önemli değişimi kendi muhteşemliği içinde anlayabilmen, değişim konusunda şimdiye kadar neler söylenmiş, onu anlamana bağlı. Böylelikle değişim konusunu, oldukça kapsamlı olarak ele almak istiyorum."

"Yani sizce bütün bu konuştuklarımızın, savaşçı olma ile doğrudan veya dolaylı ilişkisi var."

"Bence var. Olmasa niye anlatayım. Ama, şu anda siz benim gibi algılamayabilirsiniz."

"Zamanla herhalde bu konuların –hatta daha sonra anlatacağınız diğer konuların– savaşçı olmayla ilişkisini daha çabuk ve daha açık seçik görebileceğim."

"Sanıyorum, öyle olur. Ben, savaşçılık konusundaki bilgisiyle sınava girip, sınav sonucu 'geçecek' ya da 'kalacak' birini hazırlamıyorum. Yani bazı bilgileri sana 'belletmeye' çalışmıyorum."

"Onun farkındayım."

"Farkında olduğunuzu biliyorum. Ama, yeri gelmişken yine söylemek istiyorum, siz ve ben, bir sohbet içindeyiz. Daha derin bir anlayışa götürecek bir keşfetme süreci içindeyiz. 'Değişim' kavramı önemli bir kavram. Savaşçı konusuyla ilgilenin ya da ilgilenmeyin, değişim kavramını iyi anlamak, sizi güçlü kılar."

"Değişim kavramını anlamak beni gerçekten güçlendirir mi? Nasıl?"

"Evet; değişim kavramının bilincine varmış biri olarak, öğretmenliğin daha etkili olur, evliliğin daha sağlıklı olur, çocuklarını yetiştirirken daha bilinçli, gerçekçi etkileşimler kurarsın. Yaşamını anlamlı kılmaya çalışan her insan değişim sürecinin içindedir; bir kurumu, işyerini veya departmanı yönetmeye çalışan her insan değişim sürecini yönetmek durumundadır. Değişim yaşamın özünde vardır."

"Tamam, Doğan Hocam! Mesaj aldım. Sizi dört kulakla dinlemeye hazırım."

"Oldu. Marx'tan söz ediyorduk."

"Evet. En son, işçilerin kendilerine ve topluma yabancılaşmalarından söz ediyorduk.

"Marx, dinin, düşünme sistemlerinin, halkın inançlarının, sanatın hep üretim ilişkileri tarafından belirlendiğini söyler. 'Üretimde güçler kimlerin elindeyse, din, felsefe, inançlar, güçlünün gücünü korumak üzere var olur; o şekilde işler,' der."

"Benim okuduğum kitaplardan alt yapı, üst yapı kavramlarını hatırlıyorum. Üretim ilişkileri alt yapıyı, kültür, din, değerler, inançlar üst yapıyı oluşturuyor. Alt yapı üst yapıyı biçimlendirdiğine göre, alt yapı değişiklikleri yapmadan üst yapı değişiklikleri yapmak anlamsız oluyor. Alt yapıdan kaynaklanan sorunları, üst yapı tedbirleriyle çözemezsiniz."

Bu noktada Arif Bey, durdu, söylemesi zor olan bir şeyi söyleyecek bir insanın sıkıntısı içinde yüzüme baktı ve, "Hocam, ben buna inanıyorum; yani Marx'ın üretim ilişkileri konusunda, alt yapı, üst yapı dinamiklerine getirdiği bakış tarzının doğru olduğuna inanıyorum," dedi.

"Arif Bey, Marx, çağımızın büyük düşünürlerinden biri. Sadece büyük düşünürlerinden biri değil, en etkili insanlarından biri. Marx'ın düşüncelerini hesaba katmadan yirminci yüzyılda olan bitenlerin çoğunu açıklamak mümkün değil.

"Bu kadar etkili olmasının altında Marx'ın gerçekçi gözlemler yapması yatıyor; tabii bu gözlemler güçlü farkındalıklarla desteklenmiş durumda. Örneğin, kapitalizmin güçlü olduğu ABD kültürü ile, henüz yavaş yavaş kapitalizme giren Türk kültürünü karşılaştıralım. ABD kültüründe bireysellik ve de bireycilik, kuvvetli bir değer. Bu konuyu kitaplarımda da tartıştığım için burada pek ayrıntılarına girmek istemiyorum. ABD'de uzun yıllar kaldığım için o ülkede bireyselliğin ve bireyciliğin ne kadar güçlü olduğunu açık seçik görebildim.

"Türkiye'de ise bireycilik var, ama kişiler bu bireyciliklerini saklamak zorundalar; 'hani; istemem, ama yan cebime koy,' derler ya, o cinsten bir bireycilik. Amerika'da 'ben bu işi vatan millet için yapıyorum,' diyenlere hem inanmazlar, hem de bunu pek gerçekçi ve sağlıklı bulmazlar. Orada kişinin kendi menfaati yokmuş gibi göstermek yerine, kendi menfaati ile, vatan millet menfaatini dengelediğini göstermesi beklenir. Burada ise, 'benim hiçbir çıkarım yok, sadece vatan için yapıyorum,' demesi beklenir."

"Yani, Doğan Bey, biri ait olmaya, öbürü ise birey olmaya daha çok önem veriyor. Kitaplarınızda bunların örneklerini veriyorsunuz."

"Evet. Ve burada söylemek istediğim temel fikir, bunun Marx'ın gözlemleriyle ne kadar büyük paralellik gösterdiği. Zaman içinde kapitalizm Türkiye'de yayıldıkça, Türk işadamlarının sayısı artarak Türkiye'de güçlü şirketler toplum yaşayışının önemli bir parçası oldukça, bireyselliğin ve bireyciliğin arttığını göreceğiz."

"Hocam, bu *bireycilik* ve *bireysellik* kavramlarını iki farklı anlamda kullanıyorsunuz; öyle değil mi?"

"Evet, daha önce kitaplarımı okumuş olduğunuz için yeniden açıklamamıştım; ama hatırlatmamda fayda var: *Bireycilik* kişinin kendi dışında hiç kimseyi düşünmeden, bencil olarak, gereksinmelerini karşılamaya odaklanması, 'benmerkezli' olması; *bireysellik* ise 'biz merkezli' olarak kişinin kendi sınırlarını, sorumluluklarını, gerçekleştirmek istediklerini, vizyonunu koruması ve bu bilinç içinde gereksinmelerini karşılaması."

"Bu ayrım, önemli bir farkındalık oluşturuyor."

"Yaşamsal önemi var."

"Bireysellikte, ait olma ve birey olmanın dengelenmesi var."

"Bravo, Arif Bey. Turnayı gözünden vurdunuz."

"Teşekkür ederim Hocam."

"Bireyselliğin gelişmesinin tarihi bir süreci var. Bunu burada ele almak sanırım yeri değil. Ama, şu kadarını söylemek istiyorum. İnsan doğmadan önce yüzde yüz ait olan bir yaratık; doğduğu zaman ilk yaptığı bağımsız davranış nefes almaktır."

"Evet. Doğru. Çocuk doğduktan hemen sonra kendi başına nefes almak zorunda, aksi halde ölür."

"Bu ilk bağımsız davranışı. Gittikçe bu bağımsızlık alanı büyür ve on dört-on beş yaşına geldiğinde, 'benim hiç kimseye ihtiyacım yok, bana akıl vermeyin, istiyorsanız, ben size akıl vereyim,' durumuna gelir."

"Yani tam bağımlılıktan, tam bağımsızlığa bir gidiş olur."

"Evet. Daha sonra, hayatın karşılıklı etkileşim ve dayanışma içinde yer aldığını kavradıkça, yavaş yavaş 'ben varım,' düşüncesi, 'hem ben varım, hem sen varsın,' düşüncesi haline gelir.

"Şimdi söylemek istediğim, tarihsel yönden de bunun böyle işliyor olması. Önceleri, tamamiyle teba, kul, köle durumunda olan insan, mal gibi alınır, satılırdı. Gücü elinde bulunduran kral, sultan, mülk sahibi, istediği gibi davranma hakkına sahipti.

"Daha sonra bireyin önemi, onun düşüncesinin gücü, onun emeğinin önemi kavranmaya başladı ve birey kendi haklarına sahip çıkmaya başladı. Bu gelişim öyle bir noktaya geldi ki, bazı toplumlarda, birey, devlete, 'sen bana hizmet etmek için varsın; bunun ötesinde senin başka bir anlamın yok,' demeye başladı."

"Bireycilik devri mi başladı?"

"Evet, her şey bireyin çıkarı için değerlendirilmeli felsefesi hâkim olmaya başladı. Birey kendi kişisel çıkarlarının ötesinde hiçbir anlam görmek istemedi."

"ABD'de hâlâ yaşandığını söylüyorsunuz."

"Evet, görüyorum; bu bireyci yaklaşımın ağır bastığını gözledim. Dikkat et, ağır bastığını diyorum. Tümüyle bireyci bir kültür demiyorum."

"Ama, 'her şeyden önce ben' kavramının ağır bastığını gözlediniz."

"Evet, gözledim. Ama, şimdi bireysellik bilincinin aktif olarak politikada, iş yaşamında, eğitimde, aile yaşamında yer almaya başladığını görebiliyorum."

> *"Yaşamda hiçbir şey bir başka şeyi tek yönde etkilemez, karşılıklı bir etkileşim vardır."*

"Bu gözlemlerinizin Marx'ın söyledikleriyle ilişkisi ne, Doğan Bey?"

"Marx, alt yapı dediği üretim ilişkilerinin, üst yapı dediği kültürü biçimlediğini söylerken, bunu tek yönlü bir etkileme olarak ifade etti. Bugün biyoloji, ekoloji, antropoloji, sosyal psikoloji, ekonomi alanlarına 'sistem yaklaşımı' içinde baktığınızda, yaşamda hiçbir şeyin bir başka şeyi tek yönde etkilemediğini görüyorsunuz."

"Peki nasıl etkiliyor?"

"Yanlış kelime 'etkileme', doğru kelime 'etkileşim'."

"Yani, birbirini karşılıklı etkileyen sistemler içinde yaşamımız oluşuyor. Son kitabınızda kaos kuramından bu anlamda söz etmiştiniz."

"Evet bu anlamda söz etmiştim. Tabii, bu etkileşim içinde, faktörlerin katsayısı farklı olabilir."

"Yani, A ve B faktörü etkileşim içinde C olayını oluştururken, A'nın etkisi B'ninkinden daha fazla veya daha az olabilir. Bunu mu demek istiyorsunuz?"

"Evet, bunu demek istiyorum. Bir faktörün etkisi az demek, onun etkisi 'sıfır' demek değil. A faktörü hidrojen, B faktörü oksijen ve C de su olsun. Suyun H_2O'dan oluştuğunu biliyoruz; iki hidrojen, bir oksijen atomu var. Suyun oluşumunda iki hidrojen var diye, oksijenin önemi daha az diyemezsiniz."

"Bunu alt yapı, üst yapı kavramlarıyla nasıl ilişki içine sokuyorsunuz?"

"Evet, üretim ilişkileri insanların büyük bir çoğunluğunun değerlerini, dünya görüşünü biçimleyebilir. Ama, bir tek insan öyle bir düşünce ve eylem düzeyine girebilir ki, kendinden sonra gelen çağı tamamiyle farklı bir yöne götürebilir."

"Örneğin?"

"Örneğin Karl Marx."

"Gerçekten de."

"Örneğin Atatürk. Geleneksel Osmanlı alt yapısı içinde Atatürk'ün yetişmesi ender bir olay; yetiştikten sonra eyleme geçebilmesi daha da ender bir olay."

"Eyleme geçtikten sonra etkili olabilmesi sanırım daha da olasılığı düşük bir olay."

"Evet, öyle. Ama, bugün laik Türkiye Cumhuriyeti diye bir gerçek var. Türkiye Cumhuriyeti olgusunu Atatürk'ün bilincini hesaba katmadan açıklayamazsınız."

"Ve bilinç, tamamiyle üst yapı'nın bir olgusu, öyle değil mi?"

"Karl Marx'ın da bilinci bir üst yapı olgusu. Ve yirminci yüzyılda olup bitenleri onun bilincini hesaba almadan açıklayamazsınız."

Bir tek insan öyle bir düşünce ve eylem düzeyine girebilir ki, kendinden sonra gelen çağı tamamiyle farklı bir yöne götürebilir.

"Yani bir tek insanın bilincinde meydana gelen bir değişiklik, tüm toplumda, tüm dünyada değişiklik meydana getirebiliyor."

"Kaos kuramı ne diyordu?"

"Ne diyordu?"

" 'Pekin'de uçan bir kelebek, altı hafta sonra New York'taki fırtınaya neden olabilir,' diyordu."

"Siz de, 'Almanya'da yazan bir filozof Çin'de milyonlarca insanın kaderini etkileyebilir,' diyorsunuz."

"Evet, öyle diyorum. 'Etkileşim ağı gerçeği' içinde olaya baktığımızda, bu ağın herhangi bir yerinde, herhangi bir değişim, ağın tümünü etkileme olanağını yaratır."

" 'Etkileşim ağı gerçeği' içinde yaşadığımızın bilinci içinde, örneğin, 'para' kavramının keşfedilmesi, tüm yaşam olanaklarını etkileyen değişimler yaratır."

"Alfabenin, tekerin, matbaanın keşfi ve bunlar gibi, ilk başlarda hiç önemli görünmeyen yenilikler, hiç öngörülmeyen, beklenmedik değişikliklere yol açabilirler."

"Hem alt yapıda, hem de üst yapıda olabilir bu değişiklikler; öyle değil mi?"

"Evet. O bakımdan benim, Doğan olarak görüşüm, tüm değişimlerin temelinde bilincin yattığı. Bilinçte meydana gelen değişimleri insanoğlunun yaşamında meydana gelen diğer tüm değişimlerin anası olarak görüyorum."

"Peki bu görüşte olan filozoflar var mı?"

"Bence varoluşçu filozoflar bu görüşte."

Bilinçte meydana gelen değişimler, diğer tüm değişimlerin esasını oluşturur.

Yoğun bir konuşma içine girmiştik. Zaman akıp gitmişti.

Başı örtülü bir genç bayan burayı iyi bilen, burada çalışan biri edasıyla yürüyerek sağımızdaki odalardan birine girdi. Arif Bey'e son zamanlarda ne kadar başı örtülü genç bayan gördüğümüzü söyledim. O da benim gözlemimi doğruladı. "Biliyorsunuz, son buluşmalarımızı vakıflar çevresinde yapıyoruz. Sanki başını örten zihniyet ile vakıflara sahip çıkan zihniyet arasında bir ilişki var," dedi. Kendisine biraz daha açmasını söylediğimde, "Bana öyle geliyor ki, yönünü Batı uygarlığına çevirmiş aydın, Osmanlı kültürüyle, dolayısıyla vakıflarla pek ilgilenmiyor. İlgilenenler daha geleneksel bir kesimden. Bu nedenle vakıflar çevresinde bulunduğunuz zaman başı örtülü bayanlar görmek daha olası."

Sigara içen on üç-on dört yaşlarındaki kızlarla, türbanlı kızları aynı mekân içinde görmek İstanbul'a özgü bir yönü vurguluyordu. Hiç dokunulmamış bir ormanın karmaşa gibi görünen vahşi düzenini düşündürtüyor bana bu manzaralar.

Garson istediğimiz kola ve çayı getirdi. Buzlu limonlu kola, bu sohbetle iyi giderdi, tadını çıkararak bir yudum aldım. Ve sohbete devam ettik.

Fenomenolojik Yaklaşım

"Yirminci yüzyıla girerken, Batı felsefesinin iki temel akımı, ampirisizm ve akılcılık sürekli birbiriyle zıt kutuplar oluşturuyordu. Ampirisizm dünyanın, insanların düşüncesinden ve yaşamlarının etkisinden uzak, kendi başına çalışan soğuk bir makine olduğu izlenimi veriyordu. Öbür yandan akılcılık, dünyayı işin dışında bırakarak, sadece düşünmeyi, düşüncenin oluşturduğu dünyayı hesaba katıyordu. İkisinin uzlaşması pek mümkün olmamıştı.

"Fenomenoloji adıyla bilinen felsefe bu iki akım arasında bir uzlaşma olanağı veriyordu. İlk başlarda felsefi ve bilimsel konulardaki sorunları çözme amacıyla tartışılırken, fenomenoloji insanların yaşamındaki anlamsızlık sorununu çözmede de işe yaramaya başladı.

"Fenomenolojinin varoluşçuluk olarak bilinen bir dalı var; bu dal yirminci yüzyılın en verimli felsefi akımı haline geldi. Yaşamın soğuk gerçeklerini bireyin kendi yaşamında anlamlı hale getirmesine olanak sağladı.

> *Farkındalık oluşturmadan, farkında olunacak bir gerçek olamaz.*

"Alman filozofu Edmund Husserl bir yandan dış dünya ile, öbür yanda bu dünyayı deneyimleyen duyu organlarının ilişkisine bakar. Kendisinden yüz elli yıl önce Kant'ın söylediği gibi, bizim deneyimlediğimiz fenomenolojik dünyamızdır."

"Kant'ın söylediğini mi tekrar ediyor?"

"Hayır, Kant'ın söylediğini aynen tekrar etme diye bir şey yok. Husserl'in fenomenolojisinde şu gördüğümüz dış dünya ile bireyin bilinci birbiriyle sıkı sıkıya ilişkili olan, bir paranın iki yüzü gibi bir olay. Farkında olabilmek için, farkında olunacak bir şeyin olması gerekir. Farkındalık oluşturmadan, farkında olunacak bir gerçek olamaz. Bu ne demektir?"

"Bilmem? Benim aklım karıştı!"

"Bu şu demektir: farkında oluşla gerçek aynı şeyin uzantılarıdır. Demin söylediğim gibi, farkında oluş ve gerçek, paranın iki yüzü gibi birbirleriyle ilişkilidir."

"Böyle bir görüşün insanın hayatına kattığı ne? Yani, daha önce söylenmemiş ne söylüyorlar?"

"Daha önce birey, kendi algılamasının ötesinde, kendi farkında oluşunun ötesinde, ayrı, bağımsız bir gerçek düşünürken –ve böyle düşündüğü için de kendini o bilmediği gerçekten yabancılaşmış hissederken– şimdi, kendi bilincinin ötesinde bir gerçek olmadığını, gerçeğinin kendi bilincinin içinde yapılaştığını düşünmeye başladı."

"O zaman da tabii yabancılaşma duygusundan kurtulmuş oldu."

"Evet, çünkü insan her zaman farkında olduğunun farkında olabilir."

> *İnsanın gerçeğini, onun algıladığı dünya oluşturur.*

"Çok önemli bir gelişim."

"İnsan algılamasını, farkında oluşunu, varoluşun temeline bu şekilde koymuş oldular."

"O zaman da, algılamayı, farkında oluşu etkileyen her şey, insanın varoluşunu etkileyen faktörler olmalı."

"Gerçekten de öyle oldu. Hatırlıyorsun, daha önce niyetin algılamadaki öneminden bahsetmiştik."

"Evet hatırlıyorum."

"Franz Brentano adında bir başka Alman düşünür, niyeti, felsefesinin temeline oturttu. Aslında Brentano; Husserl'den önce gelir ve Husserl kendi fenomenolojisini bu 'niyetli olma' kavramı üzerine kurar."

"Hocam, kafam karıştı. Yani şunu mu demek istiyorsunuz: Fenomenoloji, insanın algılamasının ötesinde gerçeğin olamayacağını söyleyen felsefi akımdır. İnsanın gerçeğini, algıladığı dünya oluşturur. İnsanın algılamasını etkileyen en önemli faktörlerden biri, o insanın dünyaya bakarken hangi niyetle baktığıdır."

"Bu kadar işte. Güzel özetlediniz. Böylece gerçek, kişinin bilincinde yapılaşan deneyimdir. Tabii, bunu söylediğimizde, insan algılamasını etkileyen her şeyin, insanın yaşamının gerçeğini mutlaka etkileyeceğini de söylemiş oluyoruz."

"Evet, bunu görebiliyorum."

"Husserl'in öğrencilerinden olan Martin Heidegger, esas önemli olanın Husserl'in söylediği gibi bilinç değil, varoluş olduğunu söyledi. Varoluş, kişinin bilincinin eylem içinde kendini ifade etmesi, somutlaşmasıdır. Böylece, önemli olan gerçek, bilincin gerçeği değil, varoluşun gerçeğidir."

"Peki, onun yabancılaşmaya getirdiği çözüm ne?"

"Heidegger, bilincin önemini kabul eder. Kişininin fenomenolojisinin önemini kabul eder. Ama, bu soyut farkında oluşun kendi başına bir etki yapamayacağını düşünür."

"Kişi, bu bilinci alıp eylem içinde yaşamını süreçlediği zaman, bir varoluş gerçekleştirir. Önemli olan işte bu varoluştur. Başkalarının nasıl varolduğuna bakarak, kendi varoluşunu başkalarınınkiyle kıyaslayarak yaşayan kişi, yabancılaşma duygusu içine girer.

"Ama kendi fenomenolojisi içinde, kendi bilinci içinde eyleme geçen kişi, kendi varoluşunu oluşturur. Bu kendi varoluşudur; başka hiç kimsenin değil, kendinin varoluşudur. Bunu kavradığı zaman kişi, yabancılaşma duygusundan kurtulur."

"Hocam, kişi her zaman kendi bilinci içinde eyleme geçebilir mi? Yani, ait olma ve birey olma çatışması içinde, kişi gerçekten kendi algılamasını –kendi fenomenolojisini– kendi eyleminin temeline koyabilir mi?"

"Çok can alıcı bir nokta sordun."

Başkalarının nasıl varolduğuna bakarak, kendi varoluşunu başkalarınınkiyle kıyaslayarak yaşayan kişi, yabancılaşma duygusu içine girer.

"Öyle mi?"

"Evet; sen özgürlük konusuna girdin. Sadece özgürlük değil, cesaret konusuna da girdin."

"Neden böyle dediğinizi anlıyorum: çünkü insan farkında olduğu şeyi, yapmak istediği şeyi, özgür olmadığı için, veya korktuğu için yapamayabilir."

"Ama yapsa da yapmasa da, yapmanın veya yapmamanın sorumluluğunu, o birey taşımaktadır."

"Ne kadar önemli bir fark. Hayat bireyin dışında olup biterken, şimdi bireyin kendi bilincinin temeli üzerine kurulmaya, onun sorumluluğu içinde olup bitmeye başladı."

"Yani, yaşamımızın anlamını yaratma sorumluluğu tamamiyle bize ait oldu."

Zaman içinde yer alan her şey değişir. Varolmak demek, değişmek demektir.

"Bu şavaşçı kavramına yakın gelmiyor mu?"

"Yakın gelmiyor, aynısını söylüyor."

"Peki bunun değişimle ilişkisi ne?"

"Farkında oluş, fenomen, algılama, zaman içinde yer alır. Bu fenomen üzerine kurulu eylem, yani varoluş, zaman içinde yer alır."

"Bunun önemi ne?"

"Zaman içinde yer alan her şey değişir. Varolmak demek, değişmek demektir."

"Kendi yaptığımız seçimler ve bu seçimler üzerine kurulu eylemlerimizle, sürekli bir varoluş içindeyiz."

"Evet ve bunun tüm sorumluluğu bize ait."

"Yani her bir birey, kendi yaşamının anlamını yaratmak durumunda."

Değişimi bilinçli olarak yapmayı göze almak, gayret ve cesaret ister.

"Tabii yaşamının anlamını yaratırken, ne gibi seçenekler, ne gibi olanaklar içinde yer aldığını bilmek durumunda. Seçim yaparken nelerin arasından, niçin seçtiğini bilmek durumunda."

"Peki insan bunların hiçbirine önem vermeyip, ilgisiz kalırsa?"

"Kalabilir."

"Ama, kalmayabilir de!"

"Evet, ilgisiz de kalabilir, ilgilenebilir de."

"Ama ilgilenmek daha riskli değil mi? Daha zor değil mi? Değişimi bilinçli olarak yapmayı göze almak; gayret ve cesaret ister."

"İşte bu noktada iki önemli farkındalığı işin içine soktun."

"Hangi farkındalıkları?"

"Birincisi, sıradan insan ile sıradışı insanın farklılığı. Sıradan insan, kendine özgü bir yaşam oluşturmanın çabası içine girmeyi düşünmez. 'Böyle gelmiş böyle gider' anlayışı içindedir. Bu insan değişimle ilgilenmez; ancak bir başkası, 'Sen değişmelisin!' derse değişmekle ilgilenir."

"Yani ait olmanın baskın olduğu, kalıplanmış insanı tanımlıyorsunuz. İkinci farkındalık ne?"

"İkinci farkındalık da şu: Kişi seçeneklerinin farkına varırken, bu seçeneklerin sunduğu sınırların ve olanakların da farkına varır. Bu sınırlardan biri de ölümdür. Ölüm bilinci, sonsuza dek varolamayacağımızı bilmemizi, şimdi ve şu anda yaşıyor olmamızın sorumluluğunu almamızı sağlar."

"Böylece değişim sadece seçenekleri bilmeyi değil, ölümlü bir dünya içinde şimdi ve burada yaşadığımızı bilmeyi de gerektiriyor."

"Ve sanırım Arif Bey, şimdiye kadar konuştuğumuz her şey yerli yerine oturmaya başladı. Anlam arayışı, uyanış, niyet, kişisel bütünlük, sorumluluk, güç, ölüm bilinci ve değişim; görüyorsunuz birbirine organik olarak girmiş konular. Ve bu konuların her birinde savaşçı kendine özgü bir tavır içinde."

"Evet, bu organik ilişkiyi sezinliyorum; bir düzeyde anlıyorum, ama henüz görebilmiş değilim. Sanırım, zaman içinde tümünü görebileceğim."

"Ondan hiç şüphem yok."

"Bir şey dikkatimi çekti Doğan Bey. Biraz önce ben, 'Peki insan bunların hiçbirine önem vermeyip, ilgisiz kalırsa?' diye bir soru sormuştum. Siz, 'Kalabilir,' dediniz. Yani, bir insanın kendi yaşamını özgün olarak oluşturması veya sıradan bir hayat yaşaması sizin yönünüzden herhangi bir zorunluluk değil. Hatta, zorunluluk olmanın ötesinde, yargılama konusu da değil. Doğru mu anlamışım?"

Ölüm bilinci, sonsuza dek varolamayacağımızı bilmemizi, şimdi ve şu anda yaşıyor olmamızın sorumluluğunu almamızı sağlar.

"Evet, doğru anlamışsınız!"

"Ama, burada bir çelişki var."

"Nasıl bir çelişki?"

"Madem sıradan bir insanın yaşamı ile bir savaşçının yaşamı aynı değerde, ikisi arasında herhangi bir fark yok, neden siz ve ben toplanıp, savaşçı olma yollarını inceliyoruz? O zaman, ben ha sıradan bir öğretmen olmuşum ha olağanüstü bir öğretmen, fark etmemeli!"

"Evet, gerçekten fark etmez."

"Peki niçin sürekli buluşarak aramızda konuşuyoruz, saatler harcıyoruz?"

"Çünkü siz, arayış içindesiniz. Çünkü siz, hayatınıza anlam vermek için seçeneklerinizi gözden geçiriyorsunuz."

"Anlamıyorum. Lütfen biraz açar mısınız?"

"Şunu söylemek istiyorum: Sizin dışınızda, benim dışımda, 'Bu hayat anlamlı, bu hayat anlamsız,' diyecek bir otorite yok. Herkes, ama herkes, kendi hayatını anlamlı veya anlamsız bulsun, yaşama durumunda. Neticede, o büyük eşitleyen hepimizi eşit kılar."

"Büyük eşitleyen nedir?"

"Tahmin et!"

"Ölüm?"

Hayatını anlamlı bulan veya bulmayan, kişinin kendisidir. Anlamsız bulduğu zaman arayışa geçen de kendisidir.

"Evet, ölüm. Hayatını anlamlı bulan veya bulmayan, kişinin kendisi. Anlamsız bulduğu zaman arayışa geçen de kendisi."

"Yani, ben size gelip, hayatımı anlamsız bulmaya başladım, konuşabilir miyiz, demeseydim, siz beni, 'Niçin şöyle veya böyle öğretmenlik yapmıyorsunuz?' diye sorgulamaz veya yargılamazdınız."

"Bilmiyorum sorgular veya yargılar mıydım? Ama bildiğim şu:

Eğer siz benimle gelip konuşmayı istemeden, ben size, 'gelin sizin hayatınıza anlam katalım, sizi savaşçı bir öğretmen yapalım,' tavrı içinde takip etseydim, kendim savaşçı gibi hareket etmemiş olurdum. Şu anda gerçekten savaşçı düzeyine eriştiğimi hiç sanmıyorum. Bu nedenle benim şu andaki hayatım sorgulamalar ve yargılamalarla dolu. Ama, bunun benim düzenbazlığım olduğunu çok şükür biliyorum."

"Ne demek düzenbazlık?"

"Sorumluluğu almadan, suçu başkalarına atarak işin içinden sıyrılma formülleri. Egonun kendi sorumluluğundan kurtulmak için başkasına çamur atması."

"Yani, savaşçı kendi değişiminin peşindedir. Başkalarını değiştirmek onun amacı içine girmez."

Savaşçı kendi değişiminin peşindedir. Başkalarını değiştirmek onun amacı içine girmez.

"Savaşçı, başkaları değişmek istiyorsa, ama gerçekten istiyorsa, onların değişimine katkıda bulunur. Bu kadar. Savaşçı yaşamının kendi seçtiği anlamı içinde, olabileceğinin en iyisini olmaya kendini adamıştır.

"Bu adama sadece zihinsel bir adama değil, gönlünü de kapsayan bir adamdır. Bunu özgür iradesiyle seçmiştir ve bu seçimin yaratacağı gelecekten kişisel bütünlük içinde sorumluluk alır. Ve bu andan itibaren, niyetinin saflığı içinde, hayatını stratejik olarak yaşar. Her bir düşüncesi ve eylemi, niyetinin saflığı içinde kişisel bütünlüğünün ve sorumluluğunun damgasını taşır."

"Peki, başkaları bu resmin bir parçası değil mi?"

"Seninle benim bir resmin parçası olduğumuz gibi, bir resmin parçası olurlar."

"Nasıl yani?"

"Savaşçı ait olmanın kendi yaşamının bir parçası olduğunu bilir. Ama neye ait olacağını kendisi seçer; niyetinin saflığı içinde bu seçimi stratejik olarak yapar."

"Bu sizinle benim ilişkime nasıl uygulanır?"

"Siz geldiniz. Bu sizin seçiminizdi. Sizi kimse benim seminerime gelmeye zorlamadı, değil mi?"

"Hayır, isteyerek geldim, heyecanla geldim."

"İsteyerek benimle konuştunuz, kimse sizi zorlamadı değil mi?"

"Hayır, seminer sonrası bekledim, bir sürü insanın arasından geçmek kolay olmadı; ama sizinle konuşmayı kafama koymuştum."

"Bakın sizin seçimleriniz açık seçik ortada. Hiçbir zorlama yok. Sizinle konuşmayı da ben seçtim. Hem orada konuşmayı, hem de ondan sonra bir dizi sohbet buluşmaları yapmayı ben seçtim."

"Böylece her ikimiz de, ait olma yönümüzü seçiyorduk. Bunu diyorsunuz, değil mi?"

"Evet, bunu diyorum."

"Ama sizinle gelip konuşmayan öğretmenleri yargılamıyorsunuz."

"Hayır. Bir insan olarak onları yargılamıyor, onları oldukları gibi kabul ediyorum. Ama bunlardan biri gelse ve, 'Hocam, gelin bir tavla atalım; gelin bize buyurun bir çay içelim; gelin biraz sohbet edelim, sağdan soldan konuşalım,' dese kabul etmem. Onlar kötü bir insan olduğu veya onlarda bir yanlışlık olduğu için değil."

"Peki niçin?"

"Ölümümün bilincinde olarak, şu dünyada kısa bir ömrüm olduğunun bilincinde olduğum için. Bak sana hesabını yapayım."

"Neyin?"

"Bu dünyada ne kadar ömrümün kaldığının."

"Bilemezsiniz ki, ne zaman öleceğinizi."

"Ortalamalar yasası çevresi içinde tahmin edebilirim."

"Peki, tahmin edin."

"Eğer sağlığım ve koşullar ortalama olarak böyle devam ederse, seksen yedi yaşıma kadar yaşayacağımı tahmin ediyorum. Bayağı bol keseden hesapladığımın farkındayım. Babam seksen dört yaşında öldü, annem kanserden kırk dört yaşında. İki ağabeyimden biri yetmiş yedi, diğeri yetmiş dokuz yaşlarında öldüler. Her ne ise, farz edelim ki seksen yedi yaşına kadar yaşayacağım."

"Ama, sadece yıl değil, ay ve gün de önemli."

"Doğru; doğum günümde öleceğimi varsayalım."

"Peki."

"Ben şimdi altmış iki yaşındayım. Ne yapar?"

"Ne, ne yapar?"

"Yani ölümüme kaç yıl var?"

"Yirmi beş yıl."

"Kaç gün?"

Arif Bey, kâğıt üzerinde 25 ile 365'i çarptı:

"Dokuz bin yüz yirmi beş."

"Demek bu güzel dünyada, dokuz bin yüz yirmi beş günüm var."

"Siz de don Juan'ın Carlos'a konuştuğu gibi konuşmaya başladınız."

İkimiz de güldük.

"Kaç saatim var?"

"Dokuz bin yüz yirmi beşi yirmi dörtle çarparak kaç saatiniz olduğunu buluruz." Çarptı. "İki yüz on dokuz bin. İki yüz on dokuz bin saatiniz var."

"Tabii, bu saatler istediğim gibi kullanabilme özgürlüğüne sahip olduğum saatler değil. Çalışma hayatı içinde işe gidip gelirken harcanan zaman var; işte, banyoda, yemek yerken, alışveriş gibi, uyku gibi zorunlu olarak harcanan zamanlar var."

"Geriye günde sizin kendinize üç veya dört saatiniz kalır."

"Ya da dört veya beş saat. Bu dört veya beş saat içinde kendime özgü yaşamımı oluşturacağım. Birisi beni, 'Hocam, gelin bir tavla atalım; gelin bize buyurun bir çay içelim; gelin biraz sohbet edelim, sağdan soldan konuşalım,' diye davet ettiği zaman, kendime ait zamanın bilincinde olarak 'evet' veya 'hayır' derim. Bu bilinç içinde seçimimi yaparım."

Arif Bey gözlerimin içine bakarak,

"Hocam, beraber geçirdiğimiz zamanın kıymetini daha da iyi kavradım. Bu seçimin bu kadar anlamlı olduğunu düşünmemiştim."

"Ve unutma ki, bu seçimde hiçbir zorlama yok. 'Başkası ne der,' yok. 'Acaba ayıp olur mu,' yok. Tamamiyle benim kendi seçimim!"

"Anlıyorum."

Arif Bey'e biraz da dışarıda oturmayı önerdim. Masamızdan kalkarken güler yüzlü garson, buranın sorumlusunun geldiğini ve istersek bizimle konuşabileceğini söyledi. Güler yüzlü görevli bize bu yerle ilgili tarihi bilgiler verdi. Bu bilgilere göre, buranın adı Kızlarağası Mehmet Ağa Medresesi olarak biliniyor. Topkapı Sarayı Darü's-saade ağalarından Hacı Mehmet Ağa tarafından Mimar Sinan'a yaptırılmış.

Ana giriş kapısının üstündeki yapım tarihi ve banisinin yazılı olduğu levha, 1965 yılında yapılan tadilat esnasında atılmış. Kısacası, medresenin yapım tarihi hakkında günümüze herhangi bir kitabe ulaşmamış. Başka kaynaklardan Hicri 988'de (1580-1581) yapıldığı ve ilk müderrisin 990'da atandığı anlaşılıyor. 1989 yılında Yazarlar Birliği'nin kullanımına verilmiş.

Görevli beye bu bilgileri verdiği için teşekkür ettik. Dışarıda yol üstünde, duvara bitişik oturma yerlerinden birine oturduk.

Dışarıda beyaz sakallı biri hem çayını içiyor, hem de önüne açtığı bir kitaptan önündeki deftere bir şeyler aktarıyordu. İstanbul'a renk katan biri olarak algıladım o insanı.

Karşımızdaki dükkânlar ve lokantalar turistler için yapılmıştı. Turistler çağdaş Türkiye'ye değil, sanki Osmanlı müzesine geliyorlardı. Türkiye'nin realitesinden kopuk, uydurmaca, aklına esenin aklına estiği gibi yutturmaya çalıştığı bir turist dünyası yaratılıyordu sanki.

Özel Bir Bilinç

Yeniden konuşmaya başladık. Söze ilk ben girdim.

"Farkında oluşum, bilincim, varoluşumu tanımlayan temel süreç. Geldiğimiz nokta bu oldu. Şimdi, 'ben'in sınırları' adını vereceğimiz, özel bir bilinçten konuşalım."

"Bu 'ben' bizim bildiğimiz normal ben mi?"

"Evet. Psikolojide teknik olarak 'ego' dediğimiz kavram. Ama, biz egoyu daha önceki konuşmamızda 'nesnel ben' olarak kullandığımız için, şimdi ego yerine 'ben' kelimesini kullanıyorum. Bu tip teknik ayrıntılara takılmadan dinlemeye çalış."

"Peki."

"Ben ile onun çevresinin ilişkilerini tanımlayan sınırlardır. 'Ben'in sınırları' kavramını, bu anlamda kullanıyorum. Biliyorsun sınırlar bir şeyi tanımlar; o şey nerede biter, nerede diğer şeyler başlar; ortamla, çevre dediğimle, şey arasındaki ilişkiyi belirler. Varolan şey, kendi sınırlarından memnun ise, o sınırlar içinde kalmak ister. Ama sınırlarını genişletmek istiyorsa, o zaman mevcut sınırlarından memnun değildir, doyumsuzluk içindedir. Doyumsuzluk, kişinin kendini veya çevresini değiştirmesinin temelinde yatar."

"Yani değişimin temelinde bir doyumsuzluğu giderme bilinci, farkında oluşu var, öyle mi?"

"Daha önce adından söz ettiğim gestalt terapinin kurucusu Frederick Perls bu konudan uzun uzadıya söz eder."

"Hangi konudan?"

"Sınırlar ve doyumsuzluklar konusundan. Perls'e göre ilk farkında olduğumuz sınırlar, cildimizle belirlenir; yani derimizin altında 'bana ait' olanla, dışarda kalan 'öteki' şeyler. Daha sonra psikolojik anlamda 'bana ait' olan şeylerle dışarıda kalan 'öteki şeyleri' tanımlamaya başlarım.

"*Özdeşim* ve *yabancılaşma* kavramları bu bağlamda anlam kazanıyor."

"Hocam, özdeşimden neyi kastediyorsunuz?"

" 'Ben neyim, ben kimim?' sorusuna cevap verirken kullandığın öğelerin tümü senin özdeşimini oluşturur. Örneğin, benim özdeşimimde çocuklarımın babası olmak, yazar olmak, psikolog olmak, erkek olmak, öğrenen biri olmak önemli. Tabii şimdi burada listeye koymadığım daha birçok şey özdeşimim de var."

"Benim özdeşimimde örneğin, öğretmen olmak güçlü bir öğe."

"Evet. Onun için sen arayış içine girdin ve bu süreç başladı. Özdeşim kurduğumuz öğelerin sınırları dar veya geniş olabilir."

"Sadece kendi okulumdaki öğrencileri düşünerek veya ülkedeki tüm öğrencileri düşünerek öğretmenlik yapma gibi mi?"

"Veya tüm dünyadaki!"

"Yabancı dil bilmiyorum, pek."

"Konu o değil. Şimdi sınırlardan söz ediyoruz. Verdiğin örnek çok doğru. Sınırlar dar veya geniş olabilir."

"Bu sınırların dar veya geniş oluşuna göre benim kendimi tanımlayışım da değişir."

"Hem de nasıl! Sınırlarım içinde olanlar benden, dostum, yakınım, bildik, tanıdık olurlar. Böylece eğer siz sadece kendi okulunuzda öğretmenlik yapma şeklinde kendinizi tanımlamışsanız, 'benim öğrencilerim' dediğiniz öğrenciler size yakın, dost görünürler. 'Diğer öğrenciler' bunun dışında kalanlardır ve onların sorunları sizi pek ilgilendirmez."

"Eğer bu ülkenin çocuklarına öğretmenlik yapmayı kendime görev bilmişsem, o zaman 'ülkenin çocukları' ilgi alanım içindedir, diğer ulusların çocukları beni ilgilendirmez."

"Görüyorsun, 'kendimi ne ile özdeşleştiriyorum, neleri kendi sınırlarım içinde görüyorum?', temel bir kavram."

"Evet, görüyorum."

"Sınırlarım içine girenlere olumlu bakarım; onlar güzel, iyi, doğru, güçlü ve haklıdırlar. Benim askerim kahramandır, eğer ölürse 'şehit' olur. Düşman askeri korkak ve rezildir, eğer ölürse 'geberir'."

"Kendimi hangi sınırlar içinde tanımlayacağım, nelere dost, nelere düşman gözüyle bakacağımı da belirliyor, o zaman."

"Evet. Yabancılaşma, özdeşimin diğer yüzü. Özdeşim 'beni, ben yapan öğeler'; yabancılaşma ise 'ötekileri, öteki yapan öğeler'."

> ***Kendimizi hangi sınırlar içinde tanımlayacağımız, nelere dost, nelere düşman gözüyle bakacağımızı da belirler.***

"Hocam, biliyorum bunu sormamı istemiyorsunuz, ama hâlâ, bütün bu konuştuklarımızla savaşçı olmanın ilgisi ne, çıkarabilmiş değilim."

"Şimdi o konuya girebiliriz."

"Yani değişim konusunun savaşçı olmakla ilişkisi üzerinde duracağız, öyle mi?"

"Evet. Önce şunu hatırlatayım. Ait olma ve birey olma kutuplarında, savaşçı hiçbir kutba kaymadan dengeyi kurabilmiş bir insandır, demiştik. Bunu hatırlıyorsun veya hatırlamaktan ziyade, bunu anlıyorsun değil mi?"

"Ben ne anladığımı söyleyeyim, siz, doğru mu anlamışım, bana söyleyin."

"Peki."

"Ait olma bizim sosyal varlığımızın bir parçası. Her insanın hayatında mutlaka ait olma vardır; çünkü her insan toplum içinde, değişik roller alarak –anababa, öğretmen, komşu, evlat, amca, dayı gibi– yaşamak zorundadır. Çocuk anasının karnındayken aitti ve doğarken birinin 'evladı' olarak, analı babalı doğar. Ait olma, yaşamın vazgeçilmez, zorunlu bir parçasıdır."

"Doğru. Peki, ya birey olma?"

"Birey, kendi fenomeni içinde –bakın öğrendiğim kelimeleri nasıl kullanıyorum– kendi varlığının farkında. Yani algılamalarının, duygularının, düşüncelerinin kendi algılamaları, duyguları ve düşünceleri olduğunun farkında."

Ait olma, yaşamın vazgeçilmez, zorunlu bir parçasıdır.

"Evet, tam varoluşçu bir felsefe içinde yaklaştınız. Yani, kişi kendi duygu ve düşüncelerinin farkına vararak başlıyor."

"Evet ve böylece, bir yandan ait olmadan kaynaklanan bir bilinci var. Yani, bir baba olarak, bir öğretmen olarak, neler duyup, neler düşünüp, neler yapmam gerektiğini söyleyen bir bilinç var. Bir de, kendimin, bir birey olarak, analık veya babalığımın, öğretmenliğin dışında, bir birey olarak duygu ve düşüncem var. Nasıl, doğru anlamış mıyım?"

"Mükemmel. Ait olma-birey olma konusunda, özdeşimini ait olma öğeleri ile gerçekleştirebilirsin. Örneğin, sen sosyal rollerin üzerine kurulu bir özdeşim gerçekleştirebilirsin."

"Böylece ben kimim sorusuna, 'öğretmenim', 'evladım', 'Müslümanım' diyerek cevap veren bir kişi olurum. Veya, ben kimim sorusuna, tamamiyle kendi duygu ve düşüncelerimi merkez alarak cevap verebilirim: ben 'şunu elde etmek isteyen', 'buna sahip olmak isteyen', 'şuna haddini bildirmek isteyen', 'bunu yönetmek isteyen', 'şu mevkiye gelmek isteyen' biri olarak kendimi tanımlayabilirim."

"Evet, bu iki kutup arasından birini ağırlık olarak tercih ettiğin zaman, özdeşiminin sınırlarını ona göre çizmiş olursun. Ait olma üzerine kurulu bir özdeşimde, birey olmakla ilgili duygu, düşünce ve eylemler 'öteki' olacak ve birey olmakla ilgili şeylere yabancılaşma hissedeceksin."

"Vay be! Sınırların önemini şimdi daha iyi anlıyorum. Herhalde, bunun aksi de doğru değil mi?"

"Evet. Eğer birey olma kutbunda kendini özdeşleştirerek, sınırlarını o şekilde kurarsan, o zaman, ait olma ile ilgili şeylere, toplumsal yaşamın getirdiği her şeye karşı bir tepki içinde olacak, onlara karşı yabancılaşma hissedeceksin."

"Savaşçı bu sorunu nasıl çözüyor?"

"Savaşçı özdeşimini yaparken bir dönüşümden geçiyor."

"Nasıl bir dönüşüm?"

"Savaşçı, 'ben'inin sınırları'nı tanımlarken, hem ait olmayı hem de birey olmayı dengeliyor. Böylece hem sosyal yaşamı dışlamıyor, hem de kendi özünden gelenlere yabancılaşmıyor."

"Dönüşüm bu mu?"

Dönüşüm, 'benin ötesine geçmek'le başlar.

"Hayır, bu değil. Dönüşüm, 'benin ötesine geçmek'le başlıyor."

"Ne demek benin ötesine geçmek?"

"Daha önce 'gözlemleyen ben'den söz etmiştim, hatırlıyor musun?"

"Evet, hatırlıyorum."

"İşte, savaşçının dönüşümü, gözlemleyen bene ulaşmakla gerçekleşiyor."

"Bunu biraz açmanız gerekecek benim için."

"Anlıyorum Arif Bey, bu kolay bir kavram değil. İsterseniz, don Juan'ın Carlos'u nasıl eğittiği ile ilgili örneklerle, bu dönüşümün nasıl yer aldığını anlatabilirim.

"Kendini önemsemek insanı ağırlaştırır, hantal ve mağrur yapar. Bilge kişi olmak için insanın hafif ve akıcı olması gerekir."
don Juan

"Don Juan, kendini önemseme, kendini önemli görme kavramını kullanır. Anladığım kadarıyla bu 'ben merkezli' olmak, her şeyi kendi nesnel beni içinde anlamlandırmak anlamına geliyor. Carlos'la ilişkisini anlatırken, don Juan'ın kullandığı terminolojiye sadık kalarak, 'kendini önemseme' kavramını aynen kullanmak istiyorum."

"Peki, ben de o anlamda anlayarak dinleyeceğim."

"Tamam, anlaştık. Don Juan, Carlos'la konuşurken sık sık bu kavramı dile getirir. *'Kendini önemsemek insanı ağırlaştırır, hantal ve mağrur yapar. Bilge kişi olmak için insanın hafif ve akıcı olması gerekir,'* der.

"Bir gün bozkırda yürüyüş yaparken, Carlos birçok şeye kızmaya başlar. Yürüyüşünden, bakışından kızgın olduğu belli olur. Don Juan, onun bu kızgın halini gördükçe kahkahalarla güler. O güldükçe Carlos daha fazla kızar. Don Juan oturur, bir Meksika şarkısını, uzata uzata, ağlarmış gibi bir tonla, mevcut bir şarkıcıyı taklit ederek söylemeye başlar. Carlos bütün kızgınlığına rağmen şarkının söylenişindeki komikliğe dayanamayarak gülmeye başlar. Aralarında şöyle bir konuşma geçer:

"Gördün mü, bu saçma sapan şarkıya gülmeye başladın. Ama, bu şarkıyı söyleyene ve onu dinlemek için para ödeyenlere göre, bu şarkı hiç de saçma değil!"

"Ne demek istiyorsun?" diye sorar Carlos.

"Aklı başında kimsenin ciddiye almayacağı şeyleri ciddiye alan sensin! Bu şarkıyı söyleyen ve dinleyenler gibi, sen de kendi komik dünyanı çok ciddiye alıyorsun!"

Daha sonra Carlos'a, *"Eğer öğrenmek istiyorsan, kendini önemsemekten vazgeçmelisin"* der. *"Kendini çok fazla önemsiyorsun. Kendi kafanda kendin çok önemli hale gelmişsin. Bunun değişmesi gerekir. O kadar önemli biri haline gelmişsin ki, kendinde her şeye kızma hakkını görüyorsun. O kadar önemlisin ki, eğer dünya senin istediğin gibi olmazsa, sen bırakıp gidebiliyorsun. Belki bunları yaparken, kendini karakter sahibi bir insan olarak görüyorsundur; karakter sahibi olduğun için böyle davrandığını sanıyorsundur. Böyle düşünmenin hiç anlamı yok; çünkü sen zayıfsın ve kendini beğenmişin birisin."*

"Eğer öğrenmek istiyorsan, kendini önemsemekten vazgeçmelisin."
don Juan

Carlos itiraz etmeye kalkınca don Juan özür diler bir tavır takınmaz. Aksine, *"Hayatına bak,"* der, *"başlamış olduğun hiçbir işi bitirmedin. Neden? Çünkü bu kahrolası kendini önemsemen, herhangi bir şey üzerinde uzun süre emek vermene engel oldu. Emek vererek, gayretle bir şeyi kazanamayacak kadar kendini önemli görüyorsun."*

Carlos, don Juan'ın konuşuşundaki kesinlik ve gerçekliğe diyecek bir şey bulamaz. Söylediklerinin hepsi doğru olduğu için Carlos hem bir yandan öfkelenir hem de kendini tehdit edilmiş hisseder.

Don Juan, *"Kendini önemsemeyi bırakmalısın,"* diyerek yürümeye başlar. Yürümesi hızlanır ve Carlos da hızlı yürümek zorunda kalır. Bir saat kadar sonra bir kayalığın yakınında durduklarında, Carlos'un hiçbir kızgınlığı kalmamış durumdadır. Bunun farkına varan Carlos, "Ne kadar tuhaf, kızgınlığım tamamiyle geçti, kendimi hiç kızgın hissetmiyorum," der. Don Juan, *"İçinde bulunduğumuz dünya gizemli bir dünya, birçok sırlarla doludur,"* diye cevap verir. Daha sonra, *"Kendini önemseme üzerinde konuşmaya hazır mısın?"* diye sorar ve konuşmasına devam eder: *"Bu dünyada en önemli şeyin sen olduğunu düşündüğün sürece, çevrende seni kuşatmış olan dünyanın farkına vararak onları anlaman mümkün değil. Sen gözüne gözlük takılmış bir at gibisin; kendini her şeyden ayrı ve önemli görüyorsun."*

Daha sonra küçük bir bitkiyi göstererek, *"Ben şuradaki ufak arkadaşlarımla konuşacağım,"* diyerek küçük bitkiye yönelir.

O bitkinin önünde çömelir ve bitkiyi okşayarak onunla konuşmaya başlar. Önce Carlos'un anlamadığı bir dilde konuşur, ama daha sonra İspanyolca konuşmaya başlar. Bitkiye bir dizi boş sözler söyler. Daha sonra ayağa kalkar.

"Bitkiye ne söylediğin önemli değil," der. *"Hatta kendin kelimeler bile uydurabilirsin. Ama bitkiyi sevme duygusu içinde olman ve onu kendinin eşiti görmen önemlidir."*

Daha sonra don Juan, bitki toplayan bir insanın bitkiyi koparmadan önce bitkiden özür dilemesinin, bir gün kendi bedeninin de onlara gıda olacağını söylemesinin gerektiğini ifade eder.

"Neticede, bitkiler ve biz eşitiz. Ne biz onlardan, ne de onlar bizden daha önemli."

Don Juan bu noktada, *"Haydi, bu küçük bitkiyle konuş,"* diye Carlos'a ısrar eder. *"Kendini artık önemsemediğini ona söyle,"* der.

"Bu dünyada en önemli şeyin sen olduğunu düşündüğün sürece, çevrende seni kuşatmış olan dünyanın farkına vararak onları anlaman mümkün değil."
don Juan

Carlos bitkinin önüne kadar gidip bitkinin önünde diz çöker, ama bir türlü bitkiyle konuşamaz. Bitkinin önünde diz çöküyor ve bitkiyle konuşuyor olmak ona saçma gelir; fakat içinde herhangi bir kızgınlığın olmadığının da farkına varır.

Don Juan gelip arkasını sıvazlar ve şimdi kızmamasının bir gelişme olduğunu söyler.

"Bundan sonra ufak bitkilerle konuş," der. *"Onlarla konuşmaya devam et, öyle ki, diğer insanların yanında bile, onlarla rahat rahat konuşacak duruma gel."*

"Şu tepelere git ve orada kendi başına bitkilerle konuş," diye yakındaki tepeleri gösterir.

Carlos, "Bu bitkilere sessizce içimden konuşsam olur mu?" diye sorar.

Bu soru üzerine don Juan güler ve Carlos'un kafasına hafif hafif vurur.

"Hayır!" der. *"Onlarla yüksek sesle ve açık seçik konuşmalısın. Aksi halde sana cevap vermezler."*

Carlos, don Juan'ın tuhaflıklarına gülerek gösterilen yere gider, fakat durumu o kadar gülünç bulur ki, bitkilerle konuşamaz.

Uygun bir süre bekledikten sonra, Carlos, don Juan'ın olduğu yere geri döner. Kendisinin bitkilerle konuşmadığını don Juan'ın bildiğinden emin olarak onun yanına gelir.

Don Juan ona hiç bakmadan, yanına oturması için işaret eder.

"Beni dikkatle izle," der, *"Ben şimdi bu küçük arkadaşımla konuşacağım."*

Küçük bir bitkinin önünde oturarak, vücudunu eğip bükerek bitkiyle konuşur ve güler.

Carlos, bir an don Juan'ın aklını kaçırdığını sanır.

Don Juan ayağa kalkarken Carlos'a, *"Bu küçük arkadaşım bana dedi ki, onu yemek sağlığa iyi imiş. Eğer ondan bir demet yenirse, sağlığa iyi gelirmiş. Şurada, ilerde onlardan bir küçük bahçe dolusu olduğunu söyledi."*

Don Juan 150 metre kadar ileride bir yamacı gösterir.

"Haydi gidelim, bulalım," der.

Carlos, don Juan'ın bu düzmece tavırlarına güler. "Tabii, don Juan bu yöreleri avucunun içi gibi biliyor, nasıl olsa bu bitkilerden orada bulacağız," diye içinden geçirir.

Yamaca yürürken don Juan, Carlos'a, bu bitkiye dikkat etmesini, çünkü hem yiyecek olarak hem de ilaç olarak kullanılan bir bitki olduğunu söyler.

Carlos, biraz alaycı bir tavırla, "Bunu da mı bitki söyledi?" diye sorar. Don Juan, duyduklarına inanamayan bir insanın tavrı içinde Carlos'a bakarak, başını sağa sola sallar.

"Ah!" der gülerek, *"Senin açıkgözlülüğün, seni düşündüğümden de sersem yapıyor. Bütün hayatım boyunca bildiğim bir şeyi, bu küçük bitki bana niye söylesin?"*

Yamaca varınca Carlos'un bitkilere teşekkür etmesini ister. Carlos kendini o kadar gülünç hisseder ki, bir türlü bitkilere yüksek sesle teşekkür edemez.

Don Juan koruyucu bir tavır içinde, bilmece gibi bir laf eder. Carlos'un iyice anlayarak üzerinde düşünmesini sağlamak için, söylediğini iki üç kez tekrar eder.

"Bizi kuşatan bu dünya bir sırdır. Ve biz insanlar diğer hiçbir şeyde ne daha iyiyiz, ne daha kötüyüz. Eğer küçük bir bitki bize cömert davranmışsa, bizim ona teşekkür etmemiz gerekir; ya da belki de o bizim buradan gitmemize izin vermeyecektir."

Bunu söylerken Carlos'a öyle bir bakar ki, Carlos'un tüyleri diken diken olur. Carlos, korkuyla bitkilere eğilip, yüksek sesle, "Teşekkür ederim," der.

Don Juan kıkır kıkır güler.

Arif Bey, aktardıklarımı dikkatle dinliyordu. "Don Juan ne kadar gizemli ve ne kadar güçlü bir öğretmen," dedi. Ve devam etti. "Carlos'un bitkilerle konuşmasını istemesi dahiyane bir buluş."

Hak verdim. Arif Bey'e, kendini önemsemeyi terk etme kavramına, bizim kültürün aşina olduğunu söyledim. Dergâhlara gidip öğrenci olmak isteyenlerin günlerce, hatta haftalarca kapı önünde bekletilmeleri, kendini çok önemseyenlerin teker teker ayrılmasından sonra, gerçekten oraya öğrenci olmaya karar vermiş insanların kalmaları tesadüf değildi. Dergâha kabul edildikten sonra da, en pis, en kirli işleri yapmaları ve bu işleri yapmaktan artık şikâyet etmez hale geldiklerinde, yani herhangi bir işi, hiç şikâyet etmeden yapacak hale geldiklerinde öğrenime alınmalarının bir anlamı vardı.

Yeniden don Juan'ın Carlos ile etkileşimine döndüm ve,

"Biliyor musunuz Arif Bey, don Juan, sık sık Carlos'a şu soruyu sorar: *'Ölümün bu kadar, her an yakında ve bilinmez olduğu bir dünyada insan nasıl olur da kendini bu kadar önemseyebilir?'* Ve sürekli kendini bu kadar önemsemeyi bırakmasını salık verir.

"Bir keresinde Carlos, hayatında hiç kimseyi gerçekten sevmediğini, gerçekten saygı duymadığını, hatta kendisine bile saygısının ve sevgisinin olmadığını don Juan'a anlatır.

"Don Juan'ın verdiği cevap gerçekten ilginçtir:

" '*Evet,*' der. '*Gerçekten kendini sevmediğini görebiliyorum.*' Ve daha sonra ona yaptığı şeylerden pişmanlık duymamasını söyler. Çünkü insanın davranışlarını kötü, çirkin, yıkıcı diye tanımlayarak pişmanlık duyması, o insanın gereksiz yere kendisini önemsemesinden kaynaklanır."

Arif Bey bana gülümseyerek baktı ve, "Bunu hiç düşünmemiştim," dedi. Daha sonra, "Biliyor musunuz Doğan Bey, bu gerçekten doğru. Sürekli pişmanlık ve suçluluk duyan insan kendini ciddiye alıyor, kendini önemsiyor, demektir. Ve ben bunu hiç düşünmemiştim," dedi.

Ben de daha önce hiç bunu düşünmediğimi söyledim. Aklıma kendini suçlamanın tam tersi geldi, kendini övme. Ve Tao felsefesini düşündüm. Ne kadar doğru idi. Kendini övmenin de temelinde kendini önemseme vardı. Kendini önemseme kaybolunca, her ikisi birden kayboluyordu.

Bu keşfi Arif ve ben hemen hemen aynı anda yapmıştık. Ve her ikimiz de önemli bir şey keşfetmiş olduğumuzu düşünüyorduk.

Arif Bey'e, sık sık suçluluk duygusuna kapılıp kapılmadığını sordum:

"Pek sık değil, ama, pişmanlık duyduğum şeyler var," dedi.

"Siz?"

"Ben de pişmanlık ve suçluluk duygusunun sık sık misafirlerim olduğunu söyleyebilirim. Ama hiçbir zaman, pişmanlık ve suçluluk duygumun altında kendimi önemsememin yattığını düşünmemiştim."

"Şimdi biliyorsunuz."

Evet. Kızdığım, öfkelendiğim zaman, bu kızgınlığın ve öfkenin arkasında kendimi önemsemenin yattığını biliyordum.

"Acaba her duygunun arkasında kendini önemseme yatıyor mu?"

"Güzel bir soru. Don Juan'a soralım."

"Don Juan'la konuşmak ister miydiniz Doğan Bey?"

"Don Juan'la konuşmanın pek anlamlı olacağını düşünmüyorum."

"Niçin?"

"Çünkü o eylem insanı. Bizim gibi bir yerde oturup, bir konuyu irdelemekten eminim nefret ederdi. O bizi alıp bir duruma sokardı ve bizi uzaktan gözleyerek, nereye kadar eğitildik veya eğitilmedik, onları açık seçik görürdü."

"Hocam, siz beni niçin böyle eğitmiyorsunuz?"

"Ben seni niçin eylem içinde eğitmiyorum?"

"Don Juan'ın Carlos'a yaptığı gibi."

"Arif Bey, don Juan muhteşem bir usta. Carlos'un kitaplarının tümünü okusan anlarsın ki, don Juan Kızılderili bir bilge kişi. Ve doğa üstü güçleri var. Ben onun eline su dahi dökemem."

"Estağfurullah Hocam."

"Yok, numara olsun diye söylemiyorum. Don Juan'ın hayatında hiç bitmemiş iş yok. Hepsini temizlemiş. Pişmanlık yok, korku yok, öfke yok, keşke yok. Tertemiz. Tam bir savaşçı. Benim hayatım pişmanlık, korku, öfke ve keşkelerle dolu. Biliyor musun, benim için en önemli test ne olur?"

"Neyi test edeceksiniz?"

"Kendimi önemsemeyi ne kadar hallettiğimle ilgili bir test."

"Nasıl test edeceksiniz?"

"Beni tanımayan insanların bulunduğu bir lokantaya gitmeliyim. Bu lokanta gururlu, kibirli, kendini beğenmiş insanların geldiği bir lokanta olsun. Lokanta sahibi beni tanımasın, orada çalışanlar beni tanımasın, müşteriler beni tanımasın."

"Onların arasında nasıl hissedeceğinizi mi merak ediyorsunuz?"

"Hayır. O lokantada garsonluk yapsam. Bana sıradan bir garsona yapılan muameleyi yapsalar, beni sadece kullanılıp atılacak bir araç gibi görseler, kendilerine hizmet ettiğim zaman yüzüme dahi bakmayıp teşekkür etmeseler, bütün istediğimin bir bahşiş olduğunu düşünerek bana karşı bu şekilde davransalar..."

"Evet, böyle davransalar, ne olacak?"

"İç dünyamı gözleyeceğim. Ne zaman içimde, ne kızgınlık, ne

yargılama, ne aşağılık duygusu, ne üstünlük duygusu kalır, işte ben o zaman dehşetli bir başarıya imza atmış olurum."

"Sana pislik muamelesi yapsalar, sırf paraları olduğu için sana kötü davransalar, kızmak hakkın değil mi?"

"Kızmak hakkım diye düşündüğüm sürece savaşçı olmaya hazır değilim."

"Yani, bomboş mu olmak gerekiyor?"

"Evet, bir hiç olmak gerekiyor."

"O zaman sizi çiğner geçerler."

"Çiğnedikleri benim kendimi önemsememem olur. Ben bu kendimi önemsemeyi sıfırlarsam, o zaman bir savaşçının olanaklarını kendi yaşamımda yaratabilirim."

> *"Kızmak hakkım diye düşündüğüm sürece savaşçı olmaya hazır değilim."*
> **don Juan**

Carlos'un yazdığı yedinci kitabı(*) aldım, sayfa 128'de işaretlediğim yeri okudum:

> *"Savaşçılar kendilerini farkına varmaya hazırlarlar. Ve tümüyle farkına varma, kendilerini önemsemeyi tamamen bıraktıkları zaman ancak başarılabilir.*

"Gördüğün gibi farkında olma, savaşçının temel amacı. Ve kendini önemsemesi, farkına varmayı önleyen en büyük engel."

"En büyük düşman."

"Yine bravo size Arif Bey. Şimdi savaşçıya neden savaşçı dendiğini anlamış durumdasınız."

"Çünkü savaşçı kendini önemsemesiyle, kendi egosuyla büyük savaş veriyor."

"En azılı düşmanla."

"Hocam galiba siz denediniz ve savaşta pek başarılı olamadınız."

"Evet olamadım, ama mücadeleyi bırakmış değilim. Ömrüm boyunca da bırakmayacağım."

> *"Her melankoli nöbetinin altında kendini önemseme yatar."*
> **don Juan**

"Peki başarılı olup olmadığınızı nasıl anlayacaksınız?"

"Olumsuz duyguların gittikçe hayatımdan yok olmasıyla.

(*) *The Fire From Within.*

Olumsuz duyguların temeli kendini önemseme, nesnel ben, ego-dur. Korku, öfke, kıskançlık, hüzün."

"Hüzün de mi?"

"Evet. Don Juan, Carlos'a bunu açık seçik söyler: *'Her melankoli nöbetinin altında kendini önemseme yatar. Savaşçı da hüzün duyar, ama o hüznüyle alay edebilecek ve gülüp geçecek güce erişmiştir.'*

Arif Bey'e yürümeyi önerdim. Bir hafta önce gittiğimiz Topkapı Sarayı Müzesi'ne doğru yürümeye başladık. Hem yürümek hem konuşmak kolay olmuyordu, ama aynı yerde oturmaktan artık sıkılmıştık. Bir hafta önce yürüdüğümüz Caferiye Sokağı'nın sonuna geldik, oradan sağa kıvrıldık. Girdiğimiz sokağın adını henüz göremiyoruz. Evlerin önünde çiçeklikler oluşturulmuş ve çiçekler rengârenk açmış, bakımlı görünüyorlar. Solumuzdan yürüyen ikisi kız, biri erkek üç genç, bizim hizamızdan geçerken, erkek eğilerek bu çiçeklerden birini kopardı ve kendi sağındaki kıza verdi. Kız alıştığı bir şey verilircesine gayet doğal bir şeymiş gibi konuşmasına devam ederken bu çiçeği aldı ve yürümelerine devam ettiler. Oğlan bu çiçeği koparmaktan, kız, kendisine verilen çiçeği almaktan rahatsız değildi.

Biraz ilerde sokağın sağındaki bir duvara çakılmış bir sokak levhasından sokağın adını okuduk: Soğuk Çeşme Sokağı. Bu levhadan sonra, solda pansiyon olarak kullanılan bu evlere ait bir kahvehane bomboştu, biz önünden geçerken genç bir garson sandalyeleri düzenliyordu.

Soğuk Çeşme Sokağı'nda trafik yoktu, o nedenle rahatlıkla konuşmamıza devam edebildik. Önce Arif Bey, bir sorusunu dile getirdi.

Değişim ve Savaşçı

"Doğan Bey, bugünkü buluşmamızda değişimden bahsettik. Benim anladığım, konuşmamızın özünde savaşçı olmaya doğru bir değişim konusu var. Şimdi sorum şu: Neden savaşçı olmak için değişeyim?"

"Benim de sana sorum var: Neden öğretmen olmak istiyorsun?"

"Öğretmenliği anlamlı bulduğum için. Öğretmen olarak daha anlamlı bir hayatım olacak."

"Bu kimin verdiği bir anlam? Herhalde annenin ya da babanın verdiği bir anlam değil!"

"Hayır değil, hatta öğretmen arkadaşlarımın bile verdiği bir karar değil; benim kendimin verdiği bir karar."

"Peki öğretmen olmanın anlamlı olmasını ne sağlıyor?"

"Düşündüğüm zaman, bütün boyutları hesaba katttığım zaman, benim için öğretmenlik hayatımı en anlamlı kılan meslek."

"Bunu ancak, senin kendi bilincin içinde, farkında olduğun dünya içinde yapabiliyorsun, değil mi?"

"Tabii öyle, başka yolu yok ki. Ancak kendi bilincim içinde düşünebilir ve karar verebilirim."

"Peki, savaşçı neyi gerçekleştirmeye çalışıyor?"

"İşte ben de onu soruyorum."

"Hayır, sen, 'Neden savaşçı olmak için değişeyim?' diye sordun. Ben, 'Savaşçı neyi gerçekleştirmeye çalışıyor?' diye soruyorum."

"Aynı şey değil mi?"

"Nasıl aynı şey?"

"Şöyle sorsam, aynı şeyi sormuş olmuyor muyum: 'Neyi gerçekleştirmek için savaşçı olayım?' "

"Hah, şimdi gördüm. Evet, aynı şey. Savaşçı don Juan'ın terimiyle, tümüyle farkında olmak için, bilincin gelişiminin en son aşamasına ulaşmak için bu yolculuğa başlamıştır."

"Bu sizin daha önce bahsettiğiniz gözlemleyen bilince ulaşmakla ilgili değil mi?"

"Evet, ilgili. Hatırlıyorsun, nesnel benden söz etmiştik. Kendini önemseme, nesnel benin aynısı. Gözlemleyen ben ise, savaşçının bilincinin yerleştiği ben."

"Benim sorum hâlâ cevaplanmamış durumda. Veya beni tatmin edecek biçimde cevaplanmadı. Yani, ben neden savaşçı olmayı seçeyim?"

"Savaşçı, bilincinin gelişebileceği en yüksek seviyeye ulaşarak, hayatı bu çerçeve içinde anlayarak yaşamak istiyor."

"Ama neden?"

"Çünkü onun hayatında en anlamlı eylem, onun bilincinin gelişmesini sağlayan eylemdir."

"O zaman ben niçin öğretmen olmak istiyorsam, savaşçı da onun için savaşçı olmak istiyor."

"Peki size bir sorum var: Hem öğretmen, hem de savaşçı olmak istiyorsunuz; daha doğrusu savaşçı bir öğretmen olmak istiyorsunuz, neden?"

"Hocam, en dürüst ve açık şekilde cevap vereyim mi bu sorunuza?"

"Tabii, lütfen."

"Siz istediniz diye!"

"Ben istediğim için mi?"

"Evet."

"Şaka ediyorsunuz, değil mi Arif Bey?"

İnsan ancak bir savaşçı ruhu içinde özgün bir yaşam oluşturabilir.

Arif Bey, gülümseyerek başını salladı. "Aksi halde bütün konuştuklarımıza ters düşeceğimi biliyorum," dedi. Öğretmenliğin kesinlikle kendi kararı olduğunu ve savaşçı öğretmen kavramını da, öğretmenliği en temiz niyetiyle, yılmadan, bilinçli yapmanın garantisi olarak gördüğünü söyledi. Daha sonra devam etti:

"Hocam, Aristo hatırladığım kadarıyla nesnelerin özünün daha sonra o nesnenin nasıl bir değişim içinde olacağını belirlediğini söylemişti. Ve siz de, şimdi biz bu öze potansiyel diyoruz, demiştiniz. Bu çerçevede ben diyorum ki, insanın özünde, savaşçı olmak var. İnsan gerçek potansiyelini ancak savaşçı olarak sağlayabilir. Ben, 'Neden savaşçı olmak için değişeyim?' sorusunun cevabını kendi kafamda, şöyle veriyorum: İnsan olmanın potansiyelini tümüyle gerçekleştirebilmek için."

"Arif Bey, insan potansiyeli ile savaşçı olmayı iyi bağladınız. Sıradan insan kendi hayatını yaşama cesareti gösteremediği için başkalarının kendisi için tanımladığı hayatı yaşar. Bu nedenle de kendi potansiyelini gerçekleştiremez."

"Özgün yaşamdan söz etmiştiniz. Kişinin 'Bu benim yaşamım,' diyebileceği bir yaşam. İnsan ancak bir savaşçı ruhu içinde özgün bir yaşam oluşturabilir. Doğru söylüyor muyum?"

"Sizinle hemfikirim. Ben de aynen sizin gibi düşünüyorum.

Ancak savaşçı tutumu içinde insan kendi özgün yaşamını oluşturabilir."

"Doğan Bey, sizin sözünü ettiğiniz filozoflarla, savaşçının değişimi konularını bağdaştırmaya çalışıyorum. Örneğin Heraclitus, değişimin şeylerin birbirlerinin zıtlarıyla çarpışmasının doğal sonucu olarak ortaya çıktığını söylemişti. Bu Hegel'de tez, antitez, sentez olarak ifadesini bulmuştu. Marx, tarihin açıklamasını da bu diyalektik mantık içinde yapmıştı."

"Evet; bu düşüncelerin savaşçı olma ile ilişkisini nasıl kurdunuz?"

"Gördüğüm kadarıyla savaşçının yaşamında ait olma doğuştan getirdiği tez. Annesinin karnında ait, doğduktan sonra büyük bir süre bebek olarak, çocuk olarak genelde ait. Ait olma devresinde çocuk başkalarının istemine bağımlı. Kendisini başkalarıyla olan ilişkisi içinde tanımlamak zorunda. Ve bu ait olmanın antitezi ise tümüyle bağımsız olma, yani 'ben' dediğimiz hadise. Bu devrede kişi, kimseyi umursamadan, sadece kendi istediğini yapmaya meyilli."

"Ve her iki durum da sağlıksız."

"Evet, her iki durum da sağlıksız; çünkü, insanın gerçeğini temsil etmiyor."

"Doğru. İnsanın gerçeği hem ait olmayı, hem birey olmayı içeriyor."

"Aynı anda ikisinin de var olması gerek. İşte bunu da savaşçının ulaşabildiği, Hegel'in ifadesiyle, sentez başarıyor."

İnsan yaşamının belirli bir alanında yaptığı işi en iyi şekilde yapmaya çalışırken savaşçı olma yoluna girer.

"Gözlemleyen bilinç sayesinde savaşçı, ait olma (tez) ve birey olmanın (antitez) sentezini yapar."

İkimiz de beraberce yaptığımız bu keşfin heyecanını tadıyorduk. İçimize sindirircesine bir süre sessiz kaldık. İlk konuşan ben oldum.

"Arif Bey, savaşçı, savaşçı olma yolculuğuna, 'Ben savaşçı olacağım,' diye çıkmaz."

"Anlamadım Hocam, bir daha söyler misiniz?"

"Savaşçı, savaşçı olma yolculuğuna 'Ben savaşçı olacağım,' diye çıkmaz. Bununla şunu demek istiyorum: insan, yaşamın belirli bir alanında yaptığı işi en iyi şekilde yapmaya çalışırken savaşçı olma yoluna girer. Eğer bir anne, yapabileceği en iyi anneliği yapmaya kendini adarsa, savaşçı olma yoluna girmiş demektir. Kendini böyle görmeyebilir, kendine bu ismi vermeyebilir. Ama, 'yapabileceği en iyi anneliği yapmaya kendini adama', onu sürekli tümüyle ait olmaktan ve tümüyle bağımsız birey olmaktan çıkmaya doğru itecektir. Zamanla gözlemleyen bilince ulaştıkça bilinci gelişecek ve bilinci geliştikçe savaşçının niyetinin saflığını, sorumluluğunu, kişisel bütünlüğünü almanın gerekliliğini görecektir."

"Aynı şey benim için de söz konusu, öyle değil mi? Yani, 'yapabileceği en iyi anneliği yapmaya kendini adama' olduğu gibi, 'yapabileceği en iyi öğretmenliği yapmaya kendini adama' da olabilir? Öyle değil mi?"

"Evet. Bir bankacı, bir doktor, bir subay, bir esnaf, bir genel müdür, holding yönetim kurulu başkanı veya bir devlet memuru da aynı kararı verebilir."

"Yani, savaşçı olmak bir araç. Önemli olan kişinin gerçekleştirmek istediği vizyonu. Bana öyle gözüküyor."

"Doğru, şu anda senin ve benim bakış açımızdan böyle gözüküyor. Savaşçı olmak, herhangi bir alanda yapmak istediğinin en iyisini yapabilmek için gerekli. Hangi alanda olursa olsun, optimum yaşam savaşçı tutumuyla mümkün."

"Böyle bir bakış açısı, savaşçı olmayı tamamiyle farklı bir perspektife oturtuyor."

"Ne bakımdan?"

"Araç ve amaç ikilemi içinde düşünerek konuşuyorum. Yani ben hep savaşçı olmak bir amaçmış gibi dinliyordum, şimdi ise, savaşçı olmayı, optimum yaşamak için bir araç olarak görebiliyorum."

"Şimdi anlıyorum ne demek istediğinizi. Ama Arif Bey, unutmayın, eğer don Juan'ın fikrini sormak mümkün olsa idi, o muhtemelen şöyle derdi: yaşamın temel amacı savaşçı olmak; öğretmenlik, doktorluk, subaylık gibi yaşam uğraşıları birer araç. Biz bu yaşama savaşçı olmayı öğrenmek için geliyoruz. Böyle diyebilirdi."

"Anlıyorum, Hocam. Acaba don Juan reenkarnasyona, yani yeniden hayata gelmeye inanıyor muydu?"

"Bilmiyorum. O konuda ne 'evet' ne de 'hayır' yönünde bir ipucu bulamadım. Senin ne demek istediğini anlıyorum: Yani, acaba savaşçı olmayı öğreninceye kadar ruh dünyaya gelmeye devam ediyor mu, gibi bir düşünce vardı aklında galiba."

"Evet, onu merak etmiştim."

"Reenkarnasyon konusu bir yana, ama savaşçı olmanın araç mı, amaç mı olacağı konusunda bakış tarzının değişebileceğine işaret etmek istemiştim. O konuda hemfikir miyiz?"

"Evet. Bakış tarzına göre değişebileceğini görüyorum, ama şimdi hayatımda savaşçı olmak bir araç. Öğretmen olarak vazife görmek benim amacım."

"Öğretmen olarak görev yapmak senin amacın, ama neden savaşçı öğretmen olarak görev yapmak gerektiğini de açık seçik görebiliyorsun."

"Evet, görebiliyorum. Olabileceğim en iyi öğretmen olabilmek için savaşçı öğretmen olmam gerekir. Ama, altı çizilen kelime öğretmen, savaşçı değil."

"Tamam, anlaştık. Daha önce, 'Neden savaşçı olmak için değişeyim?' diye sormuştun. Hatırlıyor musun?"

"Evet, hatırlıyorum."

"Sanırım şimdi soruyu şöyle sormak gerekiyor: Neden savaşçı öğretmen olmak için değişeyim?"

"Böyle sorulunca, cevabımı daha açık seçik biliyorum."

"Cevap vermek daha kolay oluyor!"

"Evet; olabileceğim en iyi öğretmen olmak için."

Biraz ilerde Sultanahmet Çeşmesi vardı. Fakat bu çeşmenin ismini yazan herhangi bir tabela yoktu. Topkapı Sarayı Müzesi'nin giriş kapısında iki jandarma nöbet tutuyordu. Çeşmenin üstünde Arap harfleriyle yazılmış bir yazı vardı ama ne Arif Bey, ne de ben bu yazıyı okuyabildik.

Çeşmenin parmaklıklarla çevrilmiş iç bahçesine, yanındaki ağacın kırılan dalları dökülmüş. Bir delikanlı genç bir kızın resmini çekiyordu ve Arif Bey, resim çekildikten sonra, "Affedersiniz, bu çeşmenin adını biliyor musunuz, ne çeşmesi?" diye sordu. Genç kız, "Vallahi biz de bilmiyoruz," diye cevap verdi.

Arif Bey'e önümüzdeki hafta benim evde buluşmayı önerdim. Evi tarif ettim, bir kâğıt üzerine çizdim. Bir hafta sonra, yine saat ikide buluşmak üzere vedalaştık.

9
Bitmemiş İşler

Cihangir'deki evimde buluştuk. Oturduğum dairenin giriş kapısı hemen oturma odasına açılıyor. Arif Bey içeri girer girmez manzaradan etkilendi. Oturma odasından Boğaz'ın manzarası geniş bir açı içinde görülüyordu; Topkapı, Marmara Denizi'nin bitimi ve Boğaz'ın başlangıcı, Kızkulesi, Üsküdar, Boğaz Köprüsü ve ötesi gözler önüne seriliyordu. Yan pencereden Marmara Oteli ve onun aşağılarında bitmemiş çirkin beton yığını gözüküyordu ama, insan isterse bu pencereye hiç bakmayabilirdi.

Arif Bey pencerenin önüne gitti, manzaraya baktı ve, "Doğan Bey, bu apartmanın güzel manzarası var," dedi.

"Biliyorum Arif Bey. Burada kendimi rahat hissetmem çok zaman aldı."

"Sizi rahatsız eden bir şey mi vardı?"

"Bu manzaraya kendimi layık göremedim. Hâlâ içimde bir tür rahatsızlık var."

Eziklik ve Çaresizlik Duygusu

"Çok ilginç Hocam; bu nasıl bir duygu, biraz açıklar mısınız?"

"Vallahi, açıklaması zor bir duygu. Nasıl bazen giydiğin elbise üstünde sırıtır, bir türlü o elbiseye ısınamazsın; işte öyle bir duygu."

"Yani, manzaraya mı ısınamadınız?"

"Hayır, hayır, manzarayı seviyorum, şahane buluyorum; daha önce de söylediğim gibi, kendimi bu manzaraya layık görmüyorum, daha doğrusu layık görmüyormuşum, o ortaya çıktı."

"Fakir aile çocuğusunuz, ondan mı acaba?"

"Eminim onun etkisi var. Ayrıca verilen kirayı israf buluyorum. Tabii o duygu da fakir aile içinde yetişmiş olmamdan ve zor koşullarda eğitimimi tamamlamış olmamdan kaynaklanıyor. Ama asıl bu layık olmama duygusu, bir tür korkudan kaynaklanıyor."

"Nasıl bir korku?"

"Devam ettirememe, gücümün yetmeyeceği korkusu."

Arif Bey ile pencerenin önünde durmuş manzarayı seyrediyor ve bu manzaranın beni nasıl etkilediğinden konuşuyorduk; aklıma bir benzetme geldi.

"Bilmiyorum, Arif Bey, sizin hiç başınıza geldi mi, bana gençliğimde sık sık olurdu. Bir sosyal ortamda, bu sınıf olabilir, arkadaşların toplantısı olabilir, güzel bir kız gördüğüm zaman, onun güzelliğinin hemen farkına varır, hemen romantikleşir, heyecanlanırdım. Onun alımlı yürüyüşü, gözlerini kırpışı, süzgün bakışı, saçlarının ensesine dökülüşü, kulak memelerinin ve dudaklarının çekiciliği bir kor gibi beynime bir anda damgasını vururdu. İçim cızz ederdi."

"Ya Hocam, sanırım ne dediğinizi iyi anlıyorum, ama daha iyi anlamak için yine de sormak istiyorum: Neden içiniz cız ederdi?"

"Şu manzaraya bakarken duyduğum ezikliği, o kıza bakarken de duyardım; ben bu kıza layık değilim, diye bir duygu içindeydim. Ve tüm toplantı boyunca, o kıza bir daha hiç bakmazdım. Ama bakmadığım halde, o güzel kızdan başka hiçbir şeyi düşünemez olurdum orada, aklımda hep o olurdu."

"Yani, birisi dışarıdan gözlese, o kıza ilgi duyduğunuzu hiç anlayamazdı?"

"Hayır, anlayamazdı. Birçok kişininkinden farklı bir düzenim var benim; hangi kıza hiç bakmıyor veya konuşmuyorsam, ona çok ilgi duyduğumu anlayabilirsin."

"Tabii oradan ayrılırken gergin ve yorgun ayrılırdınız."

"Evet, güzel kadın görmek bana acı verirdi. Çölde susuz kalmış birinin billur gibi bir bardak suya imrenmesi gibi bakardım; daha doğrusu aklımın gözüyle bakardım, gerçek gözümle bakışım belki üç saniye ya sürerdi, ya sürmezdi."

"Ve bu manzarayı görünce, öyle bir eziklik ve acizlik duygusu içine giriyorsunuz, öyle mi?"

"Evet, kullandığınız kelimeler tam yerini buldu: eziklik ve acizlik duygusu."

Bir süre sustuk. Arif Bey, anlayan bir insanın tavrıyla başını sallıyordu.

"Hocam, öğretmen olduğum için benimle evlenmek istemeyen kız arkadaşımdan size söz etmiştim."

"Evet, şöyle bir bahsi geçmişti."

"Onun benimle evlenmek istemeyişi..."

Arif Bey durdu, zor bir şey söylemeye çalışıyordu. Kendisi için zor bir şeyi söylemeye çalışıyordu. Sustum, bekledim. Bir süre sustuktan sonra, sözüne devam etti:

"Benimle evlenmek istemeyişi beni incitti. Kendimi ezik ve aciz hissettim."

Bir süre daha sustu. Yine konuştu:

"Öğretmen olarak kalırsam, bütün ömrüm boyunca ezik ve aciz hissedeceğimi düşünmeye başlamıştım."

"Arif Bey, o zaman neden söz ettiğimi iyi anlıyorsunuz."

"Evet Hocam, iyi anlıyorum."

"Aslında bugün konuşacağımız konu, bu eziklik ve aciz hissetmeyle oldukça ilgili."

Salondaki koltuklara oturduk. Arif Bey, salondaki koltukların rahat ve renklerinin uyumlu olduğunu söyledi. Ben de, "Kızım Elif, bu koltukları aradı, buldu, bütün düzenlemeyi o yaptı; ben sadece oturuyorum," dedim. Koltuktaki yerlerimize oturduktan sonra, konuşmaya başladım.

"Arif Bey, bugünkü konuya girmeden önce, yaşadığım bir olayı anlatmak istiyorum. Hangi yıl olduğunu tam hatırlamıyorum, sanırım üniversite son sınıf öğrencisi idim. Ankara'dan İstanbul'a gidiyordum ve otobüs Bolu civarında dinlenme ve yemek molası vermişti. Bir şeyler atıştırdıktan sonra yemek yenilen binanın ve benzincinin etrafında dolaşmak istedim. Hemen bitişikte kuru bir dere yatağı vardı; bu dere yatağına çöpler, pislikler, tenekeler, plastik kutular ve şişeler atılmıştı. Bu kuru dere üstünde dar bir köprü vardı. Köprünün kenarında bir köpek gördüm. Köpek arka ayaklarının üstüne oturmuş, boşluğa bakıyordu. Ben etrafta olup bitenlere bakmaya devam ettim. Fakat köpek kafama takılı kaldı, aklımı köpekten alamadım. Sanki o köpekte farklı bir şey vardı.

"Yeniden köpeğe baktım. Bir heykel gibi hiç kıpırdamadan öyle donup kalmış gibiydi. Köpeğe yaklaştım ve ona dikkatlice baktım; sanki derin bir hüznün, bir kederin içindeydi. Köpeğin yüzünün beni bu kadar etkileyişinin farkındaydım. Daha bilinçli olarak köpeğe baktığımda onda çaresizlik duygusu da gördüm; çaresizliğini kabullenişinden gelen bilgece bir duruşu vardı.

"Bu köpekten bu kadar etkilendiğim için rahatsız oldum."

"Doğan Bey, kaç yaşındaydınız?"

"Sanırım, yirmi veya yirmi bir yaşındaydım."

"Köpekten etkilendiğiniz için rahatsız olduğunuzu söylediniz; dikkatimi çekti. Niçin rahatsız oldunuz?"

"Erkek adam dediğin biraz kaba saba, vurucu, kırıcı olur, diye düşünüyordum, o yaşlarda. Güçlü, kuvvetli, kaba saba bir erkek olmak varken, ben bir köpeğe bakıyor, onda derin bir hüzün görüyor ve tavrının arkasında bir bilgelik buluyordum. Tabii, bu tuhaftı ve bu halimle ben Canan'ın tabii ki ilgisini çekemezdim."

Durdum. Arif Bey, 'Canan kim?' dercesine yüzüme bakıyordu; yüzünde gördüğüm soruya cevap verdim:

"Üniversitede iki yıl süreyle Canan adında bir kıza tutkundum."

Arif Bey, belli belirsiz bir gülümsemeyle bana baktı; aynı durumda bulunmuş, birbirini anlayan iki erkeğin bakışlarıyla birbirimize baktık. Devam ettim:

"Canan'ın gönlünü kaptırdığı oğlan uzun boylu, dimdik duruşlu, pişkin, kendine güvenli, atılgan biriydi. O benim yerimde olsaydı, eminim köpeğe bakar, ama onu görmezdi bile.

"İçimdeki çelişkiler içinde ezilip büzülürken, bir yandan da köpeğe yaklaşmaya devam ettim. Ve daha da yaklaşınca, sol arka ayağının kırık olduğunu gördüm. Sanırım kısa bir süre önce kırılmıştı; derisi ezilmişti ve kırık yerin etrafındaki tüylerinin üstünde, hâlâ tazeliği belli olan kurumuş kanlar vardı.

"Köpeğin duruşunda bir asillik, bir bilgelik hali vardı ve bu hali beni etkiliyordu.

"Yüreğimin ezildiğini, gözlerimin dolduğunu hissettim ve yine kendime kızdım. Tabii Canan benim gibi zayıf, sulu gözlü birini istemezdi. Ama kendimi alamadım. Köpeğin yanında durdum, ona baktım ve gözlerimden yaşlar süzülmeye başladı. Bir ara köpek döndü ve gözlerimin içine baktı. Bu gözlerde keder vardı. Kaderini kabullenmişlik vardı. Çaresizlik vardı. Ve sanki büyük bir bilgelik vardı. 'Bilgelik nedir, bir köpeğin gözlerinden bilgeliği nasıl anlarsınız?' diye bana sorabilirsiniz. Size verebileceğim anlamlı bir cevap yok. Bunları nasıl algıladığımı ve anladığımı bilmiyorum. Ama keder, çaresizlik, kaderini kabullenmişlik ve bilgelik; bunları köpeğin gözlerinde gördüm. Gözlerimden süzülen yaşları herhalde o da gördü. Başını yine baktığı yöne çevirdi ve o onurlu duruşu ile acısına döndü.

"Ne yapacağımı bilemiyordum. Hüzünlü idim; kendimi çaresiz hissediyordum."

Arif Bey, anlattığım hikâyeye kendini kaptırmış, beni can kulağıyla dinliyordu. Ona bakıp gülümseyerek, "Eziklik ve çaresizlik duygularımın kökenleri o hikâyede de kendini gösteriyor, Arif Bey," dedim; anladığını belli eden bir tavırla hafifçe başını salladı; hikâyenin gerisini merak eden gözlerle bana bakmaya devam etti. Anlattım:

"Düşünerek yürümeye başladım. Elimden hiçbir şey gelemezdi. Otobüs beş on dakika sonra kalkacaktı ve ben köpeğe nasıl yardım edeceğimi bilemiyordum. Tamamiyle çaresiz ve daha da ötesi kafası karmakarışık bir haldeydim.

"Bir yandan sahipsiz bir sokak köpeğine bu kadar üzülmenin normal bir delikanlının erkekçe duyguları olmadığını biliyor ve bu duygular içinde olduğumdan dolayı sanki kendime kızıyordum. Ben de öbür oğlan gibi olabilseydim, belki Canan şimdi benim sevgilim olurdu. Ama bir yandan da, bu köpeğe kendimi yakın hissediyor ve yüreğimin içinde onun acısını, çaresizliğini hissediyordum. Duygularımın gerçek olduğunu biliyor ve bu köpek için bir şeyler yapamamanın çaresizliğini hissediyordum."

"Hocam, bugün de böyle düşünüyor musunuz?"

"Nasıl düşünüyor muyum?"

"Yani, kaba saba bir erkek olsaydınız o kız size ilgi gösterirdi diye düşünüyor musunuz?"

"Hayır, öyle düşünmüyorum. Ama o zamanlar hangi düşünceler içindeydim, bil diye bunları sana ayrıntılı anlatıyorum."

"Anladım."

"Otobüsün çağrısı yapıldı ve çökkün, ezik, kafam karmakarışık bir halde otobüse bindim. Ve otuz yılı aşkın bir süredir bu anıyı hâlâ tüm ağırlığıyla taşıyorum."

"Hocam, Canan'ı elde edemeyişinizle bu köpekle ilgili anınızı birbirine bağlamış olmayasınız?"

"Bilmiyorum, belki ikisini birbirine bağladım. Ama, Canan'la ilişkimin ötesinde bir şeyler var gibi geliyor bu olayın içinde."

Bir süre sustuktan sonra başka bir anımı dile getirdim:

"Ben çocukken Fındık adını verdiğimiz bir köpeğimiz vardı. Daha sonra deri hastalığına yakalandı ve Celal ağabeyim onu vurmak zorunda kaldı."

"Doğan Bey, acaba Fındık'ın vurularak öldürülmesi sizi etkilemiş olamaz mı?"

"Çok üzülüp ağladığımı hatırlıyorum. O zaman da çaresizlik içinde hissetmiştim kendimi."

"Biraz anlatır mısın?"

Bir süre sustum, düşündüm, daha sonra anlatmaya başladım:

"Ben on yaşındaydım. Annem o kış ölmüştü. Yazın doğduğum kasabaya beş ya da altı kilometre uzaklıkta bir bahçeye taşınır, yazı orada geçirirdik. İncir, kaysı, dut ve nar ağaçlarımız vardı. Kendi domates, soğan, patlıcan ve biberimizi yetiştirirdik."

Köpeğimiz Fındık deri hastalığına tutulmuştu. Biz çocuklar onunla oynar, okşar, severdik. Bir süre sonra benden iki yaş büyük olan ağabeyim Şahin ve ben, saçkıran dedikleri bir hastalığa yakalandık. Herkes bu deri hastalığını köpekten aldığımızı söylüyordu. Başımızın belirli yerlerinde saçımız dökülmeye başladı.

"Bizlerle ilgilenecek, bizleri doktora götürecek, Fındık'ı veterinere götürecek bilinçli ve sorumlu büyükler yoktu çevremizde. Babam dükkânın iflas etmekte olduğunu söyler dururdu ve tamamiyle kendisini dükkân işlerine vermişti. Sanki hepimiz sahipsizdik.

"Ağabeylerimden biri, hukuk öğrencisi idi, yaz tatili için geldiğinde sık sık Toroslara ava çıkar keklik avlardı. Avcılığa düşkündü. Deri hastalığının herkese bulaşacağından korkuyordu ve Fındık'ı, çok üzülmesine rağmen, vurarak öldürmeye karar verdi. Fındık'ı çağırdı, köpek kuyruğunu sallayarak geldi, ağabeyimin yüzüne baktı ve başını ön ayaklarının arasına alarak yere uzandı, kuyruğnu sallıyordu. Tüfek patladı ve onlarca saçma Fındık'ın küçük bedenini delerek girdi, Fındık bağırdı, debelendi ve bir süre sonra sesi kesilerek bir kan kesesi halinde orada yığıldı kaldı.

"Fındık'ı toprağa gömdük, ama bir mezar olarak belirtecek ne bir odun parçası, ne de taş diktik. Bir süre sonra Fındık unutuldu gitti. Şahin ve benim saçkıran hastalığını da, saçımızı ustura ile kazıtarak, hasta olan yere aylarca tendürdiyot sürerek, sarımsak ile ovarak geçirdik."

"Bolu'da görmüş olduğunuz köpek Fındık'ı hatırlatıyor muydu?"

"Hayır, hiç benzemiyorlardı. Fındık ufak tefek bir köpekti; zaten onun için adını Fındık koymuşlardı. Bolu'da gördüğüm köpek ise biraz çoban köpeği görünümündeydi."

"Doğan Bey, evinizdeki köpekle ilgili duygularınızı, Bolu'da gördüğünüz bu köpeğe yansıtmış olamaz mısınız?"

"Sanırım, yansıttım. Belki de köpeklerin acı çekmesine duyarlılığım oradan kaynaklanıyor. Bilmiyorum."

"Benim fark ettiğim en önemli duygu, sizin eziklik duygunuz, çaresizlik duygunuz. Bu eziklik, çaresizlik duygusunu biraz anlatır mısınız? Neden, kendinizi ezik ve çaresiz hissediyordunuz? Şöyle bir gerilere gitseniz, o anı kafanızda canlandırsanız, yaşasanız."

Bir süre sustum. Gözlerimi kapattım, düşündüm. Sonra konuşmaya başladım.

"O sıralarda Canan tarafından beğenilmek istiyordum. Canan kimi beğenir? Toplumun 'erkekçe' bulduğu tavırları en iyi sergileyen insanı beğenir, diye düşünüyordum. Kim olduğuma önem vermiyordum; nasıl olmam istendiğine önem veriyordum."

"Hocam, bu benim durumuma oldukça benziyor, değil mi?

Yani, 'başkası ne der?' önemli olunca, 'Doğan ne der?' çok gerilere itilmiş, önemsiz bir düşünce haline dönüşüyor."

"Evet; öyle oluyor."

Arif Bey, biraz düşündükten sonra, "Galiba, analarımız, babalarımız, öğretmenlerimiz, arkadaşlarımız, yani kimse senin ne olduğunla ilgilenmiyor, herkes senin ne olman gerektiğiyle ilgileniyor," dedi. Biraz daha düşündü ve konuşmasına devam etti:

"Sanırım kendi duygularımızı tanıyıp, anlayıp, o duygulara saygılı davranacağımız yerde, o duyguları bastırmayı, reddetmeyi, kabullenmemeyi öğrendik."

"Arif Bey, 'insanın kendine yabancılaşması'nın, 'mış gibi bir yaşam'ın kökenleri bu. Yaşamsal önemi olan bir noktaya parmağınızı bastınız. Evet, eziklik ve acizlik duygumun altında bu var."

Psikolojik Anababalık

"Hocam, aklıma yeni bir kavram geldi. Şöyle diyorum, 'Bir insanın biyolojik anasının ve babasının olmasından daha önemlisi, o insanın psikolojik olarak anasının, babasının olmasıdır.' "

"Yani, biyolojik anababalık ile psikolojik anababalık arasında bir fark yaratıyorsunuz."

"Evet. Çocuğun yetişmesini düşününce böyle bir kavram aklıma geldi."

"Biraz daha açar mısınız?"

"Biyolojik anababalık belli. Tamamiyle kan bağını gösteriyor. Ama, psikolojik anababalık çocuk yetiştirirken o çocuğu ruhen nasıl var ettiğiniz ile ilgili. Çocuğun biyolojik anası ve babası vardır, ama psikolojik bakımdan öksüz kalmış olabilir. Yani, çocuğun potansiyelinin gelişmesi ve eğitimiyle hiç kimse ilgilenmemiş olabilir."

"Herhalde, bilinçli olarak ilgilenmemiş olabilir, demek istiyorsunuz."

"Evet, öyle demek istiyorum. Yani bilerek, isteyerek, niyetlenerek, o çocuğun gelişmesiyle ilgili zaman harcamış, onunla etkileşim kurmuş bir kimsenin olmayışından söz ediyorum."

"Arif Bey, 'psikolojik anababalık' kavramı ilginç bir farkındalık, bunun üzerinde düşüneceğim. Bizdeki bu ezikliğin ve çekingenliğin altında psikolojik olarak öksüz olmamız yatıyor, diyorsunuz. Doğru anlamış mıyım?"

"Evet Hocam, öyle diyorum. Yani bizi geliştirecek bir rol oynayan anababalarımız olmadı bizim."

"Yani, anababalarımız umursamaz bir tavır içinde bizi başıboş bıraktılar, bizler de kırdaki otlar gibi büyüdük, onların yönlendirmesinden mahrum kaldık."

"Evet. Ve bu nedenle gelişemedik."

"Arif Bey, ben farklı düşünüyorum."

"Nasıl farklı?"

"Bence, bizim anababalarımız umursamaz bir tavır içinde değillerdi; aktif bir biçimde bizim ezik ve çekingen olmamızı sağlayıncaya kadar bizimle uğraştılar. Onların bu çabaları sonucu ruhumuz kırılıp, süklüm püklüm hale gelince, onlar da anababalık görevlerini tam yaptıklarını düşünerek içleri rahat etti."

"Yani, kırdaki otlar gibi büyümedik."

"Hayır, kırdaki otlar gibi büyümedik. Keşke kırdaki otlar gibi büyüme seçeneğimiz olsaydı."

"Neden 'keşke' diyorsunuz Doğan Bey?"

"Çünkü insanoğlu öyle muhteşem bir potansiyel ki, kırdaki otlar gibi özgürce büyüme imkânı bulursa, kendi özü yönünde gelişir ve özgün bir insan olur."

Bir süre sustum ve düşündüm. Sonra konuşmama devam ettim:

"Arif Bey, çoğumuz çocukların potansiyelini geliştirmek üzere değil, çocukların potansiyelini budamak üzere anababalık yapıyoruz. Hatta, eğitim sistemimizin de bu temel felsefe üzerine kurulduğunu söyleyebilirim."

"Şimdi eğitim felsefesi deyince, öğretmen olarak ilgimi daha çok çekti. Bu temel felsefeden ne kastediyorsunuz, Doğan Bey?"

"Çocukların potansiyelini geliştirmek değil, onların potansiyelini budamak felsefesinden bahsediyorum."

Biraz durdum, aklıma bir örnek geldi ve onu anlatmak istedim.

Bonzai Ustası

"Arif Bey, Kaliforniya'da, San Francisco şehrini ziyaret ettiğim zaman oradaki arkadaşım beni Golden Gate Parkına götürdü. O parkta bir Japon Bahçesi var. İkinci Dünya Savaşı'nda o civarda oturan Japonları Amerikan hükümeti toplamış Amerika'nın çöllük bir bölgesine sürgün etmiş. Savaş bittikten sonra, sürülen Japon aileleri yeniden San Francisco şehrine geri dönmüşler. Şehir yönetimi Japon kökenli bu insanların gönlünü almak için onlara Golden Gate Parkında Japon Bahçesi yapmak üzere bir yer vermiş."

Arif Bey sözümü keserek, Amerikalıların neden Japon kökenli insanları sürgün ettiğini sordu. Benim de ayrıntılarını pek bilmediğimi, ulusal güvenlik yönünden Japonların San Francisco'da kalmalarını, o devirdeki siyasal otoritenin sakıncalı gördüğünü sandığımı, bu yönde hâlâ birçok Japon'un Amerikan hükümetine kırgın olduğunu gazetelerden okuduğumu söyledim.

"Japon Bahçesi'ni gezerken dikkatimi en çok çeken şu oldu: Bazı bonzai ağaçlarının önüne plaketler koymuşlar. Bu plaketler, ağaçların geçmişiyle ilgili bilgiler veriyor. *'Bu ağaç, bilmem kim ailesinin geliştirdiği bir budama yöntemi ile bu hale gelmiştir'* gibi. Ağaca bakıyorum, bodur bir ağaç, ama okuduğum o plakete göre, yüz elli yaşını aşmış. Ağaçları budama tekniği geliştiren kimseye Japonlar büyük saygı duyuyor. Ağacın doğal olarak büyüyüp, gelişip, ulu bir ağaç olmasını önleyen ve bodur bir ağaç olarak kalmasını sağlayan kişiye üstat olarak bakıyorlar."

"Yani, Hocam bizim anababalarımız da birer bonzai üstadı mı?"

"Ve kim çocuğunu daha bodur bırakıyorsa ona, 'Vallahi bravo o anaya babaya, öyle bir çocuk yetiştirmişler ki, çocuğun ağzından hiç laf çıkmıyor, her yerde çok hanım hanım veya paşa paşa oturuyor' gibi laflarla onları taltif ediyoruz."

"Evet Doğan Bey, şimdi anlıyorum ne demek istediğinizi. Bizimkiler bizi kırdaki otlar gibi özgür bırakmıyorlar. Bonzai üstadı gibi sürekli buduyorlar."

"Bence, bizim ezikliğimizin ve çekingenliğimizin kaynağı bu."

"Budanmışız yani."

"Ruhumuz budanmış. Maalesef. Ama, şunu aklından çıkarma: Anababalarımız, bunu kötülük olsun diye yapmıyorlar. Onların içinde yetiştiği kültürün dünyaya bakış tarzı içinde, onlar iyi çocuk yetiştirdiklerini sanıyorlar. İyi anababa olduklarını sanıyorlar. Örneğin, çocuk merak ediyor, ulaşabildiği masa saatini alıp, içini açıyor. Ana veya baba, 'Ulan utanmıyor musun, bu saati bu hale getirmeye,' diye çocuğa ceza veriyor. Bu tür anababa için, saate dokunmayan çocuk yetiştirmek önemli. Başka bir anababa ise, çocuğun saatin içini açtığını görünce, 'Çocuk merakını giderecek oyuncaklar istiyor, araştırmak istiyor; onun gelişmesi için bu tür oyuncaklar almamız gerek,' sonucuna ulaşıyor. Bu tür anababa için ise, merak eden ve merakını gidermek üzere faal olan çocuk yetiştirmek önemli."

Bir süre sustum ve daha önce konuştuğumuz konuya geri dönerek konuşmaya başladım.

"Köpeğe bakıp, acıyıp, onunla empati kurmayı erkekçe bulmayan bir kültür ortamında yetiştim. 'Ben bu duyguları duymamalıyım!' tutumu içindeydim, ama duygularım kuvvetliydi, gerçekti ve o anda tüm benliğimi sarmış durumdaydı."

Biraz daha sustum, Arif Bey'e baktım. Söylemek istediklerimi toparlamak istiyordum. Çünkü bugünkü buluşmamızın esas konusuna geliyorduk. Konuşmama devam ettim:

"Şimdi burada bunları anlatıyorum, anlatırken gözlerim yaşarıyor. Kırk yıla yakın bir süredir içinde taşıdığım anı yeniden canlanıyor.

"Acı olan ne biliyor musun? Bu anıları tanıdıklarım arasında anlatmaya çabalasam, duygularımın ne olduğunu anlamaktan ziyade, bana, duygularımın ne olması gerektiğini söylerler."

Bir süre daha sustum. Sanki Arif Bey, içimde uzun zamandır birikmiş duyguları ortaya çıkarmam için bir fırsat vermişti bana. Konuşmaya devam ettim:

"Gayet tabii kendimi ezik hissederim. Aslında ben yokum; bu kültür içinde yaşamam gereken rolüm var. Ömür boyu bu tür mesajlar içinde büyüyen ben, kendi içimden gelen duygu ve sesleri doğal ve gerçek olarak kabul edebilir miyim?"

Arif Bey hafifçe başını sallayarak, ne demek istediğimi anladığını belli ediyordu. Konuşmaya devam ettim:

"Köpekle ilgili bir şey yapabilmem için önce köpekle ilgili duygularımın 'doğal', 'gerçek', 'geçerli' ve 'önemli' duygularım olarak algılamam ve kabul etmem gerekirdi. Ancak bundan sonra köpekle ilgili bir şeyler yapabilmeyi düşünebilirdim."

"Köpekle ilgili bir şeyler yapabilmekten söz ediyorsunuz, Doğan Bey. Birçok kişi, 'Bolu'da ayağı kırık bir köpek gördüğü için otobüsle İstanbul'a gitmekten vazgeçmeyi düşünen bir insan' olduğunuzu bilse, size biraz tuhaf bir gözle bakar, herhalde."

"Eminim öyle bakarlar. Ve Trabzonlu vatandaşı hatırla. Herkes kendi anlayışı ve davranışı içinde haklı. Önemli olan şu: Kendi hayatımla ilgili ne yapıyorum?"

Bir süre düşündüm, konuşmama devam ettim:

"O köpeğe yardım etmekten aciz olduğuma o kadar inanıyordum ki, nasıl yardım edebileceğim konusunu hiç düşünmedim bile. Kendi ezikliğim ve çaresizliğim içinde o kadar kaybolmuştum ki, elimden bir şeyler gelebileceğini gerçekten düşünmüyordum."

Anlamlı, Coşkulu ve Güçlü Bir Yaşam

Arif Bey, gülümseyerek, bir şeyler söylemek istercesine nefes aldı ve bir hamle yaptı. Onun söylemesine fırsat vermek için sustum.

"Şöyle söyleyebilir miyiz, Doğan Bey? Köpeğe yardım edebileceğiniz hiç aklınızdan geçmedi, çünkü siz bir savaşçı değildiniz. Sıradan bir insanın olanakları içinde düşünüyor ve hissediyordunuz. Böyle söyleyebilir miyiz?"

> ***Önemli olan şu: Kendi hayatımla ilgili ne yapıyorum?***

"Evet, söyleyebiliriz. Farz et ki, ben duygularını tanıyan, onları kabul eden, onlara değer veren biriydim ve şöyle düşünerek davranışlarımı yönlendirdim:

"Burada benim yardımıma ihtiyacı olan bir köpek var. Bu köpeğin durumu sebebini tam anlayamadığım nedenlerden dolayı beni derinden etkiliyor. Yüreğimin sızladığını hissediyorum. Bu duygular benim özümden geliyor. Bu köpeğe sırtımı dönmek, kendi duygularıma, kendi özüme sırtımı dönmem demektir. Duygularımı değersiz kılacak bir davranış yaparsam, kendi özümü değersiz kılmış olurum.

"Şu anda elimde bir durum var ve ben yapabileceğimin en iyisini yaparak bu duruma hizmet etmeliyim.

"Otobüsten bavulumu alırım. Burada işimi bitirdikten sonra başka bir otobüsle İstanbul'a giderim. Önce bu civarda bir veteriner var mı, onu öğrenmem gerekiyor. İlk işim iletişim kurabileceğim, bilgi alabileceğim insanlarla ilişki kurmak olmalı. Bunlar öğretmenler, doktorlar, hükümet görevlisi memurlar, esnaf olabilir.

"Öğretmenler, doktorlar, memurlar ve esnafın çoğu bu konuda ellerinden bir şey geleceğine inanamayacaklardır. Çünkü onlar da benim içinde yetiştiğim toplumda yetiştiler.

"Ama, ben inandığım için ve tüm içtenliğimle orada olduğum için onlardan bazıları derinden etkilenecek ve bana yardım etmeyi düşüneceklerdi. Bana yardım eden bu kişiler özel kişilerdi ve belki de ömür boyu sürecek dostluklar oluşabilirdi bu insanlarla. Yüreğimden gelen sesleri dinleyen birkaç kişi olunca, gücüm artmış olarak daha inançlı olacaktım ve belki de iki ya da üç saat içinde köpeğe müdahale olanağı yaratılacaktı.

"Ya da tüm çabalarıma rağmen hiçbir sonuç alamayacaktım."

Burada durdum, Arif Bey'in yüzüne baktım ve üstünde dura dura şunu söyledim:

"Böyle bir çaba içine girmiş olsaydım, kırk yıla yakın bir süredir içimi için için sızlatan bir yara olmayacaktı!"

Arif Bey heyecanlanmıştı ve benimle hemfikir olduğunu belli eden bir baş hareketiyle gözümün içine bakıyordu. Devam ettim:

"Öyle yapmış olsaydım! Ne muhteşem bir özgürlük! Belki de herkes bu adam aklını kaçırmış derdi, ama ben ne kadar coşkulu olurdum."

Bir süre sustum. Göz göze geldik. Sonra konuşmama devam ettim:

"Arif Bey, hem sizin, hem de benim özlemini çektiğimiz işte bu özgürlük."

"Yani için için sızlayan yönlerden arınmış bir yaşam."

"Evet! Anlamlı, coşkulu ve güçlü bir yaşam."

Girer girmez konuşmaya kendimi o kadar kaptırmıştım ki, Arif Bey'e ev sahipliği yapmayı unutmuştum. Arif Bey çay istedi, ben de onunla birlikte çay içmeye karar verdim. Beraber mutfağa gittik. "Hocam, bırakın ben yapayım," dedi ama izin vermedim. Çay suyunu ocağa koydum, daha önce aldığım birkaç tür yiyeceği ve meyveleri de tabaklara yerleştirdim.

Su kaynayınca çayı demledim. Bu arada yiyecekleri mutfaktan oturma odasına taşıdık, çay demlenince çaylarımızı aldık ve konuşmamıza devam etmek üzere oturma odasına geçtik. Güzel, güneşli bir gündü; şehir hatları vapurları Boğaz'dan geçen tankerler arasına serpiştirilmiş beyaz çiçekler gibiydi. Haydarpaşa-Harem limanlarının vinçleri ve büyük gemileri, bu romantik algılamayı anlamsızlaştıracağı yerde, daha nostaljik yapıyordu.

Yazık Oldu Manzaraya

Oturduktan sonra, konuşmaya ben başladım:

"Biliyorsun yazları çoğunlukla Kaliforniya'ya giderim ve orada iki-üç ay kalırım. Orada yaptığım anlamlı şeylerden biri, altı veya yedi saatlik araba sürüş mesafesindeki ulusal parklara gitmek ve birkaç gün dağlarda, ovalarda, derelerde, kayalarda kamp kurarak, gezmek, dolaşmak ve böylece doğayla iç içe yaşamak.

"Kaliforniya'ya İngilizcesini ilerletmek için gelen bir arkadaşımla beraber, benim en favori kamp yerlerimden biri olan Sequa Ormanı içinde yer alan Mineral King bölgesine gittik. Arkadaşım eşinden bir süre önce boşanmıştı ve şimdi kendisine bağımsız bir hayat kurmakla uğraşıyordu. İngilizcesini daha ilerletirse, mesleğinde daha iyi yerlere geleceğini düşünerek yazını tümüyle İngilizcesini ilerletmeye ayırmıştı.

"Bir gün kırlık bölgedeki bir patikada yürümek üzere vadide arabamızı park ettik. Arabanın park edildiği yerde ufak bir telefon kulübesi vardı. Arkadaşım Türkiye'ye telefon ederek oğlunun iki gün önce sınavına girdiği okulun sonuçlarını öğrenmek istediğini söyledi.

"Ben bir ağacın gölgesine kayaların üstüne oturdum. Arkadaşımın konuşma tarzından, oğlunun sınavı kazanarak istediği okula girme hakkını kazandığını anlıyordum. Arkadaşım daha sonra oğlunu yanına bırakmış olduğu annesiyle konuştu. Telefon konuşmasını bitirdikten sonra, yanıma geldi, 'Evet, oğlum sınavı kazanmış,' diyerek mutluluğunu benimle paylaştı. Ama gergin bir tavrı vardı. 'O kadar kızıyorum ki eski eşime,' diye konuşmasını sürdürdü. 'Annem, çocuğun okulu kazandığını söylemek üzere telefon etmiş. O, "Ben çocuğun o okula gitmesini istemiyorum," demiş. O kadar sinirlendim ki; neden annemle bu konuda konuşuyor? Daha önce bu konuyu konuşmuştuk ve çocuğu bu okula göndermeye birlikte karar vermiştik. Şimdi kararını neden değiştiriyor? Çok sinirlendim. Hep böyle, bir dediği bir dediğini tutmaz zaten,' diye benimle konuşmaya başladı.

"Güneş pırıl pırıl, masmavi bir gökyüzünde parlıyordu. Vadinin sol tarafında sarp kaya parçaları gökyüzüne ulaşıyor ve beyaz bulut kümelerini arkalarında saklıyorlardı. Sağ tarafta yemyeşil bir çam ormanı tatlı bir meyille yükseliyor ve ufukta beyaz bulut kümeleri içinde sanki kayboluyorlardı. Vadinin tabanı belki bir kilometre açıklıkta idi ve ortasından geçen büyükçe bir dere, tepelerdeki kar sularını aşağılara taşıyordu.

"Bizim arabamızı park ettiğimiz yerin hemen solunda ufak bir tahta köprü vardı ve köprünün altından geçen sular kayalara çarparak bir şelale sesi çıkarıyorlardı. Vadi kır çiçekleriyle doluydu ve bu kır çiçekleri yemyeşil otların arasına karışmış, muhteşem bir renk cümbüşü oluşturuyordu.

"Arkadaşımla beraber vadinin solunu takip eden patikaya girdik ve tatlı bir meyille, dereyi sağımıza alarak yukarılara çıkmaya başladık.

"Arkadaşım, konuşmaya devam ediyordu: 'Hep böyledir zaten. Önce bir laf söyler, güvenirsin. Sen de kendini ona göre ayarlarsın. İki gün sonra fikrini değiştirir. Gel de güven böyle insana. Tutarlılık diye bir şey yok! Esasında niye şaşırıyorum ki? Her zaman yaptığı şey! İçimden ona telefon edip, şöyle bir haddini bildirmek geldi. 'Hiçbir gün senin bir lafına güvenemeyecek miyiz?' Sersemin yaptığına bak.'

"Ben arkadaşımı gözlüyordum. O an ne güneşin, ne bulutların, ne çamların, ne vadideki çiçeklerin, ne tertemiz havanın, hiçbir güzelliğin farkında değildi. Gözlemleyen bilincimle bir yandan onu dinliyordum, bir yandan içinde bulunduğum o muhteşem güzelliği izliyordum, bir yandan da, 'ne kadar yazık oluyor şimdi ve şu ana,' diye düşünüyordum.

"Arkadaşım konuşmaya devam etti. Konuşması belki bir saat sürdü. Kendisini sadece dinledim. Ama ara sıra durdum, dağı, vadiyi, bulutları, çiçekleri gözledim. Hatta yüksek sesle ender güzellikte bir yerde olduğumuzu dile getirdim.

"Arkadaşım öfkesine kendisini o kadar kaptırmıştı ki, içinde bulunduğumuz o muhteşem güzellikle ilgili benim söylediklerimi duyacak bir halde değildi."

Arif Bey bu noktada benim sözümü kesti.

"Hocam ben bu durumlarda sık sık bulundum. Siz bulunmadınız mı?"

"Bulunmaz mıyım? Hem kendimi bu durumda bulduğumu, hem de pek çok yakınımı bu durumda gözlediğimi hatırlıyorum."

"Yani bu durum yaşamın doğal bir yönü mü?"

"Evet, sıradan insan için öyle."

"Savaşçı için?"

"Hayır. Savaşçı bu duruma düşmez. Düşerse de, hemen fark eder ve farkına vardığı anda da bitirir, son verir."

Siz Hiç Kangal Köpeği Gezdirdiniz mi?

"Savaşçı neden bu duruma düşmek istemez?"

"Gestalt psikolojisi ile ilgili bir seminere gitmiştim. Semineri veren kişi, 'Siz hiç köpek gezdirdiniz mi?' diye bize sordu.

"Birçok kişi el kaldırdı. Gezdirdikleri köpeklerin türlerini sordu, söylediler. 'Peki, hiç Sivas kangalı gezdiren oldu mu?' diye sordu. Aramızdaki bir kişi gezdirmişti ve, 'Ben gezdirdim, ama ben mi onu gezdirdim, o mu beni gezdirdi bilmiyorum,' dedi. Bir süre sustuktan sonra ilave etti: 'Galiba o beni gezdirdi!'

"Kangal köpeği gezdirenler köpeğin istediği yere giderler, onunla sürekli mücadele halindedirler.

"Bitmemiş işler de böyledir. Bizim şimdi ve burayı algılamamıza engel olurlar. Kangal köpeği gibi bizi sürekli belirli bir yöne doğru götürürler.

"Arkadaşımın kocasıyla bitmemiş işi, Kaliforniya'da, o güzelim Sequa Ormanı'nda onu kangal köpeği gibi yönlendirdi. 'Şimdi ve burada'yı göremez hale geldi."

Bitmemiş İşler, bizim şimdi ve şu anı algılamamıza ve yaşamamıza sürekli engel teşkil eder.

Arif Bey, anlayan bir insanın tavrı içinde hafif hafif kafasını sallıyordu. Ve gözlerimin içine bakarak düşündüklerini dile getirdi.

"Doğan Bey, sizin Bolu'da gördüğünüz yaralı köpekle bitmemiş bir işiniz vardı, öyle değil mi?"

"Evet ve tüm öyküyü onun için anlattım. Eziklik ve çekingenlik içinde kendimi ifade edemediğim her durumda bitmemiş işim oluyor. Ve bu bitmemiş işler, şimdi ve şu anı doyasıya yaşayabilmemi engelliyor. Kangal köpeği gibi, beni başka yerlere sürüklüyor."

Arif Bey, önemli bir şey keşfetmiş bir insanın edasıyla,

"Savaşçı ölümünün bilinci içinde şimdinin ve şu anın değerini anlamış, sürekli şimdi ve şu anda yaşayabilen biri. Öyle değil mi?"

"Evet, öyle Arif Bey, çok net ifade ettiniz. Bu nedenle, savaşçı bitmemiş işler taşımaz. Savaşçı sürekli işlerini bitirerek yaşamına devam eder."

Bitmemiş İş Nedir?

"Bitmemiş işi nasıl tanımlayacağız, yaşamımızda bitmemiş iş olduğunu nasıl bileceğiz Doğan Bey?"

"Frederick Perls bitmemiş işleri kişinin iç dünyasında oluşan bir dengesizlik, daha doğrusu, oluşamamış bir gestalt, bir bütün olarak görür."

"Gestalt ne demek Hocam?"

Savaşçı, bitmemiş işler taşımaz, sürekli, işlerini bitirerek yaşamına devam eder.

"Gestalt Almanca bir kelime, Türkçe okunuşu ile yazacak olsak, 'geştalt' diye yazmamız gerekir. Sözlük karşılığı 'şekil' demek. Bütünlük, tamlık, eksiksizlik, ifade eden bir anlamı var. Bu kelimeyi, algılama üzerine ilk çalışmaları yapan Alman psikologları kullandığı için psikoloji literatürüne Gestalt olarak girdi ve kaldı."

"Perls de eğitimini Almanya'da yapmış biri galiba?"

"Evet, çocukluğunu, gençliğini Avusturya'da yaşamış ve eğitimini Almanya'da yapmış biri. Daha sonra Hitler Almanyası'ndan kaçarak Amerika'ya yerleşmiş bir psikiyatrist. Gestalt Psikolojisi adı verilen yaklaşımın kurucusu. Gestalt yaklaşımı fenomenolojik yaklaşım üzerine kurulmuştur.

"Fenomen kavramından size söz etmiştim, değil mi?"

"Kişinin farkına vardığı, algıladığı dünya olarak hatırımda kalmış, doğru mu?"

"Evet, doğru. Kişinin fenomeni, Perls'e göre, birbirinden kopuk olaylardan oluşmaz, kişinin fenomeni hep bir bütün oluşturma eğilimi içindedir, fenomen hep bir gestalt oluşturma eğilimindedir."

"Bir örnek verebilir misiniz?"

"Perls'e göre siz şu masaya bir bütün olarak bakma eğilimindesiniz. Üzerindeki su bardakları, kâğıt peçeteler, su şişeleri ile masayı bir bütün olarak görme eğilimindesiniz. Şu bardağa baktığında, 'bardak' ve 'su' olarak iki öğe değil, 'bir bardak su' olarak, yani bir bütün olarak görürsünüz. Niçin böyle bir eğiliminiz var? Çünkü insanoğlu bu tür bütünlerin, teknik deyişiyle gestaltların daha anlamlı olduğunu 'sezinliyor'. Bu düşünerek yapılmış bir tercih değil, yani zihinsel, entelektüel bir karar değil. Bu, beynin çalışma tarzından çıkan bir sonuç. Perls'e göre beyin sürekli gestalt arayışı içinde."

"Bunun bitmemiş işlerle ilgisi ne, Doğan Bey?"

"Şöyle bir örnek vererek anlatayım: Varsayalım ki susadınız. Susadığınız zaman ne yaparsınız?"

"Su içerim."

"Evet. Susadığın zaman bedenin beynine bilgi veriyor. Bu bilgi bedeninde bir dengesizlik olduğunu, suya gereksinmen olduğunu bildiriyor. O eksikliğin giderilmesi gestalt'ı oluşturacak. Susuzluk giderilinceye kadar, gestalt tamamlanmamıştır. Bu bir bitmemiş iştir. O alanda anlamlı bir bütüne ulaşamamışsındır."

"O zaman insan aynı zamanda birçok gereksinmelerin etkisi altında, birçok bitmemiş işler içinde olabilir mi?"

"Evet, olabilir."

"Peki o zaman nasıl bir durum ortaya çıkar? İnsanın kafası karışmaz mı?"

"Hangisi daha acil olarak algılanıyorsa, o, organizmayı yönlendirir. Bir örnek verelim..."

"Ben de onu isteyecektim sizden."

"Biliyorum, onun için siz söylemeden ben örnek vermek istedim. Örneğin, şimdi, burada bir yangın çıksa, ne yaparsınız?"

"Kaçarım!"

"Şöyle der misin: Önce bir tuvalete gideyim, çişimi yapayım. Yangından kaçmadan önce, şuradaki yiyeceklerden biraz alayım, belki biraz sonra karnım acıkır?"

"Ben deli miyim? Bir an önce yangından kaçmaya çalışırım."

"Kaçmaya başladınız ve vargücünüzle kaçıyorsunuz, bir süre sonra, korkudan, heyecandan ve telaştan nefesiniz kesildi, nefes alamaz oldunuz. Yine kaçmaya devam eder misiniz, yoksa nefes almak için durur musunuz?"

"Durur bir nefes alırım."

"Varsayalım ki, yangının etkisinden kurtuldunuz, nefesiniz yerine geldi. Farkına vardınız ki, hem tuvalete gitmeniz gerekiyor, hem de açsınız. Ne yaparsınız?"

"Hangisi daha acil ise, ona öncelik veririm."

"Evet, öyle yaparsınız. Bedeniniz de öyle yapmanızı bekler. İşte, bitmemiş işlerden hangisi acil ise, o, durumu yönetmeye başlar."

"Bitmemiş iş, bu tür biyolojik gereksinmelerle mi ilgili? Yani, bitmemiş işlerin temelinde hep biyolojik gereksinmeler mi var, demek istiyorum."

"Bitmemiş işlerin temelinde gereksinmeler var. Bu gereksinmeler biraz önce verdiğimiz örneklerdeki gibi biyolojik olabilir veya kişinin varoluşu ile ilgili değişik boyutlarda, değişik türlerde olabilir."

"Doğan Hocam, ne demek kişinin varoluşu ile ilgili değişik boyutlarda, değişik türlerde olması?"

"Arif Bey, iyi ki sordunuz! Çünkü, şimdi can alıcı noktalardan birine giriyoruz."

Benim canım kahve istedi, Arif Bey çaydan memnundu. Arif Bey'in çayını yeniledim ve kendime kahve yaptım. Yanımda da her ikimiz için birer büyük bardak su getirdim.

Pencere açıktı ve aşağıdaki sokaktan, oynayan çocukların sesleri geliyordu. Apartman kapıcılarının çocukları sürekli bu sokakta oynuyorlar. İçlerinden birinin sesini tanır hale gelmiştim. Kendisini hiç görmediğim, ama sesinden tanıdığım bu çocuk sürekli mızıkçılık eder, bağırır, çağırır ve arkasından ciyak ciyak ağlardı. O böyle ciyak ciyak bağırdıktan bir süre sonra Anadolu'nun bilmediğim bir yöresinin şivesiyle konuşan bir erkek ve bazen bir kadın diğer çocuklara müdahale eder, bu çocuğun dediğinin olmasını sağlardı. Diğer çocuklar buna itiraz ederlerdi, ama ciyaklayan çocuk sonunda istediğini elde ederdi. Şimdi aşağıda yine onun sesini duyuyordum.

Kahverengi pas renkli büyük bir tanker Marmara'dan Karadeniz'e doğru gidiyor; Boğaz'ın orta yerinde Boğaz Köprüsü gerdanlık gibi parlıyordu. Üstünden geçen araçların durumundan, trafiğin henüz yoğunlaşmadığını anlıyorduk.

Yeniden konuşmamıza döndük.

Varoluş Boyutları

"Diyorum ki Arif Bey, fenomenolojik anlamda kişi kendinin varoluşunu şu temel boyutlarda gözetler; yani, kişi kendini bazı temel boyutlarda var etme çabası içindedir."

"Bilinçli olarak mı? Demek istediğim, kişi, 'şu boyutlarda ben kendimi var etmeliyim!' bilinci içinde midir?"

"Hayır. Bu, organizmanın gereksinmelerini gidermesi gibi bir şey. Bedenin sana gereksinmelerini nasıl bildirir? Bir duygu olarak, değil mi? Yani susuzluk, açlık, yorgunluk duygularının farkına vararak, uygun davranışta bulunursunuz; su içersiniz, yersiniz, dinlenirsiniz ve böylece bedeninizin sağlıklı dengesini korumuş olursunuz."

"O zaman onlara 'varoluşun gereksinme boyutları' diyebilir miyiz?"

"Evet, diyebiliriz. Nasıl ki, kişinin bedeninin yemek, içmek, dinlenmek gibi biyolojik gereksinmeleri var, kişinin psikolojik varoluşunun da gereksinmeleri var."

"Ve bu gereksinmeler karşılanmayınca, kişi fenomenolojik yönden dengesizlikler içine giriyor, bitmemiş durumlar ortaya çıkıyor, öyle mi?"

"Evet, işin can alıcı yönünü yakaladınız, Arif Bey!"

"Hocam, bu varoluş boyutlarından bahsedecek misiniz?"

"Evet, bahsetmem gerekir. Konumuz bitmemiş işler. Ne demek bitmemiş işler? Yani bir yerde gestalt tamamlanmadı demek. Kişinin yaşamında bir yerde bir bütünleşme olmadı; eksik kalan bir şey var demek. Nedir eksik kalan? Susuzluk olduğu zaman, bu eksikliği su gideriyor ve susuzluğun giderilmesi ile gestalt tamamlanıyor, organizmanın hayatında artık dengesizlik kalmıyor, organizma susuzluk yönünden işini bitirmiş oluyor; susuzlukla ilgili bir enerjisi, arayışı kalmıyor. Susuzluğu giderildikten sonra başka dengesizlikler varsa, onları giderme çabası içine giriyor.

"Kişinin fenomeninde varoluşuyla ilgili bitmemiş işlerini anlayabilmek için, kişinin varoluşunun temel boyutlarını bilmemiz gerekir. Ancak bu noktadan sonra, neyin eksik kaldığını anlayabiliriz."

"Yani, kişinin su gereksinmesi olduğunu bilmiyor isek, onun su arayışı içinde olduğunu anlayamayız. Ancak bu kişinin su gereksinmesi var diyerek, ona su verip susuzluğunu giderebiliriz. Bunun gibi, varoluşun temel boyutlarını bilerek, neyin eksik kaldığını anlayabileceğiz. Doğru anlamış mıyım, Doğan Hocam?"

"Mükemmel!"

"Nedir bu temel varoluş boyutları?"

"Şimdi onlardan söz etmek istiyorum. Ama, önce şu kahvemden bir yudum alayım."

Kahvemi yudumladıktan sonra, bir yudum da su içtim; büyükçe bir tanker Karadeniz yönüne gidiyordu. Üsküdar'dan kalkan bir yolcu gemisi Kabataş'a geliyordu ve tankere çarpmamak için rotasını biraz Marmara denizine doğru kırıyor. Tankerde çalışan insanları düşündüm. Yolcu vapurundaki yolcuları düşündüm. Arif Bey'le şimdi konuştuğumuz konuları dinleselerdi, acaba ne kadar ilgilenirlerdi, dinleyenler duydukları hakkında ne düşünürlerdi?

Var Olma Boyutu

Bir süre sonra konuşmaya başladım.

"Önce şunu belirtmekte fayda var: Varoluşun temel boyutları, kişinin kendi fenomeni içinde, yani algılama ve anlam dünyası içinde oluşur. Yalnız bu algılama zihinsel, entelektüel bir algılama olmak zorunda değil. Sezgi düzeyinde, bir his olarak algılama da olabilir. Kişinin hissetmesi, kişinin öyle sanması yeterli."

"Yani bir başkasının değil, kişinin kendisini öyle anlaması, hissetmesi, sezmesi yeterli."

"Evet. İlk temel varoluş boyutu farkına varılma boyutudur. Bu boyutta kişi, psikolojik anlamda, 'ben varım' veya 'ben yokum' fenomenini yaşar."

"Varoluşun temel boyutları, kişinin kendi algılaması içinde oluşur."

Arif Bey'e, bir şey almak için hiç kuyruğa girip girmediğini sordum. 'Tabii ki' girdiğini söyledi. O kuyrukta iken sıraya girmeden önüne geçen olup olmadığını sordum. "Hocam, Türkiye'de yaşıyoruz," diyerek, yine 'tabii ki' olduğunu söyledi.

"Kuyrukta biri önünüze geçtiği zaman nasıl hissediyorsunuz, Arif Bey?"

"Canım sıkılıyor. İnsanı adam yerine koymamaları, ben yokmuşum gibi davranmaları, beni kızdırıyor."

"İşte bu dediğiniz durumda, birinci varoluş gereksinmesi karşılanmıyor, ihlal ediliyor."

"Bana bir anlamda 'sen yoksun' diyorlar."

"Evet, size yoksunuz diyorlar. Ama, bir insan olarak siz var olmak üzere doğmuşsunuz; bu sizde bir gereksinme. Siz var olmak için yaşıyorsunuz."

"O zaman hangi durumda, biri bana sen yoksun mesajını verdiği zaman susuzluk gibi bir durum ortaya çıkıyor."

"Çok güzel benzetme. Evet, size 'yoksun' mesajı verilen her ortamda sizin fenomeniniz içinde bir dengesizlik durumu ortaya çıkıyor ve bu dengesizliği gidermeye çalışıyorsunuz. Örneğin, önünüze geçen insana ne diyorsunuz?"

"Çoğu kere, 'Arkadaşım, bak sıra var, sen de sıraya gir,' gibi bir şeyler söylüyorum."

"Peki sonra ne oluyor?"

"Vallahi değişik durumlarla karşılaşabiliyor insan. Eğer, kişi, 'Affedersiniz, sırayı görmemiştim,' der ve kuyruktaki yerini alırsa o zaman kızgınlığım geçiyor. Çünkü insanlık hali, hakikaten görememiş olabilir."

"Yani, susuzluğu giderilmiş insan gibi dengesizlik hali ortadan kalkıyor. 'Kızgınlığım geçiyor,' dediniz."

"Çünkü beni adam yerine koymuş oluyor."

"Böylece, 'adam yerine konma' gereksinmesi karşılanmış oluyor."

"Evet!"

"Peki başka türlü davranan da oluyor mu?"

"Oluyor. Bir keresinde böyle kuyruğu ihlal eden birine, 'Arkadaşım sıraya gir,' dedim, bana ters ters baktı ve, 'Sıradayım, görmüyor musun?' diye cevap verdi."

"Peki o öyle deyince nasıl hissettiniz?"

"İçimden, 'git şuna bir tane geçir' duygusu geldi, ama adam benden daha iriyarıydı, hem de, sanırım, sıranın dışında çete gibi bela arayan arkadaşları vardı. Onun için sesimi çıkarmadım."

Arif Bey sustu. Suyundan bir yudum aldı ve konuşmasına devam etti.

"Ve böyle durumlar olunca, içimdeki kızgınlık devam ediyor. İçimde o kızgınlığı bir süre taşıyorum."

"'Sıradayım, görmüyor musun?' diyen adama kızgınlığın, az da olsa, hâlâ devam etmiyor mu?"

"İtiraf edeyim Hocam, biraz ediyor!"

"Yani bitmemiş iş oluşuyor, öyle değil mi?"

"Evet. İkinci kez böyle bir şey olduğunda daha duyarlı oluyorum, sanki eski kızgınlığım da, yeni olaya ekleniyor."

"Çok güzel bir nokta. Bu tür bitmemiş işlerin birikebilme özelliği var."

"Ya Hocam, bu kendi başına büyük bir konu. Karı-koca ilişkilerini düşünüyorum. Örneğin, koca karısını adam yerine koymuyor, dinlemiyor, sorularına cevap vermiyor. Her seferinde böyle yaptığında kadın bozuluyor, içine atıyor, kızıyor, bitmemiş iş biriktiriyor. Bu birikim bir gün öyle bir noktaya geliyor ki, adam yine karısını adam yerine koymadığında kadın patlıyor. Ve adamın yaptığı ufak bir kabalık olabilir; ama aslında kadının tepkisi bu ufak kabalığa değil, biriktirmiş olduğu tüm bitmemiş işleredir."

"Ve adam da, 'Ne oldu bu kadına, çıldırdı mı?' diye hayretler içinde kalıyor."

İnsan, ancak ilişkileri içerisinde var veya yok olabilir.

"Evet. Ayrıca bu kadın, kocasını her gördüğünde, kendisinin var olmasıyla ilgili kaygıları uyanmaya başlar, belki de eli ayağına dolaşır."

"Çok güzel dile getirdiniz. Tasvir ettiğiniz bu karı-koca ilişkisinin sağlıklı hale gelmesi için, bitmemiş işlerin bitirilmesi gerekir."

"Hocam, bir şirket için de aynı şey söylenebilir. Yani şirket yöntemini, çalışanlarını adam yerine koyuyor mu, koymuyor mu? Bu yönden çalışanların bitmemiş işleri var mı, yok mu? Aynı karı-koca ilişkisinde olduğu gibi düşünülebilir."

"Tabii düşünülebilir. Örneğin, sizin okulunuzda öğretmenler yönetim tarafından adam yerine konuyor mu, konmuyor mu, bu incelenebilir."

"Devlet-vatandaş ilişkisinde de düşünülebilir; devlet dairesine gittiğim zaman oradan bir sürü bitmemiş işlerle ayrılıyorum."

"Herhalde birçok anlamda kullanıyorsunuz, bitmemiş iş kavramını."

"Ha, evet. Yani yapılacak evrak işini de bitiremiyoruz, ama şimdi üzerinde konuşmakta olduğumuz varoluş yönünden de bitmemiş işlerle ayrılıyoruz."

"Devlet ile devlet dairesinde çalışan memuru arasındaki ilişkiye bakarsınız orada da bitmemiş işler bulabilirsiniz."

"Yani insan ilişkilerinin yer aldığı her yerde, bu tür varoluş ile ilgili bitmemiş işler bulunabilir diyorsunuz."

"Evet, öyle diyorum, çünkü insan ancak ilişkileri içinde var veya yok olur. Varolma gereksinmesinin giderilmesi yalnız insan ilişkileri içinde gerçekleşebilir."

"Hocam, bu dediklerinizden çocuk yetiştirme yönünden de önemli çıkarımlar yapabiliriz."

"Evet, doğru Arif Bey. Siz bir ara bu konuya dokundunuz. Ama şimdilik o konulara girmek istemiyorum. Yalnız şunu söylemekle yetineyim, anababa çocuğun bu gereksinmesini tam anlamıyla karşılayamadığı sürece, çocuğun sağlıklı bir birey olarak yetişmesi olanaksızdır."

"Yani bu kadar önemli!"

"Evet, bu kadar önemli. *En temel varoluş gereksinmesi bu.*"

"Ama, başka varoluş gereksinmeleri de var. Öyle değil mi?"

Sınırlar Boyutu

"En temel varoluş gereksinmesi, bizim halk tabiriyle 'adam yerine konmak' dediğimiz gereksinmedir. Ama, sizin de beklediğiniz gibi, başka varoluş gereksinmeleri de var. Bunlardan biri de, kişinin sınırlarına saygı duyulması, sınırlarının ihlal edilmemesidir."

"Bu psikolojik sınırlar anlamında herhalde."

"Kişinin kendi fenomeni içinde, 'benim bedenim, benim mekânım, benim eşyam, benim bilgim, benim duygum' dediği her şey, onun sınırlarını oluşturur."

"İzin almadan onun bir eşyasını almak, sınırların ihlali olur mu?"

"Siz karar verin, olur mu? Herhangi birisi sizin eşyanızı size sormadan alsa, kızar mısınız?"

"Kim olduğuna bağlı."

"Onun için herhangi birisi dedim."

"Herhangi birisi olursa kızarım, tabii. Ama bazı yakınlarım, dostlarım bazı şeylerimi bana sormadan alabilirler."

İnsanın psikolojik sınırları, ilişkisinin türüne göre değişir. Ama, mahrem ilişki içinde olduğu insan için bile, öbür tarafa geçilemeyecek sınırlar vardır.

"İnsanın psikolojik sınırları, ilişkisinin türüne göre değişir. Ama mahrem ilişki içinde olduğu insan için bile, öbür tarafa geçilemeyecek sınırlar vardır."

"Bu sınırlar görülmez, psikolojik sınırlar."

"Tabii, bunlar kişinin kendi fenomeni içinde oluşturduğu psikolojik sınırlar. Kişi, sınırları olduğunu, daha doğrusu sınırlar koyduğunu dahi bilmez."

"Bilmez mi?"

"Sınırlar ihlal edilinceye kadar bu sınırların farkında değilizdir. Kişi, sınırları ihlal edildiği zaman sınırlarının farkına varır. Seminerlerimde bu kavramı açıklamak için evli bir bayanı ortaya davet ederim. Kendisiyle daha önce hiç karşılaşmadığım bu kişiyi odanın bir köşesine gönderirim ve aramızda büyük bir mesafe yarattıktan sonra onunla kişisel bir sohbete başlarım. Yarım dakika sonra, aramızdaki mesafenin böyle bir konuşmaya uygun olup olmadığını sorarım. Kişi, bu mesafenin çok uzun olduğunu söyler ve kendisini rahat hissettiği bir mesafeye gelmesini söylediğimde aramızda bir metre kalıncaya kadar yaklaşır. Bu mesafenin gerçekten rahat olup olmadığını sorarım. Rahat olduğunu söyler. Sonra derim ki, 'sıfır ile on arasında bir 'rahatsızlık-gerginlik ölçeği' düşün; aramızdaki mesafeden dolayı şimdi rahatsızlık durumun sıfır. Sana yavaş yavaş yaklaşacağım. Gerginliğin, rahatsızlığın değişirse, bir ile on arasında bir rakam söyleyerek ne kadar gergin olduğunu belirtmeni istiyorum.

"Ben yaklaştıkça rahatsızlığı artar ve kişi, üç, beş gibi rakamlarla, artan rahatsızlığını dile getirir. Daha sonra rahatsızlığı iyice artar ve ilerlemeyi durdururum."

"Bu kişilere şunu sorarım: Eşiniz bu mesafede bulunsa, yine gergin olur musunuz?

"Cevapları her zaman, 'hayır' olmuştur. Kocaları, çocukları veya kız kardeşleri ile rahatsızlık duymadıklarını söylemişlerdir.

"Ve kendilerinde bu tür sınırlar olduğunu o güne kadar hiç düşünmediklerini ifade etmişlerdir."

"Anlıyorum Hocam. Asansörde bir başkası olunca neden hep tavana ya da yere baktığımı şimdi anlıyorum."

"Güzel bir örnek. Asansörde insanların sınırları ihlal edilmektedir. Bu onların fenomenleri içinde bir dengesizlik yaratmakta ve bu dengesizlik ortadan kalkıncaya kadar gerginlikleri devam etmektedir."

"Yani asansörden çıkıncaya kadar."

"Evet. Bu sınırlar duygusu da, varoluşun önemli bir boyutudur ve insanın yaşamında önemli bir olgu olarak yer alır."

"Sadece insanın yaşamında mı?"

"Hayvanlar âlemini hiç söz konusu yapmıyorum. Ama, madem siz söz ettiniz, hayvanlar âleminde sınırlar, bir ölüm-kalım kavgasına neden olur. Bunu biliyorsunuz."

"Hocam günümüzde birçok ulusal kavgaları, sınırlarla ilgili göremez miyiz? Daha doğrusu, sınırlardan kaynaklanan bitmemiş işlerin uzantısı olarak göremez miyiz?"

"Görebiliriz, ama şimdi bu siyasal konulara girmeyelim. Sadece şunu söylemekle yetinelim. Kişinin sınırlarını koruması, bu sınırların diğerleri tarafından tanınması önemli bir gereksinmedir ve bu gereksinmenin ihlali, önemli dengesizlikler yaratır. Eğer bu dengesizlikler giderilmezse, bunlar bitmemiş işler olarak kişinin yaşamında yer alır."

Zevkli bir sohbete dalmıştık. Ama tuvalete gitme ihtiyacı içinde olduğumu görüyordum. Gülerek, Arif Bey'e, "Şimdi bende bir dengesizlik durumu var," dedim. Arif Bey, ne demek istediğimi anlamak için yüzüme baktı. Ama anlayamadı. Tuvalete gitmem gerektiğini söyledim. Güldü ve, "O dengesizlik bende de var, Hocam," dedi. Bir 'ihtiyaç molası' verdik.

Arif Bey tuvalette iken ben kehribar gibi çekirdeksiz üzümü yıkadım ve oturduğumuz koltukların yanındaki sehpaya koydum.

Kişinin sınırlarını koruması, bu sınırların diğerleri tarafından tanınması önemli bir gereksinmedir.

Arif Bey, üzümü görünce, "Sanki aklımı okudunuz Hocam; ben de keşke bir üzüm olsa da yesek, diye düşünmüştüm," dedi.

Ve kaldığımız yerden konuşmaya başladık.

Sorumluluk Boyutu

"Varoluşun temel boyutlarından biri de sorumluluktur. Kişi kendi sorumluluk alanı içinde gördüğü şeyleri kendisi yapmak ister."

"Bu sınırlar bilinci ile sıkı sıkıya bağlı görünüyor."

"Evet, öyle. Hangi konularda nelerden ben sorumluyum, nelerden başkası sorumlu? Bu konudaki beklentilerim yerine gelmediği zaman, benim fenomenim içinde dengesizlik oluşur."

"Hocam, yine bir örnek isteyeceğim."

"Konuşmamızın başında Kaliforniya'da Sequa Ormanı'nda beraber yürüyüş yaptığım arkadaşımı hatırlıyorsun değil mi?"

"Evet, hatırlıyorum."

"Hatırlıyorsun, o boşandığı eşinin bir sözünün diğer sözünü tutmamasına kızıyordu."

"Evet, tutarlılık, kişisel bütünlük ve sorumluluk ile ilgili, onun fenomeni içinde yerli yerine oturmamış bir durum oluşmuştu, yani bir dengesizlik vardı."

"Sanırım işyerlerinde bu tür tutarlılık, kişisel bütünlük ve sorumluluk çatışmaları sık sık çıkıyordur."

"Sanırım. Çatışmaların, sürtüşmelerin çıkması doğal. Ama, bunların bitmemiş işler haline gelmesi, başka bir konu."

"İşyerinde bitmemiş işler, verimi, şevki, insanların birbirleriyle olan ilişkilerini olumsuz etkiler."

"Evet, çok olumsuz etkiler. İşyerinde bitmemiş işler, kurumun işleyişini yavaşlatır ve birçok kereler, kurumun batmasına yol açan en önemli nedendir!"

"Bir örnek verir misiniz, Doğan Bey?"

"Hayır vermeyeceğim Arif Bey. Sizinle savaşçı olmak çerçevesi içinde konuşuyoruz; o nedenle, işyeri ile ilgili konulara bu oturumlarda girmeyeceğim."

Temel varoluş boyutlarından biri de, kişinin kendisini doğal görmesidir.

Doğallık Boyutu

Arif Bey, işyerindeki durumlarla ilgilenmediğimi anlayınca, savaşçı ile ilgili bir soru sorma gereksinmesi duymuş olmalı ki, "Savaşçının bitmemiş işi var mıdır?" diye sordu.

"Güzel bir soru ama, izin ver önce varoluşun temel boyutlarını gözden geçirmeyi bitirelim, daha sonra savaşçı ile ilişkisini kuralım."

"Peki."

"Temel varoluş boyutlarından biri de, kişinin kendini doğal

görmesidir; yani, 'bende bir acayiplik, bir tuhaflık yok, ben olduğum gibi kabul edilebilecek biriyim' duygusu."

"Yani, çevresindekiler insana, 'sen doğalsın, sende bir acayiplik yok' izlemini verdiği sürece, kişinin fenomeni içinde bir dengesizlik söz konusu olmayacaktır. Ama biri, 'sende acayiplik var' dediğinde, daha doğrusu böyle bir izlenim verdiğinde, kişinin dengesi bozulur."

"Ve kişi, bu dengeyi düzeltmek için harekete geçer. O izlenimi veren kişiyle etkileşim kurar. Bu etkileşimin sonucu kendi fenomeni içinde denge kurulursa, ilişki gayet doğal olarak işlemeye devam eder. Ama kişi etkileşimi sonucunda dengesizliği gideremezse, o zaman bitmemiş iş oluşur."

Üzümden birkaç tane aldım. Ve konuşmaya devam ettim.

"Diğer temel varoluş boyutlarında da aynı şeyler söz konusudur. Temel varoluş boyutlarından bir diğeri *sevilmeye layık olma boyutu*'dur. Kişinin fenomeni içinde kendini özlenecek, beraber olunacak, sevilecek bir kimse olarak görmesi; başkalarını özleyecek, onlarla beraber olmayı isteyecek, başkalarını sevebilecek bir kimse olarak görülmesi, böyle bir varoluş ihtiyacıdır.

"Bir başka temel varoluş gereksinmesi, kişinin kendini daha büyük bir bütünün önemli, vazgeçilmez, değerli bir parçası olarak görmesidir. Buna *değerli olma boyutu* adını veriyorum.

"Ve son olarak, kişinin kendini, kendi isteklerini yapabilecek güçte görmesi de, temel varoluş gereksinmelerinden biridir. Bu varoluş boyutuna, *güven boyutu* adını veriyorum. Kişi istediği şeyi yapabileceğine, *gücü olduğuna güvenmek* ister. Bu gereksinmenin karşılanmasıyla, kişi kendi düşünce ve isteklerini gerçekleştirebilecek gücü olduğuna inanır, güvenir."

"Doğan Bey, bu temel varoluş boyutları gerçekten temel ve yaşamın her yönünü kapsayacak türden. Demek oluyor ki, bu varoluş boyutlarından biri, birkaçı veya tümü karşılanmadığı zaman, kişinin yaşamında denge bozuluyor ve kişi bitmemiş işlerin etkisi altına giriyor."

"Böyle olunca da, insan 'şimdi ve burayı' yaşayacak, algılayacak, anlamlandıracak yerde, geçmişi şimdiye getirir ve geçmişi yaşamaya devam eder. Bitmemiş işler, geçmişi bize bir hapishane haline dönüştürür.

Bitmemiş İşlerle Dolu Olmak

"Arif Bey, bitmemiş işler evlilik ilişkilerini nasıl etkiler konusunda siz bir örnek vermiştiniz. Şimdi ben de bir örnek vermek istiyorum.

"İlk üzerinde duracağım konu şu: Evlenecek eşlerden biri, kadın veya erkek, yaşamında bir sürü bitmemiş işle evliliğe başlayabilir."

Arif Bey güldü, "Allah o insanlara kolaylık versin," dedi. Ben de güldüm ve konuşmama devam ettim:

"Bir örnek vermek istiyorum. Varsayalım ki, kız küçükken temel varoluş gereksinmelerinden sevgiyi ve değeri babasından bulamamış. Bu gereksinme karşılanmadığı için böyle bitmemiş bir işle büyüyen genç kız, evlenme çağı gelince babasını andıran, karakteri babasına benzeyen birini cazip buluyor. Tabii çoğu kere kişi bunun nedeninin farkında olmaz; onun farkında olduğu sadece erkeği 'önemli', 'çekici', 'etkileyici' bulduğudur.

"Bu kişiye 'âşık' olup evlendikten sonra, babasında bulamadığı sevgi ve değer verme gereksinmelerini kocasında gidermeye çalışır. Tabii, kocası böyle bitmemiş işi olan küçük bir kızla evlendiğinin farkında değildir. O karısına yetişkin bir kadına davranıldığı gibi davranarak cinselliği ön planda tutabilir. Çünkü o kendisinin ve karısının temel varoluş gereksinmelerini evlilik içinde böyle karşılayacağı algılaması içindedir.

"Ama, tabii yanlış yapmış olur. Karısı, babasıyla olan bitmemiş işlerini kocasıyla da bitiremez ve bitmemiş işlerinden dolayı babasına duyduğu ne kadar olumsuz duygu varsa, hepsini kocasına aktarır."

"Doğan Bey, biliyorsunuz ben evli değilim. Siz böyle konuştukça evlenmekten iyice korkuyorum"

"İyi, kork. Böylece benim gibi gelişigüzel bir kararla değil, bir savaşçı gibi, ortama getirebileceğin en yüksek bilinçle karar verirsin."

"Mutlu olacağımın garantisi var mı?"

"Yaşamda neyin garantisi var, bana söyler misiniz Arif Bey? Tabii ki garantisi yok. Ama, herhalde kabul edersiniz ki, neyi, niçin yaptığını bilmenin bir huzuru, bir anlamı, bir gücü var."

"Aslında biliyorum Hocam. Öğretmenlikle ilgili kafamın karışıklığı şimdi kayboldu. Şimdi neyi, niçin yaptığımı daha iyi biliyorum."

Bir süre sustuk.

Boğaz'dan geçen büyük bir tanker, yolu üzerinde yer alan balıkçı teknelerini ikaz etmek için düdüğünü öttürmeye başladı. Vapur düdüğü bir süre kulaklarımızda yankılandı. İkimiz de ayağa kalktık, Boğaz'daki teknelere ve tankere baktık. Tekneler tankerin yanında o kadar güçsüz ve küçük görünüyordu ki. Ama, tanker onları hesaba almak ve onları ikaz etmek zorundaydı.

Daha sonra oturduk, ikimiz de üzümden birkaç tane aldık.

> *İnsan sürekli farkında olabilen bir yaratıktır.*

"Sanırım, bütün bu konuştuklarımızın savaşçı olmakla ilgisi ne diye düşünüyorsundur?"

"İlgisi olduğunu sezinliyorum, ama sizden daha açık seçik bir açıklama bekliyorum."

"Savaşçı gözlemleyen bilinci sayesinde içinde bulunduğu süreçlerin sürekli farkındadır. Farkında olma Frederick Perls'e göre en tedavi edici şeydir. İnsan sürekli farkında olabilen bir yaratıktır. Eğer farkında oluşunu sürekli uyanık tutuyorsa, kişi yaşamında o anda oluşan dengesizliklerin hemen farkına varacak ve onları elinden gelen en iyi şekilde dengeleyerek tamamlayacaktır."

"Doğan Bey, şöyle söyleyebilir miyiz? Gözlemleyen bilinci sayesinde savaşçı sürekli farkında olan bir insandır. Bu nedenle savaşçının bitmemiş iş biriktirmesi daha az olasıdır."

"Doğru bir gözlemde bulundunuz, Arif Bey. Savaşçı hem gözlemci bilinci ile durumu anlamakta, hem de, kendisini önemsemeyi en aza indirerek, ölümünün bilinci içinde niyetinin saflığını takip etmektedir.

"Biliyorsunuz, nesnel ben, yani ego, ait olma temelli bir sürü arzuların, isteklerin kaynağıdır. Niçin? Çünkü başkaları tarafından tanınmak, şöhretli olmak, beğenilmek, takdir edilmek, diğerlerinden daha güçlü olmak hep egodan kaynaklanır.

"Gözlemleyen ben bu tür gereksinmelerin üstündedir; bu tür gereksinmelerin farkındadır, ama, sadece gözlemler. Gözlemleyen ben daha büyük resimle ilişki içinde niyetinin saflığında kendini tanımlar.

"Örneğin, sizin 'başkaları ne diyecek, ben öğretmenliği seçmekle hata etmişim' duygunuz egonuzdan kaynaklanan bir duygu. Öte yandan, 'öğrencilerimin ve öğretmen arkadaşlarımın olabileceklerinin en iyisi olmalarına olanak sağlamak' niyeti, gözlemleyen benden gelen bir farkında oluştur.

Savaşçı şimdi ve burada her şeyi kişisel bütünlük, sorumluluk ve bilincinin saflığı içinde tamamlayarak yaşar.

"Siz egonuz düzeyinde kaldığınız sürece yoğun bir bitmemiş iş birikimi içinde olacaktınız. Ama, şimdi, varoluşunuzu egonuzla değil, gözlemleyen bilincinizle tanımladığınız için, 'başkaları bana ne diyecek' türünden bir bitmemiş işiniz yok."

"Yani savaşçı varoluşunu, gözlemleyen beniyle tanımladığı için, kendine özgü bir yaşamın içinde mutludur. Yaşamı özgün bir yaşamdır. Bunu diyebilir miyiz?"

"Evet, diyebiliriz. Savaşçının yaşamı gerçekten özgün bir yaşamdır."

"Peki, Doğan Bey, şunu da söyleyebilir miyiz: Savaşçı ortama getirdiği bilinçten kendini sorumlu tuttuğu için ortamda ne gibi dengesizlikler olabilir, onun da farkındadır, öyle değil mi?"

"Evet, güzel bir noktaya değindiniz. Başkaları kırılmasın, alınmasın diye kendi içinde dengesizlikler yaratmak savaşçının yolu değildir. Savaşçı şimdi ve burada her şeyi kişisel bütünlük, sorumluluk ve bilincinin saflığı içinde tamamlayarak yaşar. Bitirilmemiş işleri hiçbir zaman depolamaz."

Savaşçı ait olmaya önem verir, ama ait olma tarafından kullanılmaya izin vermez.

"Peki başkası kendisine kırılırsa ne olur?"

"Savaşçı ait olmaya önem verir, ama ait olma tarafından kullanılmaya izin vermez. Daha önce de söylediğim gibi, savaşçı ait olma boyutunda kendi özgür seçimiyle hareket eder, sorumluluk içindedir ve kişisel bütünlükle yaşar. Savaşçıyı olduğu gibi görmekten kırılacak olanlar zaten onun uzun süreli dostları olamazlar. Bu doğal bir seçme sürecidir ve savaşçı bu doğal seçme sürecine önem verir."

Etkileşim Kurma Olanağı Yoksa

"Peki Doğan Hocam, bazen öyle durumlar oluyor ki, bitmemiş işi bitirmek için karşınızdakiyle etkileşim kurma olanağınız yok. Örneğin, kişinin babası ile bitmemiş bir işi var, fakat babası ölmüş. Ölü ile konuşulamayacağına göre, bu kişinin ne yapması lazım?"

"Birçok kişinin annesi ve babası ile bitmemiş işleri vardır. Olmayan insan azdır. Niçin? Çünkü biz büyürken annemiz ve babamız bizim yaşamımızda en güçlü insanlardır. Onların yaptıklarından, söylediklerinden, yapmadıklarından, söylemediklerinden çok etkileniriz. Kendi fenomen dünyamız içinde onları değişik biçimlerde algılarız. Bu algılamaların çoğunluğunda olaylara hep kendi gereksinmelerimiz, kendi varoluş fenomenimiz içinde baktığımız için, anamızı ve babamızı hatalı görürüz.

"Örneğin, yakın zamana kadar ben babama karşı böyle hissediyordum."

"Yani, babanızla bitmemiş işiniz vardı, öyle mi?"

"Evet, vardı."

"Peki şimdi bitmemiş işinizi bitirdiniz mi?"

"Evet, bitirdim."

"Nasıl bitirdiniz, Doğan Bey?"

"Üstün Dökmen'in bana psikodrama uygulaması sayesinde."

"Nasıl oldu, anlatmanızda bir sakınca var mı?"

"Hayır, anlatabilirim; bir sakıncası yok. Üstün Dökmen ile birlikte bir seminer veriyorduk."

"Affedersiniz Doğan Bey. Sözünü ettiğiniz Üstün Dökmen *İletişim Çatışmaları ve Empati* kitabının yazarı olan Üstün Dökmen mi?"

"Evet o. Kendisi Ankara Üniversitesi, Eğitim Fakültesi öğretim üyelerinden."

"Profesör mü?"

"Evet."

"Hocam dikkatimi çekti, siz unvanları kullanma konusunda pek istekli değilsiniz."

"Türkiye'de unvanlar aşırı sıklıkta kullanılıyor, belki de ondan olacak. Önemli olan fikirler, düşüncelerin içeriği, diye düşünüyorum."

"Yani bir fikri ister Ordinaryüs Profesör söylemiş olsun, ister hiçbir titri olmayan sade bir vatandaş, fark etmez diyorsunuz."

"Kişinin kredibilitesi bakımından fark eder, tabii. Arif Bey, konuyu başka bir yöne çekmeyin de, anlatmaya başladığımı bitireyim."

"Tamam, Hocam. Üstün Dökmen'le bir seminere girdiğinizden söz ediyordunuz."

"Ha, evet. Seminere katılanların kendi hayatlarında yer alan ilişkileriyle ilgili duyarlılığı artırmak için Üstün Bey psikodrama uyguladı ve psikodramaya birçok kişinin arasında ben de katıldım. Babamla ilgili olarak yaptığı çalışmada, beni öyle bir konuma yerleştirdi ki, olaylara babamın gözüyle bakmam gerekti.

"O zamana kadar babamı yargılardım. Bana ilgi göstermediği, bana zaman ayırmadığı, gelişimimle ilgili bilinçli hareket etmediği için onu yargılardım ve şimdi utanarak söylüyorum, bazı seminerlerimde, nasıl baba olunmaması gerektiği konusunda kendi babamı örnek olarak gösterirdim.

"Üstün Bey, beni olaylara babamın gözüyle bakmak durumunda bıraktığı zaman, kendimi onun yerine koydum ve birdenbire birçok şeyin farkına vardım. Onun kuşağında nasıl babalık yapılırdı, önce onun farkına vardım. Babam kendi neslinin diğer babalarından kötü bir baba değildi; hatta bazı yerlerde daha da ilerde gözüküyordu. Örneğin, her bir çocuğu için bir hatıra defteri başlatmıştı ve onlar evlenirken bu hatıra defterini onlara veriyordu."

"Sizin için de defter tutmuş mu?"

"Evet, tutmuş. Benim için tuttuğu deftere ancak üç sayfa yazmış, ama adam niyet etmiş. Kendi kuşağında Silifke'de böyle bir şeyi yapan baba ben duymadım."

"Gerçekten önemli bir düşünce. Şimdi bile, birçok anababa böyle bir şey yapmıyor. Doğan Bey, babanızın eğitimi neydi?"

"Rüştiye ikiden kaçmış."

"Kaçmış mı? Nasıl yani?"

"Babam beş yaşında babasız kalmış. Babasız büyümüş yani. İlk mektebi bitirdiği zaman birisinin önerisiyle Enver Paşa babamın velisi olmuş ve onu Adana'daki mektebe yazdırmış. Tabii bunlar, Cumhuriyet kurulmadan önce oluyor.

"Enver Paşa velisi olduğu için okul yönetimi babama daha yakından göz kulak olurmuş. Okul doktoru babamın sarmısaklı yemekleri yemediğinin farkına varmış, aşçıbaşını çağırarak, 'Bu çocuğun tüm yemeklerine biraz sarmısak koyacaksın, sarmısak yemeye alışacak,' diye emir vermiş. Ve gerçekten de aşçı, babamın her yemeğine biraz sarmısak koymaya başlamış. Babam doğuştan sarmısaktan nefret eden birisi. Yani o güne kadar hayatında hiç sarmısak yememiş. Bilmiyorum bunun genetik bir temeli var mı, ama bildiğim kadarıyla, tüm ömrü boyunca hiç sarmısak yemedi.

"Yemeğine sürekli sarmısak konmaya başlayınca kuru ekmek yemiş ve bakmış bu işin sonu yok. Bir gece okul giysilerini çıkarmış, şalvarını giymiş ve pencereden yatak çarşafı ile sarkarak, atlamış yola. Kaçış o kaçış."

"Şimdi ne düşündüm biliyor musunuz, Doğan Bey?"

"Hayır, ne düşündünüz?"

"Don Juan, Carlos'a hayatta her şey önemlidir, hiçbir şey diğerinden daha önemsiz değildir, demişti. Anlattığınız bana onu düşünürdü. Bir çocuğun sarmısak yemesi veya yememesi önemli mi, diye birisi bana sorsa idi, hiç önem vermezdim. Ama, sizin babanızın yaşamını ve dolayısıyla sizin hayatınızı ne kadar derinden etkilemiş."

"Ben düşünmemiştim. Önemli bir gözlem yaptınız.

"Her ne ise, olaylara babamın gözüyle baktığım zaman, onun kendi bilinci içinde yapabileceğinin en iyisini yapmaya çalışan bir insan olduğunu gördüm. Ve içimde bir burkulma oldu.

"Ben Amerika'da psikoloji alanında doktora yapmış biri olduğum halde, kendi çocuklarıma babalık yaparken ne kadar falsolar yaptığımı şimdi biliyorum; geri dönüp baktığım zaman yüreğimi sızlatan, bana suçluluk duygusu veren ne hatalar yapmışım.

"Benim babam rüştiye mektebinden kaçıp Silifke ortamı içinde babasız büyümüş biri olarak iyi babalık yapmış, farkında olmadan iyi babalık yapmış, onu anladım. İçim burkuldu ve o ortamda ağladım. Herkesin içinde babamdan özür diledim ve onu bir daha yargılamayacağıma, seminerlerimde onu kötü bir baba örneği olarak vermeyeceğime söz verdim.

"Ve babama dönük kızgınlığım bitti. Bitmemiş işim kalmadı."

"Psikodrama bu konuda, yani bitmemiş işleri bitirme konusunda kullanılabilir, diyorsunuz."

"Bunun için psikodrama uygulamasına katılma zorunluluğu yok, bence. Kişi kendini hayalinde bitmemiş işi olan insanın yerine koyarak, onunla diyaloğa geçebilir ve onun koşulları ile olaylara bakarak, empati kurarak, onun davranışını anlayabilir ve belki de affedebilir."

"İnsan affedince bitmemiş iş kalmıyor, değil mi?"

İnsan yürekten affetmeyi öğrenmeden 'bitmemiş işler'ini bitiremez.

"Evet, affetmek bu nedenle sağlıklı bir davranış. Tabii, gerçekten affedebilmek dil ile olmaz, gönül ve kafayla affedebilmek büyük bir gönül zenginliği ister. Egosu şişkin, egosu çabucak kırılabilen insanların yapabileceği bir şey değildir bu."

"Hocam, sizinle buluşmalarımızdan birinde Trabzonlu yaşlı vatandaş örneğini vermiştiniz. Bu Trabzonlu yaşlı vatandaş tutumu içinde insanın bitmemiş işler biriktirmesi pek olası görünmüyor, öyle değil mi?"

"Arif Bey, ne kadar güzel bir noktayı yakaladınız. Evet, kesinlikle haklısınız. Çünkü, Trabzonlu vatandaş gerçekten bir savaşçı tutumu sergiliyor."

"Genç muavin kendisine tokat vurunca ne dediğini hatırlıyor musunuz?"

" 'Ha sen bu tokadı attın, besbelli ki hak ettim,' demişti, değil mi?"

"Evet! Yani diyor ki, sen deli değilsin ki, durup dururken bana bir tokat vurasın. Senin –şimdi izin ver öğrendiğimiz yeni farkındalıkları kullanayım– fenomenin içinde, bana tokat vurman, o an senin için en anlamlı varoluş haliydi. Senin fenomenin içinde ben bu tokadı hak ettim."

"Ama, kendi fenomenini de ihmal etmiyor. 'Ama, ben bilmiyorum, nasıl hak ettim? De bakalım, nasıl hak ettim?' diyor. Eğer, 'Senin fenomenin içinde besbelli ki, ben bu tokadı hak ettim,' deyip, daha başka bir şey yapmasa idi, o zaman savaşçı tutumu olmazdı, değil mi?"

"Hayır, olmazdı. Ve o zaman, bitmemiş işler birikmeye başlardı. 'Ama, ben bilmiyorum, nasıl hak ettim? De bakalım, nasıl hak ettim?' cümlesi onun öğrenici tutumunu belirtiyor. Bu öğrenici tutum içinde, yaşamda olan her şey kişinin fenomeni içinde bir keşfetme, öğrenme ve gelişme fırsatıdır. Savaşçının niyeti de zaten budur."

"Bunun farkına varabildiğiniz için sizi gerçekten kutlarım, Arif Bey."

Arif Bey memnuniyetini belli eden bir gülümsemeyle yüzüme baktı, "Hocam, gördüğünüz gibi, emeğiniz boşa gitmiyor," dedi. İkimiz de güldük. Arif Bey'e zaman ayırdığım için memnundum, ilk karşılaştığımızda onun gözlerinde gördüğüm anlam arayışının kalitesinde yanılmadığımı şimdi daha iyi biliyordum.

Ayrılma vakti gelmişti. Bir arkadaşım Gülhane Parkı'nda olan güzel çay bahçelerinden söz etmişti. Önümüzdeki hafta orada buluşmaya karar verdik.

Arif Bey, "Hocam, önümüzdeki hafta saat üçte buluşsak olur mu?" diye sordu. Bana uygun olduğunu söyledim ve onu kapıdan uğurladım.

10

Savaşçı Olmak İçin

Saat üçte Gülhane kapısında buluştuk. Sultanahmet yönündeki park kapısından girdik ve yukarı doğru çıkmaya başladık. Dondurmacı, keten helvacı, haşlanmış mısır ve Maraş dondurması satanlar, sıra sıra yolun sağında solunda yer almışlar. Bir başka dükkânın üstündeki levhada, 'AYY İNANMİYORUM NE ALIRSAN ŞOK FİYATLAR SEN DE KARIŞTIR EXPORT İHRAÇ FAZLASI AYY İNANMIYORUM' yazıyor; birinci 'inanmıyorum' kelimesindeki 'I'yı, İ olarak yazdıkları halde, aynı kelimeyi ikinci kez yazdıklarında doğru yazmışlar. Dükkân isimleri dikkatimi çekiyor: Spormotif Cetveli, Selçuklu Müzik, Çok Bak Kitabevi, Miraç Oyuncak.

Kitabevine yaklaştığımızda yandaki dükkândan başı türbanlı bir bayan geldi ve, "Buyrun," dedi. Sadece baktığımızı söyledik, gülümsedi, başka bir şey söylemedi. Arkamızda kalan dondurmacı, dükkânının önüne asmış olduğu deve çanlarına eliyle çarparak çanların sesiyle insanların dikkatini çekmeye çalışıyordu. Kitapçıdaki kitapların dini bir havası var; dini konuları işleyen kitapların çoğunlukta olduğu dikkatimi çekti. Biraz ilerde Eşarp Evi, onun yanında Atlas Kundura dükkânları var.

Yukarı doğru çıkarken Arif Bey bir turşucu gördü, canı turşu çekmiş, dükkândaki on iki-on üç yaşındaki çocuğa acılı bir turşu söyledi. Çocuk bir plastik bardak içine biraz acılı sos, sonra turşu suyu, birkaç salatalık ve lahanadan oluşan turşu parçaları koydu, Arif Bey'e verdi. "Hocam siz de ister misiniz?" diye bana sordu. İstemediğimi söyledim; turşu suyunun çok tuzlu olduğunu ve tansiyonumu artırdığını belirttim. Yürürken Arif Bey turşu suyundan bir miktar içti, turşu parçalarının bir kısmını yedi ve, "Artık içmeyeceğim, bana da fazla acı geldi," dedi ve elindeki plastik bardağı atacak yer aramaya başladık, ama çöp kutusu bulamadık.

Sağa doğru yürüyerek biraz yükseldik ve açıklık bir yerden geçtikten sonra, nefis manzaralı bir çay bahçesine geldik. Çay bahçesi ağaçların altlarına serpiştirilmiş masa ve sandalyelerden oluşuyordu.

Deniz tarafında bir masaya oturduk. Hemen altımızda surlar var ve tren yolu geçiyor. Tren yolu ile Gülhane Parkı arasında kalan alanda sık bir koru var, ağaçlar gayet sağlıklı ve gürbüz olarak büyümüşler. Aklıma, surlarda yer alan savaşlar geldi. "Belki de ölenler ağaçlara canlılık vererek kendilerini yeniden ifade ediyorlar," diye düşündüm.

Benim yüzüm denize, Arif Bey ise Sirkeci yönüne dönüktü. Sağımda Marmara Denizi uzanıyor. Denizin üstü beyaz bulutlarla kaplı ve adalar gayet net olarak görünüyor. Heybeliada'ya, niçin 'heybeli' adını verdikleri buradan bakınca anlaşılıyor. Karşıda Kadıköy, Haydarpaşa, Harem, Kızkulesi, Salacak, Üsküdar birbirini izliyor. Haydarpaşa Lisesi binasını ve Selimiye Kışlası'nı açık seçik görmek mümkün. Oldukça yoğun bir deniz trafiği göze çarpıyor; petrol yüklü tankerler, yük gemileri, bu büyük gemilerin arasına serpiştirilmiş birçok şehir hatları vapuru, arabalı vapurlar ve deniz otobüsleri, deniz manzarasına hareketlilik getiriyor.

Boğaz Köprüsü altındaki mavilik, üstündeki beyaz bulutlarla bir bütünlük oluşturuyor. Ortaköy, Beşiktaş, Kabataş, Karaköy görüş alanım içinde. Arif Bey, "Hocam, burası 270 derecelik manzaraya sahip," dedi. Gerçekten İstanbul'un güzel noktalarından birinde idik ve buranın bir halk parkı olmasından mutluluk duydum.

Çayımız iki kişilik demlik ve sıcak su olarak geldi. Bir şişe su ve bir bardak getiren garsona, bir bardak daha getirmesini söyledik.

Arif Bey'e bu buluşmamızda, "Don Juan'ın savaşçı ile ilgili söylediklerini gözden geçirmek istiyorum," dedim ve konuşmaya başladık.

"Don Juan'a çok önem verdiğiniz belli oluyor. Doğan Bey, neden bu kadar önem veriyorsunuz?"

"Onun kişiliğini güçlü buluyorum. Söylediklerinin hepsini kendisi hayatında uyguluyor. Ayrıca, gözlemleri gerçekçi ve düşünceleri yaşamda uygulanabilir şeyler. Bilimsel düşünceme hitap eden bir tarzı var. Gerçi don Juan'ın öğretilerinin bilimsel düşünceyi çok aşan yönleri de var, ama sizinle konuşmamızda bu yönlerini konu etmek istemiyorum."

Arif Bey'in 'Niçin?' dev gibi bir bakışı vardı. Yüzünde gördüğüm soruyu yanıtladım. "Sizinle buluşmalarımızın temel amacı, 'savaşçı öğretmen' konusuna açıklık getirmek; bu nedenle, sizin yaşamınızı doğrudan ilgilendirmeyen her şeyi dışarda bırakmak istiyorum."

"Tamam."

"Carlos Castaneda'nın yazdığı kitapları taradım. Savaşçının söz konusu edildiği yerler üzerinde özellikle durdum ve o kısımları işaretledim. Bugün, işaretlediğim yerleri beraberce inceleyeceğiz."

"Bayağı emek vermişsiniz, Doğan Bey."

"Emeğe değer bir konu. Ve emeğe değer bir insanla paylaşıyorum."

Arif Bey, mahcup bir ifadeyle gülümsedi, bir şey demedi.

"Ben, Carlos Castaneda'nın kitaplarının İngilizcesini okudum. O nedenle vereceğim kitap isimleri İngilizce olacak. Bu kitapların Türkçesinin olduğunu biliyorum ama her bir kitabın hangi başlık altında Türkçeye çevrildiğini bilmiyorum.

"*A Separate Reality* adlı kitabında savaşçı ile ilgili ilk sözleri görüyoruz. Bu kitap Carlos'un don Juan'la ilgili ikinci kitabıdır. Carlos belirli aralıklarla Los Angeles'tan Meksika'ya kendi arabasıyla giderek don Juan'ı ziyaret ediyor. Bazen beraberce Carlos'un arabasıyla dağlara, yaylalara veya başka kasabalara gidiyorlar. Beraber yaptıkları bu yolculuklardan birinde, bir kahvehanede dinlenirken don Juan, Carlos'a nasıl olduğunu sorar. Carlos, kendisini pek iyi hissetmediğini söyler. Don Juan, Carlos'a dikkatle bakar ve onun içinde bulunduğu rahatsızlığı anlar.

"*'Meksika'ya gelme kararını verdikten sonra, bütün saçma korkularını geride bırakman gerekir,'* diye söze başlar. *'Buraya gelmeye karar vermen, bütün korkularını sona erdirmeliydi. Geldin, çünkü gelmek istedin. Bu savaşçının tarzıdır. Sana tekrar tekrar söyledim; en etkili yaşam* *biçimi, savaşçı olarak yaşamaktır. Bir karar vermeden önce, üzül, düşün; ama, kararını verdikten sonra üzüntü ve düşüncelerden kurtulmuş olarak yoluna git; daha milyonlarca konuda karar seni bekliyor olacak.'*(*)

"Arif Bey, bu konuya daha önce değinmiştik. Savaşçının karar vermeden önce iyice düşünüp taşındığı, ama karar verdikten sonra, artık hiç geriye bakıp pişmanlık duymadığını, bütün gücüyle o kararları eyleme dönüştürdüğünü söylemiştik."

"Evet, hatırlıyorum."

"Bunu sizin yaşamınıza uygularsak..."

"Ben Arif Okurer olarak mı?"

"Evet, siz Arif Okurer olarak. Şimdi düşünüp taşınıp öğretmen olarak kalmaya karar verdiniz mi?"

"Verdim."

"Düşünebileceğiniz her konuyu düşündünüz mü, üzülebileceğiniz her konuda yeteri kadar üzüldünüz mü?"

"Sanırım!"

"Sanırım değil. Bundan yüzde yüz emin olmalısınız. Öğretmen olarak kaldığınız zaman evliliğiniz nasıl olacak, mali durumunuz nasıl olacak, ananız babanızla ilişkiniz nasıl olacak, çocuklarınızı hangi koşullar içinde yetiştireceksiniz, toplum size nasıl bakacak?... Bütün bu konuları düşünüp gözden geçirdiniz mi?"

"Hayır."

"O zaman, konuya bir savaşçı olarak yaklaşmıyorsunuz demektir."

"Ama kararımın doğru olduğunu hissediyorum. Doğru karar verdiğimi biliyorum."

"Zamanınız olduğu halde yeteri kadar düşünmediyseniz, işin içinde tembellik var demektir."

"Peki ne yapmamı önerirsiniz?"

"Bence yaşamınızda önemli olan tüm boyutların bir listesini çıkarın: Meslek sahibi olma, evlilik, baba olma, ailenizi geçindirme, mal mülk sahibi olma, dünyayı gezip görme, mevki sahibi olma gibi. Bu listeyi ne kadar uzun tutarsanız, o kadar iyi olur.

(*) *A Separate Reality*, s. 47.

"Daha sonra öğretmen olarak her boyutu inceleyin. Ne gibi sorunlar çıkabilir; her biri üzerinde düşünün. Örneğin, öğretmen olarak evliliğiniz nasıl olacak, nasıl babalık yapacaksınız, sözgelimi dünya gezisi istiyorsanız, bunu nasıl gerçekleştireceksiniz? Kararınızı vermek için acele etmeyin. Bütün bunlardan sonra kararınızı verdiğiniz zaman, artık, 'sanırım' diye cevap vermezsiniz."

"Anlıyorum. Dediğinizi yapacağım."

"Tabii, ben dediğim için değil, siz anlamlı buluyorsanız ve istiyorsanız, bunu yapmalısınız. Çünkü, savaşçı yaptığı her şeyi kendisi seçtiği için yapar."

"O konuda hiçbir kuşkunuz olmasın!"

"Şu kâğıda savaşçının özelliklerinin bir listesini çıkartalım mı?"

"Yani, siz söyledikçe buraya, listeye yazayım, öyle mi?"

"Evet. Sonunda elimizde bir liste bulunur."

"Olur Doğan Bey. O zaman, 'Bir savaşçı karar vermeden önce düşünür, inceler, gözden geçirir, acele etmez, her şeyi hesaba katar; ama karar ver...'

"Bence daha analitik olalım. Örnek olarak ben söyleyebilir miyim?"

"Tabii, buyrun Hocam."

"Yine sizin söylediğiniz gibi olacak, ama daha çok adımlara böleceğiz. Şöyle diyelim:

> *"Savaşçı karar vermeden önce düşünür, inceler, gözden geçirir, acele etmez, her şeyi hesaba katar."*
>
> **don Juan**

"Bir, savaşçı karar vermeden önce düşünür, inceler, gözden geçirir, acele etmez, her şeyi hesaba katar."

Devam etmeden önce, bir noktayı belirtmek gereği duydum.

"Arif Bey, burada bir noktayı belirtmek istiyorum. Sıradan insan, ancak mecbur kaldığı zaman içinde bulunduğu durumun, kendi düşüncelerinin, duygularının farkına varır. Savaşçı her durumda, her şeyin farkında olmayı amaçlamıştır. Ortama getirdiği bilincin her zaman tüm ve kesintisiz olmasını ister. Onun için ilk özelliğe bir koşul daha ekleyerek, şöyle ifade etmek istiyorum:

"Savaşçı karar vermeden önce düşünür, inceler, gözden geçirir, acele etmez, her şeyi hesaba katar ve ortama getirdiği bilinçten tümüyle sorumluluk alır."

Bu noktada durdum, 'dediğim açık mı?' dercesine yüzüne baktım. Arif Bey, her şeyi anladığını ve takip ettiğini ifade eden bir bakışla bana baktı. O zaman, devam ettim:

"Yukarıda söylediğim savaşçının birinci özelliğiydi. Savaşçının ikinci özelliği ise şudur: Savaşçı, kararını verirken özgür iradesi içinde verir; yani onun kararı bir seçimdir."

"Hocam, bu ikinci noktayı pek anlayamadım."

"Arif Bey, burası kritik bir nokta. Deşmekte gerçekten fayda var.

Bir Seçim Yapmak

"Şöyle iki örnekle konuyu açmak istiyorum. Yine sizi örnek alalım: Öğretmen olma konusunda karar vermek istiyorsunuz ve tavsiyeme uyarak yaşamınızdaki bütün önemli boyutların bir listesini çıkardınız ve öğretmen olma kararı içinde bu boyutları irdelediniz diyelim. Sonunda kararınızı verdiniz. Size kararınızı soruyorum ve siz, 'öğretmen olmaya karar verdiğinizi' söylüyorsunuz.

'Niçin?' diye soruyorum.

"Farz edelim ki siz bana şöyle cevap veriyorsunuz: 'Öğretmenlik mesleği içinde bu ülkeye daha faydalı olacağımı görüyorum. Öğretmen olmam gerektiğini anlıyorum. Tabii ki, öğretmen olduğum takdirde pek malım mülküm olmayacak, dünya gezisi yapamayacağım, anam ve babam beni pek başarılı görmeyecek. Ama, bu koşullar içinde öğretmen olmamın toplumun çıkarı yönünden zorunlu olduğunu düşünüyorum. Onun için öğretmen olmaya karar verdim.'"

"O zaman bir savaşçı gibi karar vermiş olurum."

"Hayır Arif Bey, o zaman bir savaşçı gibi karar vermiş olmazsınız."

"Ama Hocam, kafamı karıştırıyorsunuz. Yaşamımın önemli boyutlarının bir listesini çıkardım. Her bir boyut üzerinde düşündüm, taşındım ve ne yapmam gerektiğine karar verdim."

"Bütün mesele orada; siz karar vermediniz!"

"Nasıl? Anlayamadım."

"Siz karar vermediniz!"

"Peki, kim karar verdi?"

"Listeniz karar verdi. Daha doğrusu, listenizdeki koşullar karar verdi!"

Savaşçı, kararını verirken özgür iradesi içinde verir, yani onun kararı bir seçimdir.

"Nasıl yani?"

"Listenizdeki koşulları size bilgi vermesi için gözden geçirmeniz gerekli. Koşulları gözden geçirmek, bütün inceliğine kadar düşünmek, tartmak önemli. Ama, kararı koşullar vermez. Kararı savaşçı *seçer.*"

"O zaman karar verme konusunu ben pek iyi anlamamışım."

"Öyle gözüküyor. Ne zaman, 'X, Y, Z nedeniyle şunların yapılması gerekli,' deniyorsa, orada kararı veren X, Y ve Z nedenleri oluyor."

"Demek ki şöyle demem gerekiyor. 'X, Y, Z nedenlerini gözden geçirdim. Bu nedenleri gözden geçirmiş biri olarak şunların yapılmasına karar verdim!"

"Evet, öğretmen olma konusunda da aynı şey geçerli. Bütün her şeyi gözden geçirdikten sonra, bu çok önemli, yeniden tekrar ediyorum, *gözden geçirilecek her şeyi gözden geçirdikten, bilgi sahibi olduktan sonra özgürce seçiyorsunuz.*"

Bir süre düşündükten sonra Arif Bey'e seçimle ilgili savaşçının yaklaşımını söylemek istedim:

"Sizin listenize giren her şeyi gözden geçirdiğinizde, sizin aklınız, mantığınız listedeki her bir koşulu değerlendiriyordu. Bu tür değerlendirme çok önemli ve gerekli."

Şimdi söyleyeceğimi duymasını istiyordum, o nedenle Arif Bey'in dikkatini çekecek kadar sustum, onun yüzüne baktım. Konuşmamızda daha önce, önemli şeyler söyleme noktasına geldiğimde aynı şeyi yaptığımı bildiği için, 'evet dinlemeye hazırım!' gibi bir bakışla yüzüme baktı.

"Arif Bey, listenizdeki bütün koşulları aklınızla gözden geçirdikten sonra seçimi gönlünüz yapar. Savaşçının seçimi bir gönül işidir. Don Juan buna, 'Savaşçının yolu, gönül yoludur,' der."(*)

(*) "One must always choose the path with heart in order to be at one's best." *A Separate Reality,* s. 84.

"Yani öğretmen olmaya gönül vermek lazım."

"Evet. Bu anlamda *savaşçı gönlünün muradını keşfeden ve o muradı yaşamında gerçekleştirmek üzere yaşayan kişidir.*

"Bu nedenle don Juan'ın, 'Buraya gelmeye karar vermen, bütün korkularını sona erdirmeliydi. *Geldin, çünkü gelmek istedin.* Bu savaşçının tarzıdır,' sözü üzerinde yeniden düşünmek gerekir."

"Şimdi, savaşçının özellikleri listesine ikinci özellik olarak, 'Kararını verirken özgür iradesi içinde verir; yani onun kararı bir seçimdir,' diye yazmak isteyişinizi daha iyi anlıyorum. Gözden geçirilecek tüm listeyi gözden geçirdiğim zaman ben seçim yapmıyormuşum, liste yapıyormuş seçimi."

"Arif Bey, aradaki fark önemli."

"Evet. Yani benim şu noktaya gelmem gerekiyor: 'Öğretmen oldum, çünkü her şeyi gözden geçirip üzerinde düşündükten sonra gönlüm öğretmen olmakta olduğu için, öğretmenliği seçtim,' diyebilmem gerekiyor."

"Evet, şimdi oldu. Şimdi öğretmenlik sizin seçiminiz oldu. Listeye koyacağımız üçüncü madde de şöyle olacak: 'Savaşçı verdiği kararlardan pişmanlık duymaz.' "

> "Savaşçı verdiği kararlardan pişmanlık duymaz."
>
> don Juan

Arif Bey, söylediğim özelliği de yazdı. Daha sonra bana baktı ve,

"Ben savaşçının karar verme koşullarının hiçbirine uymamışım. Ne bütün koşulları göz önüne alarak düşünmüşüm, ne kendi seçimimi yapmışım; dolayısıyla tabii, ne de kararlarımdan mutluydum. Karmakarışık bir durumdaydım."

"Ve bir dakika benimle konuşarak bunların hepsini düzelteceğinizi sanıyordunuz!"

İkimiz de güldük. Arif Bey'in gülüşünde saf bir çocuğun oyunculuğu, kendini bırakmışlığı vardı. Hiç savunucu olmadan kendini gözlemlemeye açması büyük bir cesaret işiydi ve o cesur biri olarak değil, gülen bir çocuğun saflığı içinde bunu yapıyordu.

Aklıma çay bahçesine doğru yukarı çıkarken gördüğümüz çocuk bahçesi geldi; o tarafa doğru baktım; kırık dökük salıncaklar ve üzerine tırmanacak yine kırık dökük birkaç oyun yeri vardı. Dört

-beş yaşlarında üç çocuk, ikisi kız, biri oğlan bahçenin önünden geçerek ilerliyorlar.

Oğlan çocuğu salıncağa binmek istiyor, kız çocuklar da istekli ama, izin verilmeyeceğini sanki biliyorlar ve annelerinin oğlan çocuğuna nasıl tepki vereceğini merakla gözlüyorlar.

Oğlan salıncağa binmekte ısrarlı. Anne, 'Hayır, hayır, şimdi biz denizi seyretmeye gidiyoruz. Haydi gel, çok güzel deniz manzarası,' dedi ama besbelli ki, çocuk için, 'çok güzel deniz manzarası' salıncağa binmek kadar çekici gelmiyor.

Küçük kızlar salıncağa binmekten umutlarını kesmiş olarak annelerinin yanına yöneldiler. Oğlan çocuğu mızmızlana mızmızlana annesine doğru giderken bir tümseğin üstünden atladı, annesi, 'Aferin, bak ne güzel atladın!' dedi. Oğlan mızmızlanmayı kesti, yüzü güldü, geri gitti, tümseğin üstünden bir daha atladı. Kızlar annelerinin ellerini bıraktılar, onlar da tümsekten atladılar, ama anneleri onlara, 'aferin' demedi, 'Haydi, geç kalıyoruz, deniz manzarası görmeye gidiyoruz,' dedi. Oğlan tatmin olmuş bir şekilde önde, önüne gelen her şeyden atlayarak, gitmeye başladı. Kız çocukları ise biraz mahzun, annelerinin ellerinden tutarak yürümeye devam etti.

Karşıdan üç genç kız geliyor, başları örtülü, yüzlerinde mahcup bir ifade, ama heyecanlılar ve ellerinde keten helva var, onu yiyorlar. Keten helva yiyerek Gülhane Parkı'nda yürüyebilmekten çok mutlular. İçimdeki his o ki, genç bir delikanlı kendilerine baktığı zaman sanırım yüzleri kızaracak, yürekleri atacak ve hiçbir şey söylenmeden gerçekleşen bir bakış alışverişi bugünün 'macera dolu bir gün' olmasına yetecek ve belki de böyle bir bakışın anlamı aralarında konuşulacak. Aralarındaki coşkulu ve 'maceralı' konuşmayı merak ettiğimin farkına vardım.

"Her bir insan kendi yaşamı içinde nasıl bir anlam bütünü oluşturuyor," diye düşündüm. Karmaşık, çok boyutlu, girift, sürekli değişen bir anlam; ama, olayı yaşayan kişi için "gerçek olan" o anlam. "Hayır, senin verdiğin anlam yanlış, benim anladığım şekilde anlayacaksın," demek, "yerçekimi diye bir şey yok," demek kadar doğaya aykırı.

Sabırlıdır ve Niçin Beklediğini Bilir

Etrafımda ne kadar zengin insan manzaraları olduğunun farkında olarak Arif Bey'e baktım. O da çevresiyle ilgili gözlemler yapıyordu. Bir ara, "Sizin dikkatinizi neler çekti, neler gözlemlediniz?" diye sormak aklımdan geçti, ama konuşmakta olduğumuz konuyu dağıtmak istemediğim için, sormadım. Küçük çocuklar gözden kaybolmak üzereydi, oğlan çocuğu hâlâ önüne gelen tümseklerden atlamaya devam ediyordu. Genç kızlar uzaklaşmışlardı, arkalarından görebiliyordum; hâlâ heyecanlı heyecanlı aralarında konuşmaya devam ediyorlardı.

Arif Bey'le konuşmama devam ettim:

"Carlos küçükken bir yarışma sırasında küçük bir çocuğun kolunu kırmış; muziplik olsun diye çocuğun üstüne ağır bir kalas düşürmüş. Fakat çocuk kolunu onun kırdığını anlayamamış ve ona ağabeyi gibi sarılarak, yardım istemiş. Carlos koşuda ve diğer spor faaliyetlerinde hep önde gelen biriymiş; çocuğun kolunu kırdığını görünce, 'belki de çocuğun kolunu kesecekler,' diye korkmuş ve büyük bir suçluluk duygusu içine girmiş. Bu suçluluk duygusu içinde bir daha yarışmalarda kazanmayacağına dair kendi kendine bir karar vermiş.

"Bu olayı don Juan'a anlattıktan sonra, 'Ne yapmam gerek, bana tavsiyelerin var mı?' diye sormuş. Don Juan, *'Sabırla bekleyeceksin, beklediğini bilerek ve ne için beklediğini bilerek bekleyeceksin. Savaşçının tarzı budur,'* diye cevap vermiş.(*)

"Arif Bey, şimdi kıssadan hisse, size soruyorum, 'Siz sabırla bekliyor musunuz, beklediğinizi bilerek ve ne için beklediğinizi bilerek?' "

"Bunun benim durumuma nasıl uygulanacağını bilmiyorum, Doğan Bey."

"Bir yandan savaşçı eylem adamıdır diyoruz, bir yandan da sabırla beklemesini bilmeli, diyoruz. Bu size çelişkili gelmiyor mu?"

"Geliyor!"

(*) *A Separate Reality*, s. 142.

"Bu çelişkiyi nasıl çözeceğiz?"

"Herhalde birinden biri yanlış. Gerçi sabır çok değer verilen bir özellik ama, benim şimdiye kadar anladığım, savaşçının bilinçli bir eylem adamı olduğu yönünde."

"Peki bir çiftçiyi düşünün. Çiftçi hem eylem adamı, hem de sabırlı birisi olmak durumunda değil mi?"

Bu noktada Arif Bey'in yüzünde 'şimdi anladım' türünden bir gülümseme belirdi ve düşündüğünü dile getirdi:

"Çiftçi yapması gerekeni zamanında yapar; ama eyleminin ürününü alabilmesi için sabırla bekler, beklediğinin bilincindedir ve neyi beklediğini bilir. O zaman listemize yazalım: 'Dört: savaşçı sabırla bekler; beklediğini bilir, ve ne için beklediğini bilir.' "

"Peki siz neyi beklediğinizi, niçin beklediğinizi biliyor musunuz? Görüyorsunuz, eski sorumu unutmadım."

"Sanırım bilmiyorum, Doğan Bey."

" 'Savaşçı bir öğretmen olmak.' Bunu beklemeye ne dersiniz?"

"Bunu düşünmemiştim, üzerinde biraz düşünmem gerek."

"Evet, düşünün. Ama, unutmayın, bu bir çiftçinin beklemesi gibi bir bekleme."

"Yani yapmam gereken tüm eylemleri yaptıktan sonra."

"Yaptıktan sonra da değil, bence. Eylemleri yapmaya devam ederken, aynı zamanda sabırla savaşçı olmayı beklemek."

"Yani, umutsuzluğa kapılmadan, kırılmadan, bozulmadan, sabırla yolculuğa devam."

> "Savaşçı sabırla bekler; beklediğini bilir, ve ne için beklediğini bilir."
>
> don Juan

"Evet."

"Anlıyorum, Hocam. Şimdiye kadar gözden geçirdiğimiz özelliklerden hiçbirine sahip olmadığımı görüyorum. Kafamın karışıklığı, depresyona girmem tesadüfen olmamış."

"Hiçbir şey tesadüfen olmaz, Arif Bey. Şimdi yaptığınız gözlem sizin gerçekçi olduğunuzu gösteriyor. Biliyorum, bu da bir savaşçı özelliği. Eminim, kitaplardan birinde bu özelliğe de dokunacaktır, don Juan."

"Şimdi listeye koyalım mı?"

"Hayır, bence bekleyelim."

"Listeye şimdi koysaydık, bu özellik bende var diye, teselli bulurdum."

Stratejik Bir Tavır

Gülüştük. Kitabı gözden geçirerek konuşmaya başladım:

"Bir keresinde Carlos ile konuşurken, konu yine savaşçı olmaya gelince, don Juan şunları söyler:

" 'Savaşçı olabilmek için kişinin ölümünün tümüyle bilincinde olması gerekir. Tümüyle ölümünün bilincinde olmak insanı kendi benliği üzerinde odaklaşmaya götürür ki, bu da insanı güçsüz hale getirir. Bu nedenle savaşçı ölümünün bilincine iyice vardıktan sonra, ikinci adım olarak, ölümü umursamamayı da öğrenir. Böylece ölüm insanı uyuşturup eylem yapmasını engelleyecek yerde, insana güç verecek bir yoldaş haline dönüşür.'

"Carlos, insanın dünyadan elini ayağını çekmesinin, bu dünyayı umursamamasının kendisine cazip gelmediğini söyler. Don Juan'a, 'Ben inzivaya çekilmek istemiyorum,' der."

"Don Juan verdiği cevapta, inzivaya çekilmenin bir tür iptila, düşkünlük olduğunu ifade eder. *'Münzevi kendi isteğiyle kendini inzivasına kaldırıp koyvermiştir. Dünyadan elini eteğini çekmek, savaşçının yapacağı bir şey değildir,'* der.

"Arzularından arınmış, ölümünü yoldaş olarak kabul etmiş birinin tek güç kaynağı vardır: Kararları. Bu nedenle savaşçı seçimini ustalıkla yapmalıdır. Kararlarının sorumluluğunu tümüyle kabul etmeli ve karar verdikten sonra, 'acaba'lara, 'keşke'lere yer olmadığını bilmelidir.

"Böylece savaşçı ölümünün bilincinde, arzularından arınmış, kararlarının gücüyle yaşamını stratejik bir biçimde yönetir. Ölümünün bilinci ona yol gösterir, onu isteklerinden arındırır ve onu dinç yapar; kararlarının nihai oluşu onu iyice düşünmeye yönlendirir ve böylece stratejik olarak verebileceği en iyi kararı vermesine götürür; böylece yaptığı her şeyi zevkle ve dipdiri bir verimlilik içinde yapar.

"Bir insan böyle davrandığı zaman o bir savaşçı olmuştur ve bir savaşçının sabrını da gösterir." (*)

(*) *A Separate Reality*, s. 150-2.

Arif Bey kitaptan aktardıklarımı dikkatle dinliyordu. Savaşçının özellikleri listesine baktı, bana baktı, ne yazacağını bilmez durumda idi.

"Savaşçı 'ölümünün bilincinde' ama aynı zamanda bunu 'umursamaz bir tavır' içerisindedir."
don Juan

"Hangi özelliği yazacağınızı düşünüyorsunuz, galiba."

"Evet, sizi dikkatle dinlediğim için özellik listesine yazamadım."

"Peki geri gidelim ve don Juan'ın söylediklerine bir bakalım."

"Ölümünün bilincinde olması gerekiyor, bunu, beşinci özellik olarak yazabiliriz, değil mi?"

"Evet, o beşinci özellik. Ama, bu ölüm bilincine kendini kaptırmış olmayacak. Umursamaz bir tavır içinde olacak."

"O zaman altıncı özellik olarak, ölümünü umursamaz bir tavır içinde olmak, diye yazabiliriz."

"Bir de isteklerinden arınmış olmaktan söz ediyor."

"Savaşçı, stratejik bir tavır içerisinde yaşamaya özen gösterir."
don Juan

"Bence bu umursamaz tavırla beraber gelen bir şey, ayrıca bir özellik olarak yazmayalım. Onun yerine altıncı özelliği, 'ölümünü umursamaz bir tavır içinde ve isteklerinden arınmış olmak,' diye ifade edebiliriz."

"Hemfikirim, sizin dediğiniz daha kapsamlı Arif Bey. Yedinci özellik olarak, 'stratejik bir tavır içinde yaşar,' diyebilir miyiz?"

"Evet, öyle yazıyorum. Başka özellik var mıydı?"

"Bir de olumsuz bir özellikten bahsetmiş, yani olmaması gereken bir özellikten."

"O hangisiydi? Ben hatırlamıyorum."

"Hiçbir şeye düşkünlük göstermemesi, hiçbir şeyin müptelası olmaması."

"Ha evet; inzivaya çekilenlerden söz ederken bundan bahsetmişti. Peki onu da sekizinci özellik olarak yazıyorum: 'Savaşçı hiçbir şeyin müptelası olamaz.' "

"Peki Arif Bey, bu özellikler yönünden kendinizi nerede görüyorsunuz?"

"Ölümümün bilincinde değilim, ölümümü umursamaz hale gelmiş hiç değilim, arzulardan, isteklerden arınmış olduğumu söyleyemem; stratejik bir tavır içinde yaşamıyorum. Ama, sanırım, müptelası olduğum bir şey yok."

"Savaşçı hiçbir şeyin müptelası olmaz."
don Juan

"Bu özellikler çerçevesinde kendi yaşamınızı değerlendirmek sizi rahatsız etmiyor, değil mi?"

"Hayır, etmiyor. Oldukça öğretici buluyorum."

"Müptela olma konusunu don Juan sık sık Carlos'a hatırlatır."

"Carlos'un müptela olduğu şeyler mi varmış?"

"Don Juan'a göre Carlos 'öfkeye', 'korkuya', 'entelektüel mastürbasyona', 'kendini önemsemeye', 'hüzne' ve daha birçok şeye düşkünlüğü olan bir kimse."

"Bayağı çokmuş."

"Aslında savaşçının niyetinin saflığı içine girmeyen ve devam eden her şey bir düşkünlük, bir iptiladır. Örneğin, amacımızın dışında sizinle bir araya gelmeye devam edersek, don Juan'a göre bu bir iptila olmuştur."

"O zaman hayatımda, stratejik kararlarımın dışında oyalandığım her şey bir iptila oluyor."

"Evet."

"Muazzam bir sorumluluk bilinci getiriyor. İnsan bir süre sonra bu tür yaşamdan bıkmaz mı? Daha doğrusu yorulmaz mı?"

"Çok mu ciddi geliyor?"

"Evet, ben kendimi her şeyden uzaklaştırıp, yatıp kalkıp, öğretmen olmayı mı düşüneceğim?"

"Öyle gözüküyor, değil mi?"

"Bana şimdi öyle gözüktü."

"Anlıyorum Arif Bey, bana da ilk başlarda öyle gözükmüştü. Aslında savaşçının yaşamı cıvıl cıvıl, mutlulukla dolu, enerjik, canlı ve hareketli. Ve hiçbir mecburiyet duygusu yok."

"Bu kadar şartlı şurtlu bir hayat nasıl oluyor da, bu kadar cıvıl cıvıl, mutlulukla dolu, enerjik, canlı ve hareketli oluyor?"

"Size şimdi böyle gözükmesi doğal. İsterseniz savaşçının özelliklerini gözden geçirdikten sonra bu konuya geri dönelim. Aksi halde, eksik bilgiyle tartışmaya girmiş olacağız."

"Ama mutlaka geri dönelim, çünkü bu nokta benim için önemli."

"Anlıyorum; benim için de önemli. Ben unutursam, siz hatırlatın."

"Tamam hatırlatırım."

Hemen önümüzdeki masada, yüzü Sirkeci istikametine, sırtı bize dönük, başı örtülü, orta yaşlı bir bayanın tek başına oturduğu dikkatimi çekti. Bu giyinişte bir bayanın buraya kendi başına gelerek çay içip manzara seyretmesini aklım hiç almadı. Arif Bey'e bu algılamamı söylediğimde o, 'Hocam, kocası şurada maç seyreden erkekler arasındadır,' dedi. Maç seyredenlere baktım, gerçekten hepsi erkekti.

Maç seyredenlerden orta yaşlı bir adamın yanında altı ve sekiz yaşlarında gözüken iki oğlan çocuğu vardı. Arif Bey yanında çocuklar olan adamı kastederek, "Muhtemelen onlar," dedi. Gerçekten de, maç bittikten sonra adam ve iki çocuk kadının yanına geldiler ve beraberce çay içmeye devam ettiler.

Kadında yalnız bırakılmış olmaktan kaynaklanan herhangi bir gerginlik, somurtma, sıkıntı sezmedim. Onların paylaştığı dünya içinde, futbol maçı olduğu zaman, kadının masada tek başına bırakılması çok doğal bir olaydı.

Her Şeye Saygılıdır ve Vuruş Menzili İçinde Kalır

Bu gözlemden sonra konuşmamıza devam ettik:

"Bir başka konuşmasında don Juan, *'Savaşçı hiçbir zaman kendini kapıp koyvermez,'* der. *'Bu ölümü dahi olsa, savaşçı mücadele etmeden kendini teslim etmez. Savaşçı her şeye saygıyla yaklaşır ve zorunlu olmadıkça kendisini ilgilendirmeyen işlere burnunu sokmaz. Savaşçı pek ortalıkta gözükmez, yüzünü eskitmez, ama bir işe karışması gerekiyorsa, iyice düşünüp seçimini yaptıktan sonra karışır.'"*(*)

"Bence yeni bir özellik eklememiz gerekiyor listemize."

(*) *A Separate Reality*, s. 180-2.

" 'Savaşçı her şeye saygıyla yaklaşır' özelliği mi?"

"Evet. Bu onun dokuzuncu özelliği oluyor."

"Listeye yazıyorum?"

"Yaz! Don Juan savaşçının bilinçli, stratejik yaşadığını değişik ortamlarda, değişik biçimlerde ifade ediyor. Bir keresinde, 'savaşçı ne uyuşuktur, ne acele eder,' bir başka yerde, 'savaşçı taşıyamayacağı yükün altına girmez,' diyor."

"Doğan Bey, vuruş menzili içinde kalmak diye bir kavramınız vardı. 'Savaşçı taşıyamayacağı yükün altına girmez,' özelliği bana bunu anımsatıyor."

"Evet Arif Bey, haklısınız. Onun için savaşçının onuncu özelliği olarak, 'Savaşçı vuruş menzili içinde kalır,' diyelim mi, ne dersiniz?"

"Bence tam uyuyor."

> *"Savaşçı seçimini yaparken, gönlünün sesini dinler."*
> don Juan

Yolu, Gönül Yoludur

Arif Bey biraz düşündükten sonra, bir şey hatırlamış gibi bana baktı ve;

"Hocam, biraz önce savaşçının yolunun gönül yolu olduğunu söyledik. Bunu da savaşçının bir özelliği olarak listeye eklememiz gerekmez mi?" dedi.

"Aslında, 'seçim yapar' derken, 'bu seçim sürecine gönül yön verir' anlayışını getirmiştik. Ama, gönül yolu kavramı orada örtük olarak kalmıştı, bu nedenle, ben sizin önerinizi yerinde görüyorum. Gelin, on birinci özellik olarak, 'Savaşçı gönlünün yolunu seçer veya savaşçının yolu, gönül yoludur,' gibi bir özellik koyalım."

"Bence, 'savaşçı seçimini yaparken, gönlünün sesini dinler,' desek daha uygun düşecek."

"Tamam, öyle diyelim."

Dünyayı Olduğu Gibi Görür

Carlos'un ikinci kitabında işaretlediğim son yere gelmiştik. Burada don Juan, savaşçının en önemli başarılarından birinin, içinde süregiden iç konuşmayı durdurmak olduğunu söyler ve bunu yaptığı zaman dünyayı olduğu gibi görebileceğini ifade eder.

Arif Bey'e bu düşüncemi söyledim.

"Hocam dünyayı olduğu gibi görebilmek ne demek?"

"Hatırlıyorsun, Frederick Perls insanoğlunun bilincinin üç katmanı olduğunu söylemişti: iç dünyamız, dış dünya ve bu ikisi arasında kalan kavramsal dünya. Aradaki bu dünya dil ve kültürden oluşur ve zamanla o kadar gelişir ki, kişi bu ara katmanın dışında başka bir şey algılayamaz hale gelir."

"Evet, hatırlıyorum. Burada sıkışıp kalmaya hapishanede olmak demiştik."

"Tamam. Don Juan savaşçının hapishaneden çıkabilmesi için, yani bu ara katmanın etkisi altında kalmadan dış dünyayı olduğu gibi görebilmesi için, bir yol, bir yöntem öneriyor."

"Çok önemli."

"Evet, ve önerdiği yöntem basit; iç konuşmayı durdurmak."

"İç konuşmayla bu katmanın ne ilgisi var?"

"Don Juan'a göre biz toplumun beklentilerini ve o toplumun kültürünü ancak bu iç konuşmayla içimizde canlı tutuyor ve sürdürüyoruz. İç konuşma kesildiği zaman bu katman elektriği kesilmiş motor gibi duruyor. O zaman bu katmanın etkisi ortadan kalkıyor ve biz dünyayı bu katmanın etkisi altında kalmadan doğrudan algılayabiliyoruz."

"Peki nasıl durduracağız bu iç konuşmayı, bir yöntem öneriyor mu?"

"Önerdiği yöntem, sakinleşip, düşüncelerini durdurup, kişinin kafasını tamamiyle durgun hale getirmesi. Benim anladığım, önerdiği bir tür meditasyon. Meditasyon nedir, biliyor musunuz?"

"Duydum ama ne olduğunu bilmiyorum."

"Birçok türü var. Ama her tür meditasyonun temel özelliği, kişinin bilincinin içeriğinin etkisinden kurtulması ve gözlemleyen bilince ulaşması. Bunu başardığı zaman, kişi ancak bir tek şeyin farkına varıyor, o da farkında olduğunun farkında olmak. Başka her şey kayboluyor."

"Yani gözlemleyen bilinç kendinin farkına varıyor. Bir başka deyişle, gözlemleyen bilinç kendini gözlemeye başlıyor."

"Evet, ve bu ilginç bir bilinç hali. Bir insan bunu sürekli kılmaya başladığı zaman, gerçekten şimdiyi ve şu anı bütün haşmetiyle yaşayabilecek hale geliyor."

"Doğan Bey, siz meditasyon yapıyor musunuz?"

"Evet."

"Ne zamandan beri?"

> "Savaşçı iç konuşmasını istediği zaman durdurabilir."
> don Juan

"Ben 1976'nın sonbaharında meditasyon yapmaya başladım ve hâlâ devam ediyorum."

"Ben istesem, meditasyon öğrenebilir miyim?"

"Ben Ankara'da öğrendim. Öğrendiğim TM olarak bilinen Transandantal Meditasyon. Burada İstanbul'da da merkezi var. TM'yi öğrenme kararımı, hayatımda verdiğim en yararlı kararlardan biri olarak görüyorum."

"Hocam biraz daha bahseder misiniz? Size nasıl yararı oldu? Ne öğretiyorlar? Ne yapıyorsunuz?"

"Arif Bey, bunun ayrıntılarına girmeyeyim. Eğer, 'Benim öğrenmemi tavsiye eder misiniz?' diye sorarsanız, cevabım 'evet'tir."

"Peki. Bunun üzerinde düşüneceğim. Demek ki, böyle bir yöntemle iç konuşmayı durdurmanın gerekli olduğunu söylüyor."

"Evet. Bunu yapmadan Carlos'un tam bir savaşçı olamayacağını söylüyor."

"O zaman bunu da bir özellik olarak yazalım mı?"

"Evet, yazalım."

"'Savaşçı iç konuşmasını istediği zaman durdurabilir,' diye yazıyorum."

"Tamam, öyle yazın."

"Bu savaşçının on ikinci özelliği oldu."

"Tamam."

Bir masada iki erkek, yanlarındaki kadın yokmuş gibi, onu hiç hesaba almadan yoğun bir konuşmaya dalmışlar. Kadına bakmıyorlar, ona bir şey söylemiyorlar, hatta kadın dinliyor mu, dinlemiyor mu, umurlarında değilmiş gibi bir durum var. Ama, kadın konuşulanlara ilgi gösteriyor, dikkatle dinliyor ve ara sıra, erkekler ilgilenmese ve dinlemese dahi, karışıp kendi fikrini söylüyor. Bu manzaranın bana ilginç gelen yanı, kadın onların kendisini dinlememelerine, kendisini bu konuşmaya dahil etmemelerine hiç alınmıyor; o yine aktif olarak katılma teşebbüsü içinde. Besbelli ki, kadın orada iken erkeklerin kendi aralarında konuşmaları ve onu işin içine katmamaları doğal. Bunun doğallığını hem kadın, hem de erkekler kabul etmiş durumda.

> *"Savaşçı içinde bulunduğu duygusal durumu kendisi belirler."*
> don Juan

Bir ara içimden, 'Bu böyle olmamalı; kadın da bu konuşmanın eşit bir üyesi olarak katılmalı,' diye düşündüm.

Daha sonra üç genç kız gördüğüm zamanki düşüncelerim aklıma geldi. O zaman içimden ne düşünmüştüm: "Her bir insan kendi yaşamı içinde bir anlam bütünü oluşturuyor; olayı yaşayan kişi için 'gerçek olan' o anlam. 'Hayır, senin verdiğin anlam yanlış, benim anladığım şekilde anlayacaksın,' demek, 'yerçekimi diye bir şey yok,' demek kadar doğaya aykırı geliyor."

Ve ben, "Erkekler seni arasına almalı ve sen onlarla eşit olarak konuşmalısın. Doğru olan bu!" diyordum ve böylece yukarıda yapılmamasını söylediğim hatayı şimdi kendim yapıyordum. Bunu yaptığımın farkına varmak beni şaşırttı ve biraz sarstı.

Bu düşüncelerimi kendime sakladım. Konuşmakta olduğumuz konuyu saptırmak istemiyordum. Çaylarımızı yeniledikten sonra elimdeki kitaplardan savaşçının özelliklerini irdelemeye devam ettik.

Savaşçının Duygusal Tavrı

A Separate Reality adlı kitapta, Carlos'un don Juan ile şöyle bir etkileşiminden söz ediliyordu:

"Bir keresinde korkulacak bir durumda, korkusuna rağmen Carlos korkuyu yenerek yapılması gereken yapınca, don Juan ona, *'Görüyorsun, istenirse korku yenilebilir; daha doğrusu korkuya rağmen korkusuzca davranılabilir. Savaşçı içinde bulunduğu duygusal durumu kendisi belirler'* (*) der."

(*) *A Separate Reality*, s. 119-21.

"Doğan Bey, don Juan bununla ne demek istiyor?"

"Daha önce mutluluk konusunda kısaca bu konuya dokunmuştuk, Arif Bey. Hatırlayacaksınız, 'insanın içinde bulunduğu durum mu onun duygularını belirliyor, yoksa insan, içinde bulunduğu durumdan bağımsız olarak, kendisi duygularını belirleyebilir mi?' diye tartışmıştık."

"Evet, hatırlıyorum."

"Don Juan, savaşçının duygusal durumunu kendisinin belirleyeceğini söylüyor."

"Peki savaşçı duygusal durumunu nasıl belirliyor, onu da söylüyor mu?"

"Söylediği şu... Hayır bu onun söylediği değil aslında, ana fikri veriyorum."

"Peki ana fikir ne?"

"Ana fikir şu: Savaşçı niyetinin ne olduğunu bilir ve niyetinin saflığı içinde durumu algılar, yorumlar, anlamlandırır ve her şeyi düşündükten, gözden geçirdikten sonra, yaratmak istediği geleceğe en uygun eylemi seçer. Ve...

"İşte Arif Bey, konuştuğumuz konuyla ilgili kısmı şimdi söyleyeceğim...

"Ve, bu eyleme uygun duygusal durumu seçer."

"Hocam, yine örneklesek, daha iyi anlayacağım galiba."

"Örneğin, yapacağı eylem, herkesin içinde kalkıp kendi bağımsız düşüncesini söylemekse, o eyleme uygun cesurca tavrı ve kararlılığı gösterir.

"Bir başka örnek vermek istiyorum. Varsayalım ki, savaşçı evli ve eşiyle zor günler geçiriyor. Sen henüz evli olmadığın için bilemezsin Arif Bey, ama eşler ne kadar iyi anlaşırlarsa anlaşsınlar, her evliliğin zor günleri olacaktır. Evet, varsayalım ki savaşçı evli ve eşiyle o zor devrelerden birini yaşıyor.

"Eşi, savaşçıyı, yanlış anlamadan kaynaklanan bir nedenden dolayı suçluyor ve ona eziyet ediyor. Yani, dışardan durumu gözleyen birisi, 'bu eş bu kişiyi haksız yere suçluyor, haksız yere eziyet ediyor,' diyebilecek bir durum var ortada."

"Evet, anlıyorum Doğan Bey. Peki savaşçı ne yapıyor?"

"Sıradan karı-koca ilişkilerinde, bu durumda ne olur?"

"Herhalde suçlanan eş bunun haksızlık olduğunu belirtip, karşıdakinin ağzının payını verir."

"Evet. Savaşçı ise, önce bu evlilikteki temel niyetinin saflığı içinde durumu algılar. Bu evlilikte neyi gerçekleştirmek, neyi yaşatmak istiyorum? Hangi geleceğe kendimi adamış durumdayım? Bu soruların yanıtını bularak durumu algılar, yorumlar ve anlamlandırır.

"Sonra, yaratmak istediği geleceği düşünür: Savaşçının ilişkide yaratmak istediği değerler, sevgi, güven, kabul, birbirine destek, anlayış gibi değerler bu evlilikte nasıl yer alacak, nasıl yaşayacak, onun bilincine varır.

"Daha sonra, bu geleceği yaratacak, kendisiyle bütünlük içinde yapabileceği en uygun eylemi ve bu eyleme uygun duygusal durumu seçer ve eyleme geçer."

"Peki Doğan Bey, verdiğiniz bu örnek içinde kalacak olursak, savaşçı nasıl bir duygusal durumu seçer ve bu duygusal durum içinde nasıl bir eylem yapar?"

"Alıngan olmayan, kızgın olmayan, eşine değer veren, onun dediklerini ciddiye alan ve can kulağıyla dinleyen, ona saygılı, onun gözüyle olayları görmeye hazır, ailesinde yaşatmak istediği değerleri o anda eşiyle olan ilişkisinde yaratan, yani sevgi, güven, kabul, birbirine destek, anlayış değerleri içinde o andaki ilişkisini sürdürmeye kararlı biri olur."

"Peki eylemi ne olur?"

"Dinlemek."

"Dinlemek mi? Dinlemek bir eylem mi?"

Dinlemek en önemli iletişim eylemidir.

"Evet, dinlemek bir eylem. Arif Bey, iletişim bir eylemdir ve iletişim dediğimiz zaman, sadece konuşmak anlaşılmamalı. Dinlemek en önemli iletişim eylemidir."

Arif Bey, söylediğim son cümleyi birkaç kere kendi kendine tekrar etti, "dinlemek en önemli iletişim eylemidir", "dinlemek en önemli iletişim eylemidir," diye. Daha sonra, "Hocam, dinlemenin önemli olduğunu biliyordum, ama onun bir eylem olduğunu hiç düşünmemiştim," dedi. Ve konuşmaya devam ettik.

"Arif Bey, dinleme bir eylemdir. Ve bu verdiğimiz örnekte, savaşçı eşini, elinden gelen en iyi şekilde dinlemeye karar verir."

"'Elinden gelen en iyi şekilde'yi bastırarak söylediniz, Doğan Bey."

"Evet, bastırarak söyledim. Düşünsene, böyle bir durumda 'dinlemeyi engelleyen duygusal durum' olasılıklarını."

> "Diğer insanların yaptıkları şeyler ancak biz izin verirsek bizim ruhumuzu zedeler. Ruhunun zedelenmemesi için savaşçı her durumda uygun duygusal tavrını alır."
>
> don Juan

"Tahmin edebiliyorum, ama siz yine söyleseniz."

"Olumsuz duyguların tümü: sinirlenme, kızgınlık, öfke, gerginleşme, 'bana haksızlık yapılıyor' duygusu, 'şimdi bu zırıltıyı mı dinleyeceğim' bakışı, 'öff be, yine başladı' duygusu ve bunun gibi birçok duygu."

"Yani, insanın eşi kendisine bir şeyler söyleyince kişinin hemen savunucu bir tutum içine girmesi. Böyle bir savunucu tavır, sağlıklı dinlemeyi önlüyor. Bunu söylemek istiyorsunuz, galiba."

"Evet, savaşçı savunucu tutum içine girmez. Niçin girmez, biliyor musunuz?"

"Savaşçı olduğu için?"

İkimiz de güldük. Ben konuşmama devam ettim.

"Savaşçı savunucu tutum içine girmez, çünkü orada eşiyle konuşurken, egosuyla değil, gözlemleyen bilinci ile durumu algılar, yorumlar ve adlanlandırır."

"Her şey dönüp dolaşıp, gözlemleyen bilinç ile ego arasındaki farka dayanıyor."

"Evet. İşin bütün temeli orada. O nedenle buluşmalarımıza bu iki kavramın tartışmasıyla başladık.

"Bu kavram üzerinde konuşurken bir keresinde Carlos, 'Her zaman duygusal durumu kişinin denetlemesi mümkün olamayabilir. Örneğin, gaddar bir kişi, kendi emri altındaki bir kimseye zarar verebilecek durumda ise, o güçsüz ne yapsın? Bu durumda bu zavallı kişinin kurtuluşu yok!' dediğinde, don Juan *'O gaddar kişi emri altındaki kişinin bedenini incitebilir, ama ruhunu incitemez. Benim konuş-*

tuğum savaşçının duygusal durumu, bedenle ilgili değil. Onun özüyle ilgili. İşte o özün nasıl hissedeceğine yalnız savaşçının kendisi karar verir,' der. Ve devam eder, *'Diğer insanların yaptıkları şeyler ancak biz izin verirsek bizim ruhumuzu zedeler. Ruhunun zedelenmemesi için savaşçı her durumda uygun duygusal tavrını alır.'*

"Don Juan, Carlos'un sık sık diğer insanlara kızdığını gözlemler ve ona şu soruyu sorar:

"Savaşçının duygusal durumu başkalarının söyledikleri, davranışları ile değil, kendi bilinçli seçimiyle oluşur."
don Juan

"Geçen gece aslan seni kovalarken ona gücenmek, ona kızmak, alınmak pek aklından geçmedi. Ona küfrettiğini veya onun bizi böyle kovalamaya hakkı olmadığını söylediğini duymadım. Bu aslan seni yakalayabilir ve öldüresiye yaralayabilirdi. Ama sen aslandan kurtulmak için mücadeleni verirken, bu tür kızgınlığa, alınganlığa yer yoktu. Senin amacın oradan kaçarak canını kurtarmaktı; ve bunu gayet güzel başardın. Savaşçının duygusal durumu başkalarının söyledikleri, davranışları ile değil, kendi bilinçli seçimiyle oluşur.' "

"Hocam, bütün bu tartışmalardan sonra, listemize savaşçının özelliği olarak ne yazalım?"

" 'Savaşçı içinde bulunduğu duygusal durumu kendisi belirler,' yazalım."

"O zaman, on üçüncü özellik olarak, 'Savaşçı içinde bulunduğu duygusal durumu kendisi belirler,' yazıyorum."

"Tamam."

Şöyle etrafıma baktım. Karşıda Çamlıca tepesi televizyon antenlerinin yoğunluğu ile dikkatimi çekti. Arif Bey bu tepeye, 'anten tepesi' adını vermiş.

Bir kuş hafif hafif esen rüzgârla dengesini kurmuş, hiç kanat çırpmadan gökte bir o yana, bir bu yana süzülüyor. Kuşun uçuşundaki mükemmellik, hava akımı ile sağladığı denge ve hiç gayret sarf etmeden gökyüzünde kalışı ve akışı bende hayranlık uyandırdı. Kuş bu muhteşem başarıyı bilerek bu dünyaya gelmişti, kimse ona öğretmedi.

Sirkeci'den bir arabalı vapur Harem'e doğru gidiyor. Arabalı vapuru görünce bir hatıram canlandı. Ben üniversite öğrencisi iken karşıya ancak arabalı vapurla geçilirdi. Köprünün yapımına karşı çıkan büyük bir öğrenci grubu vardı. O günkü savlar bugünün gerçeği içinde saçma ve yanlış görünüyordu. Ama o günün gerçeği içinde o savlar büyük taraftar toplamıştı.

Ben bunları düşünürken aşağıdan bir tren geçmeye başladı. Vagonların üstü yoğun bir pas içinde, yan cepheleri maviye boyanmış durumda, boyalar eski ve yer yer mavi boyaların zayıfladığı yerde yeşilimsi, sarımsı bir alt renk belli belirsiz görünüyor. Tren yağ gibi akarak değil, tangur tungur ses çıkararak gidiyor; sanki vagonlar her an için raylardan çıkacakmış gibi.

Sahilde yürüyen çiftler var. Daha önceki belediyelerin sahilde yürünecek kaldırımlar, yer yer bahçeler yapması bu yöreye çağdaş bir hava vermiş. Yürünecek yer bulduğu zaman vatandaş bunu değerlendirmesini biliyor. Sarayburnu önünden Kumkapı'ya doğru bu olanakların sağlanmasını İstanbul için önemli bir başarı olarak düşündüm ve bunları yapanlara içten teşekkür ettim.

Şöyle bir ayağa kalktım ve gerindim, daha sonra yine oturdum. Dördüncü kitapta işaretlediğim kısımlar üzerinde konuşmaya başladık.

Savaşçının Alçakgönüllülüğü

"Carlos Castaneda dördüncü eseri olan *Tales of Power* adlı kitapta, savaşçı olmaya kendini hazır hissetmediğini, bu tür bir öğretiye hazır olduğunu hissettiğinde gelip, o zaman gerçek bir öğrenci olacağını don Juan'a söyler."

"Aralarında şöyle bir etkileşim yer alır:

"Yine saçma konuşuyorsun. Savaşçı kendisini olduğu gibi kabul ederek işe başlar. Bu kabulde alçakgönüllülük vardır. Ne olduğunu kabul ederken, pişmanlık duymaz, hınç duymaz, 'keşke böyle olsaydım,' duyguları içinde değildir. Ne olduğunu tüm alçakgönüllülükle kabul ederek, işe başlamak gerektiğini anlar.

"Bu noktayı anlamak ve yaşamak zaman alır. Örneğin, ben, alçakgönüllülük kelimesini duymaktan nefret ederdim. Biliyorsun, ben Kızılderiliyim ve biz Kızılderililer her zaman alçakgönüllü ol-

duk ve başımızı herkesin önünde eğdik. Alçakgönüllülüğün savaşçının yoluna çıkacağını sanmıyordum; yanılmışım. Bir savaşçının alçakgönüllülüğü, bir dilencinin alçakgönüllülüğü gibi değildir. Savaşçı başını kimseye eğmez, ama hiç kimsenin de kendisine başını eğmesini istemez ve izin vermez. Öte yandan, dilenci kendinden güçlü gördüğü kimseye hemen başını eğmeye ve onun için yeri süpürmeye hazırdır. Ne var ki, dilenci kendinden daha güçsüz birinin onun için yeri süpürmesini ve başını eğmesini ister."[*]

"Doğan Bey, don Juan'ın bu son söyledikleri sizin 'ben-sen bilinci' ve 'biz bilinci' kavramlarını anımsatıyor."

"Evet, haklısınız, büyük bir benzerlik var. Biz bilinci içinde 'Alçakgönüllülük' varoluş yönünden birbirine eşit değerde insanların ilişkisinde gözlenir. Ben sen bilinci içinde ise, 'mış gibi alçakgönüllülük' vardır. Mış gibi alçakgönüllülüğün temelinde diğer insandan korkmak yatar; gerçek alçakgönüllülüğün temelinde ise eşitlik duygusu."

> ***Savaşçı tüm evrenle biz bilinci içinde ilişki kurar.***

"O zaman şöyle söyleyebilir miyiz: Savaşçı diğer insanlarla ilişkisinde alçakgönüllüdür?"

"Hayır, öyle söylersek, don Juan'ın dediğinden farklı bir durum ortaya çıkar."

"Don Juan böyle demiyor mu?"

"Don Juan, 'Savaşçı alçakgönüllüdür,' diyor. Diğer insanlarla ilişkisinde demiyor. Don Juan'a göre savaşçının alçakgönüllülüğü kuşları, böcekleri, tüm yaratıkları kapsıyor. Yani, savaşçı her tür yaratıkla ilişkisinde alçakgönüllüdür; savaşçı her tür yaratığı kendine denk alarak ilişki kurar."

"Peki, şöyle denebilir mi: Savaşçı tüm evrenle biz bilinci içinde ilişki kurar?"

"Hah, şimdi oldu Arif Bey. Evet, böyle denebilir. Savaşçı evrensel biz bilincini gerçekleştirmiş biridir."

"Don Juan böyle mi söylüyor?"

"Hayır. Don Juan biz bilinci diye bir şeyi ağzına almıyor. Don

---

[*] *Tales of Power*, s. 19.

Juan'ın söylediklerini şimdi siz ve ben böyle yorumluyoruz. Daha doğrusu siz bana, 'Doğan Bey, bu böyle yorumlanabilir mi?' diye soruyorsunuz, ben de 'Evet, yorumlanabilir,' diyorum."

"Şimdi listeye hangi özelliği yazacağız?"

"Savaşçı alçakgönüllüdür, desek?"

"Tamam, on dördüncü özellik olarak, 'savaşçı alçakgönüllüdür' yazıyorum."

"Tamam, öyle yazın. Arif Bey, kendini olduğu gibi kabul etme üzerine konuşurken, bu özelliğin sizde olduğunu söylemiştim, hatırlıyor musunuz?"

"Hatırlayamadım, Hocam."

"Siz, 'Şimdiye kadar gözden geçirdiğimiz özelliklerinden hiçbirine sahip olmadığımı görüyorum. Kafamın karışıklığı, depresyona girmem tesadüfen olmamış,' demiştiniz. Hatırladınız mı?"

"Evet, hatırladım."

"Ben de, 'Şimdi yaptığınız gözlem sizin gerçekçi olduğunuzu gösteriyor,' demiştim. Siz de, bu özelliği listeye koymak istemiştiniz. Bu gerçekçilik özelliği, şimdi savaşçının alçakgönüllülüğü ile ifade edilmiş oluyor. Savunucu olmadığınız için, kendinizi olduğunuz gibi kabul ettiğiniz için, sizde bu özellik var."

"Sahiden böyle düşünüyor musunuz Doğan Bey?"

"Evet."

"Bu önemli bir özellik mi?"

"Bence savaşçının her özelliği temel ve önemli. Bu özellik de temel bir özellik."

"Teşekkür ederim Doğan Bey. Kendime güvenim arttı."

Karaköy limanı ve gümrük depoları yönüne başımı çevirdim; bu sırada bir vapur düdüğünü öttürdü. Denizde irili ufaklı vapur, tanker, motor, balıkçı teknesi dağılmış durumda. Vapur düdüğünden sonra baktığım denizin bu kısmını bir tür yaratığa benzettim; sesiyle, hareketleriyle, görünüşüyle canlanmış ve kendini ifade ediyordu.

Futbol maçı seyretmiş olan erkekler yine televizyonun yakınında oturuyorlardı. Bir şeyin farkına vardım: Maçla ilgilenmeyen, maçı seyretmeyen oldukça yüksek sayıda erkek vardı. Bazıları oturmuş çevrelerini seyrediyorlar, büyük bir çoğunluğu ise, kendi masalarındaki erkek arkadaşlarıyla konuşuyorlardı. Birkaç masa kadınlı erkekli olarak konuşmaya devam ediyordu. Kadınlı erkekli olarak konuşan masalardan etrafa daha çok gülme sesleri yayılıyordu.

Garsonlar gayet çabuk bir şekilde işlerini görüyorlar, insan ilişkileri konusunda herhangi özel bir şey yapmak onların önem verdikleri, kafaya taktıkları bir konu olarak görünmüyordu. Verimli çalışmaya özen gösteriyorlar. Müşterileriyle ilişkilerinde de herhangi bir kabalıkları yok. Kendinizi tam bir müşteri gibi hissediyorsunuz.

Benim evden görünen bitmemiş çirkin bina buradan da gözüküyor. Ayrıca Dolmabahçe ile Taksim arasında yer alan kırmızı tepeli sipsivri bina da, o çevrenin tüm güzelliğini bozarak insanın gözüne batıyor.

Oğullarıyla futbol seyreden adam hesabı ödemek için eşinden para istedi. Demek ki evde maliye bakanı kadın. Kadın cebinden cüzdanını çıkardı ve parayı adama verdi, adam garsona verdi. Bir süre sonra garson paranın üstünü getirdi, adamın önüne koydu, adama parayı aldı, kadının önüne koydu. Para konusunda idarenin kadında olduğu bir kere daha kanıtını bulmuş oldu.

Arif Bey, Eskişehir'de tanıdıkları birinin kızının gelin gittiği evi hatırladı. Kızın gelin gittiği evde kayınvalide maliye bakanı imiş. Yeni evlenen de dahil evde iki oğlu varmış ve onların tüm kazançlarını kendisine vermelerini beklermiş. Daha sonra evin ihtiyaçlarını ve kişilerin harçlıklarını herkese o verirmiş. "Peki evlilik ne oldu?" diye sordum; Arif Bey gülerek kızın boşandığını söyledi.

Hiç hayret etmedim.

Öğrenme Fırsatı

Bir süre çevreyi ve insanları gözledikten sonra, kitaplardan savaşçının özelliklerini irdelemeye devam ettik.

"Bir başka yerde Carlos ile konuşurken don Juan şöyle der: *'Sıradan bir insanla savaşçı arasındaki en temel fark şudur: Savaşçı her şeyi üstesinden gelinmesi gereken bir öğrenme fırsatı olarak görürken, sıradan insan her şeyi, ya şükredilecek ya da küfredilecek bir şey olarak görür.'*[*]

---

[*] *Tales of Power*, s. 106.

"Doğan Bey, üstesinden gelinmesi gereken öğrenme fırsatı ne demek?"

"Güzel bir nokta yakaladınız Arif Bey. İngilizce'deki 'challenge' kelimesini size bu anlamda aktardım. Türkçe'de bu kelimenin tam karşılığı yok. Onun için değişik durumlarda, değişik ifadelerle aktarmak gerekiyor. Bunun farkına varışınız çok isabetliydi."

"Biraz daha açıklayabilir misiniz, bu kelimenin anlamını?"

"Peki, şimdi sizinle iki şey yapalım, bir, bu kelimenin hangi durularda kullanıldığı ile ilgili birkaç gözlem yapalım, iki, savaşçının bakış tarzının özelliği üzerinde duralım."

"Yani önce İngilizce kelimenin anlamını açıklayacaksınız?"

"Evet. Bu kelimenin anlamına *Redhouse* sözlüğünde bakarsanız 'çal'ınc' şeklinde okunduğunu söyler ve hem isim olarak, hem de fiil olarak kullanıldığını belirtir. İsim olarak kelimenin şu anlamları sıralanmıştır: *meydan okuma, mücadeleye davet; bir konuda açıklama yapmaya çağırma; askerlikte, nöbetçinin 'dur' emri veya kimlik sorması; hukukta, hâkim veya jüriyi reddetme; ABD oy pusulasının geçersizliğinin veya seçmenin yetersizliğinin iddia edilmesi. Fiil olarak, meydan okumak; düelloya davet etmek; figuratif olarak, 'hodri meydan' demek; itiraz etmek; kokuyu bulunca havlamak (av köpeği).*"

"Bu dediğiniz anlamlardan hiçbiri sizin dediğinize uymuyor."

"Evet uymuyor. Onun için bu kadar ayrıntılı açıklamalara giriyorum. 'Challenge' kelimesinin en yaygın anlamı 'meydan okuma' şeklinde ifade edilebilir. Örneğin, söylediğin şeyi kanıtlamaya seni davet ederken bu kelimeyi kullanırım; 'haydi bakalım ispat et!' anlamı vardır burada.

"Başka bir yaygın kullanışı daha var: örneğin, bir seminere gittiniz ve seminerde hep sizin bildiğiniz şeylerden bahsedildi, sizi düşündürecek, kamçılayacak, yeni ufuklar açacak bir şey yoktu. İşte bu, 'düşündürecek', 'kamçılayacak', 'yeni ufuklar açacak' yön de bu kelimeyle ifade ediliyor.(*) Öğretim üyeliği yaptığım üniversite-

---

(**) *'It was not a challenging seminar,'* cümlesinde olduğu gibi.

de sık sık öğrencilerin derslerle ilgili olarak bu kelimeyi bu anlamda sıfat olarak kullandıklarını duydum."

"Yani kolay ders, zor ders anlamında mı?"

"Hayır, kolaylık zorluk anlamından daha çok, öğrenciyi kamçılayıp yeni bir şeyler öğretiyor mu, yoksa bilgi değeri düşük olan bir ders mi, bu yönünü ifade etmek için kullanıyorlar."

"Yani dersin öğrencinin hayatına katkısı ne olacak gibi bir şey mi?"

"Evet öyle. Ama, bu sıfatı kullandığı zaman öğrenci şunun da farkında, seminerin hayatına katacağı değeri öğrencinin 'kazanması' gerek. Bir seminer için öğrenci bu sıfatı kullandığı zaman bilir ki, sırf sınıfa gidip oturarak seminerden yararlanamayacak. Seminerdeki kavramlarla boğuşması, çatışması, hesaplaşması gerek. Böyle bir mücadeleden sonra seminerin katkısını hayatına geçirebilir."

"Anlıyorum."

"Bu kelimenin bir diğer anlamı, 'yaşamda karşılaştığın olaylara birer sorun olarak da bakabilirsin birer 'challenge' olarak da bakabilirsin' cümlesindeki gibidir.(*) İşte don Juan, *'Sıradan bir insanla savaşçı arasındaki en temel fark şudur: Savaşçı her şeyi üstesinden gelinmesi gereken bir öğrenme fırsatı olarak görürken, sıradan insan her şeyi, ya şükredilecek ya da küfredilecek bir şey olarak görür,'* derken, kelimeyi bu anlamda kullanıyor. Yani, 'challenge', 'üstesinden gelinmesi gereken bir öğrenme fırsatı' oluyor."

"'Üstesinden gelinmesi gereken' demekle, kişinin emek vermesi, çalışması, mücadele etmesi gerektiği mi vurgulanıyor?"

"Evet, eylemci bir tutum vurgulanıyor."

"Yani sıradan insan, pasif bir tutum içinde ya şükredip otururken ya da zamanını sürekli ona buna kabahat bulup şikâyetle harcarken, savaşçı eylem içinde emek veriyor, mücadele ediyor."

"Arif Bey, savaşçı her olayın bir şeyler keşfetmek için, hayatı anlamak, gelişmek, olgunlaşmak, bilge kişi olmak için bir fırsat getir-

---

(*) '*You can see everything in life either as a problem or as a challenge,*' cümlesinde olduğu gibi.

diğini düşünür. Her olayda bir davet vardır: 'Gel gözlemle, algıla, anla, yorumla ve gizli olan anlamı bul."

"Doğan Bey, bu anlamda olayların savaşçıya bir meydan okuması yok mu? 'Gel bakalım, içimdeki anlamı anlayabilecek misin?' gibi."

"Bakın Arif Bey, ben bunu düşünmemiştim. Haklısınız, burada bir meydan okuma da var."

Bir süre konuşmadan durduk. Arif Bey, hem anlamış olmaktan, hem de kendisinin de bir katkı yapabilmiş olmasından memnun, bardaktaki suyundan bir yudum aldı. Daha sonra, "Savaşçının özellikleri listesine yeni bir özellik eklememiz gerekiyor," dedi. Ve ilave etti, "On beşinci özellik olarak, 'Savaşçı her şeyi üstesinden gelinmesi gereken bir öğrenme fırsatı olarak görür,' desek yeterli mi?"

Başımı sallayarak, hemfikir olduğumu belirttim. Listeye, söylediği özelliği yazmaya başladı. O yazarken ben kitaplarda işaretlediğim kısımlara göz attım. Arif Bey yazmayı bitirince konuşmaya başladık.

Savaşçı Sağlığına Özen Gösterir

> "Savaşçı her şeyi üstesinden gelinmesi gereken bir öğrenme fırsatı olarak görür."
> don Juan

"Carlos ve don Juan Meksika'da bir şehrin parkında beraberce insanları gözlerlerken, aralarında değişik konuşmalar geçer. Birçok insanın bedenlerine iyi bakmadıklarını, sağlıklarına dikkat etmediklerini, kendilerini olumsuz duygulara kaptırıp koyverdiklerini, sigara, içki gibi sağlıksız alışkanlıkların esiri olduklarını gözlemledikten sonra, don Juan *'Savaşçı, sağlığına gözü gibi bakar, itina eder,'* der.

"Sağlığına itina etmeyen, bedenine bakmayan insanın ruhsal sağlığına önem vermesinin olanaksız olduğunu belirtir."(*)

"Doğan Bey, bu söyledikleriniz herkes için geçerli bir beklenti."

(*) *Tales of Power*, s. 133-5.

"Arif Bey, bir keresinde, 'Savaşçıyı nasıl tanırız?' diye sormuştunuz. Savaşçının saydığımız özellikleri içinde en somut gözlemlenebilen özelliği bu. O nedenle bu özelliği de söylemek istedim. Gerçekten de bu herkes için geçerli bir beklenti. Ama çevrene bak, kaç kişi bilinçli bir biçimde sağlığına dikkat ediyor ve özenle sağlıklı yaşamayı seçiyor?"

"Evet, az. Aklıma bir soru geldi.

"Sağlığına özen göstermeyen, sigara, içki gibi kötü alışkanlıkları olan bir insanın ruhsal olarak sağlıklı ve yücelmiş olduğunu söyleyemeyiz, değil mi?"

"Hayır, söyleyemeyiz. Hatta, ben şunu söyleyeceğim: Eğer, kişi bu kötü alışkanlıklardan kurtulmayı istiyorsa, önce hayatındaki anlam arayışını sürdürsün, yaşamının amacını bulsun, diğer her şey, sağlıklı alışkanlıklar da dahil, zamanla yerini bulacaktır."

"O zaman, 'ruhsal bunalım, sağlıksızlık olarak bedende kendini gösteriyor,' diyebilir miyiz?"

"Arif Bey, sizinle ilk karşılaştığımız zamanki durumunuzu hatırlayın. Kafanızın karışıklığı, karamsarlığınız, umutsuzluğunuz devam etse idi, sigara içen, akşamları kafayı çeken biri haline gelmeniz kolay olurdu, öyle değil mi?"

"Evet, olurdu. Hatta, size söylemedim, sizinle konuşmaya başlamadan üç ay önce, sigara içmeye başlamıştım. Ama günde beş-altı tane içiyordum. Sizinle beraberken, sigara ile ilgili tavrınızı bildiğim için sigara içmekten kaçındım. Fakat şimdi, sigaraya hiç istek duymuyorum. Kendimi adamaya başladığım ideallerimi gerçekleştirmek için uzun yıllar sağlıklı olmam gerektiğini biliyorum."

"Hayatınıza anlam, doyum ve coşku girdi mi, sigara gibi sağlıksız alışkanlıklar kaybolur."

"Evet, bende öyle oldu. O zaman şunu söyleyebilir miyiz Doğan Bey: Eğer, bir insan sağlığına önem vermiyor ve kötü alışkanlıklarını devam ettiriyor ise, o insanın hayatında anlam, doyum ve coşku bunalımı vardır?"

"Evet. Şimdi bizim bu konuşmamızı dinleyen sigara içen insanların bazıları..."

"Örneğin kimler?"

"Yani, toplumda yerleri olan, mevkileri olan, meslek sahibi insanlar. Onlar bizim bu konuşmamızı dinliyor olsalardı, söylediğimizi aşırı bulacaklardı ve sigara içmenin, içki içmenin abartılmaması gerektiğini söyleyeceklerdi."

"Gerçekten de tanıdığım, sigara içen ve içki içen birçok saygıdeğer insan var."

"Benim de var. Bunlardan bazıları, bizim sağlıksız dediğimiz davranışları sağlıksız görmedikleri için, o davranışı yapmaya devam ederler."

"Yani bilinçleriyle sözleri ve eylemleri tutarlılık içindedir."

"Evet, tutarlılık içindedir. Bu nedenle kişisel bütünlük içindedirler."

"Peki nasıl anlayacağız bu davranışları sağlıksız görüp görmediklerini?"

"Çok basit bir test var."

"Nasıl bir test?"

"Bu kişilere şu soruyu sorun: 'Çocuğunuzun da böyle bir davranış içinde olmasını içtenlikle ister misiniz?' İçtenlikle 'evet,' diyenler kişisel bütünlük içindedirler."

"Ya 'hayır,' diyenler?"

"Orada kişisel bütünlükten yoksunluk var. Kendilerinin 'müptela' olduklarını biliyorlar ve çocuklarının olmalarını istemiyorlar."

"Ama, bunu da açıkça söyleyebilmek, bir tür kişisel bütünlük değil mi?"

"Evet, dürüstlük. Bunun zararlı olduğunu açıkça söyleyip, kötü alışkanlıklarının esiri olduklarını söyleyenleri takdir ederim. Bir de, bildiği halde, bir sürü zihinsel oyunlarla kıvırmaya çalışanlar var."

"Nasıl kıvırmalar?"

" 'İnsanın hayatta zevk alacağı şeyler olmazsa, ot gibi yaşamak neye yarar?' gibi."

"Ama, doğru değil mi? Ot gibi yaşamak neye yarar?"

"İnsan doğduğu zaman muhteşem bir yaşamı gerçekleştirmek için geliyor, ot gibi yaşamak için değil. Kişi bir savaşçı gibi yaşadığı zaman yaşanabilecek en güzel duyguları, coşkuları yaşar. Don Juan, Carlos'la konuşurken bir keresinde, *'Savaşçının dışarıdan hiçbir şeye gereksinmesi yoktur,'* der. *'Yaşam denen bu muhteşem yolculuğu yapman için her şeyin var. Sana, gerçek bir insan olarak yaşamanın savaşçı olarak yaşamakla mümkün olabileceğini göstermeye çalışıyorum. Yaşamın kendisi yeterlidir, yaşamın dışarıdan açıklamaya ihtiyacı yoktur, kendi kendini açıklayıcıdır ve tamdır.'*(*)

"Arif Bey, yaşamın kendisinde var olan bu muhteşemliği görmeyip bunu içki, sigara, esrar ve diğer kötü alışkanlıklarda aramak, bu kötü alışkanlıklar olmadığı zaman insanın yaşamının 'ot gibi' olacağını söylemek büyük bir cehalettir."

Savaşçı sağlığına özen gösterir.

"Ama, böyle söyleyen insanlar, yüksek eğitim almış insanlar. Bunlara cahil diyebilir misiniz?"

"Zihinsel bilgi ile kişi aydın kişi haline gelebilmiş olsaydı, sizin konuştuğunuz bazı deneyimli öğretmen arkadaşlarınıza da aydın kişi demek gerekirdi. Benim söylediğim cahillik, bilgelik yönünden bir cahillik."

"Anlıyorum Doğan Bey. Peki bu özelliği listeye nasıl geçeceğiz? 'Savaşçı sağlığına özen gösterir,' desek olur mu?"

"Bence gayet güzel ifade ediyor."

"O zaman, on altıncı özellik olarak, savaşçı sağlığına özen gösterir, diyorum."

"Tamam!"

Savaşçı Kendini Geliştiren Her Şeye Şükran Duygusu Besler

"Bir keresinde ölümden söz edilirken, don Juan *'savaşçı ölmeden önce yaşamında yer alan ve kendisine hayrı dokunan herkese teşekkür eder,'* der. Ve Carlos'un hayatında yer alan herkese teker teker teşekkür etmesini ister. Carlos, ölümünün yaklaştığı düşüncesi içinde, bir daha hiç göremeyeceği insanlara gözyaşları içinde teker teker hayalinde teşekkür eder. Dayanamaz, hüngür hüngür ağlaya-

(*) *Tales of Power*, s. 52.

rak, biriktirmiş olduğu bütün hüzünleri ve acıları dile getirmeye başlar.

"Don Juan onun konuşmasını kesmez, yalnız Carlos'un gözyaşlarıyla karışık konuşması bittikten sonra, '*Savaşçı, acısının varlığını tanır, ama kendini onlara kaptırıp koyvermez,*' der. '*Büyük bilinmeze ulaştığın zaman hüzünlü, çökük biri olarak gitmeyeceksin. Bir savaşçı olarak gideceksin. Savaşçı coşkuludur, çünkü bir savaşçı olarak yaşamak şerefine nail olduğu bir ömre sahip olmuştur ve onun için bütün alçakgönüllülüğü içinde teşekkür duygusu içindedir. Savaşçı kendi yaşamını tümüyle yaşamış biri olarak coşkuludur.*' "

"Doğan Bey, Carlos ölüyor mu?"

"Bu sözleri duyduğu zaman ölecekmiş gibi, ölüm bilinci içinde don Juan'ın söylediklerini dinliyordu. Ölmüyor ve böylece kitaplarını yazmaya devam edebiliyor. Ama, bu onun don Juan'ı son görüşü oluyor."

"Yani bu Carlos'un son kitabı mı oluyor?"

"Hayır, daha sonraki kitaplarında, don Juan'la beraber olduğu zamanlardaki konuşmalarını, gözlemlerini ve anılarını kullanıyor."

"Listeye ne yazalım, Hocam?"

"Bu kaçıncı özellik oluyor?"

"On yedinci."

"On yedinci özellik olarak, 'savaşçı yaşamına katkıda bulunan her şeye ve herkese teşekkür duygusu besler,' desek, nasıl olur?"

"İyi olur, Doğan Bey."

> *"Savaşçı yaşamına katkıda bulunan her şeye ve herkese teşekkür duygusu besler."*
> don Juan

"Bizim halkımız bunu, 'şükran duygusu' olarak bilir. Bununla ilgili bir anım var, size anlatmak istiyorum.

"İstanbul'da taksiyle bir yere gidiyordum. Şoför ile konuşmaya başladık, laf lafı açtı. Şoför bir ara, 'Abi bizim hastalıklarımızın temelinde (burada 'hastalık' kelimesiyle toplumsal huzursuzlukları kastediyordu) şükürsüzlük yatıyor,' dedi. Ve daha sonra ilave etti, 'Şükretmesini bilmeyen gönül huzuru bulamaz!'

"Bu söz hoşuma gitmişti. Şimdi aynı şeyi don Juan söylüyor ve burada daha geniş bir çerçeve içinde konuşabiliyoruz. Bizim halkımızın arasında önemli bilgelikler bölük pörçük yayılmış durumda."

"Doğan Bey, bizim halkımızın arasında bilgelikler böyle yayılmış durumda da, biz toplum olarak neden bu kadar dökülüyoruz peki? Yani, bu şoförün evine gidin, bu lafı söyleyen adamın evinde, korku merkezli bir anababalık bulacağınızdan eminim. Çocuğunun potansiyelini geliştirmek üzere anababalık yapma aklının ucundan geçmez. Peki, bilge kişi çocuğunu böyle yetiştirir mi? Sizin bu bilgelik dediğiniz şeyde aksayan bir şey var. Bana öyle geliyor."

"Ne demek istediğinizi anlıyorum, Arif Bey. Belki de biraz duygusal davranıyorum. Yani, bu şoför, şükretmek ile ilgili konuşurken, son derece kalıplanmış bir zihinsel yapı içinde de konuşuyor olabilir. Ve ben bizim halkı bilge görmek istediğim için, bu kalıplardan işime geleni, 'bak ne bilgelik!' diye alıp lanse ediyor olabilirim. Yani, haklı olabilirsiniz. Bu sözler laftan ibaret olabilir."

"Peki nasıl anlayacağız, laftan ibaret olup olmadığını?"

"O lafı söyleyen kişinin yaşamına bakacağız. Sizin dediğiniz gibi eşiyle ilişkisine, anababalığına, diğer insanlarla ilişkisine bakacağız. O laflar, laf olarak mı kalıyor, yoksa yaşamda eylemini buluyor mu? Bu gözlem bize cevabımızı buldurur."

"Yani, 'ayinesi iştir kişinin, lafa bakılmaz,' diyorsunuz."

"Aslında ben demiyorum, bunu siz söylüyorsunuz ve doğru söylüyorsunuz. Güzel bir noktaydı. Teşekkür ederim."

"Sağ olun, Hocam. Beni değerli görmeniz, hoşuma gidiyor."

"Değerlisiniz, Arif Öğretmenim. Hem de çok!"

Savaşçı Çiçek

Elimdeki kitabın son iç sayfasına kendi el yazımla bir şeyler yazmış olduğumun farkına vardım. Ve bu kitabı nerede okumuş olduğumu hatırladım. Yazımın altına tarih koymamıştım, ama sanırım 1987 veya 88 yılının Ağustos ayında idi. Bu anımı Arif Bey'e anlattım:

"Kaliforniya'da Sequa Ulusal Park'ındaki Mineral King denen bölgede, Cold Water Springs kamp alanında bir hafta kadar çadırda kendi başıma kalmış ve bol bol Carlos Castaneda'nın kitaplarını okumuştum. Gündüzleri derenin kenarında, kayalık bir bölgeye oturur, hem güneşlenir, hem de kitabımı okurdum. Karnım acıkınca, daha önce hazırlamış olduğum sandviçimi yerdim.

"Bir keresinde oturduğum kayanın karşısındaki kıyıda sarp taşlar arasında tek bir sarı çiçek gördüm. Çiçek tek başına bir kaya yarığının arasından çıkmıştı, kökleri kayanın yarığının içindeydi. Çiçeğin bir kısmı suya dokunuyordu ve su aktığı için sürekli bir devinim içindeydi. Bu çiçeğe uzun süre baktım. Bu çiçekte savaşçı ruhunu gördüm ve bu algılayış içinde elimdeki kitabın arka kapağının iç kısmına şu yazıyı İngilizce olarak yazdım:

"Çiçek, varlığıyla savaşçının yılmaz ruhunu ifade ediyor. Tek gücü derenin kıyısındaki kaya yarığına tutunmuş olan tohumdan geliyor. Tohumdan gelen yüce gücü, kusursuz bir tavır ve yılmaz bir ruh içinde bir savaşçı olarak kullanıyor. Şikâyet yok, bıkmak yok, bezmek yok. Yaşamanın gücü ve coşkusu var. Her anını doyasıya yaşamanın coşkusu.

"Çiçekle konuştuğumu, ona olan hayranlığımı ifade ettiğimi hatırlıyorum. O çiçek hayatımdaki önemli öğretmenlerden biri olmuştur. Ne zaman kendimi olumsuz koşullardan şikâyet ederken yakalasam, dere kıyısındaki kaya yarığında hayatını tek başına sürdüren o savaşçı çiçeği hatırlar ve kendi içimdeki güce kavuşarak yaşama coşkusuyla yapabileceğimin en iyisini yapmaya çalışırım."

Arif Bey, kitabı elimden aldı, yazdığım yazıyı okudu. Kitabı kapattı, bana verdi. Ve "Hocam İngilizcem yeterli olmadığı için tam anlayamadım; ama ne kadar kıymetli bir anı ve ne kadar anlamlı bir gözlem. Bir çiçeğin bu kadar güçlü bir öğretmen olabileceğini hiç düşünmemiştim."

Bir süre sessiz kaldık. Daha sonra, Arif Bey, "Benimle ne kadar özel şeyler paylaşıyorsunuz; ben ne kadar şanslı bir kimseyim. İçten, gönülden teşekkürler ediyorum size, Doğan Bey," dedi.

Ben de Arif Bey'e bir anının paylaşıldığı zaman değer kazandığını, dinleyen bir kafa ve gönül olarak bana kendini verdiği için, benim de kendimi şanslı hissettiğimi, düşüncelerimin değer kazandığını söyledim.

Ayrılma vakti geliyordu. Arif Bey, aklına gelen soruyu sordu:

"Hocam, siz Carlos'un dokuz kitap yazdığını söylediniz, ama biz şimdi dördüncü kitaptaki kavramları bitirdik. Öbür kitapları ne zaman ele alacağız?"

"Arif Bey, savaşçının özellikleriyle ilgili diğer kitaplarda işaretlediğim kısımları kendim gözden geçirdim. Daha önce üzerinde konuştuğumuz özelliklerin değişik ortamlarda, biraz farklı vurgulayışlarla söylendiğini gördüm. O nedenle öbür kitaplarda işaretlediğim yerleri gözden geçirmeyi gerekli görmüyorum."

"Hocam, bu özellikleri ya yirmiye çıkarsak, veya iki özellik atarak on beşe indirsek?"

"Niçin?"

"Bilmem. Yuvarlak hesap olsun."

"Kılı kırk yararcasına Carlos'un kitapları gözden geçirilse, eminim daha fazla sayıda özellik bulunabilir. Ama, bence bu özellikler savaşçı ruhunu iyi temsil ediyor."

"Önümüzdeki toplantıda ne yapacağız, Hocam?"

"Şimdiye kadar gözden geçirdiğimiz farkındalıkları sizin yaşamınıza nasıl uygulayabiliriz, onu tartışalım diyorum, ne dersiniz?

"Şimdiye kadar konuştuğumuz önemli kavramları gözden geçirirken, üzerinde durduğumuz kavram sizin yaşamınızda nasıl yer alabilir, ona bakacağız. Bu sizin için güzel bir fırsat. Burada sizin yaşamınızı yargılamıyoruz; daha güçlü bir geleceğin temellerini atıyoruz."

"Aslında hemfikirim, Doğan Bey. Bunun benim için önemli bir fırsat olduğunun bilincindeyim."

Arif Bey durdu, gülümsedi ve, "Bunun için bir de şükran duygusu içindeyim," dedi.

Ben de gülümsedim ve konuşmama devam ettim:

"Daha sonra, savaşçı tutumunun ülke için doğurguları ne olabilir, bu konuda gözlemler yapmak istiyorum. Yani, konuşmalarımız artık soyut ve felsefi olmaktan çok, daha güncel olacak. Kavramsal, soyut kavramları yaşama uygulayarak gözlemler yapacağız. Bakalım bu konuşmalar, bu gözlemler bizi nereye götürecek, ben de merak ediyorum ve heyecanlıyım."

İkimiz de ayrılma zamanının yaklaştığını biliyorduk. Arif Bey, toparlanmak üzereydi.

"Arif Bey, bana bir şey hatırlatacaktınız, unuttunuz mu?"

"Hayır unutmadım. 'Savaşçının bu kadar şartlı şurtlu hayatı nasıl oluyor da, cıvıl cıvıl mutlulukla dolu, enerjik, canlı ve çok hareketli oluyor?' diye sormuştum."

"Evet."

Bir süre sustum. Bu soru önemli bir soruydu ve yaşamla ilişkisi kurularak verilmeliydi.

"Hiç çocukları oynarken gözlediniz mi, Arif Bey?"

"Gözledim."

"Neler fark ettiniz?"

"Her şeyden önce son derece canlı, neşeli ve katılımcılar. Oynadıkları oyundan büyük zevk alıyorlar. Akıllarından geçeni hemen konuşuyorlar ve hemen uygulamaya geçiyorlar.

"Dikkatimi çeken şeylerden biri de, aralarındaki çatışmalar genellikle oyunun kuralı şöyle mi, yoksa böyle mi yorumundan kaynaklanıyor. Oyunun kuralı konusunda hemfikirliğe varıldıktan sonra büyük bir enerji ve ciddiyetle oyuna devam ediyorlar."

"Arif Bey, ilginç bir kelime kullandınız. Çocukların oyununu anlatırken, 'büyük bir enerji ve ciddiyetle,' dediniz. Bu 'ciddiyet' kelimesi dikkatimi çekti."

"Gerçekten oyun oynarken ciddi bir iş yapan insan edası vardı hepsinde. Yani oynadıkları oyunu, yaptığı işi ciddiye alan bir insanın tavrı içinde oynuyorlar."

"Peki, oyun oynarken çocuklar mutlu mu?"

"Kuşkusuz. Dediğim gibi, coşkulu bir mutluluk hali gözlerim."

"Oyunu başkaları istediği için değil, kendileri istediği için oynuyorlar, değil mi?"

"Evet, kendileri ne oynayacaklarına karar veriyorlar ve oyuna başlıyorlar."

"Peki sizce bu gözlem sadece bazı çocuklar için mi geçerli, yoksa oyun oynayan tüm çocuklar için genellikle aynı şeyleri söyleyebilir miyiz?"

"Tüm çocuklar için geçerli olduğunu sanıyorum."

Arife Bey bana gülümsedi ve, "Savaşçı, oynayan çocuk! Değil mi Doğan Bey?" dedi.

Bir süre sustum, hem Arif Bey hem ben çaylarımızdan birer yudum aldık.

"Evet. Çocukların da oyunlarının kuralları var ve bu kuralların ihlal edilmesine hiç izin vermiyorlar. Ama onlar oyun oynarken cıvıl cıvıl, mutlu ve enerji dolular. Çünkü oyun oynamayı kendileri seçiyorlar, kuralları kendileri koyuyorlar ve oynarken o oyunu oynamaktan başka hiçbir amaçları yok."

"Yani oyun oynama niyetleri temiz, saf!"

"Hah, evet. Aynı savaşçının niyetinin saflığı gibi."

Göz göze geldik. Ayrılma zamanı gelmişti.

"Arif Bey bugün Pazar değil mi? Önümüzdeki toplantıyı bir hafta sonra Cumartesi günü yapalım mı?"

"Tamam Hocam, nerede buluşalım?"

"İlk buluştuğumuz yerde."

"Kabataş'taki Deniz Otobüsleri İskelesi'nin yanındaki kahvehanede mi?"

"Evet, öğleden sonra saat üçte buluşalım."

"Hocam, Çınarcık'taki bir arkadaşıma gidiyorum. Çınarcık'tan doğrudan Kabataş'a gelirim."

"Benim ablamlar da yazları Çınarcık'a giderler. Ne zaman gidiyorsunuz?"

"Yarın gidiyorum, orada bir hafta kadar kalacağım."

"Umarım hoşca vakit geçirirsiniz."

Ayılmadan önce, Arif Bey'e ev ve cep telefonumun kendisinde olup olmadığını sordum. "Bende yalnız ev telefonunuz var," dedi. Cep numaramı da verdim. Uzak yerden geleceği için, aksaklık çıkarsa bana ulaşmasını istedim.

El sıkıştık ve ayrıldık.

11
Devam Edelim

Pazartesi akşamını Salı'ya bağlayan gece büyük deprem oldu. Ertesi sabah ilk şoktan kurtulup Yalova ve Çınarcık'tan haberler gelmeye başladıkça yazlıkta bulunan ablamlar için kaygılanmaya başladım. Daha sonra Arif Bey aklıma geldi; onun da deprem sırasında Çınarcık'ta olduğunu bilmek kaygımı daha da artırdı.

Arif Bey'i aramam olanaksızdı, çünkü gideceği yerin telefonu veya adresi bende yoktu. Bütün girişimlerime rağmen ablamlara telefonla ulaşma çabam sonuçsuz kaldı. Üç gün sonra, ablamların rahatsızlanan kayınpederini ziyaret için Çınarcık'tan ayrıldıklarından deprem sırasında Çınarcık'ta olmadıklarını öğrendim. Fakat Arif Bey'den haber alamamak beni rahatsız ediyordu.

Nihayet Cuma akşamı Arif Bey bana cep telefonumdan ulaştı. Onun sesini duymak beni mutlu etmişti. Bulunduğu bölgede büyük hasar olduğunu, fakat arkadaşının, ailesinin ve kendisinin sağlık durumlarının iyi olduğunu, son üç gündür yoğun olarak yıkıntılar arasında çalıştığını ve durumun çok berbat olduğunu söyledi.

Telefon ederek kaygımı giderdiği için kendisine teşekkür ettim. Ablamla ilgili kaygılarımı ve onların orada bulunmadığını öğrendiğimi anlattım. Sonra da depremden sonraki durumla ilgili düşüncelerimi paylaşmaya başladım:

"İnsanlar, tam bir anababa günü yaşıyor. Her kafadan bir ses çıkıyor, bir suçlama furyası var, tam bir organizasyon bozukluğu ve büyük bir acı yaşanıyor."

"Evet, çok acı var, Hocam, İnsan ne yapacağını şaşırıyor."

"Herkes iyi niyetle bir şeyler yapmak istiyor ama neyi, nasıl, ne zaman yapacağını bilemiyor."

"Ben de aynen o durumdayım, Doğan Bey. Bir şeyler yapmak istiyorum, ama neyi, nasıl yapacağımı bilememekten şaşırmış durumdayım."

"Şu an sizin gibi düşünen birçok insan var, Arif Bey. Büyük bir insan potansiyeli, organizasyon, planlama ve bu alanda liderlik yokluğundan atıl vaziyette; harekete geçemiyor."

"Bir şey yapamamanın acısı insana başka türlü koyuyor."

"Evet, kendinizi bir başka türlü aciz hissediyorsunuz. İnsan bilinçli eyleme geçse, mücadele etse, bu ezikliği duymaz.

"Size bir önerim var."

"Öneriniz ne, Hocam?"

"Sizinle bir başka buluşma dizisi başlatalım. Bu buluşma dizisinde toplumsal sorunları, gözlemleri, tartışmaları, konuları ele alalım."

"Ben çok memnun olurum, Doğan Bey."

"İyi. Şimdi sen orada yapabileceğin yardımları yap. Daha sonra biraz dinlen. Bir ay sonra telefonlaşalım ve buluşmalarımıza başlayalım."

"Tamam, Hocam."

"Telefon ettiğin için yeniden teşekkür ederim, Arif Bey. Önemli günler yaşıyoruz. Gözlemlemelerinizi ve düşüncelerinizi yazın, daha sonra onlar üzerinde konuşuruz. Haydi Allah kolaylık versin."

Yeniden buluşmak umuduyla telefonu kapattık.

İçimde bir eksiklik duygusu vardı, konuştuğumuz önemli kavramların Arif öğretmenin yaşamına nasıl uygulanabileceğini konuşamamıştık. Tekrar bir araya geldiğimizde, kavramların yaşama uygulanması üstüne bir sohbetle konuşmamıza başlamaya karar verdim.

Bu kararı verince içimdeki eksiklik duygusu gitti, rahatladım.

Kavramlar Sözlüğü

Ait olma: Bireyin doğuştan getirdiği bir gereksinim. Bu gereksinim bireyin kendisi için önemli gördüğü kişiler tarafından tanınmayı, kabul edilmeyi, sevilmeyi, özlenmeyi, değerli bulunup güvenilmeyi istemesi biçiminde yaşama yansır. Bu gereksinimin simetriği birey olmadır. Bkz. Birey olma.

Alçakgönüllülük: Bu kitapta alçakgönüllülük, savaşının alçakgönüllülüğü olarak tanımlanmıştır. Savaşçının alçakgönüllülüğü, kendini evrendeki her şeyle eşdeğer görmesinden kaynaklanır. Savaşçı, bir böcek, kuş, çiçek veya mevki sahibi bir diğer insandan ne daha değerli, ne de daha değersizdir. Her şey bir diğer şeyle eş değerdedir anlayışı, savaşçının alçakgönüllülüğünün temelini oluşturur.

Anlam arayışı: Kişinin algılamasında kendi varoluşu ile içinde bulunduğu bağlam arasında anlamlı bir ilişki arayışı.

Anlamsızlık: Kişinin varoluşu ile içinde bulunduğu bağlam arasında anlamlı bir ilişki bulamadığı zaman ortaya çıkan duygu.

Birey olma: Kişinin doğuştan getirdiği bir gereksinim. Bu gereksinim bireyin kendi gözünde var olmasını içerir: "Ben varım, ben doğalım, ben sevilmeye layığım, ben değerliyim, ben güvenilirim," duygusuna ulaşmayı istemesi biçiminde yaşama yansır.

Bitmemiş işler: Bir insana beslenen hınç, kin, öfke ve diğer olumsuz yargılamaların ifade edilmeden birikmesi ve söz konusu kişiyi sürekli olumsuz duygular içinde tutması.

Bitmemiş işleri bitirmek: Daha önce ifade edilmedikleri için biriken hınç, kin, öfke ve diğer olumsuz yargılamaların anlayış ve empati ortamı içinde paylaşılarak giderilmesi ve olumsuz duygulardan kurtulunması.

Bonzai: Ağaçları fidanken belirli bir teknik içinde budayarak bodur bırakma sanatı ve bu sanatın uygulanması sonucu ortaya çıkan bodur ağaca verilen isim.

Büyük resim: Kişinin yaşamının içinde oluştuğu ilişkiler ağı, farkına varılan geniş bağlam.

Cömert insan: Büyük resmin bilincinde, paylaşan insan.

Değer: Doğru bilinen, yapılması beklenen, yapıldığı zaman diğerleri tarafından desteklenen tutum, duygu ve düşünce.

Değerler bilinci: Yaşamı, çerçevesinde oluşturma, yaşama bu istek içinde düzen getirme farkındalığı.

Değerli olma: Beş varoluş boyutundan biridir. Kendinden daha büyük bir bütünün vazgeçilmez parçası olmak anlamına gelir. Kişinin tekliğini simgeler.

Değişim: Kişinin davranış biçiminde meydana gelen farklılık. Kişinin yalnız davranışında değil, dünyaya anlam veriş tarzında bir değişim oluşmuşsa, o zaman buna, dönüşüm denir. Savaşçının değişimi dönüşüm biçimindedir.

Dengesizlik: Gereksinmelerin karşılanmayışından doğan fizyolojik ve zihinsel durum.

Doğal olma: Varoluş boyutlarından biri olarak, etkileşim içinde, olduğu gibi kabul edilme.

Dönüşüm: bkz. Değişim.

Duruş içinde olmak: Bir geleceğe kendini adamak ve şimdiyi ve buradayı o geleceği gerçekleştirmek için kullanmak. Bu, tepkici durum olan bir pozisyon içinde olmanın zıddıdır.

Dürüstlük: Kişisel bütünlüğün ilk aşaması: özün, sözün, eylemin ahenk içinde olması.

Ego: Bu kitapta ego, nesnel ben'le aynı anlamda kullanılmıştır. Kişiyi diğerlerinden ayıran, sınırlarını belli eden, farklılıkları ortaya koyan 'ben bilinci.'

Epistemoloji: Episteme ve loji kelimelerinden oluşur. Episteme eski Yunanca'da bilgi anlamına gelir. Epistemoloji bilginin doğasını, kaynağını, sınırlarını inceleyen bir alandır. Epistemoloji alanında çalışan biri, bir insan bir şeyi "biliyorum" dediği zaman, o kişinin ne demek istediğini, yani 'bir şeyi bilmek ne demektir?' konusunu inceler.

Etik: Doğru olan nedir, nasıl davranılmalı konusunu inceleyen felsefe alanına verilen isim.

Farkındalık: Kişinin algılamasında anlamlı bir fark yapan ve eylemine yön veren bilgi.

Fenomenoloji: Kişinin dış dünyayı duyu organları aracılığı ile algılamasından oluşan farkında oluş.

Geleceğe kendini adamak: bkz. Duruş içinde olmak.

Gerçeğe saygı: Gerçeğin bizim isteğimize göre değiştirilemeyeceği, bizim düşünce ve eylemlerimizi, algılanan gerçeği düşünerek yapmamız gerektiği anlayışı.

Gestalt: Algılama ve eylemin temelinde anlamı bütünleştirme, gereksinmeleri karşılayarak tamamlama, insan eyleminin kişinin fenomenolojisi içinde bir bütünlük arayışından kaynaklandığını varsayan psikoloji okulu.

Gönül yolu: Aklıyla düşünüp inceledikten sonra gönlüyle seçen insanın tarzı.

Gözlemleyen bilinç: Kişinin duygu ve düşüncelerinin, niyetinin, içinde bulunduğu bağlamın farkında olan, farkında olduğunun farkında olan bilinç. Kitapta 'gözlemleyen ben' olarak da kullanılmıştır.

Güç: Varoluş boyutlarından biri: "yapabilirim" bilinci. Kendini, başkalarını, veya dünyayı etkileme yeteneği.

Hakkaniyet: Haklının haksızdan ayırt edilerek, kişilere hak ettikleri oranda ödül veya ceza verilmesini ifade eden değer. Eşitlikten farklıdır. Hakkaniyeti gerçekleştirmeden eşitliği gerçekleştirmek sorun yaratır.

Hapishane: Bu kitapta, kişinin bilinçsiz olarak, kendisi seçmeden içinde bulunduğu durum anlamında kullanılmıştır.

Hizmet: Bütünün bir parçası olmanın verdiği sorumluluk içinde, bütünün diğer kısımlarına yararlı olma çabası.

İçtenlik: Niyetin dürüstçe ifadesi.

İlkeler: Değerlerin tutarlı bir biçimde yaşama geçirilmesini sağlayan kurallar.

Kendini adama: Yaratmak istediği geleceğe inanarak zamanı ve enerjiyi, bu geleceği yaratacak eyleme vermede ısrar etme.

Keşfetme ortamı: Yaşamda olan her şeyin, söylenen her sözün kişiye bir şey öğretebileceği düşüncesi içinde yaratılan ortam.

Kişinin kendisiyle olan ilişkisi: Bütün iletişimlerin temelidir. Kişinin varoluş boyutlarında kendisine dönük temel algılamaları.

Kişisel bütünlüğün düzeyleri: Kişinin iç dünyasıyla, inandığı değer ve ilkelerle ve kendini adadığı gerçekle ilişkisi olmak üzere, kişisel bütünlüğün üç düzeyi vardır.

Kişisel bütünlüğün iki koşulu: Kişisel bütünlüğün ilk koşulu gerçeğe saygı, ikinci koşulu da algılanan gerçeğin tüm sorumluluğunu almaktır.

Kişisel bütünlük: Algıladığı gerçek ile sorumluluk içinde tutarlı biçimde düşünmek, söylemek ve yapmaktır.

'Mış gibi' yaşam: Bireyin varoluşunda sadece ait olmayı yaşayabilmesi, kendine özgün bireysel yaşamının olmaması.

Mistisizm: Evrenin birbirinden kopuk değil, birbiri ile anlamlı ilişkiler içinde olan parçaların bir bütünü olduğu ve her bir insanın bu bütünün eşdeğerde anlamlı bir parçası olduğu anlayışı.

Nesnel ben: bkz. Ego.

Niyet: Kişinin içindeki bir amaca yönelme isteği ve düşüncesi.

Niyetin saflığı: Kişinin içindeki tek amaç ve istekle düşünmesi ve davranması.

Niyetlilik: Belirli bir amacı gerçekleştirme eğilimi içinde olmak.

Ontoloji: Felsefenin varoluşun ne olduğuyla ilgili düşünme, inceleme alanı.

Ortama getirilen bilinç: Kişinin fenomenolojisi içinde, "şimdi ve buradaki niyetini" bilmesi ve bu bilinçle ahenk içinde olması.

Ölüm bilinci: Yaşamın mutlaka sona ereceği ve bu sona erişin her an olabileceği farkındalığı.

Ötekileştirme: Diğerlerini kendisiyle ilişki içinde görmeme, onların gözüyle dünyaya bakmama.

Özdeşim: Diğerini kendisi olarak görme, diğeriyle kendi arasında bir fark görme yeteneğini kaybetme.

Özgün yaşam: Bireyin varoluşunu ait olma ve birey olma dengesi içinde gerçekleştirmesi.

Özgürlük: Bkz. Savaşçının özgürlüğü.

Pozisyon içinde olmak: Yapılan tepkiler ve söylenen sözler içinde kalarak eylemi oluşturmak. Bir duruş içinde olmanın zıddıdır: duruş içinde olan kişi tepkici değildir; karşıdakilerinin tepkisine göre değil, kendini adamış olduğu gelecek bilinci içinde eylemini yapar.

Psikoterapi: Kişinin kendi sorunlarını çözebilecek hale gelerek gerçekçi ve anlamlı yaşama kavuşması için uygulanan iletişim süreci.

Savaş: Bu kitapta savaş kişinin gözlemleyen bilince ulaşabilmesi için egosuyla yaptığı mücadeleyi ifade ediyor.

Savaşçı: Gözlemleyen bilinci ile, varoluşunu ait olma ve birey olmada dengeleyen ve özgün yaşamaya kendini adayan insan.

Savaşçının özgürlüğü: Niyetinin saflığı içinde, sadece gözlemleyen bilincine duyulan sorumluluk duygusu içinde başka hiç kimseden bir şey beklemeden yaşamak.

Saygılı olmak: Başkalarının sınırlarına onların izni olmadan girmemek.

Seçim yapmak: Bütün olasılıkları düşündükten sonra, gönül ile karar vermek.

Sevilmeye layık olma: Sevilme, özlenme gereksinimi. Varoluş boyutlarından biridir. Kişi doğuştan bu gereksinme ile doğar.

Sınırlar bilinci: Bireyin yetki ve sorumluluklarının bilincinde olma.

Sorumluluk: Hesap vermeye hazır olma.

Sorumluluk koşulları: Kişinin hesap vermeye hazır olması için iki koşulun yerine gelmesi gerekir: 1-kişinin hesap vereceği konuda bilgisinin, becerisinin ve yeteneklerinin olması, 2-eylem özgürlüğü bulunması. Kişi ancak vuruş menzili içindeki davranışlarından sorumlu tutulabilir.

Şikâyet etmek: Bu kitap içinde şikâyet etmek, sorumluluktan kaçmanın simgesi olarak, olumsuz bir anlamda kullanılmıştır.

Şimdi ve burada olmak: Algılama ortamına tüm bilinci ile gelerek, niyetinin saflığı içinde yüzde yüz orada olmak. Kendini yaptığı şeye tam anlamıyla vermek.

Şimdi ve burada olma tembelliği: Algılama ortamına tüm bilinci ile gelmeyerek, şimdi olan biteni tümüyle algılamama, şimdi ve buranın icaplarını yerine getirmeme. Herhangi bir şey yaparken iç dünyanın geçmişte, gelecekte ya da başka yerlerde olması.

Tao: Her şeyin kendi zıddı olma yolunda bir değişim içinde olduğuna inanan felsefi düşünce okulu.

Uyandıran dostlar: Bu kitapta kişinin başına gelen olumsuz olayların, kişiyi içinde bulunduğu tembellikten uyandırabilecek dostlar durumunda olduğu anlamında kullanılmıştır.

Uyanış: Bireyin sıkıntılarının kaynaklarının ne olduğunun farkına varması ve özgün bir yaşam oluşturma yolunda adım atmaya hazır hale gelmesi.

Varoluş boyutları: İnsanın doğuştan getirdiği ve yaşamak istediği gereksinimler. Bu kitapta beş varoluş boyutu olarak şunlar tanımlanmıştır: (1) farkına varılma, sınırların ve sorumlulukların bilinmesi, (2) kabul edilme, doğal bulunma, (3) sevilme, özlenme, (4) değerli olma, kendinden daha büyük bir bütünün özgün, vazgeçilemeyecek bir parçası olma ve (5) güçlü olma, "istersem yapabilirim," duygusu içinde olma. Kişi varoluşunu hem başkalarının gözünde (ait olma), hem de kendi gözünde (birey olma) gerçekleştirmek ihtiyacı içindedir.

Yabancılaşma: Parçası olduğu bütünü göremeyecek hale gelerek, bütünle ilişkilerini algılayamama, kendini bütünden kopuk ve uzak hissetme. Bu yabancılaşma nedeniyle, kişi kendini yalnız hisseder.

Yalnızlık: bkz. Yabancılaşma.

Yaşam dansı: Ait olma ve birey olma dengesi içinde varoluşu gerçekleştirmek.

Kaynaklar

Altan, A. (1998). *Kılıç Yarası Gibi*. İstanbul : Can Yayınları.

Altan, A. (1996). *Tehlikeli Masallar*. İstanbul: Can Yayınları

Altan, Ç. (1997). *Tarihin Saklanan Yüzü: İdam Edilen 44 Vezir-i Azamın Dramı; Öldürülmüş Şehzadeler ve Devrilmiş Padişahlar*. İstanbul: İnkılâp Kitabevi.

Blanton, B. (1994). *Radical Honesty: How to Transform Your Life By Telling The Truth*. New York, NY: Dell Trade Paperback.

Branden, N. (1996). *Taking Responsibility*. New York, NY: A Fireside Book.

Branden, N. (1997). *The Art of Living Consciously: The Power of Awareness to Transfor Everyday Life*. New York, NY: Simon & Schuster

Branden, N. (1998). *Self-Esteem at Work: How Confident People Make Powerful Companies*. San Francisco, CA: Jossey-Bay Publishers.

Castaneda, C. (1968). *The Teachings of Don Juan: A Yaqui Way of Knowledge*. New York, NY: A Washington Square Press Publication of Pocket Books, a division of Simon & Schuster, Inc.

Castaneda, C. (1971). *A Separate Reality: Further Conversations With Don Juan*. New York, NY: A Washington Square Press Publication of Pocket Books, a division of Simon & Schuster, Inc.

Castaneda, C. (1972). *Journey to Ixtlan: The Lessons of Don Juan*. New York, NY: A Washington Square Press Publication of Pocket Books, a division of Simon & Schuster, Inc.

Castaneda, C. (1974). *Tales of Power*. New York, NY: A Washington Square Press Publication of Pocket Books, a division of Simon & Schuster, Inc.

Castaneda, C. (1977). *The Second Ring of Power*. New York, NY: A Washington Square Press Publication of Pocket Books, a division of Simon & Schuster, Inc.

Castaneda, C. (1981). *The Eagle's Gift*. New York, NY: A Washington Square Press Publication of Pocket Books, a division of Simon & Schuster, Inc.

Castaneda, C. (1984). *The Fire From Within*. New York, NY: A Washington Square Press Publication of Pocket Books, a division of Simon & Schuster, Inc.

Castaneda, C. (1984). *The Power of Silence.* New York, NY: Simon & Schuster, Inc.

Castaneda, C. (1993). *The Art of Dreaming.* New York, NY: HarperCollins Publishers, Inc.

Cloud, H. ve Townsend, J. (1996). *Sınırlar.* İstanbul: Sistem Yayıncılık.

Cüceloğlu, D. (1991). *Yeniden İnsan İnsana.* İstanbul: Remzi Kitabevi.

Cüceloğlu, D. (1993). *İçimizdeki Çocuk.* İstanbul: Remzi Kitabevi.

Cüceloğlu, D. (1994). *İyi Düşün Doğru Karar Ver.* İstanbul: Sistem Yayıncılık. (Kasım 2001'den itibaren İstanbul: Remzi Kitabevi.)

Cüceloğlu, D. (1995). *Yetişkin Çocuklar.* İstanbul: Sistem Yayıncılık. (Ekim 2001'den itibaren İstanbul: Remzi Kitabevi.)

Cüceloğlu, D. (1996). *İçimizdeki Biz.* İstanbul: Sistem Yayıncılık. (Ekim 2001'den itibaren İstanbul: Remzi Kitabevi.)

Deikman, A, J. (1982). *The Observing Self: Mysticism and Psychotheraphy.* Boston, MA: Beacon Press.

Dökmen, Ü. (1994). *İletişim Çatışmaları ve Empati.* İstanbul: Sistem Yayıncılık.

Fields, R. (1994). *The Awakened Warrior: Living with Courage, Compassion and Discipline.* New York, NY: A Jeremy P. Tarcher/Putnam Book, published by G.P. Putnam's Sons.

Goleman, D. (1998). *Duygusal Zekâ: Neden IQ'den Daha Önemlidir.* İstanbul: Varlık Yayınları.

Lebow, R. (1995). *A Journey into the Heroic Environment.* Rocklin, CA: Pima Publishing.

Leonard, G. (1991). *Mastery: the Keys to Success and Long-Term Fulfillment.* New York, NY: Plume, Published by the Penguin Group.

Orga, İ. (1994). *Bir Türk Ailesinin Öyküsü.* (Çeviren: Arın Bayraktaroğlu) İstanbul: Ana Yayıncılık.

Perls, F. S. (1969). *Gestalt Theraphy Verbatim.* New York, NY: Bantam Books Inc.

Püsküllüoğlu, A. (1999). *Arkadaş Türkçe Sözlük.* İstanbul, Doğan Kitap.

Roger, J. & McWilliams, P. (1991). *Life 101: Everything We Wish We Had Learned in School-But Didn't.* Los Angeles, CA: Prelude Press.

Soysal, İ. (1994). *20 Yüzyıl Türk Şiiri Antolojisi.* Ankara: Bilgi Yayınevi.

Stevenson, J. (1998). *Phlosophy (The complete idiot's guide to).* New York, NY: Alpha books, a division of Macmillan Reference USA, A Simon & Schuster Macmillan Company.

Urgan, M. (1998). *Bir Dinozorun Anıları.* İstanbul: Yapı Kredi Yayınları.

Waitley, D. (1995). *Empires of the Mind: Lessons to Lead and Succeed in a Knowledge-Based World.* New York, NY: Quill-William Morrow and Co.